JN447980

두루마리 성경 4

왕국시대의 예언자들

왕국시대의 예언자들 (두루마리 성경 4)

2013년 9월 25일 초판 1쇄 인쇄
2013년 9월 30일 초판 1쇄 발행

저 자 • 김 인 철
발행인 • 조 경 혜
발행처 • 도서출판 그리심
156-879 서울시 동작구 사당로2길 72. 인정 B동 b-01
등록번호 • 제 7-258호(1998. 4. 23)
출 판 사 • 전화 523-7589 팩스 523-7590
홈페이지 • http://grisim.biz
전자우편 • grisimcho@hanmail.net

• 저자와 협의하여 검인을 생략함.

• 이 책의 일부라도 저자나 출판사의 허락 없이 사용할 수 없습니다.

값 : 책 뒷면에

ISBN 978-89-5799-339-2 (94230)
ISBN 978-89-5799-309-5 (세트)

Korean Edition
Korean Copyright © 2013

by
Grisim Publishing Company, Seoul, Korea

두루마리 성경

왕국시대의 예언자들

머리말

지인들에게서 "성경을 사랑하는 사람" "성경에 열심이 특심한 사람" "열공하는 목사"라는 칭찬을 들을 때 기분이 좋아진다. 나의 정체성을 인정받는 느낌이 들기 때문이다. 사실 나는 가르치는 것보다 배우는 것을 더 좋아한다. 지난 수년간 강의보다 교안 작성에 더 힘을 쏟았던 이유이기도 하다. 글을 써가면서 내가 무엇을 더 알아야 하는지, 알고 있는 것을 어떤 책임감으로 전달해야 하는지 배우게 된다. 그러나 두루마리 성경 시리즈를 시작하면서 갖는 느낌은 솔직히 '아는 것이 별로 없다'는 것이다. 바닷가에서 모래 한 줌을 움켜쥐고 있는 기분이라고나 할까.

나는 성서학 연구에 있어서 전문가specialist가 아니라 수집가generalist이다. 성서학의 핵심 분야인 언어학(히브리어, 헬라어, 수메르어, 아카드어, 우가릿어, 아람어, 고대 페르시아어)만 하더라도 입문조차 하지 못한 언어가 대부분이다. 따라서 고대 문헌 자료를 접할 때 그 분야의 전문가들이 집필한 이차 자료에 의존할 수밖에 없다. 문헌학, 역사학, 고고학, 문화인류학은 두말할 나위도 없다. 오직 가진 것은 성경을 사랑하고 배우려는 마음뿐이다. 그리고 근거가 희박한 이야기를 무분별하게 확산시키는 배포자distributor가 되지 않으려 깨어있는 마음이다. 그래서 배움이 있는 곳이면, 근거 있는 자료를 얻을 수 있는 곳이면 어디든 찾아가려고 애쓴다. 이 책에서 사용한 대부분의 사진 자료나 그림 자료는 직접 촬영했거나 수집한 것이다.

이 책을 쓰는 나의 바람은 교회마다 성경 학교가 다시 세워지는 것이다. 어렸을 적 교회에서는 아동부와 청소년부뿐 아니라 청장년부까지 계단 공과를 교재로 성경을 가르쳤다. 성경 교육이 교회의 주된 사명이 아니라 하더라도, 오늘날 교회에서 성경 교육 기관이 사라진 것은 기독교 신앙의 근간을 흔드는 현상이 아닐 수 없다. 한국 교회가 감당해왔던 시대적 사명을 부정하고 싶은 마음은 추호도 없다. '70년대의 심령부흥운

동, '80년대의 제자훈련운동, '90년대의 세계선교운동, 2000년대의 내적 치유운동은 모두 한국 교회의 역량을 시대적 요청에 쏟아 부은 결과이다. 그러나 66권 성경을 통전적으로 가르치지 않는다면, 한국 교회의 미래가 어떻게 될 지 염려스럽다. 더구나 이단의 위험 때문에 대부분의 교회는 교인들이 외부에서 성경 공부하는 것을 금지하고 있다. 가장 바람직한 것은 교회가 직접 나서는 것이다. 물론 담임 목회자가 성경 교육을 위해 따로 시간을 내기도 어렵고, 역량 있는 교사가 하루아침에 확보되는 것도 아니다. 그러나 교회가 뜻을 세우고, 지원자들을 성경 교육기관에 위탁 육성한다면 불가능한 일도 아니다.

모든 것은 지나간다. 개인이나 교회가 성경을 배우고 가르칠 기회도 지나갈 것이다. 세월이 지난 후에는 평가만이 남게 될 것이다. 기회를 선용한 자에게는 감사가, 놓쳐버린 자에게는 후회만이 남을 것이다. 가진 자는 더 가지게 되고, 없는 자는 있는 것마저 빼앗기는 원리가 성경 공부에도 적용된다. 성경 공부가 단번에 성취될 수 있는 것이 아니기에, 꾸준히 매진하는 자에게는 더욱 풍성한 열매가, 더 이상 배울 필요가 없다고 자만하는 자에게는 있는 것마저 잃어버리는 결과가 있을 것이다. 모쪼록 한국 교회와 그리스도인들이 시냇가에 심은 나무들처럼 되어 말씀의 풍성한 열매가 있기를 기원한다.

2013. 9. 20.
송라산 기슭에서
김 인 철 목사

이 책의 특징과 사용법

이 책은 성경 각 권을 원 독자(Original Readers)의 입장에서 읽고 연구할 수 있도록 만들어졌다. 따라서 성경이 씌어진 시대의 역사와 문화적 배경을 이해하는데 먼저 초점을 맞춘다. 그런 다음 각 권의 구조를 살피고, 단락과 주요 단어의 의미를 파악해 나간다. 산을 오르기 전 멀리서 산의 모습을 보고, 가까이 다가가 숲을 보고, 등산하면서 나무와 돌을 보는 것과 같다. 이 책이 한 절 한 절에 주석적 의미를 가하고 있지는 않다. 하지만 잘 알려진 난제, 널리 퍼진 해석적 오류, 번역상의 문제와 관련된 이슈는 가급적 다루려고 했다. 그러면서 특정한 성경 신학적 관점들을 약방의 감초처럼 사용하지 않으려 했다. 자칫 현대 독자들의 관심을 고대의 성경 저자들에게 강요하는 오류를 범할 수 있기 때문이었다. 하지만 성서 시대를 살았던 원 독자들에게 언약, 하나님의 나라, 하나님의 왕 되심과 같은 개념이 무엇을 의미했는지 충분히 다루었다. 이 책은 성경 각 권을 <배경>과 <내용>이라는 두 개의 큰 범주에서 소개하고 있다. 그 범주를 세분하면 아래의 항목들과 같다.

도입부

본격적으로 연구하기 전 각 권의 전체적인 윤곽을 살펴본다.

1. 배경

<지리와 역사>

영원한 진리가 묻혀 있는 시대적 배경을 살핀다.

<문화>

영원한 진리가 형상화 되어 있는 풍습과 제도를 살핀다.

<문학 양식>
영원한 진리를 표현한 문학 양식과 그 의의를 살핀다.

<원 청중과 원 독자>
성경 각 권의 일차 수신인이었던 주인공들의 입장을 이해한다.

<주제와 관점>
저자가 말하려고 했던 핵심 메시지와 관점을 요약한다.

<기록 목적>
원 독자에 대한 저자의 저술 의도를 정리한다. 이것은 문맥의 의미를 파악하는데 결정적이다.

<특징>
다른 성경과 구분되는 특징을 살펴 각 권의 정체성을 밝힌다.

2. 내용

<구조와 요절>
저자가 메시지를 어떤 분량과 순서로 배열하는지 살피고, 각 권을 대표하는 구절을 찾는다. 구조와 요절은 저자의 의도와 기록 목적을 선명하게 드러낸다.

<해설>
나누어진 문단들을 요약하고, 주요 단어와 구절들을 원 독자 중심으로 해석한다. 본문 좌우 여백에 사진, 그림, 자료출처, 주해가 첨부되어 있다.

<토의 과제>
개인이나 그룹이 복습을 위해 사용할 수 있게 했다.

시드기야의 굴

목 차

서론

이집트 에드푸 신전 지성소 신상 가마

들어가는 말

성경은 하나님의 말씀이며 영원한 진리이다. 그러나 그 진리는 해석을 요한다. 성경이 기록되었을 당시의 역사, 문화, 언어와 현대 독자들 사이에는 커다란 간격이 있기 때문이다. 그 간격을 좁히려는 노력이 성경 연구이다. 아는 만큼 보인다는 말처럼, 성서 시대의 배경을 알수록 원 독자(Original Readers)들이 이해했던 원 의미에 한 걸음 더 다가서게 되는 것이다. 수많은 성경학자들이 생애를 바쳐 연구해 왔지만 아직도 성경에는 알기 어려운 부분들이 많이 남아 있다. 심지어 잘 안다고 생각되는 본문들도 어쩌면 피상적 의미만을 파악하고 있을지도 모른다.

첫째 마당 오해와 선입견

성경 연구의 가장 큰 걸림돌은 오해와 선입견이다. 그것을 벗어나지 못한 사람은 언제나 자신이 내려놓은 결론만을 되풀이 하게 된다. 성경에 대한 오해와 선입견은 아래와 같이 다양하다.

- 성경기록에 사용된 히브리어와 헬라어는 거룩하고 완전한 언어이다.
- 성경의 저자들은 오직 하나님이 주시는 말씀만을 기록했다.
- 성경은 최초에 기록된 그대로 보존되어 왔다.
- 한글성경은 원문을 완벽하게 번역한 것이다.
- 성경은 직접적으로 나를 향해(towards me) 기록된 것이다.
- 성경에는 삶의 심오한 질문에 대한 답이 모두 다 들어 있다.
- 성경 66권은 한꺼번에 주어진 것이다.
- 하나의 구절 혹은 단락에는 오직 하나의 진리만이 들어 있을 뿐이다.
- 성경은 그 자체로서 뜻을 밝혀주기 때문에 배경을 알아야 할 필요가

없다.

- 성경이 기록될 때 저자들의 경험과 의도는 반영되지 않았다.
- 저자들은 무엇을 기록하고 있는지 잘 몰랐다.
- 성경의 모든 단어, 구절, 단락이 그리스도를 말하고 있다.
- 성경에 나오는 동물, 식물, 지명, 인명은 모두 영적인 의미를 가지고 있다.
- 성경에 나오는 모든 단어와 구절들을 문자 그대로 믿어야 한다.
- 성경에 나오는 명령들을 모두 문자적으로 실천해야 한다.
- 성경을 성서라고 부르면 안 되며, 성경은 믿음의 표준이지 연구의 대상이 아니다.

이런 생각들에 동의하는 부분이 많을수록 성경연구는 답보상태를 면하기 어려울 것이다. 위의 오해와 선입견들에 대해 좀더 검토해본다.

- 히브리어와 헬라어가 거룩하고 완전한 언어이기 때문에 성경 기록에 사용된 것이 아니다. 성경이 거룩하다는 것은 거룩하신 하나님 때문이지 언어 때문이 아니다. 히브리어는 구약 성서가 주어진 이스라엘 민족이 사용하던 언어일 뿐이며, 코이네 헬라어 또한 헬라화된 세계에서 가장 보편적으로 사용된 언어였을 뿐이다. 히브리어는 북서 셈어 가운데 하나로서 가나안 방언이 많이 들어 있는 언어이다. 더구나 히브리어는 구약성서가 기록되는 1000년의 기간 중에도 변천 과정을 겪었다.

- 코이네 헬라어는 알렉산더가 세계를 정복하고 헬라화 시키는 과정에서 그의 부하들에 의해 고전 헬라어를 모르는 비 헬라인들과의 의사소통을 위해 만들어졌다. 한마디로 코이네 헬라어는 비 헬라인 대중들이 쓰던 언어였을 뿐이다. 1897년 이집트 카이로 남쪽 160km 떨어진 옥시린쿠스(Oxyrhynchus)의 쓰레기 더미에서 코이네 헬라어로 씌어진 문서 조각들이 발견되기까지 신약 성경 이외에 이 언어로 된 문헌은 발견되지 않았다. 왜냐하면 대부분의 헬라 저술들은 아티카 헬라어로 씌어졌기 때문이다. 따라서 코이네 헬라어는 신약 성경을 기록할 만큼 신성한 언어로 간주되었다. 그리고 신약 성서에 한 두 번 나오는 단어

들에 대해 온갖 주관적 해석을 가해왔다. 그러나 옥시린쿠스 파피루스의 발견으로 코이네 헬라어는 더 이상 신비한 언어가 될 수 없었으며, 영적 해석이 더 이상 발 붙일 곳도 없게 되었다.

- 하나님의 거룩한 말씀이 거룩한 언어에 담긴다는 생각은 라틴어를 사용하던 로마인들도 예외가 아니었다. 로마가 그리스도교를 공인한 이후 로마 가톨릭 교회는 라틴어로 된 성경을 고집해왔으며, 1000년 이란 세월이 흐른 뒤에도 종교개혁가들의 자국어 성경번역을 단죄했다. 그들은 기득권과 우월감을 유지하기 원했던 것이다. 한국 교회의 성경번역에 대한 태도에도 유사한 부분이 발견된다. "하나님이 가라사대" 라고 하면 성스럽게 들리고 "하나님이 말씀하시되"라고 하면 왠지 허전한 느낌을 받는 사람들이 많다. 이 또한 자신에게 익숙한 언어를 거룩한 언어라고 과대 포장하는 착각에 지나지 않는다.

- 성경의 저자들은 하나님이 주시는 말씀만을 기록하지 않았다. 성경에서 "하나님이 가라사대" "하나님의 말씀이 내게 임하니라"고 직접적으로 언급한 부분은 일부에 지나지 않는다. 신약의 저자들은 구약을 즐겨 인용했으며, 구약의 저자들도 동시대 혹은 선대의 작품들을 즐겨 인용했다(수 10:13, 왕상 14:9, 15:7, 대하 36:22-23과 스 1:1-3). 누가는 서문에서 다른 사람들의 작품을 참고 했음을 밝히고 있다(1:1-2). 잠 22:17-24:22는 애굽 중왕국 시대 교과서 <아멘-엠-오페>와 매우 흡사하다. 바울은 자신의 생각과 그리스도의 명령을 구분해서 기록하고 있다(고전 7:10,12,25-26).

- 성경이 최초에 기록된 그대로 보존되어 온 것이 아니다. 성경을 베껴 쓰는 과정에서 수많은 이문들이 생겨났으며, 사본들도 계속 수정되어 왔다. 현대인들이 보는 성경은 사본들을 편집해서 만든 것이다. 가장 오래된 구약 성서의 사본인 쿰란 사본도 주전 1-2세기의 것이다.

- 한글 성경뿐 아니라 어떤 번역본도 완벽하게 원문의 뜻을 살릴 수 없다. 예를 들어 한글 성경에서 '떡'으로 번역된 단어를 직역하면 '빵'에

가깝고, 의역하면 '밥'이 된다. 한국 사람에게 주식은 빵이 아니라 밥이며, 원문의 빵은 유대인들의 주식이기 때문이다. 다시 말해서 '떡' '빵' '밥' 어느 쪽도 완벽한 번역이 될 수 없는 것이다. 그뿐 아니라 숙어들을 직역하면 의미가 제대로 전달되지 않고, 의역하면 원문에 없는 말을 지어내야 한다. 그런가 하면 영어 성경과 한글 성경에서 셀롯인 시몬(눅 6:15)을 가나안인 시몬(마 10:2,4, 막 3:18-19)으로 번역한 것은 대표적인 오역에 속한다. 어떤 사람들은 KJV 성경이 '보존된 성경'이고 다른 번역본은 '변개된 성경' 혹은 '마귀의 책'으로 매도하기도 한다. 그런데 KJV가 번역한 TR 사본이야말로 고대 헬라어 사본 어디에도 없는 라틴어 사본을 헬라어로 번역한 것이어서 더 큰 문제를 안고 있다.

- 성경은 나를 향해(towards me) 기록된 것이 아니라 나를 위해(for me) 기록된 것이다. 성경은 일차적으로 저자와 같은 시대를 살아가는 원 독자들을 향해(towards original readers) 기록되었다. 저자는 원 독자들의 사정과 필요를 잘 알고 있었으며, 그들에게 맞는 메시지를 전한 것이다. 따라서 성경을 읽을 때는 먼저 본문이 원 독자들에게 무슨 의미가 있었는지 살펴보아야 한다. 그 다음으로 그 메시지가 시대와 문화를 뛰어 넘어 현대 독자들에게 어떤 진리가 될 것인지 생각해야 한다.

- 성경에는 삶의 심오한 질문에 대한 답이 다 들어 있지 않다. 예를 들어 창세기의 저자는 진화론에 맞서 싸우는데 필요한 자료를 제공하지 않았다. 성경 어디에도 악의 기원에 대한 설명이 없으며, 삶의 부조리에 대해서 속 시원한 해결책을 제시하지 않고, 죽음 너머의 세계에 대해 알고 싶은 만큼의 자세한 정보를 제공하고 있지도 않다. 다만 비슷한 진리들을 가지고 유추해 볼 수 있을 뿐이다. 성경이 21세기 사람들을 위해 기록되었기 때문에, 저자들이 미처 그 뜻을 알 지 못했을 것이라는 생각은 아집과 편견에 불과하다. 우리는 성경 저자들이 우리보다 더 하나님의 영으로 충만했었다는 사실을 인정해야 한다. 만약 성경이 21세기 사람들을 위해 기록된 것이라면, 몇 세기 뒤의 사람들은 어떻게 해석해야 하는가?

- 성경 66권은 1500여 년의 세월을 통해 조금씩 기록되었다. 예언서 중에는 적어도 십 수년이 걸려 기록된 것들도 있다. 예언의 내용이 막중해서가 아니라 예언자로 활동한 기간이 길었기 때문이다. 처음에 말로 선포되었던 것을 글로 옮겨 적어 예언 모음집을 만든 것이 대부분이다. 여러 예언자들이 앞선 예언자들의 글을 직접 혹은 간접적으로 인용했으며, 표현 방식을 빌려 쓰기도 했다.

- 한 성경구절 혹은 한 단락에 하나의 의미만이 들어있는 것은 아니다. 하나의 의미만이 있을 뿐이라는 생각은 다르게 해석하는 사람들을 적대시하는 오만에 빠지기 쉽다. 성경의 많은 구절 혹은 단락이 단답형의 결론으로 인도될 수 있지 않다. 빛이 스펙트럼을 통과할 때 무지개 색깔이 나오는 것처럼 다양한 해석이 나올 수 있는 것이다.

- 성경에는 주전 2000년에서 주후 1세기까지 이집트 및 고대 근동과 헬라화 된 세계의 역사와 문화가 들어 있다. 배경을 알지 않고도 성경의 의미를 알 수 있다는 사람은, 고고학 발굴 현장에서 땅을 파보거나 위성 촬영을 하지 않고도 무엇이 들어 있는지 알 수 있다는 사람과 같다. 종교개혁가들이 "성경은 누가 읽더라도 명백히 뜻을 알 수 있는 책이라"고 한 것은 구원과 도덕적 삶에 관한 기본 진리들을 가리킨 것이다. 그들은 누구보다 열심히 성경의 배경을 연구한 사람들이다. 사도행전에 나오는 헬라파 유대인과 히브리파 유대인의 개념을 아는데 있어서 신구약 중간사를 몰라도 좋은가? 복음서에서 바리새인들이 그리스도와 제자들을 공격했던 원인을 분석하는데 있어서 유대인의 정결규례를 몰라도 좋은가? 요한 계시록을 이해하는데 있어서 종말론적 묵시문학의 특징을 몰라도 좋은가?

- 성경에는 저자의 의도(authors' intention)가 들어 있다. 많은 사람들은 성경의 저자들이 자기도 모르는 말을 기록했을 것이라고 생각한다. 그렇게 생각하는 이유는 성경이 현대 독자들을 향해 기록되었을 것이라는 선입견 때문이다. 따라서 성경에서 저자의 의도를 찾지 않고 숨겨진 하나님의 의도(divine intention)를 찾으려고만 한다. 사도 요한은 즐겨 자

신의 저술 의도를 표현했던 사람이다(요 20:30-31, 요일 1:4, 2:12-14,21,26, 5:13). 누가는 데오빌로의 믿음을 북돋워주기 위해 두 권의 책을 썼다(눅 1:3-4, 행 1:1). 구약 성서의 저자들은 헬라화 된 신약 시대의 저자들과 달리 저술 의도를 직접적으로 표현하지 않았지만 자료의 선별과 편집을 통해 자신들의 의도를 밝히고 있다(수 24:31, 왕하 17:7-20).

- 구약 성경이 예수 그리스도를 가리키고 있음이 틀림 없지만(요 5:39) 모든 단어, 구절, 단락이 그리스도를 직접적으로 말하고 있지는 않다. 예컨대 잠언의 대부분은 삶에 필요한 실용적 지혜를 말하고 있다. 구약 성경을 그리스도 중심으로 해석하려고 할 때는 신약의 저자들이 예수 그리스도에게 적용했거나, 본문 자체가 메시아 예언일 때로 한정하는 것이 좋다. 예를 들어 성막의 구조와 기구들을 일일이 그리스도 중심으로 해석하는 것은 해석자 자신의 주관적 상상력에 기초한 것이다.

- 성경에 나오는 동물, 식물, 지명, 인명이 모두 영적인 의미를 가지고 있지는 않다. 성경의 저자들이 종종 이런 것들을 상징화하여 영적 도덕적 의미를 전달하기는 하지만, 언제나 그런 것은 아니다. 따라서 상징(symbolism)은 성경의 저자들이 그것들을 상징화하는 한도 내에서 해석해야 한다.

- 성경에 나오는 모든 단어와 구절이 문자적 의미를 가지는 것만은 아니다. 때때로 저자들은 숫자를 과장하기도 하며, 상징적 의미로 사용할 때가 많다. 예를 들어서 열왕기 저자는 북 이스라엘 지파 모두가 포로로 끌려간 것으로 묘사하지만(왕하 17:18), 역대기 저자는 북 이스라엘 패망 이후에도 여전히 에브라임, 므낫세, 스불론, 아셀 지파들이 남아 있었음을 보여준다(대하 30:1-12). 앗수르 왕 사르곤은 자신의 비석에 이스라엘 포로를 27,290명 잡아 왔다고 기록했다. 다윗 왕 시절 조사 이후 인구가 전혀 늘지 않았다고 해도 북 이스라엘이 패망할 때 적어도 500,000명은 살고 있었을 것이다. 그렇다고 해서 열왕기 저자가 거짓말을 했다고 할 필요는 없다. 그는 자신의 신학적 경향(bias)에 따라 패망의 원인과 결과를 강조했을 뿐이다. 중요한 점은 어떤 구절

을 어떤 이유로 상징적 혹은 문자적으로 해석할 것이냐에 대해 분명한 기준을 가지고 우리가 결정하는 일이다.

- 성경에 나오는 모든 명령들을 문자적으로 실천할 수는 없다. 예를 들어 신명기에는 계대결혼(levirate marriage)의 명령이 나온다. 그렇다면 자녀를 낳지 못하고 세상을 떠난 형을 위해 형수를 임신시켜야 하는가? 민수기에는 순결을 의심받는 아내를 성막에 데려와 저주의식을 치러 재판을 받도록 명령하고 있다. 만약 이 계명을 문자 대로 지키려면 어떻게 해야 하는가? 그런 점에서 피째 먹지 말라는 계명을 지키기 위해 수혈을 거부하고 죽음을 택하는 사람들은 오히려 하나님의 명령을 부분적으로만 지키는 자들이라고 할 수 있다.

- 성경과 성서는 모두 영어로 Bible(바이블)이다. 바이블을 '성경'으로 부르기만을 고집하는 이유는 경전으로서의 의미를 강조하기 위한 것이다. 구약 성경이 경전이 된 것은 모세 오경이 최초로 기록된 이후 적어도 1,000년이 지나서였다. 신약 성경 또한 기록 당시부터 경전은 아니었다. 신구약 모두 정경화(canonization) 작업이 끝나기 전에는 성스러운 문헌에 지나지 않았다. 성경 연구를 반대하는 사람들은 경전의 권위가 손상될까 염려한다. 그러나 믿기 위해서 연구할 필요가 있고, 믿기 때문에 연구할 필요가 있는 것이다(행 17:11). 성경 연구를 통해 경전의 권위가 손상될까 염려하는 사람들은 '성경의 무오성'을 오해하는 사람들이다. 그들은 혹시라도 성경에서 오류가 발견될까 염려한다. 그러나 성경의 수많은 곳에서 서로 상반되는 진술, 베껴 쓰는 과정에서 발생한 오류, 후대의 첨가 혹은 수정 등이 발견된다. 한마디로 성경은 불완전한 인간들에 의해 불완전한 언어로 씌어지고, 불완전한 방식으로 전수되고, 상대적인 외국어로 번역된 것이다. 그렇다고 해서 하나님의 말씀으로서 성경의 권위가 떨어지는 것이 아니다. 하나님은 불완전한 사람들과 언어를 사용하셔서 완전한 당신의 뜻을 전하셨다. 예수 그리스도는 구약을 성취하기 위해 오셨고, 신약은 오신 그리스도를 증거하고 있다.

둘째 마당 성경연구의 순서

성경 읽기 - 떡잎

성경 연구를 식물의 성장에 비유한다면, 읽기는 떡잎에 해당된다. 될 성부른 나무는 떡잎부터 알아본다는 속담이 성경연구에도 적용된다. 성경을 읽는 것은 고전을 읽는 것과 같다. 왜냐하면 성경은 지금으로부터 2,000년에서 3,500년 전 이집트 및 지중해 일대와 고대 근동의 역사와 문화를 배경으로 하고 있기 때문이다. 그런데 성경의 배경을 잘 모르면서도 낯설게 느껴지지 않을 수 있다. 첫째 이유는 읽고 있는 본문에 대한 선 지식 때문이다. 설교나 성경공부를 통해 얻은 제 3자의 해석을 색안경 삼아 본문을 대하기 때문에 편안하게 느끼는 것이다. 마치 사파리 공원을 자동차로 여행하는 사람이 옆에 맹수가 있는데도 겁을 먹지 않은 것과 같다. 정말로 야생을 경험해보고 싶다면 차에서 내려야 할 것이다.

성경을 읽을 때 낯설게 느껴지지 않는 둘째 이유는 본문을 21세기에 사는 자신의 관점으로 해석하기 때문이다. 번역본을 사용하기 때문에 지금 읽고 있는 내용들이 마치 이웃에서 일어난 일상사처럼 느껴지는 것이다. 마치 성우들이 우리말로 더빙한 외화를 보는 것과 같다. 그러나 그 영화의 배경이 된 문화를 실감나게 체험해보고 싶다면 더빙과 자막이 없는 필름으로 보는 것이 좋을 것이다.

본문이 낯설지 않는 세 번째 이유는 성경 읽기를 통해 얻으려는 내용을 이미 정해놓았기 때문이다. 마치 서둘러 쇼핑을 마쳐야 하는 사람이 주변 상품을 거들떠 보지 않는 것과 같다. 예를 들어 역사적 사건들에 관심이 있는 사람은 구약에 자주 나오는 긴 족보에 별 흥미를 느끼지 못할 것이다. 그러나 정말로 성경 연구에 진전을 보기 원한다면 특정한 내용에 대한 기대감을 내려놓아야 한다. 이처럼 선 지식과 21세기 문화와 제한적 기대를 내려놓고 성경을 읽으면, 비로소 성경이 낯설게 다가올 것이다. 그것이 성경 연구의 시작이다. 시간적 여유를 가지고 읽으면서 어떤 장르의 글인지, 단어와 구절의 의미가 무엇인지, 주제가 무엇인지, 무슨 일이 벌어지고 있는지 살펴본다.

원 독자 중심 해석 – 줄기

성경 읽기의 다음 단계는 원 독자 중심으로 해석하는 것이다. 원 독자란 성경이 기록되었을 때 최초로 읽었던 사람들을 가리킨다. 이처럼 원 독자 중심으로 본문을 해석하는 것은, 식물의 성장에 있어서 줄기와 같다. 많은 사람이 오해하는 것처럼 성경이 불특정 다수를 향해 기록된 책은 아니다. 성경은 저자가 명백한 의도를 가지고 동시대의 공동체 구성원들-원 독자들을 염두에 두고 기록한 책들이다. 여호수아서는 가나안 원주민들을 두려워하는 세대의 이스라엘 백성들을 위해 기록되었다. 열왕기서는 유다 왕국의 패망 원인이 하나님과의 언약을 어겼음에 있었음을 알아야 하는 바벨론 거주 유대인들을 위해 기록되었다. 역대기는 유다 본토로의 귀환이 예언의 성취였음을 알아야 하는 유대인들을 위해 기록되었다. 그런데 성경을 해석할 때 피상적으로 드러난 의미를 추구하는 것과 그 의미를 원 독자에게 맞추어 해석하는 것은 완전히 다르다.

예를 들어 사무엘서에 나오는 다윗과 요나단 이야기가 갖는 피상적 의미는 신앙인의 우정에 대한 교훈이다. 그러나 그 이야기를 분열 왕국 초기의 원 독자들에게 맞추어 해석하면 전혀 다르다. 즉, 요나단은 다윗 왕국을 위해 기득권을 포기할 수 있어야 하는 북 이스라엘 왕들의 모범이 된다. 따라서 핵심 단어와 주제파악 등을 통해 일차적으로 드러나는 의미가 원 독자들에게 어떤 의의가 있었는지 생각해야 한다. 그렇게 하려면 먼저 원 독자가 누구였으며, 어떤 역사적 문화적 상황에 있었는지, 당면 과제가 무엇이었는지 알아야 한다. 원 독자들에 대한 정보는 먼저 성경 자체의 내부증거(internal evidences)를 통해서 얻을 수 있고, 더 풍부한 자료는 관련 참고도서들을 통해서 얻을 수 있다(참고서적을 읽지 않고 직감만으로 홀연히 깨닫기만을 바라지 말라).

영원한 진리(timeless truth) 발견 – 꽃

성경 연구의 꽃은 영원한 진리를 발견하는 것이다. 다시 말해 원 독자들과 21세기 현대 독자들에게 함께 적용되는 진리를 발견하는데 있다. 그렇지 않다면 성경 연구가 한낱 고전 연구에 지나지 않을 것이다. 그런 점에서 영원한 진리는 시대를 초월하여 적용되는 진리이다. 성경이 하나님의 말씀이라는 선언도 그런 의미로 받아들여져야 한다. 그런데 성경의 영원한 진리는 역사적 배경 속에 문화의 옷을 입고 문학적으로 묘사되어 있다. 21세기 현대독자들이 해야 할 과제는 그 영원한 진리를 성서 시대의 역사와 문화와 문학의 틀에서 끄집어 내는 것이다. 그렇게 하려면 성경 본문에서 어디까지가 성서 시대에 국한 되는 한시적인 진리인지 아니면 영원한 진리에 포함되는 것인지 구분할 수 있어야 한다. 예를 들어 구약 성서에는 할례의 중요성이 강조되어 있다. 그것이 신약 시대에도 적용될 수 있는 영원한 진리인가, 아니면 구약 시대에만 적용되는 한시적 진리인가 하는 것이다. 그리고 레위기에는 성 밖의 경작지를 영원히 팔 수 없다는 명령이 나온다. 그 속에 들어 있는 영원한 진리가 무엇인지 알아내는 것은 성경을 연구하는 사람의 몫이다.

진리의 적용(실천) - 열매

성경연구의 최종 목적은 진리의 실천에 있다. 영원한 진리를 발견하기 위해 역사적 문화적 문학적 껍질을 벗겨냈다면, 그것을 실천하기 위해서 다시 우리 시대의 상황과 문화와 문학의 옷을 입혀야 한다. 무엇보다 성경을 읽는 독자 자신의 현재 상황에 맞게, 영원한 진리를 구체적이고도 가능한 방법으로 실천 계획을 작성해야 한다. 유추적으로 표현하자면 말씀이 육신이 되는 단계라고 할 수 있다. 성서 시대의 독자들이 하나님의 말씀을 실천하는데 갈등을 겪은 것처럼, 현대독자들 역시 영원한 진리를 발견할 때 당혹감을 느낀다. 바울은 로마 교회에 보낸 편지에서 그런 자신을 곤고한 사람이라고 고백했다.

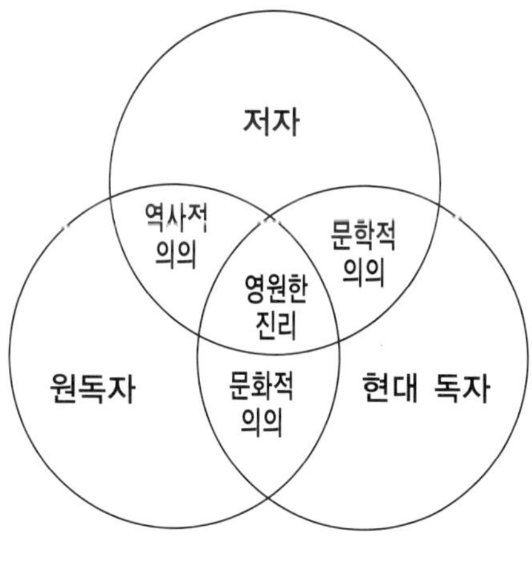

영원한 진리가 들어 있는 성경의 배경 도식

셋째 마당 헤브라이즘

성서는 이스라엘의 민족정신이 담겨 있는 책이다. '책의 민족'이라는 별명이 말해주듯 그들은 기록을 소중히 여겼으며, 다음 세대로 전달하는데 실패하지 않았다. 그들은 메소포타미아의 제국들이나 이집트처럼 큰 나라가 아니었고, 고대 문명을 주도해본 적도 없었다. 오히려 언제나 강대국들의 틈바구니에서 생존을 모색해야 했고, 주요 문명의 교량적 위치에 있으면서 정체성 확보에 급급했다. 그러나 역사 속에서 세계 3대 종교-그리스도교, 이슬람교, 유대교의 뿌리가 되는 구약 성서를 탄생시킨 민족이 되었다. 다시 말해 세계인들의 정신을 지배하는 3대 종교의 경전에는 이스라엘의 민족정신-헤브라이즘(Hebraism)이 들어 있는 것이다. 따라서 성서를 이해한다는 것은 헤브라이즘을 이해한다는 말과도 같다. 헤브라이즘을 몇 마디로 정의하기란 어렵다. 성서 시대 헤브라이즘만 하더라도 2,000년의 역사를 통해 만들어진 것이고, 단순한 종교 영역만이 아니라 삶의 전반에 관한 것이기 때문이다.

성서 시대 헤브라이즘의 특성

1. 기원

헤브라이즘의 출발점이 되는 히브리 민족의 기원을 역사적으로 찾아내기란 쉽지 않다. 성서에 기록된 최초의 히브리인은 아브람이다(창 14:13). 그런데 '히브리'라는 단어의 의미는 학자들마다 다르다. 그 중에서 가장 보편적으로 받아들여지는 것은 '건너다'는 의미의 동사 עבר(아바르)에서 עברי(이브리)가 왔다고 추정하는 것이다. 이때 히브리는 '강을 건너온 자'라는 의미가 된다. 같은 맥락에서 창 10:21, 24, 25에 나오는 셈의 자손 셀라의 아들 עבר(에베르)를 히브리 민족의 조상으로 보기도 한다. 히브리어 또한 기원을 찾기가 쉽지 않다. 야곱이 외삼촌과 협정을 맺으며 쌓은 돌무더기를 히브리어로 '갈르엣' 이라고 부르고, 라반이 아람어로 '여갈사하두다' 로 부르고 있는 점을 주목할 필요가 있다(창 31:47). 아마도 히브리 민족의 조상 아브라함은 아카드어를 썼을 것이고, 이삭은 아카드어와 가나안 방언을 혼용해서 사용했을 것이며, 야곱은 그것과 함께 어머니와 외삼촌이 사용하던 아람어로부터 파생된 독특한 언어-히브리어를 구사했던 것으로 보인다. 구약 시대에 사용된 선형 히브리어 철자는 페니키아어에서 파생된 것으로서, 포로기를 거치면서 아람어와 같은 정방형이 되었다(헬라어 또한 페니키아어에 기원을 두고 있다).

2. 고대 근동 문화의 일부

지정학적으로 이스라엘 민족은 대륙과 문화의 교량적 위치에서 살았다. 따라서 구약 시대의 헤브라이즘은 고대 근동 문화의 일부이기도 했다. 그런 이유로 성서에는 주변 민족들의 것과 풍습이 같거나 비슷한 예가 많이 발견된다. 예를 들어 자식을 낳지 못하던 사래가 아브람에게 자신의 여종을 씨받이로 내어준 것은 근동의 흔한 풍속이었으며, 아브람이 사래를 누이라고 속인 것도 누이를 아내로 맞아들이던 풍속을 보여준다. 그리고 오경에 나와 있는 민법과 형법은 함무라비 법전의 규정들과 유사하며, 상법은 히타이트의 법을 따르고 있다. 잠언의 일부는 이집트로부터 수입한 것을 통째로 인용한 것이다. 창세기의 창조 이야기는 창조 신을 찬양하던 고대 근동 문헌들에 나오는 우주관과 맥을 같이 한다.

이집트화 된
근동의 신 레세프

욥기(7:12), 시편(시 74:13, 14), 예언서(사 27:1)들에 나오는 용과 바다 괴물 이야기는 에누마 엘리쉬와 바알 신화집에 나오는 등장 인물들이다. "사람은 고생을 위하여 났나니 불꽃이 위로 날아가는 것 같으니라"(5:6)는 표현도 근동 신화의 잔재를 보여준다. 여기서 '불꽃' 을 직역하면 '레셉의 아들들' 이다. 레셉은 북서 셈 족의 '질병의 신' 으로 지하에서 살며, '레셉의 자녀들' 이 인간세계에 질병을 가져온다고 믿어졌다. 그리고 아가서는 근동에서 발견되는 사랑 노래와 주제가 같다. 이스라엘 민족이 사용하던 달력은 처음에는 이집트의 것을, 나중에는 바벨론의 것을 차용했다. 한때 이스라엘 민족은 일신론마저 포기하고 다신교적 세계관을 받아들이기까지 했다. 그리고 그 결과는 언제나 정체성과 주권의 상실로 끝났다. 그럼에도 불구하고 성서 시대 헤브라이즘은 역사를 통해 지속적으로 외국 문화를 수용하며 발전했다. 고대 근동의 신들은 모두 단순히 천사와 같은 영적 존재들로 바뀌어 소개된다(창 6:2,4 욥 1:6, 2:1, 38:7). 히브리 문화에 대한 편견 가운데 하나는 이와 같은 특성을 보지 못하는 데서 비롯된 것이다.

3. 배타성

헤브라이즘이 근동 문화의 일부이기는 하지만 주변 민족들에서 유를 찾아볼 수 없는 독특한 부분이 있다. 대부분 민족의 수호신(patron deities)이었던 근동의 신들과 달리 야훼 하나님은 자기 백성과의 전쟁도 불사했다. 그런가 하면 예언자들이 왕의 신하였던 근동 문화와 대조적으로, 이스라엘에서는 예언자들이 왕의 견제 세력이었다. 유일신관, 형상 없는 신, 안식일, 안식년, 희년, 할례의식, 고엘 제도, 시오니즘 등은 헤브라이즘의 대표적 배타성을 보여준다. 이처럼 타민족과 동화될 수 없는 배타성은 이방인들로부터 반 유대주의(anti Semitism)라는 저항을 불러왔다.

4. 시대에 따른 변화

헤브라이즘이 시간의 흐름을 따라 처음의 모습과 달리 아주 변했을 것이라거나 또는 전혀 변하지 않았다고 생각하는 것 모두 편견이다. 성서 시대 헤브라이즘은 일관성과 변화성을 동시에 지니고 있다. 예를 들어 모세오경에 나와 있는 계대 결혼과 구속자 제도는 사사 시대에 벌써 제대로 지켜지지 않는다. 예를 들어 룻과 결혼한 보아스는 칭찬을 받으며, 룻의 아들을 자기 족보에 올릴 수 있는 특전을 얻는다. 우림과 둠밈을 통한 신탁은 다윗 시대 이후 거의 자취를 감춘다(스 2:59-63). 포로 이전 시대 성전의 개념은 야훼 하나님이 임재하시는 장소였다. 그러나 포로 이후 하나님의 거처는 하늘로 바꾸어지고, 성전은 하나님의 이름을 두시는 곳으로 바뀐다. 모세의 성막과 솔로몬의 성전은 구조, 치수, 기구의 위치와 숫자에서도 다르다. 부모의 죄 때문에 자손들이 벌을 받는다는 모세 시대의 신학은 에스겔 시대에 이르러 각자가 자신의 죄 때문에만 벌을 받는다는 관점으로 바뀌어졌다. 모세 오경의 토지제도는 아합 왕 시절부터 무너지기 시작해서 신약 시대에 이르러는 거의 지켜지지 않았다. 그리고 시대마다 새로운 문화가 만들어지고 공동체에 의해 수용되었다. 부림절이나 수전절 같은 절기는 포로기 이후 생겨난 것이다. 다윗이 성전에 성가대를 창설한 것, 시편을 비롯한 성문서와 예언서들이 시대를 따라 거룩한 경전의 일부로 추가되는 것도 변화의 또 다른 예라고 할 수 있다. 메시아가 와서 곤경에 처한 이스라엘을 구원해줄 것이라는 예언은 아무리 빨리 잡아도 이사야 시대 이후에 구체화되고 있다. 그럼에도 불구하고 제사 제도, 절기, 정결규례 같은 것은 신약시대에까지 일관되게 지켜지고 있다.

수전절 (하누카) 촛대

5. 다양성

헤브라이즘의 가장 큰 특징 중의 하나는 다양성이다. 예를 들어 신약 시대 4대 종파-바리새파, 사두개파, 에세네파, 셀롯파는 신학적 관점이 크게 다르지만 모두 유대교로 인정되었다. 구약 시대에는 서로 모순되는 두 개의 법이 융통성 있게 운영되었다. 예를 들어 형제의 아내와 동침하지 말라는 규정과 자식이 없이 죽은 형제의 아내와 동침하여 후사를 이어주게 하는 규정이 융통성 있게 시행된 것이다. 사무엘과 다윗 시대에는 성막이 아닌 산당에서의 제사도 용인되었다. 예언자들이 비난해 마지 않았던 주상(마체바)이 족장들의 시대부터 이사야의 활동 시대까지 용인되었었다(창 28:18, 출 24:4, 사 19:9). 그리고 헤브라이즘에는 유목문화와 농경문화가 혼합되어 있다. 사실상 유목문화와 농경문화는 상충되는 것이다. 그럼에도 불구하고 두 개의 문화가 공존한다. 왜냐하면 원래 그들의 조상은 반유목민이었으나 가나안 정착 이후 농경을 겸하게 되었기 때문이다(신 26:5-10). 인종적으로도 히브리 민족은 출애굽시절부터 다양한 민족을 포용하고 있었다. 예를 들면 유다 지파에 속한 갈렙은 원래 그니스 족속이었다(수 14:6). 다윗 자신도 모압 여인 룻의 후손이었고, 다윗의 부하들 중에는 헷 사람이 있었으며(삼하 11:3), 사울의 부하들 중에는 에돔 사람도 있었다(삼상 22:18). 뿐 아니라 예레미야 시대 하나님이 칭찬해마지 않았던 레갑 족

게셀의 주상들

속은 겐 족속이었다(렘 35장).

6. 실천 중심

헤브라이즘은 교리나 철학이 아니라 실천 중심적이다. 다른 종교들이 교리(doctrine)나 신조(creed)를 출발점으로 삼는 것과 사뭇 대조적이다. 따라서 교리적 정통(orthodoxy)이 아니라 실천적 정통(orthopraxis)이 중요시된다. 예컨대 할례를 행하고, 안식일을 지키고, 절기와 의식을 준수하고, 우상숭배와 음행과 부정한 음식을 피하고, 공동체 구성원들에게 자비와 선행을 베푸는 것이 토라에 대한 철학적 해석보다 더 강조되는 것이다. 흔히들 이스라엘 민족은 혈통적 순수성을 중요하게 여길 것처럼 생각하지만 그렇지 않다. 출애굽 시대부터 이방인들에게 유월절을 지킬 수 있도록 개방되었으며(출 12:48-49), 에스라 느헤미야 시대에 이르러 일반 백성들 뿐 아니라 제사장도 율법을 어긴 자들은 강력하게 처벌했다(느 13:15-31). 유대인들이 계명을 613 조항으로 세분하여 철저히 지키려 하는 것도 실천을 강조하는 헤브라이즘의 전통을 따르기 때문이다.

성서 시대 헤브라이즘의 요점

1. 하나님은 한 분이시며, 형상화 될 수 없다.

헤브라이즘의 기초는 유일신 야훼에 대한 신앙과 신상 없는 예배에 있고(출 20:22-23), 십계명의 첫째와 둘째에 명시되어 있다(출 20:3-5). 유일신관은 다신론(polytheism)을 배격할 뿐 아니라, 야훼 하나님이 지역신(local god)이 아니라 세상 어디에나 계시는 통치자임을 말해준다. 이런 신관은 아브라함 때부터 시작된 것이다. 신상 없는 예배는 우상숭배를 반대할 뿐 아니라 야훼 하나님에 대한 형상화도 금지한다. 오늘날 세계 3대 종교의 기초가 된 이 개념은 신들을 형상화하던 다신교적 고대 세계에서는 이해될 수 없는 것이었다. 야훼 하나님의 이름은 바알이나 벨 등 다른 어떤 신의 이름으로도 대치될 수 없었고(호 2:16-17), 금송아지와 같은 형상으로 만들어져서는 안 되었다(출 32:1-6, 왕상 12:25-30). 하나님을 형상화하는 것이 금지되었던 이유는 영이시기 때문이며 아무도 그를 본 자가 없었기 때문이다(출 33:20-23, 신 4:15-28, 삿 13:22). 하지만 하나님을 문학적으로는 마음껏 형상화할 수 있었다. 하나님은 사람처럼 손(출 9:3, 수 4:24, 시 102:25), 발(출 24:10, 시 18:9, 사 60:13, 대상 28:2, 시 132:7), 얼굴(출 33:20, 민 6:25)이 있으며 코에서 연기가 오르고 입에서 불이 나오며(시 18:8), 구름으로 수레를 삼고 바람 날개를 타고 날아다니는 분(시 104:3)으로 묘사되었다. 어쨌거나 이스라엘 민족은 오랜 세월 다신교적 이방문화와 투쟁하면서 유일신론을 지켜냈다(왕상 18:39-40, 왕하 10:18-29, 23:1-14). 이 유일신론을 성서적으로 표현하자면, 토라(모세오경)는 형상 없는 유일신 야훼 하나님에 대해 가르치며, 성문서는 그 하나님을 노래하고, 예언서는 우상 숭배와 다신교적 신앙을 버리고 야훼 하나님께로 돌아갈 것을 촉구한다고 할 수 있다. 이것을 가장 잘 표현하는 것이 쉐마이다.

> "이스라엘아 들으라 우리 하나님 여호와는 오직 유일한 여호와이시니 너는 마음을 다하고 뜻을 다하고 힘을 다하여 네 하나님 여호와를 사랑하라"(신 6:4-5)

2. 하나님은 이스라엘 민족을 선택하시고 땅을 주셨다.

야훼 하나님이 이스라엘 민족을 선택하시고 땅을 주셨다는 것은 하나님과 이스라엘 사이의 특수한 관계를 말해준다. 이스라엘을 향한 하나님의 선택과 땅의 수여는 아브라함을 부르시므로 시작되었고(창 12:1-3, 13:14-17), 출애굽 사건을 통해 구체화 되었다(출 19:5-6, 레 20:24). 하나님과 이스라엘의 관계는 언약이라는 개념을 통해 묶어진다. 즉, 아브라함과 언약을 맺으신 야훼 하나님은(창 17:1-14) 이스라엘을 이집트에서 구원하신 다음 언약을 통해 그 민족의 통치자가 되신다(출 19:4-5). 이 언약은 세월이 흘러가도 변하지 않으며, 이스라엘의 자손 대대로 성취된다. 따라서 후손들이 하나님과 맺은 언약의 백성이라는 것을 잊지 않도록, 지도자들은 시대마다 언약에로의 헌신을 강조했다. 시내산 아래에서 출애굽 1세대들과 언약 비준식을 치른 모세는(출 24:3-8), 광야 40년의 방황을 끝내고 요단 동편 모압 평지에 이르렀을 때 출애굽 2세대들을 다시 언약에 헌신시켰다(신 5:1-33). 가나안에 들어간 후 여호수아는 에발산에서 백성들을 언약에 재 헌신 시켰으며(수 8:30-35), 12지파에게 땅을 분배한 후 다시 세겜으로 백성들을 모아 언약에 다시 한 번 헌신 시켰다(수 24:1-28). 사무엘은 백성들을 미스바로 불러 모으고 우상숭배를 버리고 하나님께로 돌아오게 했다(삼상 7:3-6). 솔로몬이 성전 낙성식 때 드린 기도는 신명기의 언약에 기초한 것이며, 백성들과 함께 지킨 절기는 다름 아닌 언약 갱신 축제였다(왕상 8:1-66). 이스라엘의 왕들 중 선한 왕은 백성들을 언약에로 돌아오게 했으며, 악한 왕들은 언약 준수에 무관심했다. 예를 들어 대제사장 여호야다는 요아스 왕을 옹립할 때 언약 갱신을 주도했으며(왕하 12:17), 히스기야는 솔선수범하여 언약을 지켰고(대하 29:1-31:21), 요시야는 언약 갱신을 주도한 마지막 왕이었다(대하 34:1-35:19). 대부분의 왕들이 야훼 하나님과의 언약을 한낮 과거의 사건으로 생각했던 반면, 예언자들은 언제나 출애굽 사건을 들어 이스라엘이 하나님과의 언약 관계에 있음을 상기시켰다. 이스라엘이 이방에 포로 되어 갈 것을 예언한 것은 전적으로 언약에 기초한 것이다(레 18:25-28). 즉, 하나님이 약속의 땅을 주신 이유는 언약을 지키게 하기 위해서였다는 것이다. 그리고 하나님이 이스라엘을 선택하시고 복 주신 것은 다른 민족들을 하나님께로 인도하기 위해서라는 것이다.

> "내가 너로 큰 민족을 이루고 네게 복을 주어 네 이름을 창대하게 하리니 너는 복이 될지라 너를 축복하는 자에게는 내가 복을 내리고 너를 저주하는 자에게는 내가 저주하리니 땅의 모든 족속이 너로 말미암아 복을 얻을 것이라 하신지라"(창 12:3).

> "세계가 다 내게 속하였나니 너희가 내 말을 잘 듣고 내 언약을 지키면 너희는 모든 민족 중에서 내 소유가 되겠고 너희가 내게 대하여 제사장 나라가 되며 거룩한 백성이 되리라"(출 19:5-6상).

이처럼 하나님의 큰 섭리를 위해 선택된 이스라엘 민족이 동족을 이방인에게 팔아 넘기는 것은 용서받을 수 없는 죄악으로 간주되었다(신 24:7).

3. 하나님은 신앙과 삶의 원리로서 토라를 주셨다.

이마에 성구함을 달고 기도하는 유대인

모세 오경을 가리키는 토라는 '가르치다' '안내하다'는 단어에서 유래한 것이다. 토라는 하나님이 누구이신가에 대해 말해줄 뿐 아니라, 인간이 살아가는 원리를 말해준다. 따라서 토라에는 단순히 종교적 계명만 들어있지 않고, 민법, 상법, 형법 등 삶의 전반에 관한 법률이 들어 있으며, 초기 이스라엘의 역사가 기록되어 있다. 토라는 예언서와 성문서의 근간이며, 미쉬나와 탈무드를 통해 재해석되었다.

이스라엘 민족은 하나님이 모세를 통해 토라를 주셨음을 받아들인다. 토라에 관한 가장 기본적인 생각은 생명을 주는 책이라는 것이다. 종종 토라가 에덴 동산에 있었던 생명나무에 비유되는 이유가 거기에 있다. 그리고 생명을 얻는 비결은 토라의 가르침을 실천하는 것이다. 이것을 잘 보여주는 것이 "너희는 내 규례와 법도를 지키라 사람이 이를 행하면 그로 말미암아 살리라 나는 여호와이니라"(레 18:5)와 예수 그리스도가 영생 얻는 방법을 물어온 청년에게 "네가 생명에 들어가려면 계명들을 지키라"(마 19:17하)라고 한 것이다. 그런데 토라를 실천하려면 먼저 배우고 익혀야 한다. 그것을 잘 보여주는 말씀이 "오늘 내가 네게 명하는 이 말씀을 너는 마음에 새기고 네 자녀에게 부지런히 가르치며 집에 앉았을 때에든지 길을 갈 때에든지 누워 있을 때든지 일어날 때에든지 이 말씀을 강론할 것이며 너는 또 그것을 네 손목에 매어 기호를 삼으며 네 미간에 붙여 표로 삼고 또 네 집 문설주와 바깥 문에 기록할 지니라"(신 6:6-9)이다.

이스라엘 민족은 남자 아이가 태어난 지 8일 만에 할례를 주어 정체성을 부여하지만, 스스로 토라를 읽을 수 있게 되었을 때 성인 식을 거행한다. 토라에 대한 관점에서 볼 때 이방인은 모두 죽은 자들이다. 왜냐하면 토라로부터 생명을 얻지 못하고 있기 때문이다. "그는 허물과 죄로 죽었던 너희를 살리셨도다"(엡 2:1)라는 바울의 선언도 그것을 말해준다. 정통 유대인들이 이방인과 함께 식사하지 않는 이유도 부정한 음식을 먹을 수 없다는 관념을 넘어 시신과 접촉하는 것과 같은 불결에 오염된다고 생각하기 때문이다. 그것은 토라의 가르침을 실천하지 않는 유대인에 대해서도 마찬가지이다. 야고보는 자선에 관한 토라를 실천하지 않는 유대인들을 향해 "영혼 없는 몸이 죽은 것같이 행함이 없는 믿음은 죽은 것이니라"(약 2:26)고 했다.

4. 하나님은 선악간에 심판하신다.

토라에 의하면 하나님은 창조주이자 재판관이다. 그는 이스라엘의 하나님이지만 계율을 어긴 백성들을 예외 없이 심판하신다. 그리고 계율을 지킨 자들에게 보상을 내린다. 유대인들은 하나님의 계명 지키는 것을 품삯이 보장된 노동으로 보았다. "일하는 자에게는 그 삯이 은혜로 여겨지지 아니하고 보수로 여겨지거니와"(롬 4:4)라고 한 바울의 말이 그것을 보여준다. 그런데 구약 시대 유대인들의 보상과 심판 개념은 철저히 현세적이다. 신구약 중간기를 거치면서 그것은 내세와 전 인류적 종말 개념으로 확대된다. 1세기 많은 유대인들은 하나님이 창조하신 세상이 곧 끝나고 심판의 날이 올 것으로 기대했다. 그들은 세상이 6,000년의 역사로 마감되며, 하나님의 심판이 있은 후에 1,000년 동안의 안식 기간을 누릴 것으로 보았다. 그것은 "주의 목전에는 천 년이 지나간 어제 같으며 밤의 한 순간 같을 뿐임이니이다"(시 90:4)라는 구절을 창조의 6일에 비추어 연대기적으로 해석한 결과이다. 즉, 하나님이 6일 동안 세상을 창조하셨으므로 인류 역사는 6,000년으로 마감될 것이며, 7일째 안식하셨으므로 1,000년의 안식 기간이 온다는 것이다. 베드로도 그와 같이 해석하여 "사랑하는 자들아 주께는 하루가 천 년 같고 천 년이 하루 같다는 이 한 가지를 잊지 말라"(벧후 3:8)고 당부했다. 그리고 신약 시대에 이르러 가장 큰 보상은 선행하는 자에게 주어지는 것으로 보았다. 심지어 자기를 희생해서 다른 사람을 돕는 선행(제쿠트)은 하나님의 심판 때 자비를 덧입을 수 있는 것으로 여겨졌다. 야고보는 이 선행에 대해 "긍휼을 행하지 아니하는 자에게는 긍휼 없는 심판이 있으리라 긍휼은 심판을 이기고 자랑하느니라"(약 2:13)고 말했다.

5. 성전은 유일한 예배 장소이며, 정결한 자만이 하나님께 나아갈 수 있다.

성전 모형(1:50), 이스라엘 박물관

비록 신약 시대에 이르러 회당 예배가 보편화 되었지만 제사는 여전히 성전에서만 드려질 수 있었다. 하물며 회당이 없던 구약 시대에 성전은 유일한 예배 처소였다. 개인적인 이유에서 제물을 바치러 오는 일 외에도 모든 이스라엘 남자들은 일 년에 세 번 무교절, 오순절, 초막절에 성막(성전)에 와서 예물을 바치게 되어 있었다(신 16:16). 포로기 이후 전 세계에 유대인 디아스포라가 생겨나면서 성전은 국내외 유대인들의 순례지이자 정신적 중심축이 되었다. 성전의 전신인 성막은 이스라엘 민족이 이집트에서 나올 때부터 만들어진 것이며, 다윗이 왕권을 잡은 후 정통성을 입증하는 증거로 사용되었다.

신명기에는 '자기 이름을 두시려고 하나님의 택하신 곳' 이라는 표현을 통해 합법적인 종교 처소로서의 중앙 성소(central sanctuary)가 강조되고 있다(12:5, 11, 14, 18, 21, 26, 14:2, 23, 24, 25, 15:20, 16:2, 6, 7, 11, 15, 16, 17:8, 10, 15, 18:6, 26:2). '하나님이 자기 이름을 두시려고 택하신 곳' 으로서의 중앙 성소는 법궤가 안치된 성막이 세워질 곳을 가리키며, 일체의 제사행위가 그곳에서만 이루어져야 할 것을 의미한다. 같은 의미로 이것은 중앙 성소가 아닌 지방 성소(산당)를 파괴해야 할 것을 암시하는 것이다. 그러나 '택하신 곳' 의 지명은 구체적으로 밝히지 않고 있다. 이미 축복과 저주를 선포할 장소로서 그리심 산과 에발 산을 지정하고 있는 것에 비해 이례적이라고 할 수 있다(11:29). 그 이유는 간단하다. 땅 위에 세워진 야훼의 장막은 단지 이름을 두실 상징적 처소에 불과하며, 하늘이 진정한 야훼의 거처이기 때문이다(신 26:15). 이것은 솔로몬의 예루살렘 성전 낙성식 기도에서 여실히 드러난다(왕상 8:30, 32, 34, 36, 39, 43, 45, 49). 그러니까 야훼 하나님은 이방 신들처럼 신전을 거처로 삼지 않는다. 따라서 신전이 이전 혹은 파괴되어도 야훼 하나님의 영광이 훼방을 받지 않는다. 이 같은 중앙 성소 개념은 이스라엘 역사에서 권력의 향배, 예언자들의 활동과 밀접한 관계가 있었다.

성전과 함께 성서 시대 헤브라이즘에서 강조되었던 것은 의식상의 정결(ritual cleanness)이다. 출산, 부부관계, 식 재료, 질병, 식수, 전쟁, 장례, 가옥 등 일상 생활 전반에 걸쳐 정결이 강조되었다. 동물 식재료와 관계해서 많이 알려진 히브리어 단어는 카세르(כשר)이다. 영어권에서 코셔(kosher)라고 부르는 이 단어는 합법적이라는 뜻의 형용사이다. 이 단어로부터 '합법적인 음식' 이라는 의미의 케셔룻(כשרות)이 나왔다. 음식 규정(레10:10)에서 사용된 '부정한(unclean) 것' 과 '정한(clean) 것' 의 히브리어 단어는 '타메(טמא)' 와 '타홀(טהור)' 이다. 다니엘과 세 친구들이 바벨론 왕궁 음식을 거절하고 채식을 했던 것도 바로 정결 이유 때문이었다. 이때 다니엘과 세 친구가 먹은 채식은 씨앗류로서 제라임(זרעים)이라고 한다. 음식 규정에 있어서 씨앗은 부정하지 않은 것으로 간주되었기 때문이다. 중요한 것은 네 발 짐승, 물고기, 새, 곤충, 파충류를 막론하고 식 재료로 사용할 수 없는 것들의 목록이 분명히 나와 있다는 점이다. 다시 말해서 식 재료 취사선택의 기준만 제시한 것이 아니라 구체적 이름까지 명시되어 있어서 실천하기 어렵지 않았다.

신약 시대에 들어 와서 정결 규례는 한층 더 강화되었다. 바리새인들은 소위 구전 율법(oral Torah)의 세부 규칙을 지키는 자들만이 하나님의 백성인 것처럼 가르쳤다. 그들은 정결상의 이유로 바리새인 이외 그룹의 사람들과 식탁교제를 하지 않았다. 그들이 그처럼 정결 규례를 강조한 것은 거룩한 하나님의 백성으로서 정결한 자만이 하나님께 나아갈 수 있다는 생각 때문이었다. 그런 생각은 에스겔의 새 성전과 거룩한 구역에 관한 환상에서, 쿰란 공동체의 정결 사상이 담긴 <성전 두루마리>에서도 발견된다. 바리새인들이 예수 그리스도와 제자들을 자주 비난했던 이유도 자신들의 기준에서 볼 때 정결 규정을 어겼다고 판단했기 때문이다. 흥미로운 것은 예수 그리스도를 믿는 유대인 신자들도 예외가 아니었는데, 베드로가 안디옥에서 이방인 신자들과 함께 식사하고 있다가 예루살렘에서 유대인 신자들(Jewish Christian)이 내려왔다는 말을 듣고 황급히 자리를 피하자 바나바도 같이 피한 것이 좋은 예가 된다(갈 2:11-14)

〈토의 과제〉

1. 성경공부의 실패담들을 간단히 나누어 보십시오.

2. 성경에 대한 선입견들 중 공감이 가는 부분을 나누어봅니다.

3. 성경연구의 순서와 방법론을 정리하고 이해가 잘 되지 않은 부분이 무엇입니까?

4. 헤브라이즘의 특성을 정리하고 이해가 잘 되지 않는 부분을 나누어봅시다

5. 헤브라이즘의 요점을 정리하고 가장 인상 깊었던 것을 나누어 봅시다

6. 헤브라이즘을 아는 것이 성서 연구에 어떤 도움이 된다고 생각합니까?

예언서 개론

예언자들은 모세오경을 자신들의 시대에 적용하려 했다.

예언서 개론

구약 성경에서 17권의 예언서가 차지하는 분량은 불과 18% 밖에 되지 않지만, 예언서를 포함한 신구약 성경 전체에서 예언이 차지하는 분량은 27%나 될 정도로 비중이 크다. 예언서는 분량에 따라 대선지서(이사야, 예레미야, 애가, 에스겔, 다니엘)와 소선지서(호세아, 요엘, 아모스, 오바댜, 요나, 미가, 나훔, 하박국, 스바냐, 학개, 스가랴, 말라기)로 나누기도 하고, 저작 시기에 따라 분열 왕국시대의 선지서(이사야, 예레미야, 호세아, 요엘, 아모스, 요나, 미가, 나훔, 하박국, 스바냐)와 포로시대의 선지서(예레미야 애가, 에스겔, 다니엘, 오바댜) 및 포로이후 시대의 선지서(학개, 스가랴, 말라기)로 나누기도 한다.

물론 모든 예언자의 예언이 다 예언서가 된 것은 아니다. 사무엘, 엘리야, 엘리사, 나단, 갓, 잇도, 예후, 아비야, 오뎃, 스마야, 아사랴, 미가야, 하나니, 야하시엘, 훌다 등은 예언서를 기록하지 않았던 것으로 보인다. 그럼에도 불구하고 그들의 예언은 역사서의 일부로 남아 전해 내려온다. 흥미로운 것은 유대교에서 여호수아, 사사기, 사무엘 상하, 열왕기 상하까지를 전기 예언서로 분류하고 있다는 점이다.[1] 그 이유는 포로 귀환 이전에 저술된 책들이 단순한 역사의 기록이 아니라, 역사를 통해 보여주시는 야훼 하나님의 말씀인 동시에 모세 오경에 있는 예언의 성취라고 보기 때문이다. 유대교에서는 역사서라는 분류 기준조차 사용하지 않는다.

1) 후기 예언서는 이사야에서 말라기까지이며, 예레미야 애가와 다니엘은 성문서로 분류된다.

그런데 유대교의 이런 관점은 그리스도인들이 역사서를 어떻게 대해야 하는지 방향을 제시해주고 있다. 이스라엘 역사를 통해 하나님이 무엇을 말씀하고 있으며, 모세 오경의 예언들이 어떻게 성취되고 있고, 역사서의 저자들이 그것을 통해 무엇을 말하려고 하는가를 알 필요가 있는 것이다. 이것은 역사(history)란 역사가(historian)가 단순히 과거에 일어난 사건(historical event)을 재구성해서 기록한 것이 아니라, 역사편찬자(historiographer)가 자신의 독특한 사관(historical viewpoint)에 의해 선별한 사료(selected documents)를 저술 의도에 맞도록 편찬한 역사기록(historiography)이라는 인식을 전제로 한다. 포로 이전 역사서에 속하는 대부분의 책들이 예언자들에 의해 기록되었을 것이라고 보는 중요한 이유도 거기에 있다.

이처럼 예언자들과 역사서와의 관계는 우리가 예언서를 읽는 관점을 제시해준다. 예언서는 예언자들의 활동하던 시대와 무관하게 기록되지 않았다. 예언서 안에 역사서술(historical narratives)이 들어 있는 것이 좋은 예이다. 이처럼 예언자들은 자기 시대 사람들(원 청중)을 향해 야훼 하나님의 말씀을 대언했으며, 비록 먼 미래에 일어날 일들에 관해 예언하더라도 원 청중들이 현실에서 하나님과의 관계에 충실하도록 촉구하기 위해 선포했다. 예언에 대한 가장 보편적인 오해는, 그것이 미래에 일어날 일들에 대한 말이라고 생각하는 것이다. 그리고 그 미래는 원 청중들의 시대에 일어나지 않을, 메시야 시대에 관한 것이라고 생각하는 것이다. 그러나 예언은 기본적으로 앞날에 되어 질 일을 말하는 것이 아니라 현실에 일어나는 일들에 대한 경고, 위로, 책망, 격려이다. 그리고 미래에 일어날 일을 말하더라도 원 청중들이 경험할 수 있도록 눈앞에 다가온 사건들이었다. 그리고 그 예언들은 이미 대부분 역사 속에서 성취되었다. 중요한 것은 예언자들의 활동이 단순히 예언을 말하는데 그치지 않으며, 구약 예언의 단지 2 % 만이 메시아에 대한 예언이라는 점이다. 따라서 모든 예언을 메시아와 교회 시대에 맞춰 해석해서는 안 된다. 이처럼 예언서는 각기 다른 역사적 배경과 신학적 주제로 인해 복잡한 양상을 띠고 있기 때문에 해석상의 주의를 요한다.

예언자

한글 성경에 선견자 혹은 선지자로 번역된 히브리어 '호제' 혹은 '로에'는 '보고 아는 자'라는 뜻이며, 같은 의미로 사용된 '나비' 는 '외치는 자' 라는 의미이다. 이 중에서 가장 많이 등장하는 단어는 '나비' 로서 약 300회 가량 사용되었으며, 주로 왕정시대 이전에 사용되던 호제 혹은 로에를 대신하는 용어로서, 왕정시대 이후 널리 쓰이게 되었다. 영어 prophet으로 번역된 헬라어 προφήτης는 "…을 대신하여"라는 의미의 προ와 "말하는 사람" 이라는 의미의 φήτης가 합쳐진 것이다. 그런 의미에서 예언은 하나님의 계시를 대언하는 행위라고 할 수 있다. 신명기 5:24-27에서 이스라엘 백성들이 모세에게 하나님의 음성을 대언해달라고 요청한 것과 같다. 그런데 이스라엘의 왕국 시대 중반까지도 예언은 전문적인 사역으로 독립되어 있지 않았다. 사무엘은 예언자이면서 제사를 집전했고, 엘리야 또한 마찬가지였다. 제사장 아비아달은 에봇으로 하나님의 신탁을 알아냈다. 그러나 왕국시대 후반에 들어서면서 제사장과 예언자는 독립된 사역으로 갈라지며, 모종의 갈등관계에 들어서게 된다. 이사야가 야훼 하나님께 드리는 제사 무용론과 정의의 실천을 거듭 말하고 있으며(사 1:11-20), 아모스도 정의의 실천을 강조하고 있고(암 5:14), 호세아는 제사보다 사랑의 실천이 낫다고 주장한다(호 6:6). 다시 말해서 정의와 사랑의 실천이 제사의 대안으로 강조되고 있는 것이다.

1. 예언자의 역할 : 예언자의 역할은 시대를 향한 하나님의 말씀을 전달해서 하나님의 백성들이 언약으로 돌아오게 하는 것이다. 그러나 새로운 메시지를 전달하는 것이 아니라 언약을 상기시키는 것뿐이다. 한마디로 그들은 법률 집행관과 같아서 그들의 메시지는 창의적이 아니라 교훈적이다.

1) 모세의 율법에 기록된 축복과 저주의 언약이 기준이 된다. 축복은 번영과 건강, 생명, 풍요, 존경과 안전 등으로 표현되며, 저주는 사망, 질병, 가뭄, 기근, 위험, 파괴, 추방, 치욕 등으로 표현된다.

<축복; 레 26:1-13, 신 4:32-40, 28:1-14>
<저주; 레 26:14-39, 신 4:15-28, 28:15-32:42>

2) 모세의 율법을 시대적 상황에 적용하는 것이다. 따라서 죄를 지적하거나 믿음과 선행을 격려한다.
3) 미래에 닥쳐올 일들에 관해 예언하는 것이다. 그런데 미래는 언제나 과거와 현재 이스라엘이 얼마나 언약에 충실했는지에 따라 결정된다. 그리고 언약에 불충실한 것에 대한 심판과 충실한 데 대한

구원은 이미 언약에 기록되어 있다. 따라서 진정한 선지자는 하나님의 율법을 재확인 하는 것뿐이다.

2. 예언자의 특징 : 예언자들은 하나님께로 부터 보내심을 받은 사람들이다. 그들은 대개 거역하는 백성들을 거슬러 말하도록 보내졌기 때문에 목숨을 잃는 위험을 감수해야만 했다.

1) 그들은 개인적으로 소명을 받았다. 세습직이었던 제사장과 달리 예언자의 직분을 조상에게서 물려받거나 후손들에게 전할 수 있는 것이 아니었다(암 7:10-15).

2) 예언자들은 자신들이 언급하는 사건과 깊은 연관이 있었다. 그 시대의 사람들과 사건들로부터 동떨어진 이야기를 하고 있는 것이 아니었고, 많은 예언자들이 자신들의 예언이 성취되는 것을 직접 목격할 수 있었다. 예를 들어 이사야는 히스기야의 불치병이 낫는 것을 볼 수 있었고, 앗수르의 군대가 물러가는 것을 볼 수 있었다. 엘리사는 기근에 빠진 사마리아 성에 양식이 풍족해 지는 것을 보았고, 요나는 국경이 확장되는 것을 보았다.

3) 이스라엘은 참 예언자와 거짓 예언자를 구별해야 할 책임이 있었다.

- 신학적 기준 ; 하나님만 섬기게 하는지의 여부(신 13:1-1)
- 현실적 기준 ; 예언이 성취되는 지의 여부(신18:20-22)
- 도덕적 기준 ; 성결한 삶의 모범이 되고 있는 지의 여부(렘 23:13-22)

위의 기준에서 볼 때 모세는 최초의 선지자인 동시에 참 선지자의 표본이었다(신 18:15).

4) 예언자들은 이스라엘의 역사에 정통했다. 그들은 이스라엘이 선택된 민족임을 이해했으며, 이스라엘 백성들이 개인 윤리를 포함해서 종교와 사회규범으로서의 언약을 지킬 의무를 알았다. 그래서 언약을 지키지 않고 거부한 데 대한 책임을 강조했다. 심지어 그들은 현실적 이슈에 깊숙이 개입했다. 사무엘은 사울과 다윗에게 기름을

부어 이스라엘의 왕을 삼았으며, 나단은 솔로몬의 왕위 계승을 위해 기름을 부었으며, 엘리사는 예후와 하사엘에게 기름을 부어 왕을 삼았다. 엘리사가 그렇게 한 이유는 북 이스라엘의 오므리 왕조와 아람의 벤 하닷 왕조를 뿌리 뽑게 하기 위해서였다. 예레미야는 유다가 하나님의 징계를 순순히 받아들이게 하기 위해 바벨론에게 항복하도록 시드기야 왕에게 충고했다.

5) 북 이스라엘과 남 유다의 패망은 거짓 예언자들 때문이었다. 진정한 선지자들이 목숨을 걸고 활동했음에도 불구하고 왕이나 백성들이 구원의 길을 선택하지 못했던 것은, 거짓 선지자들의 활동 때문이었다. 예를 들면 북 이스라엘의 아합 왕이 아람과의 길르앗 라못 전투에서 전사하게 된 것은 미가야의 예언보다 시드기야를 위시한 400 명의 거짓 선지들에게 현혹되었기 때문이었다(왕상 22:1-40). 그리고 남 유다의 마지막 왕 시드기야가 예레미야의 공개적이고도 간절한 예언을 따르지 않고 예루살렘의 함락과 왕국의 패망이라는 비극적 결과를 초래한 이유도 거짓 예언자 하나냐의 간언에 속았기 때문이었다(렘 27:1-28:17). 그런데 그처럼 왕들이 거짓 예언자자들의 말을 신뢰한 이유는 선지자 직분을 왕의 통치를 돕는 종교 보좌관 정도로 여겼기 때문이었다. 따라서 왕에게 충고하거나 책망하는 예언자들을 용납할 수가 없었던 것이다. 신명기에 의하면 거짓 예언자들은 돌로 쳐 죽이게 되어 있었으나, 오히려 그들을 신뢰하는 왕들은 참 예언자들을 돌로 쳐 죽였다(행 7:52). 다음 구절은 거짓 예언자에 대한 야훼 하나님의 탄식을 잘 보여주고 있다.

"내 이름으로 거짓을 예언하는 선지자들의 말에 내가 꿈을 꾸었다 꿈을 꾸었다고 말하는 것을 내가 들었노라 거짓을 예언하는 선지자들이 언제까지 이 마음을 품겠느냐 그들은 그 마음의 간교한 것을 예언하느니라 그들이 서로 꿈 꾼 것을 말하니 그 생각인즉 그들의 조상들이 바알로 말미암아 내 이름을 잊어버린 것 같이 내 백성으로 내 이름을 잊게 하려 함이로다 여호와의 말씀이니라 꿈을 꾼 선지자는 꿈을 말할 것이요 내 말을 받은 선지자는 성실함으로 내 말을 말할 것이라 겨가 어찌 알곡과 같겠느냐…여호와의 말씀이니라 보라 거짓 꿈을 예언하여 이르며 거짓과 헛된 자만으로 내 백성을 미혹하게 하는 자를 내가 치리라 내가 그들을 보내지 아니하였으며 명령하지 아니하였나니 그들은 이 백성에게 아무 유익이 없느니라 여호와의 말씀이니라"(렘 23:25-28 ,32)

예언

단에서 발견된 점술 도구

예언자들의 예언은 단순히 길흉화복을 점치는 이방 예언자들의 그것과 달랐다. 이스라엘에 복술자(사 3:2, 44:25), 꿈꾸는 자와 술사(왕하 21:6, 겔 27:9)를 금한 것을 보면 알 수 있다. 이방의 예언자들은 짐승 창자의 모양이나 화살을 던져 만드는 방향(겔 21:21) 등으로 징조를 해석했다. 그리고 꿈에 보이는 이상이나 천체의 움직임으로 신의 뜻을 찾기도 했다. 그러나 그들이 신의 계시를 듣고 대언하거나, 역사와 세계의 방향에 대해 예언하지는 않았다. 물론 이스라엘 역사의 초창기에도 꿈이나 제사장의 보석 등을 통해 신탁을 받기도 했다. 모세 당시의 예언자들은 꿈이나 환상을 통해 신탁을 받았다(민 12:6). 솔로몬이 기브온 산당에서 꿈으로 하나님의 계시를 받은 것과, 사울과 다윗이 제사장의 에봇-우림과 둠밈을 통해 야훼의 인도하심을 받았던 것도 좋은 예가 된다. 그런데 이스라엘의 예언자들이 이방의 술사들과 다른 가장 큰 특징은 역사적 사건을 하나님과 맺은 언약의 관점에서 해석했다는 사실이다. 그들은 하나님의 전능하심과 다스리심을 선포하고, 죄에 빠진 인간이 하나님과의 관계를 회복하기 위해 언약의 기초로 돌아갈 것을 강조했다. 그들의 메시지는 심판과 구원으로 압축될 수 있었다. 심판은 곧 깨어진 언약의 결과였으며 인간의 죄악이 제물로 보상할 수 없음을 의미했다. 그와 반면에 구원은 축복의 회복이며, 궁극적인 축복은 메시아 왕국의 도래임을 선포했다.

1. 미래에 대한 예언 : 극단적인 두 가지 오해를 소개하자면 다음과 같다. 그 중 하나는 미래에 대한 예언은 존재하지 않으며 이미 일어난 일을 후대의 사람들이 미래형으로 적어놓은 것에 불과하다는 주장으로서 미래를 예견하시는 하나님의 능력을 무시하는 것이다. 또 하나는 미래에 대한 예언은 모두 그 당시와 상관없는 먼 미래의 일을 기록한 것에 불과하다

는 주장으로서 예언이 원 독자들의 태도 변화를 위해 주어진 것이라는 사실을 무시해버리는 것이다. 만약에 그 주장이 사실이라면 대부분의 선지자들은 순교를 면할 수 있었을 것이다. 그러나 미래에 관한 많은 예언들이 그 시대에 이루어졌거나 신약시대에 와서 이미 성취되었다는 사실을 간과할 수 없다. 예컨대 고레스나 요시야에 관한 예언 등은 정확하고도 구체적으로 이루어졌으며, 메시아에 관한 예언도 재림과 세상의 종말에 관한 것을 제외하고는 철저하게 성취되었다.

그런데 미래에 관한 예언이 기록된 이유는 다음과 같다.

- 하나님만이 앞날을 예견할 수 있음을 드러내기 위해서이다. 이것은 하나님과 우상의 차이를 확연히 드러내는 것이다(사 41:21-42:9, 44:6-28).
- 하나님께 영광을 돌리며, 그의 지혜와 권위에 순종하게 하기 위해서이다.
- 사람들의 태도 변화 – 회개 혹은 소망 – 를 위해서이다.
- 선지자의 말이 사실임을 확인하게 하기 위해서이다(렘 28:9).
- 장차 오실 메시야를 기다리게 하기 위해서이다(요 1:45, 벧전 1:11).

2. 예언의 해석 : 예언자들은 자기 시대의 사고방식과 언어로 예언했다는 사실을 아는 것이 중요하다. 따라서 역사적인 상황과 문학의 장르를 따라 해석하는 것이 바람직하며, 성급하게 현대의 사건과 관련짓거나 기준 없이 영적 혹은 문자적으로 해석하는 것은 바람직하지 않다.

1) 고려할 점

- 원 독자들이 처한 역사적 상황과 저술 동기와 시기
  (B. C. 586 이전은 대부분 심판, 이후는 축복)
- 문학 장르와 기법의 이해(상징, 유추, 상징적 행동, 예표, 우화, 애가, 묵시)
- 신탁(Oracle)의 종류 - 송사(Lawsuit), 저주(Owe), 구원(Salvation)

① 송사 신탁 ; 하나님이 원고, 검사, 판사로 그려지며 소환, 고소, 증거, 판결의 절차를 밟는다.

② 저주 신탁 ; '화 있을 진저' 라는 표현과 함께 임박한 종말과 파국을 선언한다.

③ 구원신탁; '그 날에는' 이라는 표현과 함께 메시야 도래의 시점과 급격한 변화와 축복이 약속된다.

- 언어와 사고 패턴 ; 하나님 나라의 적들은 비록 미래에 등장할 집단일 지라도모압, 에돔, 블레셋, 앗수르, 바벨론으로 표현하며, 전쟁은 병거와 칼 등으로, 축복은 현세적인 형통함으로, 경배는 성전으로 묘사된다.
- 예언의 분야 ; 이스라엘과 유다의 포로생활, 열방에 대한 심판, 포로에서 귀환, 메시아와 그의 나라

2) 주의할 점

- 영적 해석이 반드시 필요한 경우를 제외하고는 문자 그대로 해석해야 한다. 신약에서 영적으로 해석했는지, 저자가 문자적인 해석을 시도했는지 살핀다.
- 앞뒤의 문맥과 연관시켜 해석해야 한다.
- 본문의 중심주제에 맞춰 해석할 것이며, 모든 세부사항마다 의미를 찾으려고 하지 말 것이다.
- 선지자의 말이 모두 예언은 아니며, 모든 예언이 모두 미래에 관한 것이 아니다
- 신약에서 어떻게 해석하고 있는지 살펴보아야 한다.

상징 - 사 11:1, 10의 가지와 계 5:5예표 - 호 1:10의 내 백성과 롬 9:25-27

유추 - 겔 36장의 선한 목자와 요 10장 주제- 렘 31:31-36의 새 언약과 히 8장

3. 성취된 예언의 확인

- J. Barton Payn, Encyclopedia of Biblical Prophecy에서 인용

다음은 예언이 어떻게 성취되는가를 알아보는 원칙들이다.

1) 필연성 ; 예언은 반드시 성취된다

2) 조건부 예언 ; 예언을 받은 당사자들이 순종과 불순종에 관한 언약의 조건을 충족시키므로 성취됨(렘 26:16-19, 왕하 17:13-18, 욜 1:13-16).

3) 스스로 해석된 예언들 ; 선지자가 스스로 예언이 언제 성취되었는지 말해준다(겔 24:25-27의 예언이 겔 33:21, 22에서 성취됨).

4) 유추 ; 예언이 성취되었음을 역사를 통해 유추해볼 수 있는 경우이다. 예수 그리스도에 관한 구약의 예표들 – 아담, 물고기 뱃속의 요나, 성전, 안식일 제도, 대제사장 – 이 그 예가 된다.

5) 가장 가까운 시점 ; 사 29:3에서 예언된 예루살렘 침공은 앗수르에 의해 먼저 성취 되고 나중에 바벨론에 의해 성취되었다. 이런 경우 앗수르의 침공에 관한 예언으로 본다.

6) 단일 성취 ; 단 한 번의 성취가 있는 경우이다. 예를 들자면 사 11장은 바벨론 포로에서 돌아오는 것일 뿐 1948년의 이스라엘 건국에 적용할 수 없으며, 바벨론의 멸망은 B.C. 539년에 성취되었고 1991년의 걸프전을 예언한 것이 아니다.

7) 점진적 성취 ; 별개의 예언들이 연결되어 있는 경우 성취도 점진적이 될 수밖에 없다. 예를 들자면 미 4:9-5:4과 욜 2:18-21의 경우이다.

8) 장기 예언과 단기 예언의 연결 ; 왕상 13장의 벧엘의 금송아지 제단이 갈라져 재가 쏟아지리라는 예언과 요시야 왕이 제단을 허물고 모독하리라는 예언이 연결되어 있다. 그리고 막 13장의 예언은 예루살렘 멸망 예언과 예수의 재림 예언이 연결되어 있다.

9) 순환 혹은 반복 ; 사건들이 반복해서 일어나는 것이 아니라 동일한 사건을 반복해서 표현하는 시적 기법이다. 사 40장 이전까지 앗수르 왕 산헤립의 침공에 관해 10번 이상 언급되어 있고, 계시록에서는 말세의 사건들이 반복 묘사되고 있다.

10) 언젠가 성취됨 ; 종종 예언이 성취된 후에야 의미를 알 수 있다(요 2:19-22, 슥 11:12-13, 벧전 1:10-11).

11) 비문자적 혹은 영적인 성취 ; 우리가 기대하지 못했던 방식으로 예언이 성취된다.

• 구약에서 분깃에 관한 예언은 신약에서 하나님의 나라와 영생의 축

복으로 재조명된다(마 19:29, 고전 15:50, 엡 1, 롬 4:13, 히 6:12-13, 벧전 1:3-4, 계 21:7).

- 다윗 왕가의 회복을 예언한 것으로 보이는 암 9:11-12은 행 15:15-16에서 야고보의 해석을 통해 이방인들도 하나님의 백성으로 들어오게 된 것을 의미한다.
- 말 4:5의 엘리야가 다시 온다는 예언은 마 11:11에서 예수 그리스도의 해석을 통해 세례 요한의 출현을 통해 성취되었음을 알게 되었다.
- 포로에서 돌아오는 사건은 신약에서 죄의 사슬에서 해방되는 것을 가리키는 영적인 성취로 이해된다(사 10:22와 롬 9:27). 그러나 성경의 영적인 성취에 대해 우리의 마음대로 해석해서는 안 되며, 반드시 신약의 저자들이 해석한 것을 그대로 받아야 한다.

4. 예수 그리스도에 대한 예언

예언의 목표는 예수 그리스도이다. Joel B. Green 은 *How to Read Prophecy*에서 이렇게 말한다.

> "초대 그리스도인들의 구약을 대하는 태도는 예수 사건으로 인해 결정적으로 영향을 받았음을 알 수 있다. 그들에게 가장 지대한 해석 원칙은 그리스도가 구약을 해석하는 중심점이라는 것이다. 예수는 하나님의 응답이었다. 하나님께서 하신 모든 약속에 대해 그리스도 안에서 응답이 이루어진 것이다"(고후 1:20).

또한 F. F. Bruce는 *The New Testament Development of Old Testament Themes*에서 다음과 같이 결론을 내린다.

> "예수 안에서 약속이 확인되며, 언약이 새롭게 되고, 예언이 성취되며, 율법이 정당화되고, 구원이 가까워지고, 신령한 역사가 정점에 이르고, 완벽한 제물이 바쳐져 흠향되며, 하나님의 백성의 위대한 제사장이 하나님의 오른편에 좌정하며, 모세와 같은 선지자가 들어 올려지고, 다윗의 자손이 다스리며, 하나님 나라가 열리며, 인자가

옛적부터 계신 자에게 권세를 받으며, 자기 백성의 죄악으로 인해 죽음의 형벌을 받으시며, 많은 사람의 죄를 대신 지신 하나님의 종이 하나님의 뜻을 이루며, 자기 영혼의 수고를 지나 광명을 보았으며, 지금은 존귀케 되고 영광을 받아 가장 높은 자리에 오르셨다"

그런데 구약 예언서에는 다음과 같이 메시야 시대에 대한 전형적이고도 흥미로운 언급들이 있다(Montana의 S.B.S. Handout 중에서 발췌).

1) 물이 솟아남, 성신을 부어주심(사 4:4, 11:2, 12:3, 32:15, 35:6, 41:18; 슥 13:1, 14:8; 욜 2:28, 3:18)
2) 모든 산 위에 뛰어난 산, 거룩한 산(사 2:2, 4:5, 11:9, 25:6,7,10, 27:13, 40:2; 습 3:11; 미 4:1; 슥 14:10; 옵 17; 슥 8:3)
3) 안전, 평화, 안정(사 2:4, 4:3,5, 11:6-9, 25:9-10, 32:17, 18, 35:9, 41:13; 습 3:13, 15, 16, 19, 미 4:3-4, 5:4, 5, 7:14; 호 2:18, 14:7;암 9:15, 욜 23:20,32, 3:16,17, 슥 3:10, 8:4, 10, 9:10, 14:11)
4) 하나님이 그 가운데 거하심(사 12:6, 습 3:15,17, 호 2:23, 욜 2:27, 3:21, 옵 21, 슥 2:10, 8:3, 8)
5) 부정, 저주, 거짓말, 거짓 선지자가 없음(사 32:28,16, 35:8, 습 3:9,13, 미 4:2, 호 2:17, 슥 13:2, 14:11,20,21, 욜 3:17, 슥 8:3,13)
6) 시온, 예루살렘(사 2:3, 4:3,5, 12:6, 35:10, 습 3:14,16, 미 4:2, 슥 14:17, 욜 2:23,32, 3:16,17,21, 옵 17,21, 슥 2:7,10, 8:2,3, 9:9)
7) 고향으로 돌아옴(사 11:11, 19:22, 27:12, 35:9,10, 습 3:20, 미 2:12, 7:15, 호 1:11, 3:5, 4:7, 11:11 암 9:14)
8) 대로(초자연적) (사 11:15-16, 19:23-25, 35:8, 40:3, 미 2:13)
9) 열방, 애굽, 앗수르, 만백성(사 2:2-3, 11:10-11, 19:21, 25:6, 27:12, 41:8-9, 습 3:9,10,20, 미 4:1-2, 5:3, 7:12, 암 9:12, 욜 2:28, 옵 19,슥 2:11, 6:15, 8:20,23, 9:10, 14:17)
10) 희락, 기쁨(사 12:5,6, 25:9, 27:12, 35:10, 41:10, 습 3:14,17, 욜 2:21,23, 슥 2:10, 8:19, 9:9)
11) 영원한 영광(사 32:17, 35:10, 미 4:5, 5:4, 호 2:19, 욜 3:20)
12) 비천한 자와 겸손한 자가 받아들여짐(사 11:4, 35:5-6, 41:17, 습 3:11-

12,19, 미 5:2, 슥 9:9)

13) 적들을 물리침(사 2:4, 11:4, 13-14, 25:7, 8, 10-12, 35:4, 41:11-13,15,16, 습 3:15,17,18, 미 5:9, 욜 2:20, 3:12, 옵 18, 슥 2:9, 9:9, 12:1-14, 14:12-15,16-19)

14) 숫적 증가, 영토 확장(사 2:2,3, 11:12, 12:4, 미 2:12, 4:1, 7:11, 슥 2:4, 8:22)

15) 왕, 목자의 다스림(사 4:2, 11:1,10, 32:1, 40:11, 41:14, 습 3:15, 미 2:13, 5:2, 7:14, 호 1:11, 슥 3:8, 6:12,13, 9:9, 10, 13:7, 14:9)

16) 돌(슥 3:9)

17) 훗날, 그날에(사 2:2, 4:2, 11:10,11, 12:1,4, 19:19,23, 25:9, 27:12, 습 3:9,11,16,20, 미 4:1, 7:12, 호 2:16, 3:5, 암 9:11,13, 욜 2:28,31, 3:1; 슥 2:11, 3:10, 8:23, 13:10,13,20,21)

18) 언약(미 5:10, 호 2:18, 슥 3:9, 9:11)

19) 번영(사25:6, 32:15, 35:1,2,7, 41:18,19, 습3:20, 미4:4, 호14:6,7, 암9:13, 욜2:19,26, 3:18, 슥 8:12, 9:12, 14:14)

20) 수치가 없음(사 25:8, 35:10, 습 3:18-19, 미 7:18-19, 욜 2:19,26, 슥 3:4, 9)

[되새김질]

1. 예언자들의 역할과 특징에 대해 간단히 정리해보십시오.

2. 신탁의 종류를 열거하고 간단히 설명하십시오.

3. 메시아 예언의 상투적 용어들에 대해 아는 대로 말해보십시오.

예언서 비교 도표

예 언 서	저자	이름의 의 미	기록 장소	기록 연대
이사야	이사야	여호와는 구원이시다	예루살렘	주전 680년경
예레미야	예레미야	여호와께서 던지시다	예루살렘	주전 580년경
예레미야 애가	예레미야	여호와께서 던지시다	예루살렘	주전 586년
에스겔	에스겔	하나님이 힘을 주신다	바벨론, 텔아비브	주전 570년경
다니엘	다니엘	하나님은 나의 심판자	바사,수산,악메다	주전 536-530년경
호세아	호세아	여호와는 구원이시다	사마리아	주전 723년경
요엘	요엘	여호와는 하나님이시다	예루살렘 근처	주전 835-796년경
아모스	아모스	짐을 지는 사람	드고아	주전 760-755년경
오바댜	오바댜	여호와의 종, 경배자	유대	주전 586년경
요나	요나	비둘기	사마리아	주전 760년경
미가	미가	주와 같은 자 누구리요	유다 모레셋	주전 725년경
나훔	나훔	위로자	유다 엘고스	주전 660-655년경
하박국	하박국	매어달리는 자	예루살렘	주전 620-607년경
스바냐	스바냐	여호와께서 숨으시다	예루살렘	주전 630-625년경
학개	학개	축제	예루살렘	주전 520년경
스가랴	스가랴	여호와께서 기억하신다	예루살렘	주전 520-490년경
말라기	말라기	나의 사자	예루살렘	주전 433-425년경
요나와 호세아 외에는 모두 남 유다 선지자들이며, 아모스는 북 이스라엘에서 활동했다				

요엘

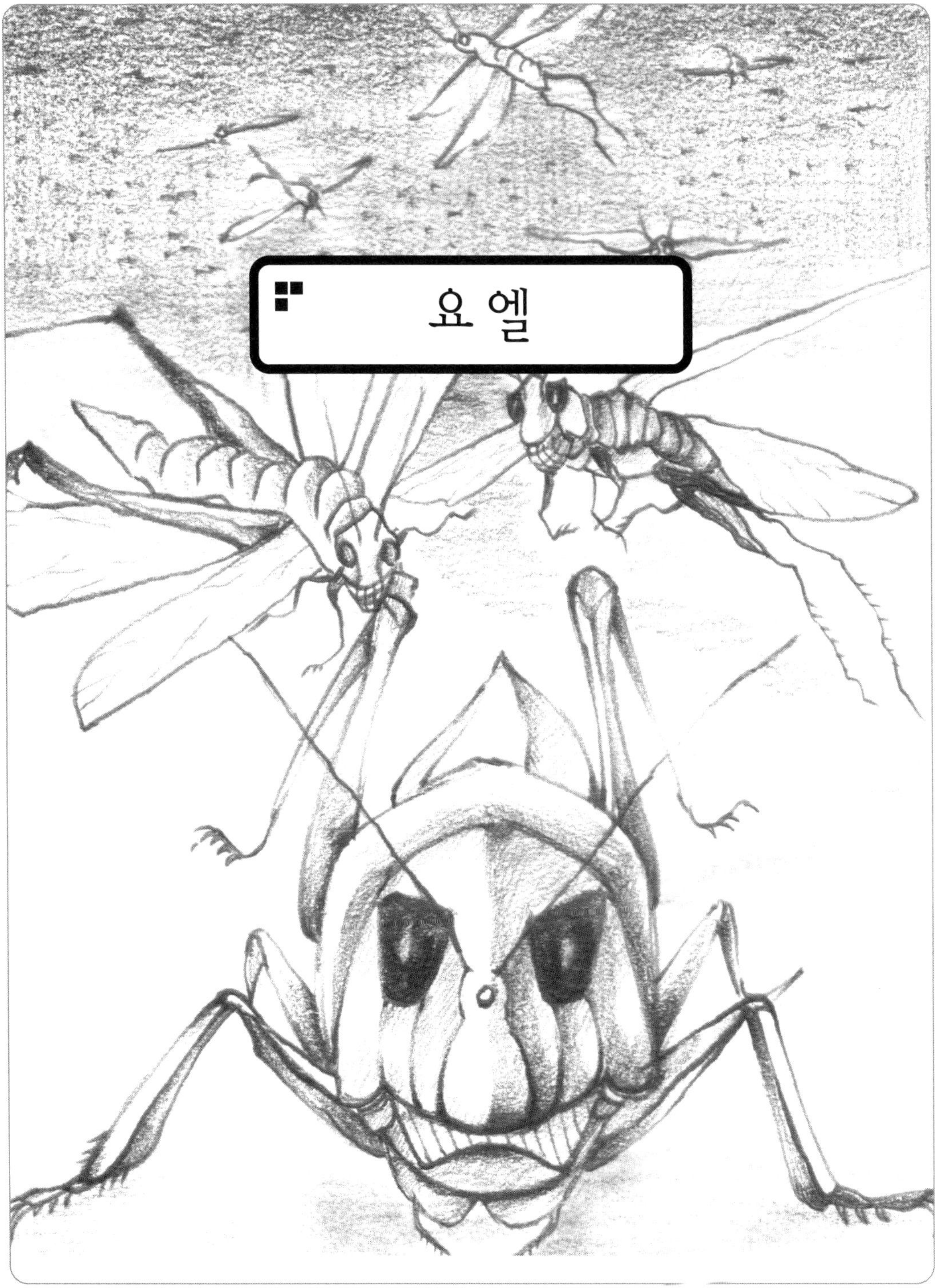

요 엘

요엘서는 메뚜기 재앙을 소재로 해서 다가올 하나님의 심판과 구원을 예언한 책이다. 12 예언서(소선지서)의 두 번째에 있는 이 책은 4 장 밖에 되지 않는 분량이다.[2] 하지만 문학적 통일성이나 신학적 관점에서 충실하며, 다른 예언서와 신약의 저자들에게 큰 영향을 끼쳤다. 예를 들어 2:32은 오바댜 17에서 그대로 인용되고 있으며, 하늘과 땅이 진동한다는 표현(2:10)은 이사야 13:10에서 그대로 인용되고 있다. 사도행전에서 베드로는 오순절 성령 강림을 2:28-32의 성취로 보았고, 로마서에 나오는 바울의 저 유명한 구원신학 "주의 이름을 부르는 자는 구원을 얻으리라"(롬 10:13)는 2:32를 선교 현장에 적용한 것이다. 성전에서 물이 흘러날 것이라는 3:18의 예언은 에스겔에 의해 인용되었고(겔 47:1), 낫을 써서 추수하고 포도주 틀을 밟으라는 3:13은 요한계시록에서 하나님이 만국을 심판하시는 묵시에 인용되었다(계 14:15). 뿐만 아니라 전통적으로 교회는 사순절 첫날에 2:12-19를 읽을 정도로 요엘서를 구약 복음의 핵심 메시지로 중요하게 취급해왔다.

1. 배경

저자와 기록연대, 장소, 문학양식

'야훼는 하나님이시다' 는 뜻의 이름을 가진 저자 요엘(יואל)은 브두엘의 아들이라고만 소개되어 있을 뿐 구약성경 어디에도 언급되어 있지 않다. 그러나 베드로가 오순절 성령 강림이 선지자 요엘의 예언의 성취라고 말한 것을 볼 때 실제 인물이었음에 틀림없다. 비록 그의 생애에 대해 자세한 정보는 얻을 수 없지만, 저술 내용을 볼 때 문학적인 재능이 뛰어날 뿐 아니라 현실의 사건으로부터 다가올 미래의 일들을 예언하는 영적

2) 한글 성경은 3 장으로 되어 있다. 히브리어 성경의 3:1은 한글 성경에서 2:28이며, 3:5은 한글성경에서 2:32이다. 그리고 히브리어 성경 4:1은 한글 성경 3:1로서 이후 장수만 다를 뿐 절수는 같다.

상상력이 탁월한 사람이었던 것을 알 수 있다. 그는 전대미문의 메뚜기 재앙이 휩쓸고 지나간 시대에 살았던 유다 사람이었다. 그는 메뚜기 재앙보다 더 무서운 북방 군대의 침공이 머지않은 장래에 닥쳐올 것을 알았다. 그는 전국적인 회개와 금식만이 살 길이며, 야훼 하나님께 부르짖는 것만이 임박한 심판으로부터 구원받는 방법이라고 믿었다. 그렇게 함으로 하나님의 심판이 유다에서 열방으로 옮겨가며, 하나님의 축복이 물질적인 것으로부터 영적인 것으로 확대되리라고 생각했다. 유다 왕국에서 살며 예언했고(2:23, 3:1, 17-18, 20), 성전 구조와 제사 제도에 대해 잘 알고 있었다는 점(1:9, 13, 2:17)으로 미루어 제사장 가문과 가까운 친척이었던 것 같다.

요엘서의 기록연대를 추정하기 어려운 것은 역사 서술이 배제된 채 시적 표현으로만 구성되어 있기 때문이다. 요엘서가 문학적 통일성을 이루고 있기 때문에, 비평학자들도 요엘 이외의 저자 가능성에 이의를 제기하지 않는다. 그런데 요엘서가 포로기 이후의 책이라고 생각하는 학자들은 다음과 같은 이유를 든다.

첫째, 매일 드리는 제사와 제사장을 언급하면서도 왕실에 대한 이야기가 없다. 제사장과 장로들을 공동체의 지도자로 언급하는 것은 포로기 이후의 상황을 보여준다(1:9, 13, 14, 2:16, 17).

둘째, 성벽에 대한 언급은 느헤미야를 통해 복구된 이후 예루살렘을 연상하게 한다(2:7, 9).

셋째, 두로와 시돈이 블레셋과 통상을 맺은 것처럼 보이는 부분은(3:4) 시돈이 알렉산더 대왕에게 항복했던 주전 343년 이전의 상황이다. 그리고 3:6에서 헬라 족속을 언급하고 있다.

넷째, 주전 5 세기 이전에 사용되지 않던 어휘들이 나온다(욜 2:20의 סוף ⇒ 대하 20:16).

다섯째, 우상숭배에 대한 언급이 없다.

여섯째, 포로기가 과거로 암시되고 있다(3:2).

일곱째, 나팔을 불어 예루살렘 거민들에게 알린다는 언급은 포로기 이후 규모가 축소된 예루살렘을 연상하게 한다(2:1).

여기에 대해 포로기 이전이라고 생각하는 학자들은 다음과 같은 이유를 든다.

첫째, 왕이 언급되지 않은 것은 솔로몬 성전 시대 이후 종교적 주도권을 제사장이 잡고 있던 분위기를 반영하고 있으므로, 포로기 이후의 특징이 될 수 없다. 왕에 대한 직접적인 언급이 없고 제사장들이 주도권을 잡고 있는 것 같은 표현은 유다 왕 요아스(주전 835-796년)가 어렸으므로 고모부였던 제사장 여호야다가 섭정을 했기 때문이거나, 요아스에 대한 신뢰가 약해진 탓일 수 있다. 더구나 이 책은 탄식제의문학에 속하기 때문에 역사서술에 대한 비평방식으로 접근할 수 없다.

둘째, 2:7,9에서 언급된 성벽이 복구된 성벽을 암시하는 어떤 증거도 없다. 그리고 나팔 소리로 전 시민을 소집할 수 있을 정도로 예루살렘이 작았다고 하기보다, 율법의 지시대로 먼저 예루살렘에서 불어 전국에 알리는 스타일이었을 것이다(레 25:9).

셋째, 두로와 시돈에 대한 언급은 유다의 적국들에 대한 목록 가운데 하나이다. 즉, 북쪽의 두로와 시돈(3:4), 서쪽의 블레셋(3:4), 남서쪽의 애굽(3:19), 남쪽의 에돔이다(3:19). 여기서 앗수르, 바벨론, 페르시아가 언급되지 않고 있는데, 이들 국가들은 9세기 이후에 이스라엘에 위협적인 존재가 되었던 나라들이다. 그리고 헬라(야완)에 대한 언급은 창세기에도 나온다(창 10:2, 4). 만약에 헬라 제국 시대를 배경으로 하고 있다면, 멀리 있는 민족이 아니라 가까이에 있는 정복자로 묘사되었어야 할 것이다. 헬라 사람에 대한 언급은 국가 단위가 아니라 노예 무역상에 대한 지칭이므로, 헬라 제국시대에 대한 증거로 보기 어렵다.

넷째, 주전 5 세기 이후에 사용된 어휘들은 필사과정에서 얼마든지 발생할 수 있다.

다섯째, 우상숭배에 대한 언급이 없는 것은 유다 왕 요아스 시절에 대제사장 여호야다의 철저한 종교개혁의 결과일 수 있다(왕하 11:1-16, 대하 22:10-23:15 참조). 비록 우상숭배가 남아 있었다고 하더라도 지엽적이거나 미미한 수준이었을 것이다.

여섯째, 예언자들은 종종 미래에 일어날 일들의 확실함을 강조하기 위해 과거형으로 표현한다. "여호와께서 큰일을 행하셨음이로다"(2:21). 현대인들도 종종 살아 있는 사람을 향해 "너 죽었어!"라는 식으로 표현한다.

일곱째, 포로기 이후에는 북편군대(2:20)로 묘사될 만한 나라가 침공해 온 적이 없다. 예언자들이 가리키는 북편군대는 메소포타미아 지역에서 오는 군대-앗수르, 바벨론의 군대였다. 그리고 알렉산더의 헬라군은 유다 땅을 침공하지 않았으며, 오히려 두로와 블레셋이 초토화되었다. 여호사밧 왕이 암몬과 모압을 물리친 브라가 골짜기(대하 20:20-28)가 여호사밧의 골짜기(3:2)로 언급된 점은 역사적 사건이 일어난 지 얼마 되지 않은 때라는 증거가 될 수 있다.

이상과 같은 이유들을 종합해보면 요엘서는 요아스(주전 835-796) 시대 초기인 830년 혹은 말기인 800년에 기록되었을 가능성이 높다. 그가 성전제도를 잘 알고 있는 예언자라는 점에서 기록 장소도 예루살렘으로 볼 수 있다. 이 책의 문학양식은 전체적으로 탄식제의문학이며, 세부적으로 다음과 같은 형식이 발견된다.

- 히브리 시가 : 1:1-2:29, 3:9-21
- 산문 : 2:30-3:8
- 메시아 신탁 : 2:26-32, 3:1-2,14-21
- 심판(송사)신탁 : 1:1-12, 2:1-11, 3:1-15
- 약속(구원) 신탁 : 2:18-27, 3:16-21

원 독자

이 책의 원 청중들과 원 독자들은 요아스 시대의 유다 백성들일 것이다. 그들이 처한 상황을 이해하기 위해서 먼저 시대적 배경을 살펴본다. 여호사밧 시절부터 아합 왕가와 사돈 관계를 맺은 다윗 왕가는 여호람과 아하시야로 왕위가 계승되면서, 줄곧 북 이스라엘의 영향을 받아 바알 신을 섬겼다. 그리고 친위 쿠데타를 일으킨 여왕 아달랴-이세벨의 딸 통치기에 이르렀을 때 그 폐단은 극에 달했다. 비록 요아스가 6세에 왕위에 올라 종교개혁을 일으키고 선정을 베풀었지만, 민간에 뿌리박힌 산당 제사는 여전히 남아 있었다. 더구나 요아스는 통치 말기에 다시 아세라 우상을 섬기며 제사장을 살해하는 등 실정을 거듭했고, 제사장들이 주도했던 종교개혁은 중단될 위기에 놓였다. 비록 습관적으로 제사가 드려지고 있었지만, 마음을 다하여 드리지는 못했다. 엎친 데 덮친 격으로 찾아온 메뚜기 재앙으로 유다 백성들은 생존의 위협까지 받게 되었다.

기록 목적

예언자가 볼 때 사상 초유의 메뚜기 재앙은 언약의 저주가 분명했으며(신 28:38, 42), 더 큰 재앙이 임하기 전에 거국적인 회개가 일어나도록 경고해야 했다. 따라서 다음과 같은 이유로 이 책이 기록되었을 것이다.

첫째, 메뚜기 재앙이 하나님의 징계임을 알려 더 큰 재앙을 받지 않도록 회개를 촉구하기 위해,

둘째, 메뚜기 재앙으로 낙심한 백성들이 모든 것을 회복시켜 주시는 하나님을 신뢰하도록 격려하기 위해,

셋째, 열방을 다스리시는 구원자 하나님만 바라보도록 도전하기 위해,

주제와 관점

요엘서의 대 주제는 '야훼의 날'이다. 메뚜기 재앙처럼 갑자기 다가올 그 날은 회개하지 않은 유다 백성들에게 심판의 날이며(2:1, 11, 32), 포로에서 돌아올 남은 자들에게는 열방을 심판하는 구원의 날이 될 것이다(2:18, 29, 3:14). 그 날은 장차 우주적 심판이 행해지는 날이 될 것이며(2:32, 3:2, 15), 그 날 이전에 성령이 모든 육체에 부어지게 된다(2:28). 그러니까 야훼의 날은 메뚜기 재앙의 날에서부터 북편 군대가 침공하는 날로, 만국이 심판받는 우주적 심판의 날로 점점 심화되어 간다. 그리고 하나님의 축복은 이른 비와 늦은 비의 부어짐에서 성령의 부어짐으로, 남은 자의 귀환에서 예루살렘과 유다의 풍요함으로 발전된다.

요엘서의 신학적 관점은 일차적으로 모세 오경의 관점을 따르고 있다.

첫째, 야훼 하나님이 은혜로우시며 자비로우시며 노하기를 더디하시며 인애가 크신 분으로 묘사되고 있다(2:13, 출 34:6).

둘째, 이른 비와 늦은 비가 은총의 상징으로 묘사되고 있다(2:23, 신 11:14).

셋째, 회개할 때 포로에서 돌아오게 하실 것이 약속되고 있다(3:1, 레 26:40-45).

요엘서가 보여주는 또 하나의 신학적 관점은 하나님의 영원한 우주적 통치가 실현되는 메시아 시대이다. 한마디로 하나님이 이스라엘의 진정한 왕이 되셔서, 온 세상을 통치하신다는 것이다.

① 하나님이 이스라엘 가운데서 통치하므로 영원히 수치를 당하지 않는다(2:26-28).

② 성령이 사회적 신분제한 없이 무차별적으로 부어지며(2:28-29), 누구든지 야훼의 이름을 불러 구원받을 수 있게 된다(2:32).

③ 예루살렘이 하나님이 다스리시는 영원한 도성이 된다(3:16-21).

위와 같은 주제와 관점들을 표현하기 위해 요엘서에는 다음과 같은 대조들이 들어 있다.

1. 메뚜기 떼와 북편 군대(2:4-11, 20)
2. 재앙으로 인한 굶주림과 회개를 위한 금식(1:15, 16)
3. 죄로 인해 끊어진 희락과 은총의 회복으로 주어질 기쁨(1:16, 2:26)
4. 전쟁으로부터의 구원과 포로 귀환을 통한 구원(2:20, 3:1)
5. 심판으로서의 여호와의 날과 구원으로서의 여호와의 날(2:11, 3:14)
6. 여호와를 부르는 자와 여호와의 부름을 받는 자(2:32)
7. 이방 군대를 이끄시는 하나님의 호령과(2:11), 만국을 심판하시는 하나님의 호령(3:16)
8. 형식적 회개-옷을 찢는 것과 진정한 회개-마음을 찢는 것(2:13)
9. 하나님께로 돌아가는 것과 하나님이 뜻을 돌이키시는 것(2:13)
10. 이른 비와 늦은 비의 부어짐과 성령의 부어짐(2:23, 28)
11. 메뚜기 재앙 끝에 발생한 불(1:19)과 이방 군대의 침입으로 발생할 불(2:3)
12. 메뚜기 재앙이 후손들에게 전해지는 것(1:3)과 성령 강림이 자녀세대로 이어지는 것(2:28)

성경 연구 클리닉

• **메뚜기 재앙에 대하여** (1915년 12월 National Geographic 지에서 발췌)

메뚜기 떼

1. 메뚜기에 대한 아랍인들의 묘사

고대 아랍 잠언에는 메뚜기에 대한 다음과 같은 흥미로운 기록이 있다.

> "메뚜기들은 비록 약하지만 동물세계의 10대 거인들의 모습을 하고 있다. 말과 같은 얼굴, 코끼리의 눈, 황소의 목, 사슴과 같은 뿔, 사자의 가슴, 전갈의 배, 독수리의 날개, 낙타와 같은 허벅지, 타조와도 같은 다리, 뱀의 꼬리를 가졌다." (2:4의 달리는 말의 모양에 비교한 것과 일치)

아랍 원주민들은 메뚜기를 '하나님의 군대' 라고 부르며, 당국의 명령이 없는 한 메뚜기 떼를 공격하지 않으며, 심지어는 당국의 명령에도 불구하고 공격하려 들지 않는데 그 이유는 모하메드가 "메뚜기를 죽이지 말라. 그들은 전능하신 하나님의 군대이다"라고 말했기 때문이라고 한다.

2. 흥미 있는 사실들

• 출생 : 암컷은 짙은 갈색이며, 수컷은 밝은 노란색인데 모두 8cm 가량이다. 암컷은 12cm 깊이의 구멍을 파고 100개 정도의 알을 낳은 후 죽는다. 대개 1평방미터의 땅에 65,000개에서 75,000개의 알을 낳을 수 있는데 부화과정에서 30% 정도의 손실이 있다고 쳐도 천문학적 숫자의 메뚜기 떼가 발생할 수 있다. *World Book Encyclopedia* 에 따르면 1889년 홍해 인근을 습격한 메뚜기 떼는 3200 평방킬로미터의 지역을 뒤덮었다.

• 성장 : 메뚜기는 애벌레와 번데기와 성충의 3단계 변태과정을 거친다(2:25 참조).

1) 알에서 깨어난 애벌레는 며칠간 함께 모여 있다가 몸집이 약간 커지고 숫자가 많아지면 하루에 120미터에서 150미터 정도 성충들이 날아온 반대방향으로 이동을 시작하며, 모든 식물의 잎과 어린 가지의 껍질을 닥치는 대로 먹어치운다. 특히 과일과 야채는 흔적도 없이 먹어버리며, 길바닥에 애벌레가 층을 이루고 쌓여있기 때문에 밟지 않고는 지나갈 수 없는데, 조심하지 않으면 미끄러져 걸을 수도 없는 정도이다.

2) 번데기 단계가 된 메뚜기들은 조심성이 뛰어나기 때문에 잡기도 힘들다. 그러나 워낙 숫자가 많기 때문에 1시간만 수고하면 약 100,000 마리 정도 잡을 수 있다.

3) 성충들은 딱딱한 나뭇가지 껍질뿐 아니라 동료 메뚜기나 심지어 부상당한 자신의 몸뚱어리도 먹으며, 어린 아이의 눈을 파먹어버리기도 한다. 메뚜기들이 날아가는 소리는 먼데서 들리는 파도소리와 같아서 10km 밖에서도 들을 수 있으며, 맑은 날에도 먹구름이 덮인 것처럼 하늘이 어두워질 정도이고, 땅에는 굵고 빠른 소나기처럼 메뚜기들의 분비물이 쏟아져 길에 쌓인다. 성충들은 바람의 이동 방향을 따라 움직이는데, 예루살렘에서는 언제나 북동쪽에서 와서 남서쪽을 향해 이동한다. 죽은 메뚜기 떼에서는 심한 악취가 나는데(2:23) 때로는 전염병을 일으키기도 해서 어거스틴의 기록에 의하면 아프리카 해안을 뒤덮은 검은 구름(메뚜기) 때문에 전염병이 발생해 800,000 명이나 죽었다고 한다.

2. 내 용

<구조와 요절>

전체 3장(히브리어 성경은 4장) 밖에 되지 않는 요엘서는 두 개의 순환 예언으로 이루어진 전반부(2:1-17)와 세 개의 메시아 예언으로 이루어진 후반부(2:18-3:21)로 나누어진다. 전반부는 유다의 심판에 대한 두 개의 경고(1:1-29, 2:1-17)가 들어 있고, 후반부에는 유다의 회복과 메시아 시대에 관한 세 개의 약속(2:18-32, 3:1-17, 18-21)이 들어 있다.

(요절 2:13)

대 단 원	소 단 원	주 제	기록 장소	예언 기간	기록 연대
여호와의 날 경고	1:1-20 순환 예언(Ⅰ) - 심판의 날 경고	심판	예루살렘 근처	주전 835-796	주전 830년 혹은 800년경
		회개			
	2:1-17 순환 예언(Ⅱ) - 심판의 날 경고	심판			
		회개			
여호와의 날 소망	2:18-32 은총의 회복	문자적			
		영적			
	3:1-15 평화의 회복	문자적			
	3:16-21 왕국의 회복	영적			

요 절

"너희는 옷을 찢지 말고 마음을 찢고 너희 하나님 여호와께로 돌아올 지어다 그는 은혜로우시며 자비로우시며 노하기를 더디하시며 인애가 크시사 뜻을 돌이켜 재앙을 내리지 아니하시나니"(2:13)

〈해 설〉

소단원 1 심판의 날 경고 I (1:1-29)

◘ 내용 요약

메뚜기 재앙으로 인한 굶주림을 탄식하고 있다. 유다를 덮친 메뚜기 떼는 가나안 정착 이후 처음 겪는 일이었다. 메뚜기 떼는 곡식-밀과 보리 뿐 아니라 과일나무-포도나무, 무화과나무, 석류나무, 대추나무, 사과나무 마저 갉아 먹어 농지를 초토화시켰다. 신 8:8에 나오는 가나안 7 대 작물 중에서 꿀과 올리브 대신에 대추와 사과가 언급되고 있다. 메뚜기 재앙의 끝에 가뭄이 닥쳐 파종한 씨앗조차 싹을 틔우지 못했다. 그 결과 사람 뿐 아니라 가축들마저 굶주림에 시달려야 했으며, 농사에 필요한 씨앗은 물론 하나님께 드릴 소제의 곡식과 전제의 포도주까지 남지 않은 참상을 겪게 되었다.

◘ 관찰과 해석

א. 네 종류의 메뚜기(4) – 팥중이(가잠), 메뚜기(아르베), 느치(예레크), 황충이(하시일)가 메뚜기의 애벌레에서부터 성충이 될 때까지 단계별 이름인지, 다른 종류를 가리키는 것인지 분명하지 않다. 그리고 '한 민족'(6)은 메뚜기에 대한 비유로서 이방의 군대를 가리킨다고 볼 수 없다. 불이 목장의 풀과 들의 나무를 살랐다는 것이 가뭄으로 인한 자연 재해인지, 메뚜기 퇴치를 위해 인위적으로 불을 놓은 것인지도 분명하지 않다(19-20).

ב. 네 가지 명령-들으라(2), 말하라(3), 울라(14), 부르짖으라(14)는 메뚜기 재앙이 단순한 자연재해가 아니라 하나님의 징계이며(신 28:38, 42),

임박한 심판의 날에 대한 예조(15)라는 것을 보여주고 있다. 취하는 자들은 기쁨이 끊어 졌으므로 애통해야 하고(5), 농부들은 소망이 끊어졌으므로 부끄러워 할 수밖에 없고(11), 제사장들이 애통하며 회개하도록 요청된 것은 그들이 제사를 드리지 못하도록 하나님이 막으셨기 때문이다(13). 그리고 민족적인 금식 기도의 요청과 함께 요엘 자신도 하나님께 부르짖었는데(19-20), 메뚜기 재앙보다 더 무서운 여호와의 심판의 날이 가까웠기 때문이었다(15). 그들이 구체적으로 무슨 죄를 회개했는지 나와 있지 않다. 그러나 하나님의 징계에 대해 모든 백성들의 연대책임을 물은 것과, 굶주림을 금식기도의 기회로 선용한 것이 흥미롭다. 그리고 15절의 예언은 주전 586년 예루살렘의 함락으로 성취되었다.

소단원 2 심판의 날 경고 II (2:1-17)

◘ 내용 요약

메뚜기 재앙을 통해 민족적 주의를 환기시킨 예언자는 본격적으로 야훼의 날을 경고한다. 그 날은 이방 군대를 통해 유다를 심판하시는 날이 될 것이다. 메뚜기 재앙이 전무후무한 사건이었던 것처럼, 야훼의 날도 전무후무하게 이방군대가 침공하는 날이 될 것이다(1-2). 야훼의 명령으로 메뚜기 떼처럼 몰려온 그들은 약탈을 서슴지 않을 것이다(1-11). 그런데 야훼 하나님은 여전히 구원의 가능성을 열어놓고 있다(12). 따라서 모든 백성을 성회로 불러 모아야 하며, 진심으로 야훼 하나님께 회개해야 할 것이 강조되고 있다(12-17).

◘ 관찰과 해석

א. 야훼의 네 가지 명령-금식하고, 울며, 애통하고, 마음을 다하여 돌아올 것에 대한 명령이 예언자의 네 가지 명령- 마음으로 하나님께 돌아오며, 나팔을 불어 금식 일을 정하고, 모든 백성을 참여시키며, 제사장들이 탄원기도를 올릴 것으로 발전하고 있다. 이것은 아직 유다에게 구원의 희망이 있음을 보여주며, 1장의 메시지가 반복된 것이다.

ב. 나팔 부는 것과 하나님의 소리 지르심(1, 11), 에덴동산과 황폐한 들

(3), 하나님께 돌아오는 것과 하나님이 뜻을 돌이키는 것(13), 옷을 찢는 행위와 마음을 찢는 회개가 평행구(parallelism)를 이루고 있다(13). 이것은 하나님의 은총과 심판, 회개와 은총의 회복, 형식적 회개와 진정한 회개에 대한 대조로서 회개의 중요성을 강조하기 위한 표현이다.

ㄴ. 마음을 찢는 회개의 중요성은 원래 신명기에서 인용된 것으로서, 예레미야와 바울에 의해 다시 인용되었다.

> "그러므로 너희는 마음에 할례를 행하고 다시는 목을 곧게 하지 말라"(신 10:16).

> "유다인과 예루살렘 주민들아 너희는 스스로 할례를 행하여 너희 마음 가죽을 베고 나 여호와께 속하라 그리하지 아니하면 너희 악행으로 말미암아 나의 분노가 불 같이 일어나 사르리니 그것을 끌 자가 없으리라"(렘 4:4).

> "무릇 표면적 유대인이 유대인이 아니요 표면적 육신의 할례가 할례가 아니니라 오직 할례는 마음에 할지니 영에 있고 율법 조문에 있지 아니한 것이라 그 칭찬이 사람에게서가 아니요 다만 하나님에게서니라"(롬 2:28-29).

ㄷ. 해석상 흥미로운 부분은 하나님이 이방 군대를 진두지휘하신다는 표현이다(11). 다시 말해서 야훼 하나님은 이스라엘 민족의 수호신이 아니다. 그는 자신의 뜻을 거스르는 누구에게나 전사가 되신다. 그리고 금식 성회에 남녀노소 제사장 평민 구분 없이 모두 참여해야 하는 데, 신랑 신부까지 포함되어 있다. 신 20:7에 의하면 갓 결혼한 사람은 전쟁 중일지라도 병역의 의무가 면제되어 있는데 금식기도에 소집되었다(16). 이것은 하나님께 회개하는 일에는 예외가 없을 뿐 아니라 전쟁에 나가는 것보다 더 중대한 일인 것을 보여준다.

단원 3 은총의 회복(2:18-32)

◘ 내용 요약

미래에 회복될 하나님의 은총이 메시아 시대에 임할 축복과 함께 소개되고 있다. 앞서 심판의 날 경고 메시지처럼 하나님께 진정으로 회개해야 할 필요를 깨닫게 해주는 것이다. 하나님은 메뚜기 재앙으로 잃어버렸던 곡식과 포도주만큼 새 곡식과 새 포도주와 새 기름을 주실 것이다. 그리고 침공해온 이방 군대를 모두 물리치시며, 가뭄 대신 이른 비와 늦은 비를 예전처럼 내리시며, 그들의 하나님이 되시고 유다는 그의 백성이 된다. 더 나아가 하나님의 우주적 심판이 있기 전에 유다 백성들에게 성령이 부어지게 된다.

◘ 관찰과 해석

א. 반복되는 단어와 개념들은 하나님의 은총이 어느 정도로 회복될 것인가 보여준다. 이처럼 반복하여 은총의 회복을 강조하는 이유는 회개의 동기를 주기 위한 것이다.

① 수치를 당하지 않게 됨(19, 26, 27).
② 풍족하게 됨(19, 24, 26).
③ 기뻐하며 즐거워하게 됨(23, 26).
④ 예전처럼 됨(22, 23, 25).
⑤ 원수들이 모두 물러감(20).

ב. 야훼 하나님과 백성과의 관계 회복에 초점이 맞춰져 있다.

① 그의 백성을 불쌍히 여기시게 됨(18).
② 그의 백성들에게 응답하시게 됨(19).
③ 백성들은 야훼 하나님으로 인하여 기뻐하며 찬송하게 됨(21, 23, 26).

결론적으로 하나님은 출애굽 광야시대처럼 백성 가운데 거하시고, 백성들은 야훼 하나님만을 섬기게 된다. 즉, 하나님이 왕이 되시고, 유다가 그의 백성이 되는 모세 오경의 청사진이 실현되는 것이다. 이것은 모든 예언자들이 꿈꾸는 나라였다. 마 1:23에서 예수 그리스도의 이름이 '임마누엘(하나님이 우리와 함께 계시다)' 가 될 것이라고 예고한 것은, 그리스도가 신적 왕이라는 것을 보여주는 것이다. 그와 걸맞게 마 18:20에는 그리스도가 언제나 그의 백성들과 함께 있을 것이 약속되고 있다.

ג. 메시아 시대에 임할 은총-모든 육체에 성령이 강림할 것이 소개되고 있다.

① 성령을 받게 되는 만민－문자적으로 모든 육체(콜 바사르 כל בשׂר)는 모든 민족을 가리킨다기보다 일차적으로 이스라엘 백성을 가리킨다. 왜냐하면 만민(콜 바사르)가 하나님의 영과 대조를 이루고 있으며, 3:1, 9에 나오는 심판의 대상으로서의 만국-문자적으로 열방(콜 하고임 כל־הגוים과 다른 의미로 사용되고 있기 때문이다.

② 성령을 받게 되는 사람의 범위는 시간과 사회적 신분의 한계를 뛰어넘는다. 부모 세대와 자녀의 세대, 종과 자유인을 가리지 않고 성령이 임하게 되는 것이다. 즉, 새로운 공동체로서 하나님의 백성이 되는 것-이 또한 모든 예언자들이 꿈꾸는 사회였다(겔 36:26-28).

③ 성령을 받는 의의는 예언 사역을 위한 것이다. '장래 일을 말하다' '꿈을 꾸다' '이상을 보다' 는 모두 하나님의 계시를 받아 말하게 되는 것을 의미한다.

④ 성령을 받아 예언하게 되는 것은 종말에 심판이 임하기 전에 택하신 자들을 구원하기 위한 것이다(30-32).

⑤ 종말에 있을 심판은 전쟁과 천재지변의 이적으로 이루어진다(30-31). 땅에서는 불가사의한 전쟁-피와 불과 연기 기둥이 있을 것이며, 하늘에서는 해와 달이 빛을 잃게 되는 것이다.

ד. 번역 상 흥미로운 구절이 있다. 23절에는 '비' 가 네 번 나오는데 직역하면 "그가 너희들에게 구원의 이른 비를 주시니 예전처럼 너희들에게 이른 비와 늦은 비로 비 내리게 하실 것이다"가 된다. 여기서 '구원의 이른 비(하모레 리쯔다카 המורה לצדקה)' 는 메시아적 구원을 상징하는 이중의 의미를 가지고 있다. 왜냐하면 '모레(מורה)' 는 비를 가리키는 동시에

스승을 가리키기는 말이며, '쩨데크(צדק)' 는 '의' 혹은 '구원' 어느 쪽으로든 번역이 가능하기 때문이다. 쿰란 공동체의 창설자를 추종자들이 '의의 스승(모레 하쩨데크)' 이라고 불렀던 것도 이와 무관하지 않다. 그들이 스스로를 메시아적 집단이라고 보았던 결정적인 이유는 독자적으로 만든 감사시편으로도 확인된다.

"저는 당신께 감사하나이다. 당신께서 저를 당신의 힘으로 받쳐주시고, 당신의 성령을 저에게 부어주셨습니다. 저는 흔들리지 않습니다. 당신은 저를 악한 전쟁 앞에서 강하게 해주셨습니다"(1QH:7:6).

소단원 4 평화의 회복(3:1-17)

◇ 내용 요약

장래에 야훼 하나님이 열방을 여호사밧 골짜기로 불러 모아 멸절시킬 것이 반복해서 예고되었다(1-3,9-14). 그날은 이스라엘의 구원을 성취하는 야훼의 날이 될 것이다(15-17). 그 날에 두로와 시돈과 블레셋도 함께 심판을 받게 된다. 열방이 심판을 받게 되는 이유는 이스라엘 백성을 열방 가운데 흩고 노예로 팔았기 때문이며(3), 두로와 시돈과 블레셋이 심판을 받게 되는 것은 유다를 침공하여 약탈하고 헬라 사람들에게 유다인을 노예로 팔았기 때문이다. 소년을 기생과 바꾸고, 소녀를 술과 바꾸었다는 것은 노예시장에서 유대인들의 몸값이 헐값이 되었다는 것을 보여준다. 그만큼 포로로 끌려간 자가 많았다는 뜻이다.

◇ 관찰과 해석

א. 중요한 지명 여호사밧 골짜기가 나온다. 물론 종말에 있을 야훼의 심판 장소로서 상징적인 의미를 가질 뿐이다. 많은 전쟁터 중에서 유독 여호사밧 골짜기로 이름 붙여지게 되는 것은, 전적으로 야훼 하나님에 의해 승리를 쟁취한 곳이기 때문이다(대하 20:14-30). 유다 백성들은 레위인 찬양대를 앞세우고 전쟁터로 갔을 뿐이지만, 하나님이 적들로 서로 싸우게 하여 승리를 얻게 하셨다. 흥미로운 것은 전리품이 너무 많아 운반하는데 사흘이나 걸렸다는 것이다. 그래서 그곳은 약탈당했던 유다 백성에게 승리의 전리품을 얻게 하는 장소로서, 하나님이 앞서 행하시는 왕이

되셔서 승리를 안겨 주시는 장소로서 상징적인 이름이 된다. 앞서 2장에서 풍성한 곡식을 인하여 하나님의 왕 되심을 찬양하게 되리라는 예언(2:26-27)과 함께 3장에서는 전쟁의 승리를 인하여 하나님의 왕 되심을 찬양하게 될 것(3:16-17)이 예언되었다. 그리고 2장에서 예전의 은총이 회복될 것의 예언은, 3장에서 유다 백성들이 오히려 두로와 시돈과 블레셋의 자녀들을 이방에 팔아버리게 된다는 예언과 대칭적 평행을 이룬다.

ㄹ. 요한계시록 14:15에는 3:13을 인용하고 있다. 그것은 여호사밧 골짜기에서의 심판이 종말에 있을 악인들에 대한 심판이라는 사실을 보여준다. 2:11에서 적군을 지휘하며 시온을 향하여 부르짖던 야훼 하나님이, 3:16에서 열방을 심판하시기 위해 시온에서 부르짖으시게 된다.

소단원 5 왕국의 회복(3:18-21)

◆ 내용 요약

다시 한 번 열방에 대한 심판이 예고되고 있으며, 종말에 있을 메시아 왕국의 영원한 영광이 상징적으로 묘사되고 있다. 앞서 두로와 시돈과 블레셋이 심판의 대상이 된 것처럼 여기서는 애굽과 에돔에 대한 심판이 예고되어 있다. 그 심판의 의미는 유다 백성에게 행한 그들의 죄에 대해 하나님이 복수하시는 것이다.

◆ 관찰과 해석

성전에서 흘러나오는 물이 싯딤 골짜기에 닿는 것과 나일 강을 자랑하는 애굽이 황무지로 변하게 되는 것과 대조를 이루고 있다. 싯딤 골짜기는 소돔과 고모라가 있던 곳으로 황무지의 대명사이다. 따라서 예루살렘에서 시작된 하나님의 은총이 황무지를 옥토로 변하게 하지만, 풍요로웠던 애굽과 용맹했던 에돔은 하나님의 백성을 괴롭힌 대가로 황무지로 변한다는 것이다. 물론 이것은 종말에 있을 메시아 왕국에 대한 상징적 예언이다(겔 47:1-12, 계 22:1-2). 메시아 예언의 전형적인 표현들 '그 날에' '산들이 젖을 흘리다' '시내가 흐르다' '성전에서 샘이 흐르다' 등을 사용하고 있는 것도 본문의 예언이 종말에 있을 메시아 왕국에 대한 것이

성전 문지방 물이 흘러 염해로 가는 길목 와디 나르

라는 사실을 보여준다. 요 7:38에서 그리스도는 자신을 믿는 자의 배에서 생수(성령)의 강이 흘러나리라고 약속했다. 그것은 초막절에 실로암의 물을 길어다 제단에 붓던 풍습을 배경으로 하고 있다. 그러니까 제단에서 물이 흘러나와 풍족한 삶을 누리게 되도록 기원하는 당시의 풍속은, 예언자들의 메시야 예언에 기초를 두고 있는 것이다.

◆ 적용을 위한 묵상

요엘서 예언의 하이라이트는 성령 강림에 관한 것이다. 요엘서에 나오는 성령강림 예언의 의의가 얼마나 큰 것이었는가는, 베드로가 오순절 성령 강림 현장에서 주저 없이 요엘서를 인용했던 것을 보아서도 알 수 있다. 우리가 비록 오순절에 성령 받았던 120명의 개인 신상정보를 가지고 있지 않다 하더라도 나이, 성별, 신분의 고하에 제한 없이 다양한 계층의 사람들로 구성되었으리라는 것을 짐작할 수 있다(행 1:12-16). 요엘서 예언대로 모든 육체(콜 바사르)에 성령이 강림했던 것이리라. 이후 성령의 강림은 이들의 예언 사역을 통해 반복적으로 나타났다. 베드로와 요한이 사마리아 성의 신자들에게 안수 기도할 때 성령이 내려왔다(행 8:14-17). 사울은 아나니아의 안수 기도를 받고 성령으로 충만하게 되었다(행 9:17-18). 가이사랴의 로마 장교 고넬료는 세례 받기 전 베드로가 설교하는 도중에 성령을 받았다(행 10:44-48). 베드로는 그 날 성령 강림이 오순절 성령 강림과 같았다고 증언했다(행 11:15-17). 바울이 에베소에 있는 제자들에게 안수할 때 성령이 임했다(행 19:1-7). 다시 말해서 성령 강림은 오순절에 있었던 단회적인 사건이 아니라 지역과 사람을 달리하며 반복된 사건이었던 것이다. 요엘서의 예언에 의하면 성령강림은 세대를 초월하여 계속되는 사건이다.

2007년은 한국교회사에 있어서 1907년 평양 장대재 교회 성령강림 100 주년이 되는 해였다. 그래서 한국 기독교 제 2의 도약기가 될 것을 기대하는 마음으로 각 교단마다 기념행사를 앞다투어 치렀다. 심지어 회개운동을 통해 부흥이 일어나도록 하자며 대형집회를 개최하기도 했지만 가시적인 성과를 거두지 못했다. 통계청 발표에 의하면 2006년 기준 과

거 10 년 동안 천주교가 74.4%의 성장을 기록했고, 불교는 3.9%, 기독교는 -1.6 성장했다. 이대로라면 기독교 인구는 앞으로도 감소추세를 면하지 못할 것으로 보인다. 계속적인 성령 강림의 역사가 일어나기 위해 교회는 무엇을 회개해야 할 것인지 고민하지 않을 수 없다. 한 가지 분명한 것은 하나님이 왕 되시는 곳에 성령이 강림한다는 사실이다. 교회가 사람과 프로그램의 왕국이 될 때 성령의 강림을 기대하기 어렵다. 다시 예수의 가르침과 왕 되신 하나님께 굴복해야 한다. 그리고 진정으로 성령의 강림을 사모하고 기대 해야 한다.

되새김질

1. 저자/시대적 배경/기록 연대와 장소/원 독자/주제와 책의 특징에 대해 아는 대로 말해봅시다.

2. 요엘서에 나오는 두 가지 이미지-메뚜기와 이른 비가 무엇을 상징하고 있는지 아는대로 말해봅시다.

3. 요엘의 예언이 인용된 신약 성경 구절을 찾아봅시다.

아모스

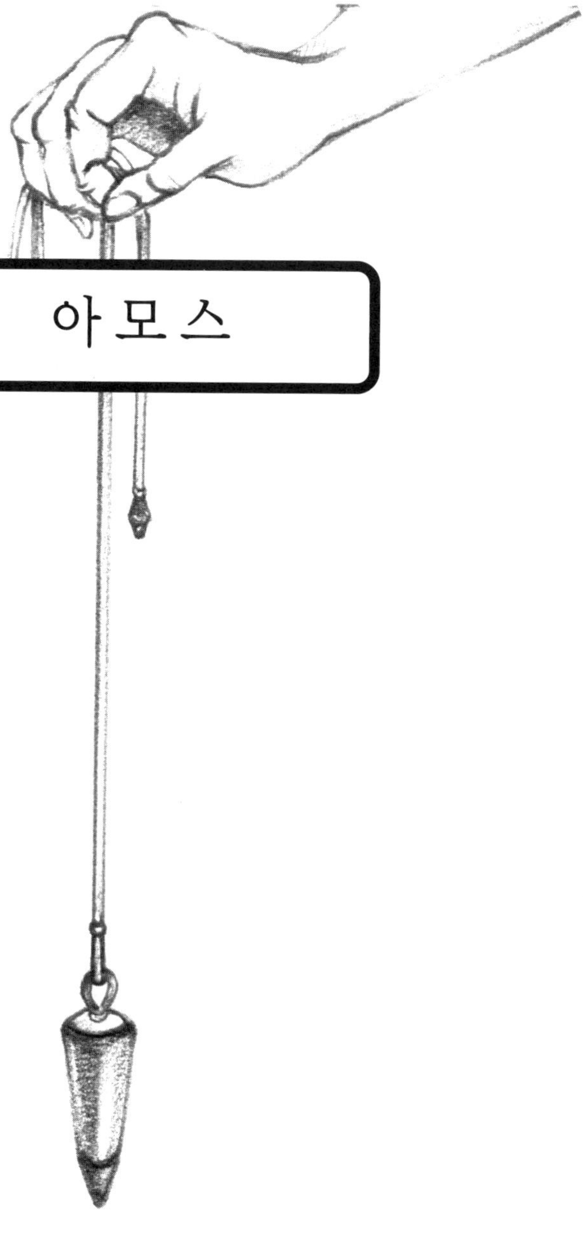

아 모 스

아모스서는 지진을 소재로 북 이스라엘의 멸망에 대해 예언한 책이다. 이 책은 역사상 전례 없이 부를 누리고 있던 북 이스라엘에 최초로 멸망을 예고했다는 점에서 주목을 받는다. 그리고 직업적 선지자가 아니지만 예언을 해야 했고, 남 유다 출신이면서 북 이스라엘에 갔으며, 가장 부강한 시기에 임박한 종말을 외쳐야 했던 한 선지자의 고뇌와 아이러니가 기록되어 있다. 한 마디로 이 책은 경제적 번영에 가려진 가난한 자에 대한 억압과 도덕적 타락을 질타하고 있다. 이 책의 주인공 아모스는 겉으로 드러난 현상들-국경의 확장, 남 유다와 동반자 관계 유지, 풍족한 물자유통 뒤에 감추어진 멸망의 징조-빈부격차의 심화, 빈민 학대, 권력자의 부패, 다신교 숭배 등을 집중적으로 고발하고 있다. 그는 먼저 주변 민족들에 대한 야훼 하나님의 심판을 예고한 다음, 유다에 대한 심판과 회복까지 예언했다. 북 이스라엘의 마지막 예언자 호세아와 같은 시대에 살았던 그의 예언은 30여년 만에 성취되었다. 이 책에는 요엘서의 주제 '야훼의 날' 과 호세아서의 주제 '언약 백성으로서의 이스라엘' 이 모두 나온다. 그것은 아모스가 요엘의 영향을 받았으며, 호세아에게 영향을 주었으리라는 것을 말해준다. 이 책은 신약 성서에도 적지 않은 영향을 끼쳤다. 사도행전 7:42-43은 아모스 5:25-27을 인용하고 있고, 사도행전 15:16-17은 아모스 9:11-12을 인용했으며, 요한계시록 10:7, 11:18은 아모스 3:7을 인용한 것이다.

1. 배경

저자와 기록연대, 장소, 문학양식

아모스는 여덟 나라에 대한 심판, 다섯 번의 환상, 여러 장르를 넘나드는 풍부한 문학 기법이 보여주듯 탁월한 능력의 예언자였다. 무거운 짐 지는 자라는 뜻의 아모스(עמוס)는 다른 예언자들에 비해 비교적 상세히 알려져 있다.

> "유다 왕 웃시야의 시대 곧 이스라엘 왕 요아스의 아들 여로보암의 시대 지진 전 이년에 드고아의 목자 아모스가 이스라엘에 대하여 받은 말씀이라"(1:1).

> "나는 선지자가 아니며 선지자의 아들도 아니라 나는 목자요 뽕나무를 재배하는 자로서 양 떼를 따를 때에 여호와께서 나를 데려다가 여호와께서 내게 이르시기를 가서 내 백성 이스라엘에게 예언하라 하셨나니"(7:14하-15).

아모스서에 나오는 대로 그는 베들레헴에서 남동쪽으로 8km 떨어진 드고아 출신이었다. 목자이면서 뽕나무 기르는 자였으며, 직업적 예언자나 예언자의 제자가 아니었다. 이런 사실들을 정리해보면 다음과 같다. 첫째, 그는 유다의 작은 마을 드고아 출신이다. 다윗의 군대장관 요압이 압살롬과 다윗을 화해시키기 위해 드고아에서 지혜로운 여인 한 명을 차출했던 일이 있었다(삼하 14:1-24). 그것은 드고아가 현자들의 마을로 알려져 있다는 사실을 보여주며, 아모스가 탁월한 문학적 재능을 가지고 예언하게 되는 것과 무관하지 않아 보인다.

둘째, 그는 목자이며, 뽕나무 기르는 자였다. 1:1의 목자(노케드 נקד)는 목동(로에 רועה)와 달리 양치는 자영업자를 가리킨다. 왜냐하면 왕하 3:4에서 모압 왕 메사를 가리켜 노케드라고 불렀기 때문이다. 그리고 7:14의 목자(보케르 בוקר)는 소치는 자를 가리킨다. 그리고 아모스는 뽕나무(쉬케밈 שקמים)를 기르는 자였는데, 쉬케밈은 뽕나무가 아니라 야생 무화과(sycamore)이다.[3]

셋째, 그는 (직업) 예언자가 아니었으며, 예언자의 제자도 아니었다. 7:14에서 "예언자의 아들"은 문자적으로 아들이 아니라 권속 혹은 제자를 가리키는 관용어이다. 예언이 제사장처럼 세습직이 아니었던 점을 생각해보면 이해가 된다. 한마디로 그가 하나님의 부르심을 받기 전 순박한

3) **야생 무화과**는 과일이 아니라 목재를 얻기 위한 나무이다. 부자들은 백향목으로 대들보를 얻었지만, 일반인들은 야생 무화과나무를 사용했다. 뽕나무가 일반인들의 목재로 사용되었다는 것은 솔로몬은 백향목을 평지의 뽕나무처럼 많게 했다는 기록에서 알 수 있다(왕상 10:27). 그런데 야생 무화과 열매를 잘 익게 만들기 위해 과일에 작은 구멍을 뚫어주어야 했다. 종종 목자들은 추수가 끝난 남의 밭에서 양떼를 먹이는 대신 야생 무화과에 구멍을 뚫어주는 노동으로 밭주인에게 보답했다. '기르다'로 번역된 히브리어 동사 '발라스'는 '긁어서 개봉하다'는 뜻이 있다.

돌 무화과 나무

시골 농부였던 것이다.

넷째, 그는 하나님께로부터 직접 사명을 받았다. 벧엘의 금송아지 제단 제사장 아마샤가 그에게 예언을 하지 말라고 하자 저주를 퍼부은 이유도 바로 그 때문이었다(7:10-17).

다섯째, 그는 유다 사람으로서 북 이스라엘에 가서 예언했다. 그는 북 이스라엘 역사상 가장 강성했던 여로보암 시대의 청중들에게 하나님의 심판과 멸망을 예고하도록 보내심을 받았던 것이다(3:14, 4:4, 5:5,6, 8:14. 9:1).

돌 무화과

아모스의 활동 기간은 웃시야(주전 790-739년) 왕의 단독통치가 시작되던 주전 767년부터 여로보암 II(주전 793-753년)의 통치가 끝난 753년 사이로 추정된다. 따라서 아모스서의 기록 연대는 그의 사역 말기였던 주전 760-755년으로 보인다. 그는 여로보암 시대에 있었던 지진 2년 전에 사역을 시작했다고 했는데, 하솔 지역에 있었던 지진이 주전 760년 경으로 확인된 점도 이 책의 연대추정에 도움을 준다(슥 14:5 참조). 그리고 그가 이스라엘의 멸망을 예언한 장소는 북 이스라엘의 수도 사마리아였지만 아모스서를 기록한 곳은 고향인 드고아였을 것이다.

그리고 이 책에서는 다음과 같은 문학 양식이 발견된다.

- 역사 서술 : 1:1, 7:10-16
- 송사 신탁 : 1:2-2:16
- 애가 : 5:1-17
- 저주 신탁 : 5:18-6:14
- 이상(환상) 신탁 : 7:1-9:10
- 약속(구원) 신탁 : 9:11-15

뿐 아니라 아모스서에는 다양한 문학적 기교가 들어 있다. 이를 테면 은유(2:9, 3:12, 5:19, 6:12), 직유(5:2,7,24, 9:9), 풍자(5:20, 6:12, 9:4), 조롱(3:12, 4:4,5, 6:1), 수사적 질문(2:11, 3:3,6,8, 5:18,25, 6:12, 8:8), 위악어법(dysphemism;1:5) 등 다양한 기법이 사용되고 있다.

원 독자

이 책의 원 청중들은 북 이스라엘의 지도자들과 백성들이다. 그러나 2:4-5과 9:11-15에 유다에 대한 예언이 들어 있는 것을 볼 때 이 책의 원 독자들은 유다와 이스라엘을 포함한 아모스 시대 하나님의 백성들이라고 할 수 있다. 따라서 원 독자들이 어떤 시대적 상황 속에 있었는지 살펴볼 필요가 있다.

1) 정치적 상황

국제 관계가 이스라엘과 유다에 유리하게 전개되고 있었다. 북 이스라엘과 적대 관계가 되었던 수리아가 신흥 앗수르의 침입을 막느라고 북쪽에 군사력을 집중시켰다. 그동안 여로보암 II가 다스리는 이스라엘과 웃시야가 다스리는 유다는 국경을 확장하여 다윗과 솔로몬 시절의 옛 영토를 거의 회복했다(왕하 14:25, 28). 앗수르는 이 시기에 상대적으로 세력이 약화되어 있었으며, 왕의 영도력 부재와 내부 분쟁으로 인해 서쪽에서의 활동이 사실상 중단된 상태였으나 여전히 위협적인 존재였다. 수리아는 사실상의 초강대국으로 부상하려고 애쓰고 있었다. 하사엘 왕이 앗수르의 침공으로부터 수리아를 효과적으로 방어했지만, 그의 아들 벤하닷 II는 앗수르와 이스라엘 왕 요아스에게 모두 패배했으며, 점차 쇠퇴의 길을 걷게 되었다.

2) 종교적 상황 - 이스라엘(왕하 12:28-33 참조)

① 벧엘과 단의 금송아지 우상 말고도 곳곳에 신전과 제단을 만들어 섬겼다(2:8, 8:14).
② 참 선지자를 경멸하고 나실인을 존중하지 않았다(2:11-12).
③ 하나님이 지정하시지 않은 곳 – 벧엘과 길갈에서 제사를 드렸다(4:4-5).
④ 진리를 말하는 자를 미워했다(5:10).
⑤ 종교지도자들이 참 선지자를 미워하고 하나님의 말씀 듣기를 거부했다(7:10-13).
⑥ 종교행위로 사악한 욕심을 포장했다(8:5).

3) 사회상

① 부자들의 행태

부자들은 겨울 별장과 여름 별장이 있었고, 집들을 상아로 치장했으며, 저택에서 살았다(3:15). 그들은 다듬은 돌로 집을 짓고, 아름다운 포도원을 만들었다(5:11). 그리고 상아로 만든 침대에 눕고, 최상품 양고기와 쇠고기를 먹었다. 헛된 노래를 부르고 새로운 악기를 발명했으며, 대접으로 포도주를 마시며 과음했고, 제사용 귀한 기름을 함부로 발랐다(6:1, 4-6).

② 부의 축적 방법

부자들은 은과 신 한 켤레 정도의 뇌물을 재판관에게 바쳐 가난한 자를 압제했거나 노예로 팔았다(2:6, 8:6). 그들은 가난한 자를 외면하고 자신들의 이익에만 신경을 썼다(2:7, 8:4). 예를 들면 전당잡은 옷을 돌려주지 않고 자기 것으로 만들었으며, 벌금으로 징수한 돈으로 포도주를 사서 자기 신들의 전에서 마셨다(2:8). 그들의 빈민학대는 국제적으로 악명이 높았다(3:9). 그리고 권세를 잡기 위해 무슨 짓이든 했으며(3:10, 6:3), 여자들도 가난하고 궁핍한 자를 압제해 술을 얻었다(4:1). 지도자들은 법을 가난한 자에게 불리하도록 제정하고 악용했다(5:7). 가난한 자를 압제해 밀의 부당한 세금을 징수했으며(5:11), 부정과 부패가 광범위한 계층과 지역에서 행해졌다(6:12). 심지어 그들은 안식일에도 장사하기 원했으며, 거짓 저울과 잣대로 속였고, 밀 찌꺼기를 팔았다(8:5-6). 한마디로 교만이 부자들의 모든 악행의 뿌리였다(6:8,13, 8:7). 그들은 하나님의 말씀을 전하는 선지자를 심하게 학대했다(7:12-13).

빈부격차의 사회적 요인[4)]

4) 우택주, 8세기 문서예언을 형성시킨 결정적 요인들, 구약논단 9. p137-166에서 발췌.

가나안 정착 초기 이스라엘은 자급자족하는 농촌경제를 형성했다. 그 농촌사회는 토지 이용이 자유로웠고, 노동의 대가만큼 생산할 수 있는 환경을 유지하였다. 토지의 소유권은 부모에게서 자녀에게로 세습되었으며, 지중해식 혼합농법을 사용하였다. 즉, 밭에 밀과 보리를 심는 밭농사와 가파른 경사면을 이용한 포도, 올리브, 대추 등의 과수재배와 잔여노동력을 이용한 소규모 축산업을 혼합하는 농법이었다. 그럼으로써 건조한 기후와 척박한 토양, 불규칙한 지형, 노동인구의 부족과 식량 문제를 해결했던 것이다. 그러나 왕국 시대가 되면서 궁전과 중앙 성소 및 기념비적 건축물의 건설과 함께 관료들이 상주하는 중앙의 도시를 형성시켰다. 이에 따라 전체 인구의 일부와 용역과 농산물의 중앙 집중화가 이루어졌다. 동시에 도시와 농촌의 구분은 물론 상류층과 하류층의 계층사회도 형성되었다. 더구나 잦은 전쟁으로 젊은이들이 전쟁에 차출되어 농촌 사회는 심각한 일손부족 현상을 빚게 되었다. 그리고 관료 계층의 형성으로 조세 부담이 커지게 되었다. 그것은 도시 경제의 유지를 위해 농촌 경제가 자급자족하는 형태에서 잉여생산량까지 확보해야 하는 것을 의미했다. 게다가 왕은 충성하는 신하들에게 토지를 줌으로써 부재지주까지 등장했다. 따라서 농민들은 도시 경제를 충족시키기 위해 휴경지를 줄이거나 휴경 기간을 단축시키는 방책을 강구하게 되었다.

특히 8세기의 경우 영토 확장에 성공한 북 이스라엘의 여로보암 2세와 남 유다의 웃시야는 동반자 관계로서 국제무역에 활발히 참여했다. 그 국제무역 또한 자국경제의 기초를 흔들어 놓는 정책을 펼치게 만들었다. 이 무렵 왕실은 부가가치가 높은 포도주와 감람유와 밀의 생산에 주력했다. 웃시야는 이를 위해 제도적으로 전 국토를 삼분하여 각각 밀, 포도주, 기름 생산지로 나눈 것으로 평가된다(대하 26:10). 이런 정황에서 부유층과 권력층은 농산물을 수출하고 군사용 전략무기와 사치품을 수입했다(왕상 4:28, 5:18, 9:19, 암 6:4). 따라서 부의 재분배는 이루어질 수 없었던 것이다. 만약 가뭄이 들면 농민들은 고리로 돈을 빌려 쓸 수밖에 없어서 빈부격차가 심해졌고, 그 기회를 틈타 부자들은 가난한 농민들의 토지를 빼앗기도 했다. 이에 예언자들은 빈민을 학대하는 부자와 권력자를 향해 목소리를 높일 수밖에 없었고, 급기야 왕국의 멸망을 예고하기에 이르렀던 것이다.

기록 목적

웃시야 통치 아래의 유다 왕국과 함께 솔로몬 이후 가장 부강한 시대를 맞은 여로보암 통치 아래의 이스라엘 왕국은 확장된 영토, 중개 무역으로 인한 세수증가, 주변 국가들의 쇠퇴로 인한 반사 이익 등으로 전에 없던 호황을 누리게 되었다. 그러나 그것은 꺼져가는 촛불이 마지막으로 밝게 빛나는 것과 같았을 뿐 항구적인 국가 발전의 신호는 될 수 없었다. 왜냐하면 군웅할거 식의 근동 질서가 무너지고, 바야흐로 제국 시대가 시작되기 전 잠시 숨 고르기와 같은 상황이 만든 현상이었기 때문이다. 그것은 마치 폭풍전야의 고요함과도 같았다. 그럼에도 불구하고 부자들과 사회지도층은 장미 빛 환상에 젖은 나머지 정치적 안정과 경제적 번영이 오래 지속될 것으로 착각하고 있었다.

따라서 그들의 성적 타락, 사치와 향락, 억압, 불공정 거래, 빈부 격차의 심화, 사법체계의 부패, 우상숭배, 살인, 형식적 종교행위 등의 죄로 인해 하나님의 심판을 받게 되었다는 선지자의 예언 따위에는 귀를 기울이지 않았다. 아모스는 지진이 일어나기 2년 전 환상을 보고 이미 북 이스라엘의 멸망을 예언했다(1:1). 그런데 2년 후 지진이 발생했음에도 불구하고 북 이스라엘은 회개할 기미를 보이지 않았다. 따라서 아모스는 그동안 예언했던 내용들을 글로 옮겨 지속적으로 경고할 필요를 느꼈을 것이다. 지금도 하솔 유적지에 남아있는 지진의 흔적은 북 이스라엘 멸망의 전조가 확실했음을 알게 해준다. 따라서 이 책은 다음과 같은 목적으로 기록되었을 것이다.

첫째, 임박한 심판을 경고하여 이스라엘 백성들의 경각심을 불러일으키기 위해.
둘째, 언약의 백성으로서의 이스라엘이 우상숭배와 불의한 행위를 회개하고 하나님께 돌아오도록 촉구하기 위해.
셋째, 이스라엘에 임할 심판을 통해 유다가 회개하고 하나님께 돌아오도록 촉구하기 위해.

주제와 관점

아모스서의 대 주제는 '임박한 이스라엘의 멸망'이다. 모든 것을 파괴해버리는 지진처럼 갑자기 다가올 그 날은 돌이킬 수 없는 재앙의 날이 되리라는 것이다. 이 주제는 다음과 같은 작은 주제들로 나누어져 원 독자들에게 교훈을 주고 있다.

〈주제들〉	〈원 독자에게 의의〉
1) 의로우신 하나님은 당신의 백성들이 의를 행하기를 원하신다.	1) 공의를 행하므로 의로우신 하나님께 의를 행하기를 원하신다.
2) 거룩하신 하나님은 죄를 고집하는 당신의 백성을 징계하신다.	2) 여호와의 심판의 날이 이르기 전에 우상과 악행을 버리고 진심으로 회개하라.
3) 자비하신 하나님은 선지자를 보내 회개를 촉구하신다.	3) 완악함을 버리고 겸손히 하나님의 경고에 귀를 기울이라
4) 이스라엘의 하나님은 당신의 백성이 진심으로 하나님을 섬기기 원하신다.	4) 형식적 종교행위에 만족하지 말고 마음으로 하나님께 순종하라
5) 전능하신 하나님은 열방을 다스리시며 심판하신다.	5) 이스라엘의 왕 하나님만 의지하고 군대와 장관을 의지하지 말라
6) 성실하신 하나님은 당신의 백성들을 종말에 회복시키신다.	6) 역사를 주관하시는 하나님을 신뢰하라

그리고 위와 같은 주제들은 다음의 신학적 관점들을 통해 전개되고 있다.

1) 야훼의 날은 구원의 날이 아니라 심판의 날이다(2:16, 5:18, 20, 8:9, 13).

"화 있을 진저 여호와의 날을 사모하는 자여 너희가 어찌하여 여호와의 날을 사모하느냐 그 날은 어둠이요 빛이 아니라"(5:18).

전통적으로 이스라엘 백성들은 구원의 날로서 야훼의 날을 기대해왔다. 아모스는 그 환상을 일격에 날려버리면서 심판을 예고한다. 다시 말해서 하나님은 이스라엘 민족의 수호신이 아니라는 것이다.

2) 이스라엘의 멸망은 지배계층이 저지르는 구조적 죄악이 자초한 것이다(2:13-16, 3:9-12, 4:1-3, 5:10-12, 6:1-7, 12).

"자기 궁궐에서 포학과 겁탈을 쌓는 자들이 바른 일 행할 줄을 모르느니라 여호와의 말씀이니라…겨울 궁과 여름 궁을 치리니 상아 궁들이 파괴되며 큰 궁들이 무너지리라 여호와의 말씀이니라" (3:10,15)

"말들이 어찌 바위 위에서 달리겠으며 소가 어찌 거기서 밭 갈겠느냐 그런데 너희는 정의를 쓸개로 바꾸며 공의의 열매를 쓴 쑥으로 바꾸며"(6:12)

정의로운 사회를 만들 책임에 대해 지배계층이 외면할 뿐 아니라 오히려 악을 조장하고 있음을 조목조목 통렬히 지적한다. 아모스의 이런 관점은 이사야의 예언활동에도 큰 영향을 끼치게 된다.

3) 종교를 지배논리에 악용하는 죄를 지적하고 있다(3:13-15, 4:4-5, 5:21-27, 8:14).

"너희는 벧엘에 가서 범죄하며 길갈에 가서 죄를 더하며 아침마다 너희 희생을 삼일마다 너희 십일조를 드리며 누룩 넣은 것을 불살라 수은제로 드리며 낙헌제를 소리 내어 선포하려무나 이스라엘 자손들아 이것이 너희가 기뻐하는 바니라 주 여호와의 말씀이니라" (4:4-5)

북 이스라엘 왕들은 벧엘과 단의 금송아지 제단 뿐 아니라 여러 민간 성소에서 제사를 드리며 백성에 대한 지배권을 강화했다. 그것은 백성들로 하여금 야훼 하나님을 의지하는데서 떠나 왕과 왕이 주도하는 종교를 신뢰하게 되는 결과를 낳았다.

4) 반복적인 자연 재해는 하나님의 징계였다(4:6-11).

하나님은 기근이 임하게 했고(6), 늦은 비를 내리지 않았으며(7), 가뭄으로 식수난을 겪게 만들었고(8), 병충해로 수확할 것이 없게 했으며(9), 치명적인 전염병을 보내 사람들을 죽게 만들었고(10), 대화재로 마을들을 파괴했다(11). 이런 것들은 신명기에 기록된 저주가 분명했음에도 불구하고 그들이 하나님께로 돌아오지 않았음을 지적하고 있다.

5) 이스라엘은 야훼 하나님과 언약을 맺은 백성이다(2:9-12, 5:25-27).

그들의 조상이 광야 시절 하나님을 배신하고 다른 신을 섬기다가 죽었으며(5:25-26), 40년 동안의 배신에도 불구하고 가나안 땅을 차지하게 하신 사실이 강조되고 있다(2:9-10). 그럼에도 불구하고 하나님은 여전히 예언자와 나실인을 통해 그들이 돌아오도록 예언을 주었으며, 그들은 예언을 거부하고 있다는 사실이 지적되고 있다(2:10-11).

아모스서의 특징

지진으로 묻혔던 하솔의 멘카우레 스핑크스

아모스서는 다음과 같은 특징을 가지고 있다.

1) 지진을 중심으로 자연 재해들이 나온다(4:6-11, 6:11, 8:8, 9:5, 6).

> "이로 말미암아 땅이 떨지 않겠으며 그 가운데 모든 주민이 애통하지 않겠느냐 온 땅이 강의 넘침 같이 솟아오르며 애굽 강 같이 뛰놀다가 낮아지리라"(8:8).

> "주 만군의 여호와는 땅을 만져 녹게 하사 거기 거주하는 자가 애통하게 하시며 그 온 땅이 강의 넘침 같이 솟아오르며 애굽 강 같이 낮아지게 하시는 이요"(9:5).

이것은 신명기에 나오는 언약의 저주가 임하고 있다는 것을 보여주기 위한 것이다. 특히 지진은 가장 무서운 재앙으로서 회복불가능한 치명적 재앙이었다.

2) 아모스의 예언이 야훼 하나님의 말씀이라는 것이 강조되고 있다.

"여호와께서 이와 같이 말씀하시되"로 시작하고(1:3, 6, 9, 11, 13, 2:1, 4, 6, 3:11,12, 5:3,4,16, 7:17) "이는 여호와의 말씀이니라"로 끝나는 전형적 예언형식을 취하고 있다(2:11, 16, 3:10,15, 4:3, 5, 6 8, 9, 10, 11, 6:8, 14, 8:3, 9, 11, 16, 9:7, 8, 12, 13). 그리고 "여호와께서 말씀하셨느니라"는 표현과(1:5, 8, 15, 2:3, 5:17) "들으라"는 형식이 사용되었다(3:1,13, 4:1, 5:1, 7:16, 8:4). 이것은 아모스의 예언이 하나님께로부터 나온 것-권위와 기원을 강조하기 위한 것이다.

3) 회복보다 심판에 초점이 맞춰져 있다.

하나님께로 돌아오면 살 수 있다는 권고(5:4-6, 14-15), 이스라엘을 포로 중에서 돌아오게 하겠다는 약속(9:8하-9), 다윗 왕국의 재건과 메시아 시대의 약속(9:11-15) 외에는 모두 멸망에 관한 예언이다.

4) 심판의 환상을 보며 중보 기도를 올리고 있다.

다섯 개의 환상-메뚜기(7:1-3), 대 화재(7:4-6), 다림줄(7:7-9), 여름 과일 광주리(8:1-3), 제단의 파괴(9:1-4) 환상을 보며 아모스는 하나님과 대화한다. 그 중에서 메뚜기와 대 화재의 환상에서 아모스는 하나님의 심판을 만류하여 허락을 받는다. 이런 환상은 나중에 스가랴가 8 환상을 볼 때도 동일한 방식으로 진행된다. 즉, 처음에는 중보기도가 허락되지만 시간이 흐르면서 일방적으로 야훼 하나님이 심판을 선고하시는 형식으로 전개된다.

5) 사회 정의의 부재를 통렬히 공격하고 있다.

> "무리가 성문에서 책망하는 자를 미워하며 정직히 말하는 자를 싫어하는도다 너희가 힘없는 자를 밟고 그에게서 밀의 부당한 세를 거두었은즉 너희가 비록 다듬은 돌로 집을 건축하였으나 거기 거주하지 못할 것이요 아름다운 포도원을 가꾸었으나 그 포도주를 마시지 못하리라 너희의 허물이 많고 죄악이 무거움을 내가 아노라 너희는 의인을 학대하며 뇌물을 받고 성문에서 가난한 자를 억울하게 하는 자로다"(5:9-12)

이스라엘은 하나님의 백성이므로 그 가운데 부정과 부패가 없어야 했다. 왜냐하면 그것 때문에 하나님의 이름이 이방 가운데 멸시를 당할 수 있기 때문이었다(3:9,11). 이사야가 유다의 부정부패를 통렬히 비판한 것도 그 때문이었다.

6) 하나님의 심판이 온 세상에 미치고 있다.

아람(1:3-5), 블레셋(1:6-7), 두로(1:9-10), 에돔(1:11-12), 암몬(1:13-15), 모압(2:1-3), 유다(2:4-5), 이스라엘(2:6-8)이 모두 심판의 대상이 되고 있다.

7) 남은 자를 통한 회복이 예고되고 있다.

비록 이 책에서 심판에 관한 예언이 더 많이 기록되어 있음에도 불구하고 요셉의 남은 자를 불쌍히 여기실 것(5:15), 다윗의 무너진 장막을 일으켜 만국을 얻게 하실 것(9:11-15)의 예언은 아모스가 재앙선포에만 비중을 두고 있지 않다는 것을 보여준다.

2. 내 용

〈구조와 요절〉

전체 9 장의 이 책은 다섯 부분-여덟 나라에 대한 심판(1:1-2:16), 심판에 대한 세 편의 설교(3:1-5:17), 심판에 대한 세 번의 저주 신탁(5:18-6:14), 심판을 보여주는 다섯 가지 환상(7:1-9:10), 회복과 메시아 시대의 약속(9:11-15)으로 구성되어 있다. 이것을 다시 세 부분으로 나눈다면 말씀을 통한 경고(1:1-6:14), 환상을 통한 경고(7:1-9:10), 미래의 약속을 통한 소망(9:11-15), 혹은 모든 나라에 대한 심판(1:1-2:16), 이스라엘에 대한 심판(3:1-9:10), 다윗 왕국의 회복(9:11-15)이 된다.

<table>
<tr><td colspan="6">(요절 5:15, 24)</td></tr>
<tr><th>대 단 원</th><th>소 단 원</th><th>분 류</th><th>기록 장소</th><th>예언 기간</th><th>기록 연대</th></tr>
<tr><td>모든 나라에 대한 심판</td><td>1:1-2:16
여덟 나라에 대한 심판</td><td rowspan="3">말씀을 통한 경고</td><td rowspan="5">사마리아에서 예언 드고아에서 기록</td><td rowspan="5">주전 790-755년</td><td rowspan="5">주전 760-755 년경</td></tr>
<tr><td rowspan="3">이스라엘에 대한 심판</td><td>3:1-5:17
심판에 대한 세 편의 설교</td></tr>
<tr><td>5:18-6:14
심판을 확정하는 세 번의 저주</td></tr>
<tr><td>7:1-9:10
심판을 보여 주는 다섯 이상</td><td>이상을 통한 경고</td></tr>
<tr><td>이스라엘의 회복</td><td>9:11-15
은총의 회복</td><td>소망</td></tr>
</table>

요 절

"너희는 악을 미워하고 선을 사랑하며 성문에서 정의를 세울지어다 만군의 하나님 여호와께서 혹시 요셉의 남은 자를 불쌍히 여기시리라"(5:15)

◆ 적용을 위한 묵상

자기도취의 위험

"허무한 것(로드발)을 기뻐하며 이르기를 우리는 우리의 힘으로 뿔들(카르나임)을 취하지 아니하였느냐 하는도다"(6:13)

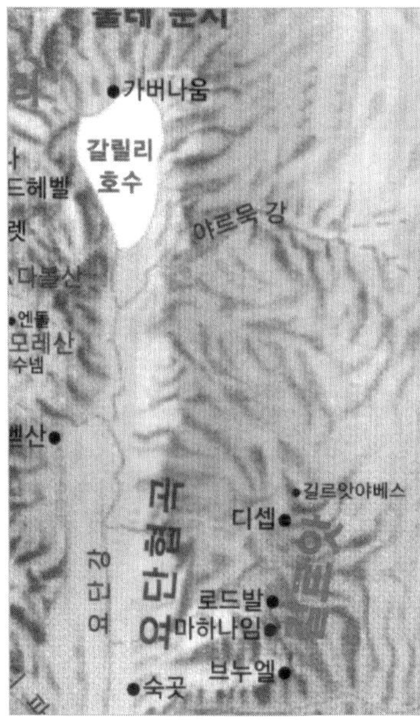

로드발. 가르나임

요단 동편의 잃어버렸던 두 도시 로드발과 카르나임을 다시 찾게 된 여로보암 II와 신하들은 몹시 기뻐했다. 명백히 그것은 북 이스라엘에 대한 아람의 영향력이 쇠퇴하고 있는 것을 의미했기 때문이다. 더구나 그들이 큰 전투를 치르지 않고 요단 동편 땅의 북부와 중부 주요도시를 얻을 수 있었던 탓에 자기도취에 빠졌다. 그러나 그들은 아람이 앗수르의 서진 정책을 막아주는 방파제가 되어주었다는 사실을 간과했다. 다시 말해 아람의 약화는 레반트 지역의 작은 나라들-두로, 블레셋, 이스라엘, 유다, 모압, 암몬, 에돔이 패망하는 도미노 현상의 출발이었을 뿐이었다. 아모스가 예언의 첫머리에 여덟 나라의 멸망을 예고한 것도 그 때문이었다. 그러나 당장 눈앞에 벌어지는 일에 기뻐하는 이스라엘에게 아모스의 멸망 예언이 귀에 들어올 리가 없었다. 그들 가운데 아무도 불과 30년 채 남지 않은 멸망을 눈치 채지 못했던 것이다.

눈에 보이는 모든 일들이 잘 되어 가고 있을 때 종말을 예견할 수 있는 사람이 몇이나 될까? 아마 그런 사람이 있다면 신경증 환자쯤으로 비쳐질 것이고, 대부분의 사람은 자기도취에 빠지기 쉽다. 그런 점에서 아모스의 예언은 우리 자신을 살피도록 통찰력을 준다. 우선 이스라엘이 결코 자력으로 로드발과 카르나임을 얻지 않았음에도 불구하고 그런 것처럼 생각했던 데서 교훈을 얻을 수 있다. 우리가 어떤 것을 계획대로 성취했을 때 예상했던 대로 환경이 움직여 주었을 뿐 미래를 장악한 것이 아니라는 점이다. 얼마든지 예상하지 못했던 사태가 발생하여 최악의 결과를 빚을 수 있기 때문이다. 미국의 우주 왕복선 챌린저호가 발사 수초 만에 공중 폭발하리라고는 최첨단 검사장치도 예견하지 못했던 것을 보면 알 수 있다. 그리고 우리가 계획했던 대로 성취한 것이 과연 잘 된 일인지 알 수 없다. 왜냐하면 작은 성취에 고무되어 일을 중단하려 들지 않을 것이기 때문이다. 로드발과 카르나임을 얻게 된 일은 북 이스라엘이 계속해서 우상 숭배와 구조적 악에 머무르도록 심리적 관성의 법칙을 제공했던 것이다. 차라리 이스라엘이 두 도시를 얻지 못할 만큼 아람이 강성했더라면 멸망이 좀 더 늦춰졌을 것이고, 회개를 통한 회복의 기회 또한 좀 더 길게 주어졌을 지도 모른다.

우리 사회가 성취 지향적 사고방식에 휘말려 있는 한 로드발과 카르나임의 위험은 더 커질 수밖에 없다. 그리고 그 돌풍의 중심부에 그리스도인들과 교회가 자리 잡고 있는 것도 사실이며, 그만큼 하나님에 대한 생각도 왜곡될 가능성이 높다. 문제는 자기도취가 끝나는 순간에 겪게 될 정신적 공황이다. 그 때가 오면 현실적인 손실만이 아니라 믿음의 기초마저 흔들리게 될 지도 모르기 때문이다.

"그런즉 선줄로 생각하는 자는 넘어질까 조심하라"(고전 10:12).

"그들이 평안하다 안전하다 할 그 때에 임신한 여자에게 해산의 고통이 이름과 같이 멸망이 갑자기 그들에게 이르리니 결코 피하지 못하리라"(살전 5:3).

〈지리적 배경〉

- 드고아(1:1) 예루살렘 남쪽 11km, 베들레헴 서남쪽 8km 지점에 있다. 경작지와 유다 광야 경계에 있는 유다 산지 마을로서 힘든 노동을 통해 생계를 꾸려나가는 곳이었다.
- 시온(1:2, 6:1) 원래 예루살렘의 중앙 골짜기 서쪽 언덕을 가리켰으나, 예루살렘에 대한 별칭으로 자주 사용되었다.
- 갈멜산(1:2) 이스르엘 골짜기와 지중해를 굽어볼 수 있는 산으로서 올리브 나무와 포도나무와 푸른 목초지로 유명했다.
- 길르앗(1:3,13) 요단강 동편에 있는 비옥한 땅. 야르묵 강에서 얍복 강까지 길이 55km 폭 45-70km의 산지로서 주로 갓 지파에게 분배되었다. 주요도시로는 길르앗 라못, 마하나임, 숙곳, 브누엘이며, 길르앗 야베스는 므낫세 지파에게 분배되었다. 아람과 앗수르의 침공으로 먼저 피해를 보는 지역이다.
- 다메섹(1:4) 아람의 수도
- 아웬 골짜기(1:5) 히브리어로 '아벤(און)' 은 헛된 것 혹은 우상을 가리킨다. 따라서 구체적인 지명을 알 수 없다. 왜냐하면 우상숭배가 심했던 벧엘을 벧아웬으로 부르기 때문이다(호 10:8). 그러나 아웬 골짜기(평지)가 비옥한 곳을 가리키는 것 같기 때문에 베카 골짜기를 빗댄 말일 수도 있다.
- 벧 에덴(1:5) 주전 9세기부터 벧 에덴은 아람 왕국을 가리켰다.
- 기르(1:5, 9:7) 사 22:6과 왕하 16:9에도 나오는 이곳은 아람 인들의 고향으로 불린다. 정확한 위치는 알려지지 않고 있다.
- 가사(1:6) 블레셋의 5대 도시 중 최남단에 위치하고 있다.
- 아스돗(1:8) 블레셋의 5 대 도시 가운데 하나이다.
- 아스글론(1:8) 블레셋의 5 대 도시 가운데 하나이다.
- 에그론(1:8) 블레셋의 5대 도시 가운데 하나이며 소렉 골짜기가 시작되는 곳이다.
- 두로(1:9) 페니키아의 4대 도시 국가 가운데 하나이다.
- 데만(1:12) 아라바 계곡에 접해 있으며, 보스라가 서쪽으로 확장하며 에돔의 수도가 되었다.

- 보스라(1:12) 에돔의 수도로서 왕의 대로가 지나가는 길목에 있었다.
- 랍바(1:14) 암몬의 수도였다.
- 그리욧(2:2) 메사 비문에 나오는 도시로서 그모스 신의 제단이 있었다(렘 48:41). 아마도 모압 고원에 있었던 것으로 추정된다.
- 사마리아(3:12, 4:1, 6:1, 8:14) 북 이스라엘의 수도. 예루살렘과 교차대구법으로 언급되는 것으로 보아 제단이 있었던 것 같다.
- 하르몬(4:3) '거름더미'를 의미하는 '하드몬'의 언어유희로 보이며, 포로로 끌려가다 죽은 자들의 시신을 던져버린 곳이다. 정확한 위치는 알려지지 않았다.
- 벧엘(4:4, 5:5,6, 7:10,13) 여로보암은 족장 시대부터 성소 역할을 했던 이곳에 금송아지 제단을 세웠다.
- 길갈(4:4, 5:5) 여호수아가 이스라엘 백성들과 함께 요단강을 건너와서 최초로 진 쳤던 곳. 요단강 바닥에서 가져온 열두 돌을 세웠고, 할례를 실시했으며, 유월절을 지켰다. 따라서 성소 중의 성소로 간주되었고, 평민들이 그곳에서 제사를 드렸다.
- 브엘세바(5:5, 8:14) 히스기야에 의해 파괴되기까지 브엘세바에 예루살렘 성전 제단과 흡사한 제단이 있었다(왕하 18:4).
- 갈레(6:2) 아마도 유프라테스 강 상류의 도시 알렙포의 근처 안디옥 평원을 가리켰을 가능성이 높다.
- 하맛(6:2,14) 알렙포 남쪽으로 160km, 다메섹 북쪽으로 210km 떨어진 오론테스 강변에 위치한 도시였다.
- 가드(6:2) 블레셋의 5 대 도시 가운데 하나로서 에그론에서 8km 남쪽으로 떨어진 곳에 있으며, 엘라 골짜기가 시작되는 도시이다.
- 로드발(6:13) 한글 개역성경에 '허무한 것'으로 번역된 이곳은 여로보암 II가 아람으로부터 되찾아온 얍복 강변의 도시이다. '로 다발(לֹא דבר)'은 문자 그대로 '아무것도 아닌 것(nothing)'이라는 의미를 가지고 있는데, 이는 하나님이 하시는 일에 비할 때 여로보암이 성취한 일이 아무것도 아닌 것이라는 뜻으로 풀이된다.
- 가르나임(6:13) 한글 개역 성경에 '우리의 뿔'로 번역된 이곳은 야르묵 강의 북쪽 지류변에 위치해있으며, 여로보암 II가 아람으로부터 되찾은 도시이다. 뿔이 힘과 권세를 상징하므로 '우리의 뿔'이라고 이름 붙여

진 것은 여로보암의 세력 과시를 드러내고 있다.

• 아라바 시내(6:14) 에돔 지역에서 아라바 계곡으로 흘러 들어가는 계절천.
• 구스(9:7) 상부 이집트 즉, 이디오피아를 가리킨다.
• 갑돌(9:7) 그레데(Crete) 섬을 가리키는 옛 이름이다.

〈해 설〉

대단원 I 모든 나라에 대한 심판(1:1-2:16)

소단원 1 여덟 나라에 대한 심판(1:1-2:16)

◆ 내용 요약

예언자의 신분과 예언이 임한 시기와 방식이 나와 있고(1:1), 야훼 하나님의 심판이 임박했음을 경고하면서(1:2) 열방에 대한 심판(1:1-2:3)에 이어 유다와 이스라엘에 대한 심판(2:4-16)이 예언되고 있다. 즉, 아람(1:3-5), 블레셋(1:6-8), 두로(1:9-10), 에돔(1:11-12), 암몬(1:13-15), 모압(2:1-3), 유다(2:4-5), 이스라엘(2:6-16) 순서로 심판이 예고되어 있다. 열방에 대한 심판이 예고되어 있는 예언서는 많지만 처음부터 나오는 책은 아모스서가 유일하다.

◆ 관찰과 해석

א. 야훼 하나님이 거하시는 곳이 예루살렘으로 묘사되어 있다(1:2). 그것은 북 이스라엘이 곳곳에 만들어 놓은 제단들이 헛된 것임을 보여준다. 그리고 야훼 하나님은 포효하는 사자처럼 심판을 선고하시며, 가나안 땅은 생명력을 잃어버리게 된다는 점이 강조되고 있다. 종종 예루살렘도 하나님의 사자-아리엘로 불러진다(사 29:1, 2, 7).

ב. 심판 예고에 일정한 형식과 숫자가 조화가 동원되고 있다. 예를 들어 모든 나라들의 서너 가지 죄(문자적으로 세 가지와 네 가지 죄)가 고발된다. 그리고 3과 4가 합쳐진 7국가에 대한 심판이 예고된 다음 이스라엘의 심판에 대한 예언이 본격적으로 선포된다. 7국가들은 모두 불 심판을 받게

되며(1:4, 7, 10, 12, 14, 2:2, 5), 이스라엘은 지진으로 심판 받게 된다(2:13-16). 아마도 아모스의 '서너 가지' 형식의 표현은 잠언에 수록된 현자들의 표현 가운데 '서너 가지' 형식에서 영향을 받았을 것이다. 그리고 모든 나라들에 대한 심판 예고는 "여호와께서 이와 같이 말씀하시되"로 시작되며(1:3, 6, 9, 11, 13, 2:1, 4, 6), "벌을 돌이키지 아니하리니"라는 최종 선고가 덧붙여진다(1:3, 6, 9, 11, 13, 2:1, 4, 6). 그리고 모든 나라들은 도시 이름을 제유법(synecdoche)으로 사용하여 지명된다. 그러니까 아람은 다메섹으로, 블레셋은 가사, 아스돗, 아스글론, 에그론으로, 페니키아는 두로로 묘사된다. 따라서 하나님의 심판이 특정 도시에만 임한다는 의미가 아니다.

ᄂ. 열방이 심판받게 되는 원인과 결과가 나와 있다. 이것은 하나님의 주권을 강조하므로 이스라엘이 군대의 힘을 의지하지 않고 하나님만 의지하며 순종하도록 도전하기 위한 것이다. 그리고 열방이 하나님께 심판을 받는 근거는 하나님의 백성인 이스라엘을 가혹하게 대했기 때문이다. 다만 모압은 이스라엘의 형제 국가 에돔을 학대한 죄 때문에 심판이 예고되었다. 주변 국가들이 구체적으로 언제 어떤 식으로 이스라엘을 학대했는지 분명하지 않다. 그 나라들에 대한 심판은 하나님이 당신의 백성을 성실히 돌보신다는 것을 보여주는 것이다. 그리고 이스라엘도 하나님께 합당하게 행해야 한다는 책임을 요구하고 있다. 이들 나라에 대한 심판 예언은 다음과 같이 문자적으로 모두 성취되었다.

1) 다메섹(아람)에 대한 예언은 주전 732년 앗수르의 디글랏빌레셀이 르신 왕을 죽이고 수리아를 속주로 편입시키므로 성취되었다(왕하 16:9).
2) 가사(블레셋)에 대한 예언은 주전 734년 디글랏빌레셀의 앗수르의 침공을 받은 후 애굽에 의해 초토화 되었으며 알렉산더의 침공으로 진멸되어 성취되었다(렘 47:1).
3) 두로에 대한 예언은 주전 701년 산헤립의 침공을 받은 후 느부갓네살과 고레스의 침공을 받아 망하므로 성취되었다.
4) 에돔에 대한 예언도 주전 711년 앗수르에 의해 점령당한 후 마카비의 힐카누스가 에돔을 유다에 복속시켰으며, 주전 70년 로마에 의

해 토벌되므로 성취되었다.

5) 암몬에 대한 예언도 주전 582년 느부갓네살의 침공으로 성취되었다(렘 27:3,6 49:2,3). 6) 모압에 대한 예언도 주전 715년 사르곤의 침공으로 성취되었다(렘 48장, 겔 25:8-11).

ז. 유다에 대한 심판이 예고되어 있다. 전형적인 송사신탁의 본문은 하나님과 언약을 맺은 백성으로서 유다의 책임을 묻고 있다. 아마도 원독자들은 열방에 대한 심판 예언이 성취되어가는 것을 보며 경각심을 갖게 되었을 것이다. 이 예언은 주전 586년 바벨론 왕 느부갓네살에 의해 성취되었다.

ח. 이스라엘에 대한 심판이 예고되어 있다. 전형적인 송사신탁의 본문은 이스라엘의 삼대 죄 – 불의(6), 부도덕(7), 우상숭배(8) – 와 선민으로서 과거에 받은 은혜를 저버리고 죄악을 고집하는 완악함(9-12)에 대해 책임을 묻고 있다. 이 예언은 주전 722년 앗수르 왕 사르곤 II에 의해 성취되었다.

대단원 II 이스라엘에 대한 심판(3:1–9:10)

단원 2 소심판에 대한 세 편의 설교 (3:1–5:17)

◆ 내용 요약

아모스서에서 유일하게 '들으라(3:1, 4:1, 5:1)'로 시작하는 세 편의 설교는 모두 이스라엘에 대한 심판이 확정적이며, 최종 멸망의 형태로 임할 것을 예고하고 있다.

◆ 관찰과 해석

설교 I 송사신탁(3:1–15)

א. 송사신탁의 형태로 이스라엘에 대한 심판이 선고되고 있다. 즉, 죄

인의 소환(1), 재판관의 권위(1, 2), 재판의 정당성(3-6), 선고 예언의 정당성(7-8), 죄목(9-10), 형량의 선고(11-15) 순서로 신탁이 기록되어 있다. 이스라엘이 심판 받는 주 이유는 이방 민족들에서도 유례를 찾을 수 없는 상류계층의 빈민 압제이다(9-10). 흥미로운 것은 그들의 압제를 중단시키기 위해 비교적 덜 악한 주변 국가들이 동원될 것이라는 사실이다(9-12). 그들의 사치스러운 주택이 무너질 때 백성들을 종교적으로 타락시켰던 벧엘의 제단도 무너지게 된다.

ב. '보응하다(파카드 פקד)' 는 단어가 흥미롭다(3:2). 이 단어는 '구원하다' 와 '보응하다' 의 양쪽 의미로 다 사용된다. 원래 '찾아가다(권고하다)' 는 뜻을 가지고 있는 이 단어의 주어가 야훼 하나님이 될 경우 그 방문 대상에 따라 구원이 되기도 하고 심판이 되기도 한다. 아이 낳지 못하는 사라를 찾아가시면 아이가 생기고(창 21:1), 애굽에서 종살이 하는 이스라엘을 찾아가시면 민족적인 구원을 받는다(출 3:16, 13:19). 기근이 든 땅에 찾아오시면 양식이 생기고(룻 1:6), 포로로 끌려간 땅에 찾아오시면 본토로 돌아오게 된다(습 2:7). 그러나 죄인을 찾아오시면 보응을 받으며, 집안 대대로 죄 값을 치르게 되는 것이다(출 32:34, 34:7). 따라서 야훼의 날이 구원의 날이 아니라 심판의 날이 될 수도 있는 것은 어떤 상태로 하나님을 만나느냐에 달려있기 때문이다(5:17-18). 비록 '에피스코페' 라는 헬라어 단어로 번역되어 있음에도 불구하고 이 단어는 신약에서도 같은 의미로 사용되었다(히브리어 신약 성경에는 '파카드' 로 재번역되어 있다). "또 너와 및 그 가운데 있는 네 자식들을 땅에 메어치며 돌 하나도 돌 위에 남기지 아니하리니 이는 네가 보살핌(파카드) 받는 날을 알지 못함을 인함이니라 하시니라"(눅 19:44)

ג. '만일' (3, 4x2, 5x2, 6x2,7, 8x2)과 '어찌' (3, 4x2, 5x2, 6x2)와 '누가' (8, 9)라는 단어를 사용하여 수사적 질문을 9번이나 반복적으로 던지고 있다. 그것은 심판과 심판 예언의 정당성을 강조하기 위한 것이다. 흥미로운 것은 1:2에 이어 또 한 번 야훼 하나님이 사자(lion)의 이미지로 묘사되고 있다는 점이다(3:4, 8, 12).

설교 II 심판의 확정(4:1-13)

א. 심판의 이유를 중심으로 다시 한 번 멸망이 예고되고 있다. 북 이스라엘의 멸망은 빈민학대와 거짓 종교 때문이다. 그러나 가장 큰 원인은 기근과 질병으로 징계를 받고도 회개하지 않은 완악함에 있다(6-11). 따라서 빈민을 학대하던 압제자가 압제당할 것(1-3), 자기만족적인 종교행위가 하나님의 심판에서 건져주지 못할 것(4-5), 그들의 멸망이 하나님의 최종적인 심판이라는 사실이 예고되었다(12-13). 그들이 갈고리와 낚시에 꿰어 끌려갈 것이라는 예언(2)은 B.C. 722년 앗수르의 산헤립이 사마리아를 함락시키고 모든 주민들을 포로로 끌고 가므로 문자적으로 성취되었다.

ב. 직유, 은유, 조롱 등 다양한 수사법이 동원되고 있다. 예를 들어 이스라엘의 멸망 정도가 심할 것이 사자의 먹이가 된 양의 신체 일부에 비유(simile)되고 있으며(3:12), 북 이스라엘의 부유층 여인들이 바산의 암소에 비유(metaphor)되고 있다. 그리고 헛된 제사를 드리는 것을 조롱하고(sarcasm) 있으며(4:4-5), 이미 받은 징계들이 애굽에 내린 재앙과 소돔과 고모라의 재앙에 비유되고 있다(5:10-11).

ג. 심판의 날을 설명하기 위해 찾아오시는(파카드) 하나님의 이미지가 다시 한 번 사용되고 있다(4:12).

설교 III 애가(5:1-17)

א. 아모스는 확정된 심판을 슬퍼하며 애가를 불러 이스라엘을 장례식으로 초청한다. 이스라엘은 그 장례식의 주인공이자 조문객이 되는 충격에 휩싸이게 된다. 설교(I)과 설교(II)에서 경고의 강도를 점점 높여온 아모스는 설교(III)에서 애가를 지어 부르므로(1) 심판에 대한 예언이 단순한 경고의 차원을 넘어 현실로 다가올 확정적인 사건임을 밝힌다. 흥미로운 것은 아직도 희망이 있는 것처럼 4-8, 14-15에서 두 번씩이나 반복해서 하나님께 돌아와 심판을 면하도록 호소하고 있는 것인데, 그들이 겪게 될 심판이 마치 애굽인들이 장자를 잃었던 재앙과 같이 피할 수 없는 사

건이 될 것을 예고하고 있다(17). 그것은 3:1에서 애굽으로부터 구원받았던 사건과 대조를 이루고 있다.

단 성문 곁 재판석

א. 교차대구법이 사용되고 있다.

a. 이스라엘의 죽음에 대한 애곡(1-3)
b 야훼를 찾으라 그리하면 살리라(4-6)
c 정의를 굽게 하는 이스라엘 백성들(7)
d 야훼의 창조하시는 능력(8 abc)
e 야훼는 그의 이름(8d)
d′ 야훼의 파괴하시는 능력(9)
c′ 정의를 굽게 하는 이스라엘 백성들(10-13)
b′ 야훼를 찾으라 그리하면 살리라(14-15)
a′ 이스라엘의 죽음에 대한 애곡(16-17)

ב. 거꾸로 된 그들의 삶(7, 10)을 다시 거꾸로 돌려야(14, 15) 확정된 심판을 하나님이 거꾸로 돌리신다는(8, 14, 15) 수사법이 사용되고 있다.

ג. 재판 장소로서의 성문이 강조되고 있다(5:12, 15).[5]

5) 성문에서 정의가 세워지지 않는다는 것은 모든 사람들이 보는 데서 불의가 자행되는 것을 의미한다. 실제로 성문은 재판이 행해지는 장소였다.

소단원 3 심판에 대한 세 번의 저주 신탁 (5:18-6:14)

◇ 내용 요약

우상 숭배자들(5:18-27), 가난한 자를 착취하며 힘없는 자를 억압하는 통치자들(6:1-7), 온 이스라엘(6:8-14)에 대해 저주가 선포되었다.

◇ 관찰과 해석

א. 우상숭배자들에 대한 저주에는 야훼의 날의 고전적 해석이 들어있다. 그날은 심판의 날로서(18-20), 정의의 실천이 뒤따르지 않은 형식적 종교행위에 대한 심판이다(21-24). 출애굽 1세대 이스라엘 백성들의 형식적 종교행위와 우상숭배를 답습한 데 대한 선고이다(25-27). 그들이 아람

을 통해 수입한 메소포타미아의 별(토성) 신 우상-식굿과 기윤 때문에 아람 너머 앗수르로 끌려가게 될 것을 예고하고 있다. 그들이 포로로 끌려가면서도 우상을 싣고 가는 모습은 이사야 선지자에 의해서도 묘사되고 있다(사 46:1). 그렇게 함으로써 거룩한 땅이 정화될 것이라는 아이러니가 본문에 숨어있다.

ב. 통치자들에 대한 저주에는 수사법 풍자(irony)가 동원되고 있다(6:1-2). 즉, 이스라엘 영토는 다메섹 북쪽의 안디옥 평원이나 블레셋 평야보다 크지 않음에도 자만하는 이유가 무엇이냐고 묻고 있는 것이다. 그들은 가난한 자를 압제하며(3), 사치하며(4-6), 임박한 멸망에 신경 쓰지 않고(3, 6), 마르제악에 힘쓰고 있었다.[6]

6) 성경연구 클리닉 참조

ג. 온 이스라엘이 겪을 참상이 대조(contrast) 형식으로 표현되고 있다(8-14). 즉, 요셉의 영광을 하나님이 싫어하시며(8), 성읍에 쌓인 부가 원수에게로 넘어가고(8), 한 집에 열 사람이 있어도 다 죽게 되고(9), 삶의 기초인 땅이 지진으로 꺼진다(11). 그것은 그들이 정의와 공의를 쓸개와 쑥 같은 것으로 바꾸었기 때문이다(12). 그들이 로드발과 가르나임의 회복을 기뻐하지만(13) 오히려 아라바 시내로까지 도망가게 될 것이다(14).

소단원 4 심판을 보여주는 다섯 가지 환상 (7:1–9:10)

◆ 내용 요약

아모스가 본 다섯 이상-황충(7:1-3), 불(7:4-6), 다림줄(7:7-17), 여름 과일 광주리(8:1-14), 무너지는 제단(9:1-10)이 기록되어 있다. 그런데 본문에 기록된 다섯 이상 중에서 첫째와 둘째 이상을 위해서는 선지자가 이스라엘을 위해 중재하고 있으나 셋째 이상부터는 심판에 대한 하나님의 확고한 의지가 천명되면서(7:8, 8:2, 9:4) 단지 듣고 본 것을 전하기만 한다. 무엇보다도 이것은 하나님의 성품의 양면성을 보여주는 것으로서, 심판하기를 즐겨하지 않는 자비와 죄를 용납할 수 없는 거룩함이 그것이다. 그리고 이스라엘이 선지자의 예언을 거부하는 것은 곧 선지자의 중재를 거부한다는 것을 상징적으로 보여주는 것이다.

◆ 관찰과 해석

ℵ. 각각의 이상들은 모두 이스라엘에 임할 재앙을 상징하는 것이다.

1) 황충(7:1-3) ; 황충이 메뚜기를 말하든지 혹은 적군을 의미하든지 간에, 이스라엘 왕이 적의 침입을 막기 위해 군마의 사료를 준비했다고 하더라도 쓸모없이 될 것을 보여주고 있다.

2) 불(7:4-6) ; 불이 큰 바다를 다 삼키고 육지까지 먹으려 했다는 것은 해저 화산활동을 의미하는 것이 아니라 이스라엘이 국가적으로 참화를 겪게 될 것을 상징하는 것이다. 왜냐하면 선지자의 예언이나 묵시문학에서 대부분의 경우 바다는 인간 세계를 말하기 때문이며, 불이 바다를 다 태우고 육지로 이동하려 했다는 것을 문자적으로 해석하는 것이 자연스럽지 않기 때문이다. 오히려 이 예언은 상상할 수 없었던 재앙이라는 점에서 하나님이 일으키신 것을 강조한다고 보인다.

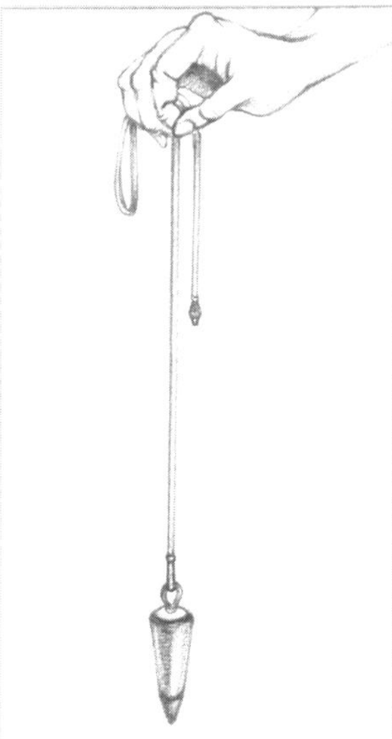

다림줄

3) 다림줄(7:7-17) ; 쌓은 담이 다림줄과 평행을 이루지 못한다면 무너뜨릴 수밖에 없는 것처럼 이스라엘이 쓸모없이 된 것을 보여주는 이상이다. 다시 말해서 이스라엘은 자신이 쌓아올린 부도덕과 우상숭배의 무게를 견디지 못하고 쓰러지고 말 것이었다. 기울어진 담이 쓰러지는 것은 시간문제이며, 아직 쓰러지지 않았다고 안심할 것이 아니라는 의미이다. 그것과 함께 벧엘의 금송아지 제사장 아마샤가 아모스를 모반자로 고발한 사건이 기록되어 있다. 무너뜨려야 할 벧엘의 제단을 왕의 성소로 받들고 있는 거짓 종교지도자야말로 이스라엘을 잘못 쌓은 담이 되게 하는 존재인 것이다. 이스라엘이 잘못 쌓은 담처럼 무너지는 날 무수한 사람들이 죽고 이방에 포로로 끌려갈 것이 명확히 예고 되었다(7:17).

4) 여름 과일 광주리(8:1-14) ; 한해의 마지막 수확을 의미하는 여름 과일 광주리가 이스라엘의 최종 심판을 상징하면서 발음이 비슷한 두 단어 여름 과일(콰이츠 ???)과 끝(케츠 ??)이 언어유희에 사용되고 있다. 그리

고 양식을 얻지 못한 기근과 야훼의 말씀을 얻지 못한 기근이 비교(comparison)되고 있다. 그리고 하나님의 말씀을 듣지 않으려고 거부했던 그들이(2:12, 5:10, 7:12) 야훼의 말씀을 구하기 위해 지쳐 쓰러지도록 육지와 바다를 두루 다니게 될 것이라는 풍자(irony)가 동원되고 있다. 부를 축적하기 위해 빈민을 압제하며, 하나님과의 언약을 귀찮아하고, 도량형과 곡물을 속여 팔며, 우상숭배로 자기 의를 삼으려는 자들에게(4-7, 14) 지진과(8) 일식과(9) 영적 방황과(11-13) 전쟁(3, 10)의 심판이 예고되었다. 원 청중들과 원 독자들은 아모스가 예언한 지진이 발생했을 때(1:1) 앞으로 성취될 그의 나머지 예언들에 대해 마땅히 경각심을 가졌어야 했다. 하지만 결국 주전 722년 왕국의 패망으로까지 이어지고 말았는데, 이것은 그들의 완악함이 어느 정도였는지 잘 말해준다.

5) 무너지는 제단(9:1-10) ; 기둥과 문지방이 있다는 것을 보아 예루살렘 성전을 말하는 것 같으나, 예언의 초점이 북 이스라엘에 맞춰져 있는 것을 볼 때 마치 거대한 우상의 집에 있는 이스라엘 백성들을 가리킨다고 보는 것이 자연스럽다. 흥미로운 것은 심판 중에도 남은 자가 있을 것에 대한 약속이다(8).

단의 산당터

ㄴ. 아모스의 두 번에 걸친 중보기도는 가난한 서민들과 다음 세대를 위한 것이다. 왕이 풀을 벤 후에 황충 재앙이 왔다는 것은 일반 서민들이 미처 수확하기 전에 먹을 것이 없어져 버린 상태를 의미한다. 그렇게 되면 일반 서민들만 고통 받게 될 뿐이었다. 따라서 예언자는 지도층의 잘못으로 일반 백성들이 희생당하지 않도록 중보 기도한 것이다. 그것은 북이스라엘의 지도층이 서민들의 안전을 전혀 고려하지 않고 있다는 사실을 보여준다. 그리고 불이 큰 바다를 삼키고 육지까지 먹으려 했다는 것은 이스라엘이 지도상에서 사라져 버리는 것을 의미한다. 왜냐하면 '큰 바다(테홈 라바 תהום רבה)' 는 세계 혹은 세계의 기초를 의미하며, '육지(헬레크 חלק)' 는 지정된 땅으로서 선민이 살아갈 야훼의 땅을 의미하기 때문이다. 그러니까 아모스는 하나님의 재앙이 조금치의 긍휼도 없이 주어지기를 바라지 않기 때문에 기도한 것이다.

ג. 시편과 예언서에 자주 등장하는 근동의 창조설화가 등장하고 있다. 즉, 바다 밑의 뱀-리워야단이 나오며(3), 하늘에 궁전을 세우시고, 하늘의 기초를 땅에 두고, 바닷물을 불러 지면에 쏟는다는 표현이 나온다(6). 시 78:69, 104:3, 사 66:1에 나오는 하늘 궁전의 묘사는 <에누마 엘리쉬>에 나오는 것으로서 신들이 마르둑 신에게 하늘위의 물인 압수(Apsu)만큼 높은 탑을 지어 바쳤다고 되어있다. 이런 사실은 성경의 저자들이 근동의 사상들을 적극적으로 수용하여 야훼 하나님 중심의 세계관 수립에 활용했음을 보여준다.

대단원 Ⅲ 다윗 왕국의 회복 (9:11-15)

소단원 5 회복과 메시아 시대의 약속 (9:11-15)

◆ 내용 요약

전형적인 약속(구원)신탁의 본문은 이스라엘의 문자적 회복을 말함과 동시에 다윗 왕가의 부흥과 만국을 기업으로 얻는 약속으로 상징된 메시아 왕국의 영광을 예고하고 있다. 아마도 일부 원 독자들은 선민의 배신에도 불구하고 성실히 당신의 백성을 회복시키시는 하나님을 더욱 신뢰하게 되었을 것이다.

◆ 관찰과 해석

메시아 왕국에 대한 전형적인 표현들이 나온다.

1) 그 날에(11), 날이 이를지라(13)
2) 다윗의 무너진 장막을 일으키며, 틈을 막고, 허물어진 것을 일으키고, 옛적 같이 세운다(11).
3) 곡식이 풍성해지며, 단 것으로 가득해진다(13).
4) 사로잡힌 자들이 돌아와 무너진 성을 보수하고, 농토를 비옥하게 한다(14).
5) 돌아온 자들이 본토에서 다시는 옮겨지지 않고 영영히 살게 된다(15).

1. 마르제악 제도에 대하여(우택주, 성경원문 연구 제 5호 P24-43에서 발췌)

"그러므로 그들이 이제는 사로잡히는 자 중에 앞서 사로잡히리니 기지개 켜는 자의 떠드는 소리가 그치리라"(6:7)

한글 성경에서 '떠드는 소리'에 해당하는 히브리어는 '마르제악(מרזח)'이다. 훗날 도시국가 팔미라에서는 이 단어를 헬라어 '숨포지움' 즉, 영어 symposium으로 번역했다. 그리고 '마르제악'은 예레미야서의 "여호와께서 이와 같이 말씀하시되 초상집에 들어가지 말라 가서 통곡하지 말며 그들을 위하여 애곡하지 말라"(렘 16:5상)에서 '초상집(베이트 마르제악 בית מרזח)'을 가리킬 때도 사용되었다. 70인 역은 이 구절에서 '마르제악'을 '띠오소스'로 번역했는데, 헬라어에서 이 단어는 수호신을 섬기고 모이는 종교적 길드 혹은 형제단을 뜻한다. 그러니까 '마르제악'이 아모스서에서는 흥겹고 시끄러운 술잔치로, 예레미야서에서는 애곡하며 슬퍼하는 장례행사로 묘사되고 있는 것이다. 성경에서 두 번 밖에 언급되지 않고 있는 이 단어는 근동문헌에서 폭넓게 자주 발견된다. 주전 2500년경 에블라 문헌에서부터 시작하여 우가릿, 페니키아, 엘레판틴, 나바테아, 팔미라, 랍비 문헌, 주후 6세기 로마 치하에서 트랜스 요르단 지역의 메드바 지도에 이르기까지 레반트 지역을 중심으로 3000여년 동안 지속되어 온 제도였음을 알 수 있다.

마르제악의 어원은 확실하게 밝혀져 있지 않다. 마빈 포우프(Marvin Pope)는 어근 'רזח'가 일어날 힘도 없이 지쳐서 넘어져 있다는 동사에서 온 것으로 보았다. 그렇다면 마르제악이 의식을 잃도록 술을 마시고 쓰러지는 행동 혹은 장소를 의미한다고 볼 수 있다. 에블라 문헌에서 이 단어는 '회합'을 의미했다. 우가릿 문헌(주전 1600-1300년)은 아카드어와 우가릿 알파벳 두 종류의 문헌에서 모두 사용되었다. 먼저 아카드 본문에는 '마르제악의 사람들'이 부유한 사람들이었으며, '마르제악 사람들의 집'은 부동산을 소유할 수 있는 사람들의 법적 모임을 가리켰다. 그리고 우가릿 본문들에는 특정 수호신을 섬기는 회합으로 묘사되고 있다. 거기에는 "엘(신)이 다른 신들을 잔치에 초대하여 마르제악 잔치에 앉아 만취하도록 술을 마시고, 자기 대변과 소변에 주저앉았다. 아낫과 이쉬타르 신이 숙취를 해소하는 약을 구해온다. 엘은 죽은 혼령들을 자신의 마르제악으로 초대한다."는 대목이 나온다.

페니키아 본문에는 '신들의 마르제악'이라는 표현과 '시돈 사람의 제 14년에 마르제악의 제 4일째'라는 표현이 나온다. 그것은 마르제악이 정기적으로 개최되었음을 보여주는 것이다. 주전 5세기의 것으로 보이는 엘레판틴의 아람어 도편에는 잇토라는 사람이 아샤이에게 마르제악의 돈을 요구하는 내용이 나온다. 학자들은 상조회의 회장인 잇토가 회원인 아샤이에게 잔치(장례) 분담금을 요구하는 것으로 해석한다. 주전 1 세기의 것으로 보이는 나바테안 문서에는 '오보다스 신의 마르제악'이라는 표현이 나온다. 네게브의 아브닷 지역에서 발견된 비문에는 마르제악이 두샤라 신을 수호신으로 섬긴 회원의 모임이란 것을 알 수 있다. 팔미라 본문에는 조직의 우두머리를 '라브 마르제악' 회원을 '브네 마르세악'으로 부르며, "제사장들이 마르제악을 주관하는 동안"이라는 표현이 나온다. 그것은 마르제악 제도가 음주와 관련이 있고, 주관자가 있으며, 며칠 씩 열린 잔치였음을 보여준다.

랍비 문헌은 민 25장을 중심으로 기록되어 있다. 즉, "그 여자들이 자기 신들에게 제사 할 때에 이스라엘 백성을 청하매 백성이 먹고 그들의 신들에게 절하므로"(민 25:2)를 해석하면서 "백성이 먹고 그 백성이 그들의 마르제악흔에서 먹었다"라고 기록했다(위 요나단 탈굼). 그러니까 위 요나단 탈굼은 마르제악을 장소로, 민수기 시프레는 잔치로 해석한 것이다. 그것을 보면 모압인들의 제사는 죽은 조상들을 위한 제사였음을 알 수 있다. 주후 6세기에 만들어진 메드바 지도에는 '베트 마르제악 에 카이마이우마스'라는 글씨가 들어 있다. 마이우마스는 풍요와 번식을 기리기 위해 행해졌던바 성적으로 방탕한 축제였다. 한마디로 마이우마스와 마르제악을 동일한 죄악으로 간주하고 있다.

이상을 종합해보면 마르제악 제도는 죽은 조상에게 제사 드리기 위해 운영되던 일종의 상조회로서 술잔치를 여는 일에 관여하거나, 단순히 술

마시기 위해 모이지만 회원들의 상조에도 관여하는 모임이라고 할 수 있다. 그렇다면 아모스서에 나오는 마르제악은 북 이스라엘이 이방의 풍속에 깊이 빠져 있었음을 보여주는 하나의 증거가 되는 셈이다.

2. 아모스서에 나오는 출애굽 이미지

"내가 너희를 애굽 땅에서 이끌어 내어 사십 년 동안 광야에서 인도하고 아모리 사람의 땅을 너희가 차지하게 하였고"(2:10).

"이스라엘 자손들아 여호와께서 너희에 대하여 이르시는 이 말씀을 들으라 애굽 땅에서 인도하여 올리신 모든 족속에 대하여 이르시기를 내가 땅의 모든 족속 가운데 너희만 알았나니 그러므로 내가 너희 모든 죄악을 너희에게 보응하리라 하셨나니 두 사람이 뜻이 같지 않은데 어찌 동행하겠으며"(3:1-3).

"내가 너희 중에 전염병 보내기를 애굽에서 한 것처럼 하였으며"(4:10 상).

"이스라엘 족속아 너희가 사십 년 동안 광야에서 희생과 소제물을 드렸느냐"(5:25).

"온 땅이 강의 넘침 같이 솟아오르며 애굽 강 같이 뛰놀다가 낮아지리라"(8:8).

"주 만군의 여호와는 땅을 만져 녹게 하사 거기 거주하는 자가 애통하게 하시며 그 온 땅이 강의 넘침 같이 솟아 오르며 애굽 강 같이 낮아지게 하시는 이요"(9:5).

"여호와의 말씀이니라 이스라엘 자손들아 너희는 내게 구스 족속 같지 아니하냐 내가 이스라엘을 애굽 땅에서 블레셋 사람을 갑돌에서 아람 사람을 기르에서 올라오게 하지 아니하였느냐"(9:7)

아모스는 애굽의 나일 강, 애굽인들이 받았던 재앙, 애굽으로부터의 구원과 가나안 정복 등 출애굽 이미지를 적극적으로 활용하고 있다. 특히 '모든 족속(콜 미슈파호트 כל משמחות)' 가운데 '오직 너희(라크 에트캠 רק אתכם)' 만 알았다는 말로써 이스라엘과 야훼 하나님과의 특별한 관계를 강조한다. 그것은 아직도 이스라엘이 하나님과의 언약관계에 있는 백성이라는 사실을 보여주는 것이다. 주전 931년 분열 왕국 시대가 된 이후 북 이스라엘은 금송아지 제단 설치 등 야훼 하나님으로부터 계속 멀어져 갔다. 아모스가 활동하던 시대에는 종교적으로나 사회제도에 있어서 모세의 율법과 상관없이 이방 나라와 흡사하게 변모해 있었던 것이다. 그러나 하나님은 여전히 그들을 언약의 백성으로 여기시며, 돌아오기를 기다리셨다.

◆ 적용을 위한 묵상

북 이스라엘을 향한 아모스의 사역

아모스는 남 유다 농민 출신으로 북 이스라엘 수도 사마리아에서 활동했던 유일한 예언자였다. 그가 북 이스라엘의 부패한 사회상과 종교제도를 공격하면서 벧엘의 제사장 아마샤로부터 저항을 받은 것은 당연한 결과였다. 비록 그가 북 이스라엘의 문제들을 지적하며 예언했지만 남 유다 사람으로서의 우월감에 도취되었다거나 하는 점은 보이지 않는다. 한마디로 그는 북이스라엘이 하나님의 심판을 면할 수 있도록 애정을 가지고 사역했던 것이다.

당연한 이야기지만 북한 주민들이 다시 하나님을 섬기도록 남한의 그리스도인들이 최선을 다해야 한다. 이 사역을 위해 남한 교회는 지금껏 여러 경로를 통해 힘써왔다. 덕분에 북한의 교회들-봉수대 교회와 칠골 교회 그리고 500 여 지하 교회 형편에 대해 어느 정도 윤곽을 파악하게 되었다. 그러나 북한 선교에 임하는 자세에서 한 가지 아쉬움이 있다면 여건이 성숙될 때 남한의 교회들이 북한에 교회를 세운다는 식의 선교전략이 주를 이루고 있다는 점이다. 그것은 100년 전 서구 선교사들이 그리스도교의 불모지 조선에 교회를 세웠을 때의 이야기이다. 그에 비해 북한은 사정이 다르다. 한때 평양은 동양의 예루살렘이라고 불러질 정도로 북한의 교세가 남한보다 더 왕성했었다. 지금도 북한에는 여건이 주어질 때 스스로 교회를 세울 만한 인력이 있으며, 남한으로 오는 과정에서 그리스도인이 된 상당수의 탈북자들도 준비된 인력이다. 따라서 남한 교회가 주인이 되는 북한 선교가 아니라 겸손히 돕는 자로서의 사역이 되어야 할 것이다. 한때 남한 교회는 중국의 가정 교회들에 남다른 애정을 가지고 물적 인적 자원을 경쟁적으로 쏟아 부었다. 그러나 동반자 관계로서의 선교가 아닌 활동들은 오히려 중국 교회의 자생력을 떨어뜨리는 결과를 가져오고 말았던 것이다. 선교는 이벤트 행사가 아니라 교회의 방향이며 존재 이유이다. 북한 선교도 그와 같은 입장에서 접근해야 한다.

되새김질

1. 저자/시대적 배경/기록 연대와 장소/원 독자/주제와 책의 특징에 대해 아는 대로 말해봅시다.

2. 아모스가 본 다섯 환상과 그 의미를 간단히 정리해 보십시오

3. 마르제악에 대해 아는 대로 말해 보십시오.

요나

요 나

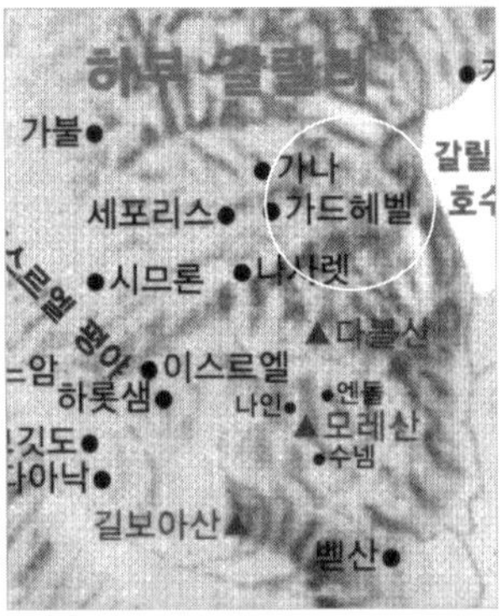

가드헤벨

요나서는 12예언서 가운데 다섯 번째 책이다. 북 이스라엘의 멸망을 예고했던 아모스와 같은 시대에 살았던 요나는 국가적 중흥을 예고했다(왕하 14:25). 그런데 요나서에는 니느웨의 멸망을 예고한 4 단어 즉, 사십 일이 지나면 니느웨가 무너지리라(3:4)는 말밖에 그의 예언이 기록되어 있지 않다. 요나서의 대부분은 모두 니느웨 사역과 관계된 그의 행동과 관계된 사건들로 채워져 있다. 특히 요나가 물고기 뱃속에 들어갔다가 나오는 이야기가 포로생활과 귀환을 상징할 수 있다는 점에서 포로기 이후의 문학작품으로 취급되기도 한다. 그럼에도 불구하고 요나서가 이방세계를 향한 하나님의 구원계획을 그리고 있다는 점에서 그리스도인들의 많은 사랑을 받아왔다. 특히 예수 그리스도가 자신을 요나에 비유하여 "인자도 밤낮 사흘 동안 땅속에 있으리라"(마 12:40하)라고 함으로써 구약의 어떤 선지자보다도 친숙한 이름이 되어 왔다.

1. 배경

저자와 기록연대, 장소, 문학양식

북 이스라엘의 예언자 요나에 대해 언급하고 있는 구약 성경은 "이스라엘의 하나님 여호와께서 그의 종 가드헤벨[7] 아밋대의 아들 선지자 요나를 통하여 하신 말씀과 같이 여로보암이 이스라엘 영토를 회복하되 하맛 어귀에서부터 아라바 바다까지 하였으니"(왕하 14:25) 뿐이다. 그럼에도 불구하고 요나서가 요나에 의해 기록된 것으로 보는 이유는 첫째로, 열왕기의 저자와 예수 그리스도가 그를 실제 인물로 말하고 있기 때문이며(왕하 14:25, 마 12:39-40), 둘째로, 저자가 자신의 이름을 아밋대의 아들 요나로 말하고 있기 때문이고(1:1), 셋째로, 삼인칭 화법으로 진행되는 요나의 이

7) 가드헤벨은 스불론 지파에게 분배되었던 지역의 도시로서 갈릴리 세포리스 동쪽으로 4km 떨어진 곳에 있다. 요 7:52에서 바리새인들이 '갈릴리에서는 선지자가 나지 못하느니라' 고 했는데 이는 명백히 갈릴리 사람들을 차별하는 태도로서 역사적 사실과 다른 주장이다.

야기는 이 책에 기록된 사건을 체험한 사람이 아니면 쓸 수 없을 만큼 상세하기 때문이다.

그리고 이 책이 기록된 시기는 앗수르 왕국이 가장 약했던 앗슈르단 III(주전 773-755) 통치 시절로 보인다. 그 이유는 주전 765-759년에 전염병이 돌아 많은 사람이 죽은데다가, 주전 763년 6월 15일에 완전 일식으로 앗수르 땅이 흑암에 잠기는 등 민심이 극도로 동요되었던 사실 때문이다. 그것들은 이 책에 기록된바 니느웨의 모든 사람이 겸손히 회개했다는 내용을 뒷받침해준다. 아마도 이 책은 요나가 니느웨에서 돌아온 후 사마리아에서 기록했을 것이다. 왜냐하면 요나는 국가적으로 추앙받는 선지자로서 북 이스라엘의 수도인 사마리아 왕궁 출입이 자유로웠을 것이기 때문이다.

이 책에서 보이는 문학양식은 2:2-9까지 히브리 시가 외에 역사서술이 전부이다.

원 독자

요나서의 원 독자들은 여로보암 II(주전 793-753)가 통치하던 기간의 왕과 백성들이다. 당시 북 이스라엘은 솔로몬 이후 가장 부강한 나라가 되어 있었다. 선지자 요나가 예언한 대로 솔로몬 왕국 시절의 옛 영토를 거의 회복하였을 뿐 아니라 아람 나라의 수노 나베섹까지 정복하는 등(왕하 14:25, 28) 군사 강대국으로서의 면모를 과시했다. 또한 중개무역과 주변 국가들의 조공을 통해 경제적으로 번영의 가도를 달리게 되었다. 이렇게 되자 자연히 그들은 국력에 자부심을 가지는 한편 새로이 위협적 존재로 등장한 앗수르를 증오하게 되었다. 그러한 태도는 왕이나 일반백성들 뿐 아니라 종교지도자들에게도 있어서 마찬가지여서 마치 야훼 하나님이 이스라엘의 수호신이며 열방의 하나님은 아니신 것처럼 착각하기에 이르렀던 것이다. 따라서 요나서에는 원 독자들과 관계된 이슈들-민족주의적 종교관과 세계관, 열방에 대한 하나님의 주권과 구원 계획 등이 들어 있다.

기록 목적

원 독자들과 관계된 이슈들을 생각해볼 때 요나서는 다음과 같은 목적으로 기록되었을 것이다.

첫째, 이스라엘의 진정한 평화는 군사력에 있지 않고, 열방을 다스리시는 하나님께 달려있다는 사실을 가르치기 위해,

둘째, 야훼 하나님을 이스라엘의 민족 신으로 믿는 폐쇄적 종교관에서 벗어나 열방이 하나님께로 돌아오는데 있어서 이스라엘이 주도적 입장이 되도록 도전하기 위해,

셋째, 하나님의 명령에 대한 개인적 책임을 강조하므로 물질적 번영으로 인해 하나님과의 언약준수에 해이해진 원 독자들을 경고하기 위해.

주제와 원 독자들에게 의의

요나서의 대 주제는 열방을 향한 하나님의 자비(헤세드 חסד)와 구원이다. 이 대 주제는 열방을 향한 이스라엘의 책임, 하나님을 향한 이스라엘의 책임, 열방의 회개, 이스라엘의 회개와 같은 소주제들로 구성되어 원 독자들에게 교훈을 주고 있다.

〈주제들〉	〈원 독자에게 의의〉
1) 이스라엘은 열방이 하나님께로 돌아오도록 인도해야 할 책임이 있다.	1) 열방이 하나님의 심판의 대상이라는 폐쇄적 종교관을 고치라.
2) 이스라엘은 하나님의 명령에 순종해야할 책임이 있다.	2) 열방이 하나님의 심판의 대상이라는 폐쇄적 종교관을 고치라.
3) 전능하신 하나님이 열방을 다스리므로 당신의 백성을 보호하신다.	3) 평화가 군사력으로 지켜지는 것이 아니라 하나님을 의지하는데 달려있다.
4) 하나님은 당신의 백성이 불순종할 때 징계하신다.	4) 물질적 풍요에 안심하지 말고 회개하여 심판을 면하라

이러한 주제들이 다음과 같은 신학적 관점에서 전개되고 있다.

첫째, 야훼 하나님은 이스라엘의 수호신이 아니라 세계 만민의 하나님이다. 그 하나님은 열방을 심판하기도 하지만 적극적으로 구원하기도 하는 분이다. 하나님의 자비(헤세드)는 언약관계에 있는 이스라엘에만 국한되지 않고 적대국가의 수도 니느웨에까지 미친다. 이것은 창 12:1-3에서 아브라함을 통해 세계 만민에게 복을 주시려는 야훼 하나님의 계획이 변경되지 않았음을 보여준다.

둘째, 하나님은 세계 만민 뿐 아니라 자연까지 다스리는 분이다. 바다, 큰 물고기, 박 넝쿨까지도 하나님께 복종하고 있다. 하나님은 각자의 영역만 주관하는 이방의 신과 다르다는 사실을 보여주고 있는 것이다.

셋째, 야훼 하나님 이외에 다른 신이 없음을 강조하고 있다. 바다에 풍랑이 일어났을 때 선원과 선객들이 각자의 신을 불렀지만 소용없었다는 사실이 그것을 말해준다.

요나서의 특징

1. 이 책은 예언서라고 하기보다 역사서에 가까울 정도로 예언자의 체험을 통해 하나님의 뜻을 전달하고 있다. 즉, 요나 이야기 자체가 예언적 성격을 띠고 있는 것이다. 여호수아, 사사기 등을 예언서로 분류하는 히브리 성경에서 요나서가 예언서로 분류되어 있는 이유도 거기에 있다.

2. 야훼 신앙이 신적 기원을 가지고 있음을 보여주고 있다. 대부분의 고대 종교들이 민족의 수호신과 지역 신(local gods) 숭배를 벗어나지 못하는데 비해, 요나서는 야훼가 민족과 지역을 초월하여 온 세상을 다스리신다는 것을 보여준다. 그것은 야훼 종교의 기원이 시대적 조류를 초월한 계시에 있다는 것을 알 게 해준다.

3. 선민의 영적 아둔함과 완악함을 풍자적으로 보여주고 있다. 이를 테면 바다와 이방 선원과 큰 물고기와 니느웨의 왕과 백성들과 박 넝쿨과 벌레까지도 야훼 하나님께 순종하지만 오직 그의 종 요나만 순종하지

않는다. 니느웨 백성들은 회개하지만 그는 끝까지 회개하지 않는다. 그가 아밋대(진리)의 아들 요나(비둘기)라는 사실이 그런 사실을 풍자적으로 보여준다. 그는 언제나 자기만의 공간에 숨으려 한다. 처음에는 하나님의 낯을 피해 다시스로 가려고 했고, 풍랑이 일어나자 배 밑창으로 내려가 숨으려 했고, 물고기 뱃속에까지 내려가자 진정으로 기도하게 되었으며, 니느웨가 심판을 면하자 박 넝쿨 아래 숨어 결과를 지켜본다. 그는 자신의 허물을 끝까지 숨기고, 심판받게 된 열방을 향해 불쌍히 여기는 마음이 없으며, 회개하는 자를 살려두신 하나님께 항변하고, 하나님의 일보다 자신의 박 넝쿨을 더 소중하게 생각하는 인간으로 그려진다. 그런 삶의 태도는 이스라엘 백성들이 고집스럽게 우상숭배와 악행을 회개하지 않는 아이러니를 단적으로 보여주고 있다.

4. 제롬이나 어거스틴 같은 초대교회 교부들이 이 책을 반유대주의(anti-semitism)적으로 해석한 이래 서구 교회는 같은 길을 걸어 왔다. 다시 말해서 유대인들이 열방을 구원하려는 하나님의 계획에 저항하는 민족이라는 근거로 요나서를 사용했던 것이다. 만약에 요나서가 반유대주의를 말하는 책이라면 어떻게 유대인들의 성경 가운데 자리 잡게 되었을까 생각해 보아야 한다.

5. 이스라엘과의 언약 관계보다 인류의 보편적 가치에 초점이 맞춰져 있다. 비록 이스라엘의 적대 국가이자 죄악의 도성-니느웨이지만, 인명과 가축의 가치가 존중되고 있는 것이다. 이것은 3 대 성문서-욥기, 잠언, 전도에서 보았던 것과 같다.

6. 문학적으로 탁월한 기법들이 동원되고 있다. 예를 들면 요나가 니느웨로 가지 않고 다시스로 가려고 했던 이유가 이야기 마지막에 설명되는(4:2) 서스펜스(suspense) 기법이 사용되고 있다. 그리고 요나의 이름(진리 혹은 충성의 아들 비둘기)은 그의 불순종을 풍자하고 있으며, 그의 고집과 우월주의는 박 넝쿨을 인명과 가축보다 더 가치 있게 여기는 행동으로 풍자된다. 그리고 니느웨가 무너지리라는 예언은 니느웨의 완악함이 무너지는 회개와 대조를 이루며, 요나가 박 넝쿨을 아끼는(하세트) 행위와 하나님이 니느웨를 아끼는(하세트) 행위와 대조를 이룬다.

성경 연구 클리닉

1. 하나님의 자비와 자유하심에 대하여

요나서의 주제는 하나님의 자비(헤세드 חסד)이다. 이것은 죄악의 도성 니느웨에 대해서와 불순종하는 요나에 대해 하나님이 보여준 태도에서 두드러지게 드러나고 있다. 니느웨는 하나님의 자비로 멸망을 면했고, 요나는 하나님의 자비로 물고기 뱃속에서 살아나왔으며, 무더위 가운데서 하나님이 보내신 박 넝쿨 그늘에 피신할 수 있었던 것이다. 수십만의 인명과 가축이 하나님의 심판으로 죽기를 바랐던 그가 역설적으로 하나님이 선물로 주신 박 넝쿨에는 자비를 보인다. 요나가 박 넝쿨을 아꼈다고 할 때 '아끼다(하세트)' 는 단어는 자비(헤세드)와 어원이 같다. 그러나 니느웨에 대한 하나님의 자비에는 화를 내며 저항한다. 요나는 그 하나님의 자비가 이스라엘의 적대국가에도 미치는 것이 싫었던 것이다.

> "요나가 매우 싫어하고 성내며 여호와께 기도하여 이르되 여호와여 내가 고국에 있을 때에 이러하겠다고 말씀하지 아니하였나이까 그러므로 내가 빨리 다시스로 도망하였사오니 주께서는 은혜로우시며 자비로우시며 노하기를 더디하시며 인애가 크시사 뜻을 돌이켜 재앙을 내리지 아니하시는 하나님이신 줄을 내가 알았음이니이다" (4:1-2)

이 구절에서 볼 수 있는 것처럼 요나는 출 34:6에서 모세에게 하나님이 계시하신 성품-자비(헤세드)를 잘 이해하고 있다. 여기서 볼 수 있는 것은 구약 성경이 비록 이스라엘 사람들에 의해 기록 보존되어 왔지만 민족주의가 아닌 세계주의를 지향하고 있다는 점이다. 많은 사람들은 여호수아의 정복 전쟁 이후 이스라엘과 주변 민족과의 관계에서 유대교의 폐쇄성을 지적한다. 그리고 야훼 하나님도 마치 이스라엘 민족을 편애하며 세계와 열방에 대한 자비를 보이지 않는 것처럼 생각한다. 그러나 요나서를 읽으면 오히려 하나님의 자비가 이스라엘에 의해 가려져 왔음을 알게 된다.

요나서가 보여주는 또 하나의 주제는 하나님의 자유하심이다. 하나님은 인과응보의 법칙이나 특정한 민족의 소원에 묶여 활동하지 않는다는 것이다. 하나님은 죄악의 도성 니느웨를 심판하실 수도 있고 구원하실 수도 있다. 하나님이 선민 이스라엘을 보호하시기 위해 전쟁에서 승리를 주실 수도 있고, 적들이 하나님을 경외하므로 전쟁 자체를 포기하게 하실 수도 있는 것이다.

2. 내 용

〈구조와 요절〉

전체 4장으로 구성된 요나서는 크게 두 부분-요나의 회개와 구원(1,2장), 니느웨의 회개와 구원(3, 4장)으로 나누어질 수 있다. 그리고 이것은 다시 요나와 하나님과의 관계를 중심으로 1) 풍랑 속에서 만난 하나님(1:1-17), 2) 물고기 뱃속에서 만난 하나님(2:1-10), 3) 죄악의 도시에서 만난 하나님(3:1-10), 4) 박 넝쿨 아래에서 만난 하나님(4:1-11)으로 나누어 생각할 수 있다.

(요절 4:11)					
대단원	주 제	소 단 원	초 점	기록 장소	기록 연대
요나를 보내신 하나님	요나의 회개와 구원	1:1-17 풍랑 속에서 만난 하나님	불순종하여 징계받은 요나	사마리아	주전 760년경
		2:1-10 물고기 뱃속에서 만난 하나님	회개하여 구원 얻은 요나		
요나를 다시 보내신 하나님	니느웨의 회개와 구원	3:1-10 죄악의 도시에서 만난 하나님	회개하여 구원 얻은 니느웨		
		4:1-11 박 넝쿨 그늘에서 만난 하나님	편견을 책망받은 요나		

요 절

"하물며 이 큰 성읍 니느웨에는 좌우를 분변하지 못하는 자가 십이만 여 명이요 가축도 많이 있나니 내가 어찌 아끼지 아니하겠느냐 하시니라"(4:11)

〈해설〉

대단원 I 요나의 회개와 구원(1:1-2:10)

소단원 1 풍랑 속에서 만난 하나님(1:1-17)

◇ 내용 요약

요나는 니느웨로 가서 심판을 외치라는 하나님의 명령을 어기고 다시스로 가는 배를 탔다. 그가 탄 배가 바다 한 가운데서 풍랑을 만나자 자신의 죄를 고백하고 바다에 던져지기를 자청했다. 그러나 그는 죽지 않고 큰 물고기 뱃속에서 삼일을 지내게 된다.

◇ 관찰과 해석

א. 대조가 반복되어 있다. 먼저 대조되는 지명이 나온다. 전통적인 견해에 의하면 다시스는 이스라엘에서 서남쪽 방향에 있는 스페인 남단의 도시로서, 북동쪽 방향에 있는 니느웨와 정반대에 위치한 곳이다.[8] 이처럼 요나가 하나님의 명을 어기고 정 반대 방향으로 가려고 한 것은 당시 북 이스라엘의 하나님에 대한 태도를 보여주는 것이다. 그리고 야훼 하나님을 두려워하지 않는 요나와 이방 선원과 선객들의 경외하는 태도가 대조를 이루고 있다. 이것 역시 야훼 하나님에 대한 당시 이스라엘의 형식적 종교 태도를 단적으로 보여주는 것이다.

8) 다시스에 관한 또 하나의 견해는 바울의 고향인 타르서스이다. 최근에는 이 견해가 더 설득력을 갖는다.

ב. 하나님의 자비와 선민의 책임이라는 주제가 드러나 있다. 하나님은 풍랑으로 고생하는 이방인들을 자비로 구원하셨다. 그들에게 천지의 주재이신 야훼 하나님을 알게 한 것은 바로 요나였다. 요나의 예언-자기 때문에 풍랑이 왔다는 것, 자기를 바다에 던지면 풍랑이 잠잠하리라는 것은 사실로 드러나고 성취되었다. 마침내 이방의 선원들은 하나님을 경외하고 제물까지 바치게 되었던 것이다. 그러니까 요나는 본의 아니게 이방 선교를 한 셈이다. 이것은 창 12:1-3에서 아브라함의 후손들을 통한 열방의 축복이라는 대 명제를 성취하기 위해 이스라엘이 취해야 할 책임을 보여준다.

ᄀ. 요나를 삼킨 물고기가 무엇이었느냐는 것은 여전히 토론의 여지를 남기고 있다. 흔히들 고래라고 하지만 상어를 가리킬 수도 있다. 그러나 여기서는 창조 이야기에서 나타난 큰 생물(타니님) 즉, 리워야단을 가리키는 것으로 보인다. 다시 말해서 특정한 물고기를 가리켰다고 하기보다, 마치 악한 일에 쓰임 받는 영적 존재 사탄처럼 악한 일에 쓰임 받는 바다 괴물에 삼켜졌다는 문학적인 표현으로 보는 편이 나을 것이다. 이사야서와 욥기에서 볼 수 있는 것처럼 그 거대한 바다 괴물은 창조주에 의해 정복당했으며, 야훼 하나님의 통제 아래 있다는 것이다. 그러니까 요나가 물고기 뱃속에 있었던 것이 사실이지만 그 물고기의 어종보다 영적 의미를 더 강조한 표현이라고 보아야 한다.

소단원 2 물고기 뱃속에서 만난 하나님 (2:1-10)

◆ 내용 요약

요나는 물고기 뱃속에서 하나님께 기도했다. 전형적인 감사 시에 속하는 본문은 절망 속에서 구원의 하나님을 찾는 요나의 신앙고백을 보여준다. 비록 그가 하나님의 징계를 시인하고 있으나(4) 여전히 자신이 우상숭배에 빠진 적이 없음을 자랑스러워하고 있으며(8), 하나님이 그의 기도를 들으신 것을 확신하며 감사하고 있다(2, 4, 6, 7, 9). 그가 기도하는 동안 물고기는 사흘을 괴로워하던 끝에 그를 육지에 토해내 버렸다.

◆ 관찰과 해석

요나가 물고기 뱃속에서 삼 일만에 생환한 사건은 장차 예수 그리스도가 무덤에서 삼 일만에 부활할 것에 대한 예표(typology)로서 중요성을 띠고 있다.

> "예수께서 대답하여 이르시되 악하고 음란한 세대가 표적을 구하되 선지자 요나의 표적 밖에는 보일 표적이 없느니라 요나가 밤낮 사흘 동안 큰 물고기 뱃속에 있었던 것 같이 인자도 밤낮 사흘 동안 땅 속에 있으리라 심판 때에 니느웨 사람들이 일어나 이 세대 사람을 정죄하리니 이는 그들이 요나의 전도를 듣고 회개하였음이거니

와 요나보다 더 큰 이가 여기 있으며"(마 12:38-40).

이 구절에서 그리스도는 당시 유대인들의 완악함을 정죄하는 근거로 니느웨 사람들의 회개를 들고 있다. 다시 말해서 니느웨 사람들은 사십일이 지나 멸망하게 된다는 요나의 경고를 그의 기적적 생환에 근거하여 믿었다는 것이다. 그에 비해 요나보다 더 큰 표적을 보인 예수 그리스도를 믿지 않은 유대인들의 죄가 크다는 것이다.

대단원 Ⅱ 니느웨의 회개와 구원(3:1–4:11)

소단원 3 죄악의 도시에서 만난 하나님(3:1–10)

니느웨

◆ 내용 요약

요나는 다시 니느웨로 가라는 하나님의 말씀에 순종했다. 그런데 요나가 방문했을 당시 니느웨는 계속되는 재난과 일식 등으로 마음이 낮아져서 요나의 예언에 귀를 기울일 수 있었다. 비록 요나의 예언은 단 4 단어에 불과했지만 물고기 뱃속에서 변색되었을 그의 피부색깔은 니느웨 사람들에게 하나님의 주권과 능력을 알리는 증거로 충분했을 것이다. 비록 이방인들의 일시적 회심이었지만 왕으로부터 니느웨 백성 모두가 하나님을 믿게 되었다. 그리고 왕과 일반 백성의 구분이 없이 사람 뿐 아니라 동물까지도 베옷을 입혀 금식하게 했다. 이것은 여호와의 선민이라고 자부하며 우상숭배를 서슴지 않는 이스라엘의 완악함과 극명한 대조를 이룬다.

◆ 관찰과 해석

א. 물고기가 요나를 토해낸 곳은 니느웨가 아니라 지중해변 어느 곳이었다. 만약에 물고기가 요나를 니느웨에 토해놓으려면 지중해를 빠져나가 아프리카 대륙 남쪽을 돌아 페르시아 만으로 들어선 다음 티그리스 강을 따라 수천 km를 헤엄쳐 올라가야 한다. 그런 것이 아니라 요나는

육지에 토해진 다음 제 발로 걸어서 니느웨를 찾아갔던 것이다. 요나서에서 그 여정이 생략되어 있을 뿐이다.

ב. 니느웨 사람들이 악한 길에서 돌이켜(슈브 שׁוּב) 떠나는 것과 하나님이 뜻을 돌이켜(슈브 שׁוּב) 진노를 그치시는 것이 대조를 이루고 있다(9, 10). 그리고 니느웨 사람들이 악한(라아 רַע) 길에서 떠난 것과 하나님께서 그들에게 내리려고 했던 재앙(라아 רַע)가 대조를 이루고 있다. 그리고 니느웨 사람들이 행한(아사 עָשָׂה) 죄악과 하나님이 만드시는(아사 עָשָׂה) 재앙도 대조를 이루고 있다.

소단원 4 박 넝쿨 그늘에서 만난 하나님(4:1-11)

◆ 내용 요약

니느웨가 화를 면하게 되자 요나는 불 같이 화를 냈다. 그는 하나님의 자비가 이방에 미치는 것 때문에 죽어버리고 싶을 정도로 괴로워했다. 그가 처음부터 하나님의 명령에 순종하지 않았던 이유도 그것 때문이었다. 물고기 뱃속에 들어갔다 나온 후에도 그의 생각은 조금도 변하지 않았으며, 그의 메마른 신학은 하나님의 하시는 일과 일치하지 않아 혼란스러워했다. 그가 성 밖에 초막을 짓고 성을 관찰한 이유도 니느웨 백성들의 흠을 잡아 하나님께 고소하려던 것이었던 것 같다(5). 그는 하나님이 피조물들을 아끼신다는 사실을 몰랐을 뿐 아니라(11), 하나님의 그 자비한 성품 때문에 죄악을 고집하는 이스라엘이 여전히 심판받지 않고 있다는 사실도 몰랐던 것이다. 하나님은 그의 그릇된 신학과 삶의 태도를 교정하시기 위해 초자연적인 방법으로 박 넝쿨을 준비시킨다. 그는 박 넝쿨이 갑자기 죽어버리자 화를 내게 되고, 하나님은 박 넝쿨과 니느웨의 인명과 가축을 비교하면서 교훈을 준다. 학자들은 니느웨가 가장 번창했을 때 인구를 30만으로 보기 때문에 그보다 이른 시기에 12만 명의 사람이 살았으리라는 것은 얼마든지 받아들일 수 있는 수치이다.

◆ 관찰과 해석

요나서의 대주제인 자비(헤세드)가 강조되고 있다. 뜨거운 햇볕으로부터 요나의 머리를 지켜준 박 넝쿨은 하나님의 자비로 주어진 선물이었다. 그는 그 박 넝쿨의 죽음을 인해 화내는 것이 죽기까지 옳다고 우겨댄다. 그것을 통해 하나님은 자신의 피조물들이 떼죽음 당하는 것을 원치 않는 것이 옳다는 사실을 증명해 보인다. 앞서 살펴본 대로 요나가 박 넝쿨을 아끼는(하세트) 것과 하나님이 니느웨를 아끼는(하세트) 것이 비교(comparison)되고 있으며, 요나의 원망(4:2) 속에 하나님의 성품인 자비(헤세드)가 역설적으로 강조되고 있다.

◆ 적용을 위한 묵상

> "여호와여 원하건대 이제 내 생명을 거두어 가소서 사는 것보다 죽는 것이 나음이니이다 하니…요나가 혼미하여 스스로 죽기를 구하여 이르되 사는 것보다 죽는 것이 내게 나으니이다 하니라"(4:3,8하)

요나는 두 번이나 사는 것보다 죽는 것이 낫다고 고백했다. 그것은 자조적인 한탄이 아니라 적극적으로 죽음을 구하는 부르짖음이었다. 무엇이 그를 그토록 힘들게 했던 것일까? 첫 번째 괴로움은 니느웨가 멸망하지 않고 건재한 모습을 보는 것이었다. 두 번째 괴로움은 아끼던 박 넝쿨이 갑자기 죽어 버린 모습을 보는 것이었다. 한마디로 그의 민족주의적이고 이기적인 태도가 그로부터 삶의 희망을 빼앗아 갔던 것이다. 어떻게 보면 요나의 부르짖음은 "니느웨 사람들의 생명을 거두어 가소서 저들이 사는 것보다 죽는 것이 내게 나음이니이다…박 넝쿨을 가져가시려면 제 생명까지 거두어 가소서"라고 하는 것 같다. 그는 자신이 사랑하던 것을 생명보다 귀하게 여겼다. 그러나 정작 생명을 선물로 주신 하나님은 사랑하지 않았다. 하나님께 대들고 화내고 죽여 달라고 부르짖었던 것이다.

이 세상에 그 어떤 것도 생명보다 귀하지는 않다. 예수 그리스도는 "사람이 만일 온 천하를 얻고도 제 목숨을 잃으면 무엇이 유익하리요 사람이 무엇을 주고 제 목숨과 바꾸겠느냐"(마 16:26)라고 가르쳤다. 생명을 사랑하는 것은 그것이 하나님께로부터 주어진 선물임을 알 때, 그 하나님을 목숨보다 사랑할 때 가능해진다. 종종 이단 사교에서 볼 수 있는 것처럼 생명경시 풍조는 잘못된 신학과 사상에서 비롯된다. 그렇다면 정말로 우리는 생명의 절대적 가치를 믿으며 가르치고 있는 것일까? 정말로 생명이 있는 한 희망과 만족이 있다고 생각하는 것일까? 혹시 내가 세워놓은 계획과 기준대로 움직여지지 않을 때 삶의 의미를 놓아 버리는 것은 아닐까?

요나가 하나님의 명령에 순종하지 않으려던 예언자라는 사실은 충격적이다. 그보다 더 충격적인 사실은 자기 마음대로 되지 않을 때 생명까지도 놓아버리려는 태도를 가진 하나님의 사람이었다는 것이다. 그는 북이스라엘 왕국에서 잘 나가는 예언자였다. 그의 나라는 그의 예언대로 번영을 구가했다. 그처럼 사람들의 칭찬이 귓가에 맴돌고 있을 때 죽고 싶다는 생각이 들지는 않았을 것이다. 그러나 정작 그를 통해 이방을 향한 하나님의 계획이 성취되고 있을 때는 죽고 싶다는 말을 연발했다. 한마디로 야훼가 그의 하나님이 되기를 원했지 그가 야훼의 사람이 되기는 원하지 않았던 것이다. 비단 그런 태도가 그 옛날 요나에게서만 발견되는 것은 아닐 것이다.

되새김질

1. 저자/시대적 배경/기록 연대와 장소/원 독자/주제와 책의 특징에 대해 아는 대로 말해봅시다.

2. 요나가 하나님의 명령에 순종하지 않았던 이유가 무엇입니까?

3. 요나서에서 보여주는 하나님은 어떤 분입니까?

호세아

호세아

호세아서는 북 이스라엘의 멸망이 마지막으로 예언되어 있는 책이다. 이 책에는 여로보암 II 통치 말기부터 주전 722년 수도 사마리아의 함락까지 약 30 년 동안의 혼란했던 북 이스라엘 역사가 들어있다. 반역과 암살에 의한 왕위 찬탈, 가난한 자에 대한 억압, 사회 지도층의 사치와 향락, 종교 지도자들의 탐욕과 무지, 우상숭배와 야훼 신앙의 종교혼합, 무분별한 국제화와 굴욕적 외교 등 패망의 징후들로 가득 차있는 것이다. 특히 눈길을 끄는 것은 예언자 호세아의 불행한 결혼이다. 그는 언약을 배신한 이스라엘을 끝까지 사랑하는 신실한 하나님을 보여주기 위해 음녀 고멜과 결혼해야 했다. 그녀와의 사이에서 낳은 자녀 또한 하나님의 심판을 경고하는 산 증거들이 되었다. 호세아서에는 북 이스라엘의 멸망뿐 아니라 남 유다의 멸망까지도 예언되어 있다. 그것은 호세아가 북 이스라엘 멸망 이후에도 예언활동을 계속했음을 보여준다. 그는 먼 미래에 북 이스라엘과 남 유다가 손을 잡고 다윗 가문의 통치를 받으며 하나님을 신실하게 섬길 것을 바라본다.

1. 배경

저자와 기록연대, 장소, 문학양식

호세아는 남 유다 왕 웃시야(주전 792-740년) 말기와 북 이스라엘 왕 여로보암 II(주전 793-753) 말기에 활동을 시작했다. 그는 주전 722년 북 이스라엘이 망한 이후 유다 왕 히스기야(주전 715-686년) 초기까지 약 50년 동안 활동했던 것으로 보인다. 그러니까 아모스보다 조금 늦게 시작해서 미가와 함께 이사야의 초기까지 활동 했을 것이다. 그가 북 이스라엘의 선지자라는 이유는 호세아서에 기록된 대부분의 지명-사마리아, 벧엘, 길갈, 아골 골짜기, 아담, 길르앗, 라마, 기브아 등이 북 이스라엘의 주요도시와 지역인데다, 그가 지적하고 있는 대부분의 죄들이 북 왕국 이스라엘의 사회상과 관계된 것이기 때문이다. 또한 그가 북 이스라엘의 왕을 "우리 왕"(7:5)으로 부르는 점도 그가 북 이스라엘 출신이라는 추측을 가능하게 해준다. 그럼에도 불구하고 호세아서에 종종 남 유다의 죄가 지적되어 있는 것은 그의 남 유다 왕국에 대한 애정이 남달랐기 때문이다(1:7, 3:5, 4:15).

그가 브에리의 아들이라는 것 외에 달리 출신 배경에 관해 알려진 것이 없다. 그의 이름은 여호수아나 예슈아처럼 '여호와는 구원이시다'는 의미를 갖고 있으며, 공교롭게도 북 이스라엘 마지막 왕과 이름이 같다. 그는 야훼 하나님의 명령에 따라 음녀 고멜을 아내로 맞아 들였으며, 그녀에게서 사생아를 포함한 자녀들-이스르엘(하나님이 흩으심), 로루하마(긍휼이 없음), 로암미(내 백성이 아님)를 얻었다(1:-9). 모세의 율법에는 야훼의 종, 특히 제사장들은 음녀 뿐 아니라 과부나 이혼 당한 여인과의 결혼도 엄격히 금지되어 있었다(레 21:7,14). 따라서 그의 결혼이 사실인지 문학적 상징인지에 대해 학자들 사이에 구구한 설명과 토론이 있다. 그럼에도 불구하고 그의 결혼은 호세아서 전체의 주제-배신한 이스라엘에 대한 하나님의 심판 경고를 상징적으로 보여주는 모티프가 되고 있다.

그를 저자로 보는 이유는 이 책에 기록된 예언을 직접 받은 사람이기 때문이다(1:1, 3:1, 6:1). 아마도 그는 주전 722년 이스라엘 패망을 전후로 하여 이 책을 썼을 것이다. 이 책이 주전 722년 전에 기록되었을 것이라고 보는 이유는 사마리아 함락에 관한 구체적 언급이 없기 때문이며(13:16), 이후에 기록되었을 것이라고 보는 이유는 이미 왕국이 패망했음을 암시하는 언급과(13:9-11), 남 유다 왕국에 대한 경고가 들어있기 때문이다. 만약에 이 책이 이스라엘 패망 전에 기록되었다면 저술 장소는 사마리아가 될 것이고, 패망 이후에 기록되었다면 유다 어느 곳이 될 것이다.

호세아서의 1-3장까지는 히브리어 성경에서 전기예언서로 분류된 역사서의 형식을 띠고 있으며, 4-14장까지는 후기예언서의 형식을 띠고 있다. 그리고 이 책에서 발견되는 문학 양식은 다음과 같다.

• 약속 신탁 : 2:16-23, 3:4-5, 11:8-11, 14:4-7

• 송사 신탁 : 4:1-5:14, 11:1-7
• 히브리 시가 : 2;1-15

원 독자

호세아서의 원 청중들은 여로보암 II 시대 이후의 이스라엘 백성들이지만 원 독자들은 남 유다의 백성들일 것이다. 왜냐하면 이 책이 기록될 당시 대부분의 북 이스라엘 백성들은 앗수르에 포로로 끌려갔기 때문이다. 이 책의 원 청중들은 북 이스라엘 초대 왕 여로보암 I가 시작한 금송아지 숭배와 가나안 종교인 바알 숭배에 깊이 빠져 하나님과의 언약을 저버렸다. 그리고 그들에게 사치와 향락을 가져다주는 주변 강대국들-애굽, 수리아, 앗수르를 깊이 신뢰했다. 그리고 아모스와 같은 예언자들을 박해하는 등 완악하게 죄를 고집하다가 패망하고 말았다. 원 독자들인 유다 백성들은 그들의 패망으로부터 교훈을 얻어야 했던 것이다.

시대적 배경

A. 정치적 상황

1. 앗수르

디글랏빌레셀 III(주전 745-727)이 유다 왕 아하스의 요청을 받고 수리아를 침공해 르신(주전 750-732)을 죽이고 베가가 통치하는 북 이스라엘을 침공해 갈릴리와 납달리 지역 주민들을 포로로 끌고 갔으며, 살만에셀(주전 727-722)의 뒤를 이은 사르곤 II(주전 722-705)가 마침내 호세아가 통치하는 북 이스라엘을 패망시켰다.

2. 수리아

르신(주전 750-732)은 북 이스라엘과 반 앗수르 동맹을 맺었다. 그리고 그들과 동조하지 않는 남 유다를 침공하다 오히려 반 앗수르 동맹에 참여하지 않은 남 유다의 아하스 왕이 도움을 요청한 앗수르 왕 디글랏빌레셀에게 살해당하고, 수도 다메섹이 함락되므로 나라가 패망하였다.

3. 이스라엘

여로보암 II(주전 793-753)의 40년 통치로 다져진 국력이 점점 쇠퇴하여 스가랴(주전753-752), 살룸(주전 752-752), 므나헴(주전 752-742), 브가히야(주전 742-740), 베가(주전 740-732), 호세아(주전 732-722)로 정권이 바뀌는 동안 6명의 왕 가운데 4명-스가랴, 살룸, 브가히야, 베가 왕이 살해되는 등 극도의 혼미한 정국이 이어졌다(4:2). 특히 스가랴가 암살당하므로 예후의 집안이 사대까지 내려가리라는 야훼 하나님의 예언이 이루어졌다.

4. 유다

웃시야(주전 790-739)의 50년 통치로 이룩된 기반은 비교적 오래 지속되어 요담(주전 750-731), 아하스(주전 735-715), 히스기야(주전 728-686)로 왕위가 물려지면서 북 이스라엘과 수리아와 앗수르의 침공을 힘겹게 잘 막아냈다. 아하스는 북 이스라엘의 우상 숭배를 본받았고 앗수르에게 원군을 요청하는 등 야훼 하나님의 뜻과 반대로 나갔지만, 공동통치를 하게 된 히스기야가 종교개혁 정책을 펴 심판을 면할 수 있었다.

B. 종교적 상황

1. 이스라엘

모든 왕과 백성들이 예외 없이 우상을 숭배하고 예언자를 핍박하였으며, 심지어 제사장들은 율법을 잊어버릴 정도였다.

2. 유다

웃시야와 요담은 여호와 보시기에 정직히 행했으나 산당을 없애지 못하였고, 아하스는 성전에 이방 신을 위한 제단을 설치하고, 예루살렘 산꼭대기마다 우상을 세우는 등 여호와 보시기에 악한 일들을 저질렀다. 그러나 그의 아들 히스기야는 우상을 타파하고 성전을 정결케 했으며, 유월절을 성대히 지키게 하는 등 종교개혁에 힘썼다.

기록 목적

원 독자들과 관계된 상황들을 생각해볼 때 호세아서는 다음과 같은 목적으로 기록되었을 것이다.

첫째, 남 유다 백성들이 북 이스라엘의 죄와 패망을 답습하지 않도록 경고하기 위해,

둘째, 히스기야의 종교개혁 정책이 성공적으로 뿌리내릴 수 있도록 격려하기 위해.

주제와 원 독자들에게 의의

호세아서의 대 주제는 심판 받게 될 북 이스라엘을 향한 하나님의 사랑이다. 그리고 이 대 주제를 설명하기 위해 호세아와 고멜의 결혼, 하나님과의 언약을 저버린 이스라엘, 이스라엘을 향한 하나님의 신실한 사랑, 이스라엘이 맞게 될 비극적 운명, 이스라엘의 회개와 회복을 예비하시는 하나님, 북 이스라엘로부터 교훈을 얻어야 하는 유다 등이 소주제로 동원되고 있다.

이러한 주제들은 다음과 같은 신학적 관점에서 전개되고 있다.

첫째, 하나님과 이스라엘 사이에 맺은 언약은 여전히 유효하다(8:1). 그 언약은 출애굽 사건에 기초를 두고 있다. 하나님은 애굽에서 그들을 건져내셨지만(9:10, 11:1, 12;13, 13:4), 이스라엘은 구원자 하나님께로 돌아오지 않고 애굽으로 되돌아가려고 한다(7:11, 11:5). 그들이 애굽으로 돌아감으로 야훼의 땅에 머무르지 못하게 될 것이다(9:3). 그들은 애굽과 앗수르에서 방랑생활을 하게 될 것이다(9:3,17, 11:5).

둘째, 하나님은 여전히 이스라엘의 왕이시다. 이스라엘이 왕정국가가 된 것은 전적으로 그들의 선택에 따른 것이었다(13:10). 결국 그 왕들은 구원자가 되지 못하였으며, 하나님은 왕정국가로서의 이스라엘을 패망시켰다(13:10-11). 그들이 패망한 것은 진정한 구원자 하나님을 대적했기 때

문이었다(13:9). 오랜 세월동안 그들은 왕 없이 살게 될 것이다(3:4). 그러나 하나님은 마침내 그들을 무덤 권세에서 구원하실 것이다(13:14). 그리고 그들은 하나님 외에 그 어떤 것도 구원자로 삼지 않겠다고 다짐하게 될 것이다(14:3).

셋째, 이스라엘이 의지한 바알은 헛된 것이다. 여기서 바알은 가나안의 주신과 주변 열강을 동시에 가리킨다(성경연구 클리닉 참조).

넷째, 하나님을 아는 지식의 결핍이 화근이 되었다(4:1, 6). 이처럼 백성들이 하나님을 아는 지식에 어두운 것은 제사장들이 지식에 어둡기 때문이다. 따라서 제사장들이 먼저 각성해야 한다(5:1, 6:6-10). 그런데 하나님께로 돌아가는 것은 곧 하나님을 아는 것으로부터 출발한다(6:1-3, 7). 그들이 하나님을 알지 못하기 때문에 헛된 계획을 세워 멸망의 길로 간 것이다(7:3-13).

다섯째, 제사보다 회개의 열매-실천이 강조되고 있다. 제사보다 행함을 우위에 두고 있으며(6:6), 제물보다 회개의 고백이 더 중요시되고 있는 것이다(14:2). 이런 신학적 관점은 이사야의 예언에 두드러지게 드러나고 있으며, 유다의 멸망 이후 포로기를 거쳐 심화된다. 그 단적인 예가 제사보다 하나님을 아는 지식과 실천을 중요시했던 바리새파의 사상이다. 이것은 예수 그리스도의 가르침에도 들어 있는데, 주후 70년 예루살렘 성전 파괴 이후 이방인들이 그리스도교에 쉽게 접근할 수 있는 디딤돌이 되었다.

〈주제들〉	〈원 독자에게 의의〉
1) 사랑의 하나님은 배신한 당신의 백성들을 여전히 사랑하신다.	1) 선민과 언약을 맺으신 사랑의 하나님께로 돌아오라.
2) 의로우신 하나님은 죄를 징계하시므로 당신의 백성을 정결케 하신다.	2) 거룩하신 하나님의 백성답게 구별되게 살라.
3) 성실하신 하나님은 선지자를 보내 회개를 촉구하신다.	3) 북 왕국 이스라엘처럼 죄를 고집하지 말라.
4) 자비하신 하나님은 죄인을 심판하신 후 이스라엘을 회복시키신다.	4) 이스라엘의 구원자 되시는 하나님을 알고 신뢰하라.
5) 영원하신 하나님은 종말에 메시아를 통해 영광스러운 왕국을 건설하실 것이다.	5) 역사를 주관하시는 하나님을 소망가운데 바라보라.

호세아서의 특징

1. 성적인 이미지가 호세아서 전반에 걸쳐 사용되고 있다. 호세아의 아내는 음녀였으며(1:2, 3:1), 그녀가 사생아를 낳은 것은 하나님을 떠나 다른 신을 섬기는 이스라엘을 상징했다(2:2). 하나님은 음녀와 같은 이스라엘의 신실한 남편으로 묘사된다(2:19, 3:1). 우상에게 드리는 제사에 창기와 음녀들이 참가하고 있으며(4:13-14), 북 이스라엘이 당할 참변은 산고를 치르는 여인에 비유되고 있다(13:13).

2. 문학적 기법으로서 직유(simile)와 은유(metaphor)가 많이 사용되고 있다. 예를 들어 하나님은 남편(2:2,19), 아버지(11:1), 의사(7:1, 11:3), 사냥꾼(7:12), 사자(5:14, 13:7), 표범(13:7), 새끼 잃은 암곰(13:8), 이슬(14:5)에 비유된다. 그리고 이스라엘은 아내(2:2,19), 짐승 떼(13:5-8), 어리석은 비둘기(7:11), 그물에 걸리는 새(7:12), 병자(5:13, 7:1,9, 14:4), 완악한 암소(4:16, 10:11), 포도(9:10), 무화과나무(9:10), 백합화(14:5), 해산하는 여인(13:13), 화덕(7:4, 7), 뒤집지 않은 전병(7:8), 속이는 활(7:16), 즐겨 쓰지 않는 그

릇(8:8), 홀로 떨어진 들 나귀(8:9), 거짓 저울을 쓰는 상인(12:7), 쉽게 사라지는 아침 구름이나 이슬(13:13), 광풍에 날리는 연기(13:3), 타작마당의 쭉정이(13:3)에 비유된다.

3. 현란한 언어유희(word play)를 사용하고 있다. 예를 들어 호세아의 아들 이스르엘의 이름은 심판을 의미하는 '하나님이 흩으심'과 회복을 의미하는 '하나님이 심으심'의 이중 의미로 사용된다. 그리고 하나님의 심판을 상징하는 두 딸의 이름 로암미(내 백성이 아니다)와 로루하마(긍휼이 없음)는 회복을 상징하는 두 단어 암미와 루하마와 대조를 이룬다. 그리고 '주'와 '남편'을 가리키는 단어 '바알'은 '바알 신' '여러 신들(바알림)' '야훼 하나님' '이방 나라'를 가리키는 단어로 다양하게 사용된다. 호세아의 아내 고멜은 '끝나다'는 의미의 이름으로서 이스라엘의 멸망을 예고하고 있다.

4. 신약에서 자주 인용되었다. "내 아들을 애굽에서 불렀다"(11:1)는 그리스도의 일가가 애굽으로 피난 가는 일의 예언으로 간주되었다(마 2:15). "내 백성 아닌 자를 내 백성이라 하리라"(2:23)는 이방인들이 그리스도를 믿어 구원받게 되는 예언으로 해석되었다(롬 9:25-26, 벧전 2:10). "나는 인애를 원하고 제사를 원하지 아니하며 번제보다 하나님을 아는 것을 원하노라"(6:6)는 그리스도의 가르침에 직접 인용되었다(마 9:13, 12:7). "입술의 열매"(14:2)는 히브리서 저자에 의해 인용되었다(히 13:15).

5. 이스라엘의 죄와 심판을 묘사하기 위해 중요 지명들이 언급되고 있다. 이를테면 송아지 우상 숭배의 죄를 지적하기 위해 벧엘(벧아웬)과 민간 신앙의 성소들-세겜, 길르앗, 길갈을 언급하고 있다. 그리고 전쟁으로 인한 피해를 묘사하기 위해 기브아, 라마, 앗수르, 애굽, 놉 등이 언급되고 있다.

6. 심판의 경고와 회개의 촉구가 강하게 대비를 이루고 있다. 예를 들어 이스라엘은 고멜처럼 남편을 떠나는 음녀이자 하나님이 새로 맞아들일 신부이다. 호세아의 아들 이스르엘은 하나님이 열방에 흩어버리실

이스라엘 백성을 가리키는 동시에 약속의 땅에 새로 심으실 백성을 가리키기도 한다. 호세아의 두 딸 로암미(내 백성이 아니다)와 로루하마(긍휼이 없음)는 장차 암미(내 백성)과 루하마(긍휼을 얻음)로 바꾸어질 이스라엘을 상징한다.

7. 이스라엘에 임할 심판을 예고하기 위해 예언자의 삶이 동원되었다. 실제로 호세아가 음녀와 결혼했느냐에 대해서는 많은 학자들이 의문을 품어왔다. 그러나 1-3장에 나오는 호세아와 고멜의 결혼, 자녀출산, 고멜의 배신 이야기를 단순한 문학적 상징으로 취급하는 데도 무리가 있다. 유다가 포로로 끌려갈 것을 예언하면서 이사야가 벗은 몸이 되어야 했다든지(사 20:2-4), 바벨론 침공으로 너무 많은 사람이 죽어 눈물조차 마르게 될 것을 예언하기 위해 아내의 죽음도 애곡하지 못했던 에스겔의 경우를 보면 고멜과 호세아의 결혼은 역사적 사실로 보이기 때문이다(겔 24:15-24).

성경 연구 클리닉

1. 호세아서에 나오는 바알(בעל)에 대하여

> "여호와께서 이르시되 그 날에 네가 나를 내 남편이라 일컫고 다시는 내 바알이라 일컫지 아니하리라 내가 바알들의 이름을 그의 입에서 제거하여 다시는 그의 이름을 기억하여 부르는 일이 없게 하리라"(2:16-17)

바알은 '주(lord)' 라는 뜻을 가진 단어로서 보통 명사로 쓰일 때는 '남편' 혹은 '소유주' 를 가리키며, 고유 명사로 쓰일 때는 가나안의 농경 신을 가리켰다. 그런데 이 단어가 이스라엘에서 바알과 야훼를 동일시하는 종교혼합주의(syncretism) 용어가 되기 전까지는 "야훼 하나님은 주이시다(브알리야 בעליה)" 라는 말로 사용되었음을 알 수 있다(대상 12:5). 그러나 이스라엘이 종교혼합주의에 기울어졌기 때문에 이스라엘의 하나님을 남편 혹은 소유주로 부를 때는 '내 바알(바알리 בַּעְלִי)' 이라는 표현대신 '내 남편(이쉬이 אִישִׁי)' 으로 부르게 한 것이다(16). 그런데 북 이스라엘에서 '바알들' 은 소작농들이 지주들(landlords)을 부르는 호칭이었으며, 귀족들과 부자들이 애굽이나 앗수르와 같은 주변 열강을 흠모하여 부르는 용어이기도 했다 (2:5,12,13).

따라서 하나님은 가난한 자들에 대한 압제와 주변 열강을 의지하는 태도를 없애겠다는 의미에서 "바알들의 이름(쉐모트 하바알림 שְׁמוֹת הַבְּעָלִים)을 그의 입에서 제거하여"라고 말씀하시는 것이다(17). 만약에 17절의 바알이 가나안의 주신을 가리켰다면 복수형태의 '바알들(바알림)' 이 될 수 없기 때문이다.

2. 이스라엘이 받은 정죄와 언약의 저주

호세아서에 나오는 정죄와 저주는 뜻밖의 것이 아니라 충분히 예상할 수 있었던 것이었다. 왜냐하면 그것들이 모두 하나님과 맺었던 언약을 기초로 해서 내려졌기 때문이었다. 따라서 하나님의 심판은 공의로운 것이었다.

1) 정죄

인애가 없음(신 22:1-4), 맹세(신 5:11), 거짓말(신 5:20), 살인(신 5:17), 도적질(신 5:19), 다른 신을 섬김(신 5:7), 사법체계의 부패(신 16:18-20), 이방인과 혼인하여 얻은 자녀로 인해 바알에게 영광을 돌림(신 7:3), 열방들과 혼합(신 7:2), 하나님을 경외하지 않음(신 10:12,20), 회개하지 않고 다른 신에게 평안을 구함(신 5:7), 황금 송아지를 만듦(신 5:8), 율법을 기억하지 않음(신 8:11), 고기를 먹으려고 제사(레 17:1-9), 자기가 이룬 성취에서 평안을 찾음(신 8:14, 17, 18), 예언자를 청종하지 않고 박해함(신 18:15-22), 경제적 번영을 다른 신의 탓으로 돌림(신 5:7), 지도자들의 타락(신 17), 재물을 위해 속이고 압제함(신 24:14, 레 25:35).

2) 저주

기근(신 28:38-40), 적들의 침입(신 28:5, 36, 37, 49, 50, 63-64), 토지와 성읍

잃을 것(신 28:52), 노예처럼 압제 받을 것(신 28:29, 32-33, 41, 48), 재물을 빼앗길 것(신 28:29).

3. 인애(헤세드 חסד)에 대해

다른 예언자들처럼 호세아도 하나님의 인애를 강조했다. 비록 그들의 죄 때문에 심판하실 것이지만 인애로 회복시킬 것을 예고했던 것이다.

> "오라 우리가 여호와께로 돌아가자 여호와께서 우리를 찢으셨으나 도로 낫게 하실 것이요 우리를 치셨으나 싸매어 주실 것임이라 여호와께서 이틀 후에 우리를 살리시며 셋째 날에 우리를 일으키시리니 우리가 그의 앞에서 살리라"(6:1-2).

그러나 하나님의 인애를 경험하기 위해 먼저 이웃에게 인애를 베풀 것을 요구한다.

> "이 땅에는 진실도 없고 인애도 없고"(4:1)
>
> "나는 인애를 원하고 제사를 원하지 아니하며"(6:6)

2. 내용

〈구조와 요절〉

전체 14장으로 구성된 호세아서는 크게 두 부분-호세아와 고멜의 결혼생활(1-3장), 신실한 하나님과 음란한 이스라엘(4-14장)로 나누어질 수 있다. 그리고 이것은 다시 심판과 회복에 대한 네 번의 예언(1:1-3:5, 4:1-6:3, 6:4-11:11, 11:12-14:9)으로 나누어 생각해 볼 수 있다. 그리고 네 번의 예언에는 모두 심판 선언이 먼저 나오고 회복의 선언이 뒤따르고 있다. 그런데 4:1-14:9에 수록되어 있는 세 번의 예언은 순환예언의 형식을 띠고 있다.

(요절 3:1)

대 단 원	소 단 원	주 제	예언 기간	기록 장소	기록 연대
음란한 아내, 신실한 남편	1:1-3:5 다른 신을 섬기는 이스라엘에 대한 심판	심판	주전 755-715	북이스라엘 사마리아	주전 723년경
		회복			
음란한 이스라엘, 신실하신 여호와	4:1-6:3 순환 예언(Ⅰ) - 불신에 대한 심판	심판			
		회복			
	6:4-11:11 순환 예언(Ⅱ) - 악행에 대한 심판	심판			
		회복			
	11:12-14:9 순환 예언(Ⅲ) - 반역에 대한 심판	심판			
		회복			

요 절

"여호와께서 내게 이르시되 이스라엘 자손이 다른 신을 섬기고 건포도 과자를 즐길지라도 여호와가 그들을 사랑하나니 너는 또 가서 타인의 사랑을 받아 음녀가 된 그 여자를 사랑하라 하시기로"(3:1)

〈해 설〉

대단원 I
신실한 남편 호세아와 음란한 아내 고멜(1:1–3:5)

소단원 1 다른 신을 섬기는 이스라엘에 대한 심판과 회복(1:1–3:5)

◆ 내용 요약

호세아의 사역 기간이 주로 남 유다 왕들에게 맞춰 기록되었다. 이것은 다윗 왕가의 정통성을 인정하는 예언자의 정신을 나타내고 있다(1:1). 호세아는 야훼의 명령에 따라 음녀 고멜과 결혼하여 1남 2녀를 낳는다. 그러나 그 아이들은 모두 사생아들이었던 것으로 보인다(1:2, 9). 마침내 고멜은 호세아를 떠나 다른 연인에게로 가버리고, 호세아는 야훼의 명령에 따라 다시 그녀에게 값을 지불하고 데려온다(3:1-3). 그의 이런 행위예언은 신실하지 못한 이스라엘을 끝까지 사랑하시는 야훼 하나님을 보여주는데 초점이 맞춰져 있다. 즉, 이스라엘은 하나님의 사랑을 받을 만한 자격이 없는 백성이며, 하나님과 언약관계에 있으면서도 다른 신과 다른 민족을 의지하며, 마침내 포로로 끌려가게 되지만 하나님이 풀려나게 하신다는 것이다. 내용상 세 번의 심판 예언과(1:2-5,6-9, 2:2-13) 세 번의 회복 예언이 들어있다(1:10-11, 2:14-23, 3:1-5).

◆ 관찰과 해석

א. 호세아가 얻은 세 명의 자녀는 모두 하나님의 심판을 상징하고 있다. 그의 아들 이스르엘(하나님이 흩으심)은 우선 예후의 가문에 대한 심판을 상징하고 있다. 우상숭배가 심했던 오므리 왕가를 이스르엘 골짜기에서 멸절시킨 예후는 바알 숭배만 근절시켰을 뿐 금송아지 제단을 내버려두었다. 호세아 시대의 종교혼합주의는 바로 금송아지 우상으로 비롯된 것이었다. 따라서 그의 가문 또한 심판의 대상이 될 수밖에 없었다(1:4). 그리고 그 심판은 군사력을 증강시켜 스스로를 구원하려는 이스라엘 전체로 확대된다. 그것은 모두 이스르엘 골짜기에서 성취될 예언이었다. 예

후 왕가의 마지막 왕 스가랴는 살룸에게 살해당했으며, 이스라엘은 앗수르에게 패망 당했던 것이다(1:5). 그리고 고멜이 낳은 딸 로루하마(긍휼이 없음)는 하나님의 긍휼 없는 심판이 임할 것에 대한 상징이며, 둘째 딸 로암미(내 백성이 아님) 또한 이스라엘이 하나님과의 관계에서 끊어질 것에 대한 상징이었다(1:6, 9).

ב. 호세아의 아내가 되어서도 다른 남자의 자녀들을 낳은 고멜은 이스라엘의 죄를 상징적으로 보여준다(2:2). 이스라엘의 죄는 하나님의 은총으로 누리는 풍요를 바알 신과 주변 열강의 호의로 여긴 것과 그들을 사랑하고 섬긴 것이다(2:5). 따라서 하나님이 그들의 풍요를 거두어가며, 축제일이 유명무실하게 되고, 열강을 섬기는 종이 될 것이었다(2:8-13). 그러니까 고멜은 이스라엘의 배교와 굶주림의 심판을 상징하며, 이스르엘은 예후 가문과 이스라엘의 우상숭배 죄와 전쟁의 참상을 상징하며, 로루하마와 로암미는 이스라엘의 각종 악행과 하나님과의 관계에서 끊어짐을 상징하는 것이다.

ג. 하나님과 이스라엘과의 관계회복을 결혼 은유(metaphor)로 설명하고 있다. 2:19-20에 세 번이나 나오는 '장가들다(아라쉬 ארשׂ)' 는 단어는 오직 초혼에만 사용된다. 그런데 이미 하나님은 이스라엘을 음녀로 규정했고, 그녀의 음행을 적나라하게 묘사한 바 있다(2:2-13). 그럼에도 불구하고 이처럼 '장가들다' 는 단어를 사용하는 것은 이스라엘이 회개할 때 과거를 묻지 않고 새롭게 출발하겠다는 의지의 표현인 것이다.

ד. 이스라엘의 배교와 강대국 신뢰를 '음행' 으로 묘사하고, 이스라엘에 대한 심판을 성적 이미지에 맞춰 묘사하고 있다. 이것은 하나님과의 관계, 이방 신 혹은 강대국과의 관계가 단순히 종교적이거나 외교적 차원이 아니라 영적 차원인 것을 보여준다. 즉, 마음이 어디로 향해있느냐의 문제인 것이다. 따라서 각종 절기를 지키고 제사를 드린다고 해도 마음이 다른 신과 국가에 쏠려 있다면 음행처럼 가증스러운 죄에 해당한다는 것이다. 결국 각종 사회구조적 악과 우상숭배는 하나님께로부터 마음이 떠나 있음을 보여주는 증거들일 뿐이었다.

ה. 다윗 왕국에 강한 애정을 보이고 있다.

"그러나 내가 유다 족속을 긍휼히 여겨 그들의 하나님 여호와로 구원하겠고 활과 칼이나 전쟁이나 마병으로 구원하지 아니하리라 하시니라"(1:7)

"그 후에 이스라엘 자손이 돌아와서 그들의 하나님 여호와와 그들의 왕 다윗을 찾고 마지막 날에는 여호와를 경외하므로 여호와와 그의 은총으로 나아가리라"(3:5)

ו. 도망친 아내 고멜의 구속을 위해 값을 주고 데려오는 호세아의 행위는 이스라엘이 포로에서 돌아오는 일이 전적으로 하나님의 구속임을 상징적으로 보여준다(3:1-5). 따라서 호세아의 그런 행동은 하나님의 사랑이 얼마나 큰 것인가를 단적으로 보여주는 행위예언이다.

◇ 적용을 위한 묵상

하나님의 마음, 호세아의 마음

"내가 나를 위하여 그를 이 땅에 심고 긍휼히 여김을 받지 못하였던 자를 긍휼히 여기며 내 백성 아니었던 자에게 향하여 이르기를 너는 내 백성이라 하리니 그들은 이르기를 주는 내 하나님이시라 하리라 하시니라"(2:23).

이스라엘은 출애굽 이후 오랜 동안 하나님의 사랑을 받던 민족이었다. 그럼에도 불구하고 하나님은 "내 백성이 아니며(로암미) 긍휼을 베풀지 않을 것(로루하마)"이라고 선언하신다. 그만큼 우상숭배와 율법파괴를 자행하는 이스라엘의 배신과 반역이 컸던 것이다. 이제 이스라엘의 운명은 결정되었다. 전쟁으로 모든 것을 잃고 앗수르의 노예로 끌려가게 된 것이다. 그러나 하나님은 또 하나의 계획을 발표하신다. 장차 그들에게 다시 긍휼을 베풀며 자기 백성으로 삼겠다는 것이다. "내가 나를 위하여"라는 말처럼 그것은 전적으로 하나님의 성품에 기인한 것이다.

호세아는 음녀처럼 하나님을 배신한 이스라엘을 여전히 사랑하시는 하나님의 마음을 알도록 음녀 고멜과 결혼해야 했다. 로암미와 로루하마가 되었다고 외치는 그의 심정은 절박했을 것이고, 다시 암미와 루하마가 되게 할 것이라고 전하는 그의 가슴은 하나님의 사랑으로 가득 찼을 것이다. 다시 말해서 호세아의 마음이 곧 하나님의 마음이었던 것이다.

이처럼 하나님은 때때로 전도자의 삶을 그가 전해야 하는 메시지와 하나 되게 하신다. 어떤 성격의 메시지를 전해야 할 지 전도자가 결정할 수 없는 것처럼 어떤 삶을 경험하게 될 것인지에 대해서도 선택권이 주어지지 않는다. 따라서 우리가 어떤 메시지를 전하도록 부름 받았는지 알기 위해서 삶을 잠시 돌아볼 필요가 있다. 그 삶을 통해 하나님이 주신 메시지가 무엇이었는지 살펴보면 세상에 전해야 할 말이 무엇인지도 알게 될 것이다.

소단원 2 종교혼합주의에 대한 심판과 회복(4:1–6:3) – 순환예언 I

◆ 내용 요약

주로 종교적인 죄악에 대해 지적한 본문은 심판예고(4:1-5:14)와 회복약속(5:15-6:3)으로 구성되어 있다. 호세아서에 나오는 첫 번째 순환예언인 본문은 전형적 송사신탁으로서 ① 하나님의 죄인 소환 - 이스라엘 자손(4:1상) ② 죄명 - 진실과 인애와 하나님을 아는 지식의 부족, 저주, 속임, 살인, 도둑질, 간음(4:1하-2) ③ 증거 - 제사장과 예언자들이 율법을 따라 백성을 지도하기를 포기하고, 백성들도 우상숭배하며, 간음하며, 살인, 지도자들이 남의 땅을 빼앗고 압제함(4:4, 6, 8, 10-19, 5:1-7, 10-11) ④ 판결 - 기근, 방황, 수욕, 전쟁의 참화(4:3, 5, 7, 9, 5:8-14)로 구성되어 있다.

◆ 관찰과 해석

ℵ. 종교적 죄악이 성적인 이미지와 함께 지적되고 있다. 음행(4:10, 11, 12,13, 14, 15, 18, 5:3), 간음(4:13, 14), 음란한 마음(4:12,5:4), 사생아(5:7), 음부(4:14), 창기(4:14) 등은 이방신에게 드리는 산당제사를 배경으로 하고 있

다. 신성한 장소로 여겨지는 산꼭대기 나무 그늘은 이방신에게 제사하기 좋은 장소였다(4:13). 그곳을 주관하는 여사제들은 제의를 주관할 뿐 아니라 일반인들의 다산과 풍요를 기원하는 의미로 성을 제공했다. 때때로 제의에 참여한 일반 여성들도 남자들에게 성을 제공했던 것으로 보인다(4:13-14). 따라서 산당제사에서의 음행과 술은 뿌리칠 수 없는 유혹이었다(4:11, 18). 이 같은 산당에서의 이방신 제사는 하나님을 향한 정조를 버렸다는 점에서 영적인 음행으로 취급되었다(4:12, 15, 17, 5:3, 4,7). 명백히 그들의 행위는 하나님을 버린 것이었다(4:10, 12, 5:7). 흥미로운 것은 그들이 산당에서 풍요와 다산을 기원하며 음행을 해도 숫자가 늘지 않는다는 사실이다(4:10).

ב. 하나님에 대한 지식의 결핍과 하나님을 아는 것 즉, 패망과 회복이 대조되고 있다(4:6, 6:3). 이스라엘 백성들은 이미 음행과 술에 마음을 빼앗겼고(4:11), 음란한 마음에 미혹되어 하나님 아는 지식을 버렸다(4:6, 12, 5:4). 이처럼 하나님을 떠난 증거는 하나님 아는 지식의 결핍으로 드러난다(4:1, 6). 반면에 하나님께로 돌아가는 증거는 그가 누구신지 아는 것으로 증명된다(6:1, 3).

ג. 우상숭배에 대한 징계로서의 전쟁이 기록되었다. 5:8에 나오는 지명들-기브아, 라마, 벧아웬(벧엘)[9]은 유다와 이스라엘의 접경도시들이며, "뿔나팔을 불며, 나팔을 불고, 외치기를 네 뒤를 쫓는다"라는 말은 모두 전쟁용어들이다. 그리고 5:13에 "에브라임은 앗수르로 가서 야렙 왕[10]에게 사람을 보내었으나"라는 말은 주전 738년 제 16대 왕 므나헴(왕하 15:19-20)과 주전 732년 제 19대 왕 호세아가 앗수르 왕과 화친하기 위해 공물을 보낸 것을 가리킨다. 북 이스라엘은 아람과 연합하여 남 유다와 전쟁을 벌여 손해를 보았고, 앗수르의 침공을 받아 막대한 공물을 바치므로 또 한 번 손실을 입었던 것이다. 중요한 것은 공물로도 앗수르의 침공을 막지 못했다는 것이다(5:13). 왜냐하면 앗수르는 하나님이 이스라엘을 징계하기 위해 사용하신 막대기였기 때문이다. 결국 우상숭배의 결과로 남게 된 것은 전쟁의 참화였다. 그것은 유다의 경우도 예외가 아니었다. 유다 왕 아하스는 앗수르와 손잡고 북 이스라엘을 압박하였으나 결국 앗수

9) 벧엘을 벧아웬으로 부르는 것은 위악어법(dysphemism)이다. 그러니까 금송아지 제단이 있는 곳을 '하나님의 집'이라고 부르지 않고 '허무함(우상)의 집'이라고 부르는 것이다.

10) 야렙이라는 이름의 왕은 없다. 따라서 디글랏 빌레셀을 '전쟁의 왕'으로 부르는 것이라고 생각할 수 있다.

르의 침공을 막지 못했다(4:15, 5:5).

ד. 종교 혼합주의의 극치가 드러나 있다. 그들은 벧엘과 길갈에 가서 야훼 하나님께 제사드리면서(4:15), 미스바와 다볼 산처럼 높은 곳 산당에서 이방신에게 제사했다(5:1). 야훼 하나님께 양떼와 소떼를 끌고 가서 제사 드리려 하면서도(5:6), 하나님께만 마음을 드리지 못하고 이방 신을 사랑하여 사생아와 같은 종교문화를 연출했던 것이다(5:7). 5:1에서 미스바(מִצְפָּה)는 길르앗 라못으로 부르기도 하는 요단 동편의 산악지대이다(삿 10:17, 왕하 9:1, 4). 그곳이 올무와 그물이 되었다는 것은 새 그물을 칠 만큼 숲이 우거져 있었다는 사실을 암시해준다.

ה. 회복이 약속되고 있다. 야훼 하나님은 이제 당신의 백성들과 함께 하지 않겠다고 선언하신다. 그럼에도 불구하고 그것은 이스라엘이 회개할 때까지 한시적이다(5:15). 따라서 그의 백성들이 돌아가기만 하면 언제라도 회복시켜 주실 것이다(6:1). 하나님께로 돌아가는 것은 곧 그를 아는 것이며, 그를 아는 것은 곧 그가 치유하시며, 회복하신다는 것을 아는 것이다(6:1-3). 3절에서 "비와 같이, 늦은 비와 같이"는 이른 비와 늦은 비를 가리킨다. 그러니까 하나님은 은총을 파종부터 수확기까지 내려주시는 것이다.

소단원 3　악행에 대한 심판과 회복(6:4-11:11) - 순환예언 II

◆ 내용 요약

이스라엘의 사회악(6:4-8:14)과 우상숭배(9:1-11:7)에 대한 하나님의 심판 예고, 회복의 약속(11:8-11)이 들어 있다. 드러난 사회악은 빈번한 반역으로 왕위를 찬탈하는 것과 강대국에 돈을 주고 평화를 유지하려는 것이다. 우상숭배의 죄는 바알 숭배와 함께 벧엘의 금송아지 제단이 대표적으로 지적되었다. 하나님이 그들을 전쟁으로 징계하는 이유는 첫째, 암살과 노략질 등으로 인애(헤세드)가 사라졌기 때문이고(7:4-9, 8:1) 둘째, 물질적으로 풍요할수록 우상숭배에 열을 올리기 때문이다(10:1). 그리고 포로로 끌려가게 되는 것은 돈을 주면서 스스로 강대국의 종으로 자처했기 때문이다

(8:9, 10). 흥미 있는 것은 이스라엘의 출애굽 역사를 상기시키고 있는 것이다. 이스라엘이 자기를 애굽에서 구원하신 하나님과의 언약을 버렸기 때문에, 비록 전쟁을 피해 애굽으로 피신하더라도 죽음을 면치 못하게 될 것이었다.

화덕

◇ 관찰과 해석

א. 왕위찬탈을 위한 반역과 하나님께 대한 반역이 비교되고 있다. 왕들은 반역자에 의해 암살당한다(7:2-7). 왕이 된 반역자들은 하나님께도 반역한다(9:15). 그들은 밤새 달궈져 빵을 구워낼 준비가 된 화덕과 같이 마음속에 반역의도를 감추고 있다(7:4, 7). 여기서 호세아는 실제 사건으로부터 영적 상태를 묘사하는 단어를 찾아내고 있는 것이다(7:15). 하나님께 대한 반역은 첫째로 율법을 범하고 우상을 의지한 것이고(8:1, 4하), 둘째로 하나님께로부터 나지 않은 왕들을 지도자로 세운 것이다(8:4상). 10:10에 나오는 두 가지 죄는 바로 하나님께 대한 반역으로서의 금송아지 우상과(10:5) 다윗 왕국에 대한 반역으로서의 북 이스라엘 왕조를 가리킨 것으로 본다(10:7).

ב. 애굽을 의지하는 죄가 반복 지적되어 있다. 이스라엘이 "이는 여호와께서 이르시기를 너희가 이 후에는 그 길로 다시 돌아가지 말 것이라 하셨음이며"(신 17:16하)라는 계명을 어기고 있음을 지적한 것이다. 따라서 앗수르의 침공으로 다급한 이스라엘 백성들이 애굽으로 피신하지만 모두 죽게 될 것이 예고되어 있다(7:11,16, 8:13, 9:3,6, 11:5). 주전 729년 이스라엘 왕 호세아는 3년 동안 앗수르를 섬기던 데서 돌아서서 애굽과 동맹을 맺었다. 이것을 예언자 호세아는 여러 민족 가운데 혼합되는 것이며 뒤집지 않은 전병 같은 것이라고 지적했다(7:8). 마치 뒤집지 않은 전병의 밑이 타고 위는 설익는 것처럼 이스라엘의 외교정책이 실효를 거두지 못할 것이라는 의미였다. 실제로 그 계책은 앗수르 왕의 분노를 일으켜 이스라엘이 패망하는 직접적 원인이 되고 말았다(11:6). 하지만 어려움을 당해도 하나님께로 돌아오지 않았다(7:10,13,16, 11:7).

ג. 우상숭배 죄에 대한 저주가 반복 되어 있다. 이스라엘은 출애굽 시

절부터 구원자 하나님을 떠나 바알 숭배에 미혹되었다(9:10,15, 10:1, 11:1-2). 따라서 우상은 파괴될 것이며(8:4-6, 10:2, 5-8), 이스라엘 왕은 죽을 것이며(10:15), 백성들은 앗수르로 끌려가게 될 것이었다(9:17, 11:5). 그들은 다시 야훼 하나님께 제물을 드리지 못하게 될 것이고(9:4-5), 그들이 의지하는 거짓 예언자들은 새 사냥꾼의 그물처럼 오히려 백성들을 망하게 할 것이었다(9:7-8). 마치 그들은 베냐민 지파가 기브아에서 내전을 일으켰던 사사 시대처럼 돌이킬 수 없을 만큼 타락했다(9:9).

ד. 농업의 이미지가 회개 촉구의 메시지에 사용되었다(10:12-13). 이스라엘은 그 동안 악을 밭 갈아 죄의 거짓 열매를 먹고 살았다. 그러나 이제는 공의를 심어서 인애를 거두고 살아야 한다. 마치 이른 비가 올 때 묵은 땅을 갈아야 하는 것처럼 하나님이 공의를 비처럼 내리시는 지금(공의를 가르치실 때) 삶의 태도를 바꾸어야 한다는 것이다.[11)]

ה. 하나님이 제사보다 인애를 원하신다는 구절(6:6)은 신약에서 예수 그리스도에 의해 인용되었다(마 9:13, 12:7). 그것은 길르앗(도피성)과 세겜(제사장 거주지)에서 살인죄를 저지른 이스라엘의 종교적 지도자들과(6:8-9) 예수 당시의 종교지도자들이 본질상 다를 것이 없다는 것을 보여준다.

ו. 남 유다에 대한 징계가 예고되었다(6:11, 8:14). 유다의 견고한 성읍들이 불타고 백성들이 포로로 끌려가게 되는 이유는 북 이스라엘을 본받아 우상을 섬기며 군대를 의지하기 때문이다. 원 독자들은 이미 북 이스라엘의 패망을 지켜보았으므로 경각심을 가지게 되었을 것이다. 따라서 히스기야의 종교개혁 정책이 힘을 얻게 되었을 것으로 보인다.

ח. 패망 이후에 회복이 약속되었다(11:8-11). 이것은 메시아 시대에 대한 예언으로서 문자적으로 북 이스라엘이 포로에서 돌아오는 것을 의미하지 않는다.

11) 이른 비를 뜻하는 히브리어 요레아(יורה)는 '가르치다' 로도 번역이 된다. 따라서 '공의를 가르치시리라' 로 해석이 가능하다. 쿰란 공동체의 창시자를 '의의 교사(모레 하쩨데크 מורה הצדק)' 로 불렀던 이유도 거기에 있다.

소단원 4 반역에 대한 심판과 회복(11:12-14:9) - 순환예언 III

◆ 내용 요약

하나님께 대한 이스라엘의 반역죄가 지적 되고(11:12-14), 심판이 선고되었다(13:1-16). 그러나 호세아는 끝까지 이스라엘의 회개를 촉구한다(14:1-3). 마침내 하나님은 이스라엘의 회복을 약속하신다(14:4-9). 그런데 이스라엘 민족은 그들의 조상 야곱과 비교되며, 에브라임 지파로 대표된다.

◆ 관찰과 해석

א. 이스라엘과 야곱을 동일시하고 있다. 이스라엘의 원래 이름이 야곱이었기 때문이다. 마치 야곱이 태어날 때부터 자신의 힘과 꾀를 믿고 살다가 절망적인 상황에 이르러서야 울며 하나님께 간구하여 응답을 받았다. 그처럼 이스라엘 민족도 절망적인 상황에 이르러서 하나님께로 돌아올 것이라는 것이다. 따라서 벧엘에서 하나님을 만난 사람이 야곱인데도 마치 호세아 시대의 이스라엘이 하나님의 음성을 들은 것처럼 묘사하고 있다(12:4).[12] 이때 이스라엘은 유다와 이스라엘의 구별 없이 가리키는 이름이다(11:12, 12:1-2). 그런데 하나님은 야곱을 밧단 아람에서 무사히 돌아오게 하셨던 것처럼(12:12) 이스라엘 민족을 애굽에서 무사히 빠져나오게 하셨다(12:13). 야곱이나 이스라엘 민족이나 하나님의 보호 아래 있었지만 에브라임은 야곱과 달리 하나님께 반역했다는 것이다(12:14). 흥미로운 것은 에브라임을 거짓 저울로 속임수를 쓰는 가나안 사람(상인)으로 지칭한 것이다(12:7). 성경에는 종종 상인들을 가나안 사람으로 지칭하는데, 이는 두로와 시돈의 상인들을 가나안 사람으로 부르는 데서 연유한 것이다(욥 41:2, 잠 31:24, 겔 17:4). 이것은 북 이스라엘의 상거래가 부정한 방식으로 이루어졌음을 보여주며(12:8), 야곱(속이다)의 이름과 어울리는 행동이다.

ב. 이스라엘의 죄-반역과 우상숭배가 지적되고 있다. 즉, 그들은 애굽에서 구원하신 하나님의 은혜를 배신했으며, 하나님 외에 다른 왕을 구했다(12:9-11, 13-14, 13:4, 9-11). 그리고 그들은 바알 신을 섬기다 못해 금송아지 우상까지 만들어 섬겼다(13:1-2). 따라서 그들이 하나님의 심판을 받는 것이 당연한 것이다(12:14, 13:3,7,13,15-16).

12) 히브리 민족의 사고방식 가운데 하나는 조상의 경험을 후손들에게 적용하는 것이다. 예를 들어 히브리서 저자는 아브라함이 멜기세덱에게 십일조를 바칠 때 아직 태어나지도 않았던 야곱의 아들 레위도 함께 십일조를 멜기세덱에게 드린 것으로 간주한다(히 7:9-10). 바울은 이것을 자주 사용하고 있는데 아브라함이 할례자뿐 아니라 무할례자의 조상도 되기 때문에 이방인들이 할례를 받지 않고도 하나님의 백성이 될 수 있다고 말하거나(롬 4:1-12), 아담에게 속한 자는 아담의 죽음을 물려받고, 그리스도에게 속한 자는 그리스도의 생명을 물려받는다고 말한다(롬 5:12-21). 그러니까 그리스도를 믿는 자에게는 그리스도의 의로운 행위가 적용된다는 것이다. 이 놀라운 교리는 히브리 민족의 사고방식에 기인하는 것이다.

ㄴ. 그럼에도 불구하고 하나님의 구원자 되심이 반복해서 강조되고 있다. 이처럼 하나님의 구원자 되심이 강조되는 이유는 원 독자들의 회개를 촉구하기 위한 것이다.

첫째, 야훼는 만군의 하나님이며, 야훼의 이름은 구원을 기념하기 위한 것이다(12:5).
둘째, 애굽에서 구원하신 하나님은 이스라엘로 다시 초막절을 지키게 해주실 것이다(12:9).
셋째, 야훼는 애굽에서 이스라엘을 구원하신 하나님이다(12:14, 13:4).
넷째, 야훼는 이스라엘 편에서 도우시는 하나님이다(13:9).
다섯째, 야훼는 장차 이스라엘을 죽음의 땅에서 구원하실 것이다 (13:14).

ㄷ. 수송아지 제물이 입술의 열매로 대치되고 있다(14:2). 여기서 '입술의 열매'는 '선한 바'와 동의어로 사용되고 있다. 즉, 불의를 제거하시는 근거로서 회개의 고백이다. 신약성경 히 13:15에서 인용된 '입술의 열매'는 이처럼 동물 제사보다 탁월한 것으로 소개되고 있다. 이것은 호세아서 전반에 흐르는바 올바른 행위가 제사보다 낫다는 신학적 관점을 반영하는 것이다. 14:3은 구체적으로 그들이 회개할 바를 제시하고 있는데, 강대국이나 군사력을 의지하지 않는 것과 우상숭배를 하지 않는 것이다.

ㄹ. 메시아 시대에 대한 전형적인 약속 신탁에서 하나님은 이슬과(14:5) 잣나무로 비유되고 있으며(14:8), 이스라엘은 백합화와 레바논의 백향목, 곡식, 포도나무, 레바논의 포도주에 비유되고 있다. 다시 말해서 하나님은 생명의 원천이자 양식의 공급자가 되시고, 이스라엘은 그 수혜자가 된다는 것이다.

◇ 적용을 위한 묵상

"내가 그들을 스올의 권세에서 속량하며 사망에서 구속하리니 사망아 네 재앙이 어디 있느냐 스올아 네 멸망이 어디 있느냐 뉘우침이 내

눈 앞에서 숨으리라"(13:14)

사도 바울이 고린도 교회에 보낸 편지(고전 15:55)에서 육체의 부활을 가르치며 인용한 이 구절은 호세아서에 나오는 구원 약속 가운데 가장 강력한 표현이다. 이 구절 뿐 아니라 호세아서에는 뒷부분에 갈수록 눈앞에 다가온 멸망이 느껴지지 않을 정도로 미래의 밝은 청사진이 자주 나온다. 따라서 자칫 호세아가 불행한 결혼생활을 했다는 것이 잊어질 정도이다. 어떻게 호세아는 자신의 불우한 처지에도 불구하고 그처럼 밝은 예언들을 할 수 있었을까?

설교자가 치러야할 싸움은 강단에 서기 전에 마음속의 부정적인 감정들-분노, 슬픔, 자기연민, 절망, 억울함, 소외감 등을 떨쳐내는 것이다. 그렇지 못할 경우 설교자는 마음 깊이 부정적인 감정들을 숨겨둔 채 청중들 앞에 서게 된다. 대부분의 경우 청중들은 설교자가 마음속에 숨겨둔 감정을 억누르면서 설교하고 있다는 사실을 눈치 채지 못한다. 그러나 설교자는 부정적인 감정을 억누르는데 힘을 쏟는 나머지 설교가 끝날 무렵 탈진하게 된다. 설교자가 강단에 서기 전에 부정적인 감정을 벗어버리는 비결은 하나님의 은총을 덧입는 길밖에 없다. 부정적인 감정이 벗겨져 나가기까지 하나님과 일대일의 시간을 갖는 것이다. 이것은 비단 설교자뿐 아니라 모든 그리스도인들에게 해당되는 일이다. 그리스도인이라면 누구나 사역에 앞서 은혜의 보좌 앞에 머무르는 시간을 가져야 한다. 그렇지 않을 경우 사역은 무거운 짐이 되며, 마지못해 의무감으로 치르는 일이 되고 말 것이다.

호세아서에 호세아의 경건생활에 대한 기록은 없다. 하지만 그의 천성이 원래 밝았다 치더라도 고멜과 함께 살며 사생아들을 양육하면서 받는 고통을 이기기는 어려웠을 것이다. 확신하건대 그는 상상을 초월하는 영적 전쟁을 치렀을 것이다. 참담한 조국의 현실을 바라보면서도 불우한 가정생활에서 받은 부정적 감정에 매이지 않았던 비결은 그가 하나님의 마음을 품었기 때문일 것이다. 하나님은 우리가 탈진하도록 정신적인 부담감을 가지고 일하기를 원하지 않으신다. 어쩔 수 없이 자리를 지키면서

"어떻든 했잖아요!(No matter what!)"라는 식으로 자조하는 것은 율법주의의 표본이다. 삶의 자리에서는 울더라도 사역 현장에서 기뻐할 수 있는 정신 건강은 개인경건에 뿌리를 두고 있음이 확실하다.

되새김질

1. 저자/시대적 배경/기록 연대와 장소/원 독자/주제와 책의 특징에 대해 아는 대로 말해봅시다.

2. 호세아서에 나오는 결혼 은유를 모두 찾아보십시오.

3. 북 이스라엘이 망한 원인을 아는 대로 말해 보십시오.

미가

미 가

이 책은 '작은 이사야' 라고 불러도 좋을 만큼 이사야서와 많은 부분에서 닮아있다. 북 이스라엘과 남 유다의 멸망에 대한 예언이 담겨 있는 이 책은 예언자 미가와 동시대를 살았던 호세아, 이사야, 아모스를 연상시키는 내용이 담겨 있다. 요담(주전 750-731년)의 통치 시기부터 히스기야(주전 728-686년) 재위기간의 사회상을 배경으로 하고 있는 이 책에서 저자는 사회 지도층의 빈민압제, 제사장과 예언자들의 타락, 일반인들의 우상숭배를 신랄하게 비판하고 있다. 그와 동시에 먼 미래에 이루어질 메시아 왕국과 이스라엘의 회복을 바라보고 있다. 특히 이 책에는 그리스도의 탄생지에 대한 예언과 그리스도의 난해한 말씀에 대한 배경구절이 들어 있어 주목을 끈다.

1. 배경

저자와 기록연대, 장소, 문학양식

미가의 이름은 '야훼와 같은 신이 누구니이까?' 라는 뜻을 담고 있는 '미가야' 의 축약형이다. 언어유희에 능했던 그는 이 책의 말미에서 자신의 이름을 가지고 "주와 같은 신이 누구니이까?"(7:18)라고 기도드리기도 했다. 1:1이 보여주고 있는 것처럼 그의 고향은 예루살렘에서 서남쪽으로 32km 떨어진 유다 셰펠라 지역 구브린 골짜기에 있는 모레셋이다. 그곳은 농촌 지역이었으며, 미가가 스바냐(습 1:1)나 요엘(1:1)처럼 부친의 이름을 밝히지 않은 것으로 보아 평민이었을 것이다.

그는 1:1에서 유다의 11대 왕 요담부터 13대 왕 히스기야의 재위기간까지 예언활동을 한 것으로 기록하고 있다. 그러나 실제로는 요담의 단독통치가 시작되었던 주전 739년부터 히스기야의 단독통치가 시작되었던 주전 700년 초까지 활동했던 것으로 보인다. 그의 사역기간을 가늠하게 해주는 증거들을 이 책에서 찾는다면 우선 주전 722년에 망한 북 이스라엘을 미래형으로 예언(1:6-7)하고 있다는 점이다. 그리고 1:8-16에서 유다가 침공 받을 경로가 주전 701년 앗수르의 산헤립이 침공한 경로일 가능성이 매우 높다는 점이다. 실제로 그 지명들은 선지자의 고향 근처 도시들이었으며, 산헤립의 1차 침공 목표가 되었던 블레셋과 인접한 셰펠라 지역에 대부분 위치해 있었다. 따라서 유다의 다른 도시에 비해 더욱 피해가 컸다. 그는 북 이스라엘의 멸망을 목도했던 것으로 보이며, 남 유다의 멸망에 대해 깊은 우려를 가졌을 것이다.

위의 사실들에 비추어 볼 때 이 책은 주전 722년 북 이스라엘의 멸망을 이후 미가의 고향인 모레셋에서 기록되었을 것이다. 그리고 이 책에는 다음과 같은 문학 양식이 발견된다.

송사신탁(1:2-7, 6:1-16), 저주신탁(2:1-5), 심판의 선고(3:1-12. 5:10-15), 구원신탁(2:12-13, 4:1-5:9, 7:11-20). 애가(7:1-10)

원 독자

이 책의 원 청중들은 사마리아의 함락 전 북 이스라엘 백성들과 산헤립의 침공이 있기 전 남 유다의 백성들이다. 그러나 원 독자들은 북 이스라엘 멸망 이후 산헤립의 침공을 앞두고 있는 유다 백성들이라고 할 수 있다. 그들은 북 이스라엘의 멸망을 불러온 죄악들-권력자들의 빈민압제, 종교지도자들의 타락과 영적 무지, 부자들의 사치와 도덕적 부패, 백성들의 우상숭배의 죄를 답습하고 있었다. 미가는 이것을 "너희가 오므리의 율례와 아합 집의 모든 예법을 지키고 그들의 전통을 따르니 내가 너희를 황폐하게 하며 그의 주민을 사람의 조소거리로 만들리라 너희가 내 백성의 수욕을 담당하리라"(6:16)는 말로 표현했다. 그들은 마침내 바벨론으로 끌려가게 될 것이며(4:10), 유다 왕국은 베들레헴에서 태어날 새로운 통치자에 의해 회복될 운명을 맞고 있었다(5:2-9). 먼 미래에 그들은 마침내 전쟁이 그치고 열방이 야훼를 섬기기 위해 예루살렘으로 올 것을 소망 중에 바라보아야 했다(4:1-4).

시대적 배경

A. 정치적 상황

한때 주춤했던 앗수르의 팽창정책이 디글랏빌레셀 III(주전 745-727)의 재위 기간 중 다시 활기를 띠기 시작했다. 마침내 수리아 왕 르신이 살해되고 다메섹이 함락되면서 베가(주전 740-732)와 호세아(주전 732-722)가 통치하던 북 이스라엘은 풍전등화의 위기를 맞게 되었다. 남 유다의 경우도 예외가 아니어서 요담(주전 750-731)과 아하스(주전 735-715)와 히스기야(주전 728-686)의 재위 기간 중 디글랏빌레셀에 이어 왕좌에 올랐던 사르곤 II(주전722-705)와 산헤립(주전 705-681)의 침공으로 여러 번 패망의 위기에 몰리게 되었다.

B. 종교적 상황

1. 이스라엘

금송아지 우상을 비롯 각종 우상을 섬겼으며, 하나님을 저버리고 언약을 무시하며 살았다(1:7, 6:16)

2. 유다

참 선지자를 미워하고 거짓 선지자를 격려하였으며(2:6,11), 선지자들이 돈 때문에 타락하였고(3:5-7), 제사장들도 돈 때문에 타락하였으며(3:11), 일반 백성들은 우상 숭배와 점술에 빠졌다(5:12-15).

C. 사회상

이스라엘과 유다 모두 탐욕을 부려 가난하고 힘없는 사람을 압제하였고(2:1-2,8-10, 3:10, 6:12, 7:2), 정직하지 못하게 상거래를 했으며(6:10, 11), 지도자들은 백성을 학대하였고(3:1-3), 뇌물을 받고 재판할 때 부정을 저지르기에 이르렀다(3:9, 11, 7:3).

기록 목적

원 독자들이 처한 상황을 생각해볼 때 미가서는 다음과 같은 목적으로 기록되었을 것이다.

첫째, 이스라엘의 패망을 거울삼아 유다로 하여금 회개하도록 촉구하기 위해,

둘째, 군대와 방백을 의지하지 말고 구원자 하나님을 신뢰하도록 격려하기 위해,

셋째, 심판 후에도 다시 회복시키시며 메시아를 보내 영광스러운 왕국을 건설하시는 하나님을 소망 중에 바라보도록 위로하기 위해.

주제와 원 독자들에게 의의

미가서의 대 주제는 '하나님의 공의'이다. 그리고 이 대 주제는 이스라엘과 유다에 대한 하나님의 심판, 언약의 백성에 대한 구원, 사람이 마땅히 행해야 할 의무라는 소주제들로 표현되고 있다.

첫째, 하나님은 이스라엘과 유다에 대해 공의로운 심판을 시행하신다.

1:2-4에서 임박한 심판을 예고한 미가는 7:7-20에서 이미 심판이 시작되었음을 알리고 있다. 심판은 사마리아의 멸망으로 현실화 되며(1:6-7), 예루살렘에도 침략자가 몰려올 것이다(1:15). 그 결과 사악한 자들은 조상에게서 물려받은 땅마저 잃게 되고(2:3-5), 하나님에게서도 버림 받는다(3:4). 마침내 예루살렘도 멸망할 것이다(3.9-12, 5:1). 그림으로써 서싯 예언자들이 수모를 당할 것이고(3:6-7), 사특한 무리들이 없어질 것이다(6:9-16). 남의 재산을 빼앗으려고 악을 계획하는 자들을 위해(2:1-2) 공의의 하나님은 재앙(악)을 계획한다(2:3). 뇌물을 받고 재판하는 권력자와 돈 때문에 성직을 탐내는 종교지도자들의 죄(3:11), 살인(7:2), 거짓(6:12), 빈민압제(2:1-2), 정직하지 못한 거래(6:11), 우상숭배(7:18-19), 복술과 점치는 죄(5:12)에 대해 하나님은 공의의 심판을 시행하신다.

둘째, 하나님은 언약의 백성에 대해 공의로운 구원을 시행하신다.

공의의 하나님은 이스라엘의 구원자이며(2:12-13), 양떼의 목자이다

(7:14). 하나님은 앗수르의 침공으로부터 당신의 백성을 구원하실 것이다. 비록 유다가 징계를 받아 바벨론에까지 포로로 끌려가더라도 종국에는 구원해내신다(4:10). 종말에는 야훼 하나님이 왕이 되어 남은 자들을 다스리시게 된다(4:6-8). 더 나아가 공의의 하나님은 예루살렘이 하나님을 섬기는 열방의 중심이 되기까지 회복시키신다(4:1-4). 그것은 베들레헴에서 태어날 메시아를 통해 완성된다(5:2-5).

셋째, 하나님은 사람들이 공의를 행하며 살기를 원하신다.

> "내가 무엇을 가지고 여호와 앞에 나아가며 높으신 하나님께 경배할까 내가 번제물로 일 년 된 송아지를 가지고 그 앞에 나아갈까 여호와께서 천천의 수양이나 만만의 강물 같은 기름을 기뻐하실까 내 허물을 위하여 내 맏아들을, 내 영혼의 죄로 말미암아 내 몸의 열매를 드릴까 사람아 주께서 선한 것이 무엇임을 네게 보이셨나니 여호와께서 네게 구하시는 것은 오직 정의를 행하며 인자를 사랑하며 겸손하게 네 하나님과 함께 행하는 것이 아니냐"(6:6-8).

이 구절이 보여주는 것처럼 미가는 하나님의 공의가 심판과 구원에 그치지 않고 사람들의 생활 속에서 구현되기를 소망하고 있다. 왜냐하면 심판이나 구원이 하나님의 공의의 최종목표가 아니기 때문이다. 그런 점에서 미가의 설교는 사무엘의 가르침을 연상하게 한다.

> "사무엘이 이르되 여호와께서 번제와 다른 제사를 그의 목소리를 청종하는 것을 좋아하심 같이 좋아하시겠나이까 순종이 제사보다 낫고 듣는 것이 수양의 기름보다 나으니"(삼상 15:22)

〈주제들〉	〈원 독자들에게 의의〉
1) 이스라엘의 왕이신 하나님은 지도자들의 죄를 징계하신다.	1) 왕과 방백들과 종교지도자들은 회개하여 신앙과 삶에 백성들의 모범이 되라.
2) 이스라엘의 목자이신 하나님은 선민이 하나님과 동행하며 의를 행하기 원하신다.	2) 하나님의 택하신 백성답게 언약을 지키며 살라.
3) 의로우신 하나님은 죄를 고집하는 당신의 백성을 징계하신다.	3) 너무 늦기 전에 회개하라.
4) 성실하신 하나님은 징계받은 당신의 백성을 회복시키신다.	4) 언약에 성실하신 하나님을 바라보며 소망 가운데 살라.
5) 전능하신 하나님은 열방을 다스리시며 심판하신다.	5) 군대를 의지하지 말고 구원자 되시는 하나님만 신뢰하라.
6) 영원하신 하나님은 장래에 메시야를 보내 영광스러운 왕국을 건설하신다.	6) 그 나라에 들어갈 흠 없는 백성으로 준비되어 살라.

미가서의 특징

1. 예수 그리스도가 베들레헴에서 탄생할 것이 예언되어 있어(5:2) 헤롯의 서기관들이 인용했다(마 2:5-6). 그리고 가족끼리 원수가 되는 시기-말세에 대한 예언(7:6)이 예수 그리스도에 의해 인용되었다(마 10:35-36).

2. 진리를 스스로 깨닫게 하기 위해 수사법적 질문이 자주 사용되었다(1:5, 2:7, 3:1, 4:9, 6:3, 6). 탁월한 언어유희도 사용했으며(1:10-15), 지도자들의 죄를 지적하기 위해 양을 도살하여 요리하는 목자의 비유를 들만큼 신랄한 은유를 사용하였다(3:2-3).

3. 같은 시기에 활동했던 이사야의 글과 내용상 유사한 부분이 많다(미 2:11과 사 28:7, 미 3:5-7과 사 29:9-12, 미 4:1-5과 사 2:2-5, 미 5:10-15과 사 2:6-8). 뿐 아니라 문체에 있어서도 닮은 부분이 많이 있다. 예를 들어 이사야

나 미가 모두 송사신탁에 야훼 하나님의변론을 포함시키고 있는 점이다(미 2:7, 6:2-5, 사 1:18, 3:13, 40:12-31, 43:22-28, 50:1-3). 그러나 이사야가 히스기야의 경건을 칭찬하고 있는데 비해 미가는 히스기야 시절의 통치가 "시온을 피로 예루살렘을 죄악으로 건축하는 것"으로 보았다(사 36-38장, 미 3:10).

4. 국제 정세나 국가적인 문제보다 사회 정의의 문제에 초점을 맞춰 예언하였고, 지도자들의 죄를 엄하게 질타하였다. 특히 중앙의 지도계층과 농촌의 지주계급이 결탁하여 자영농민들의 전통적 삶을 파괴하는 행위에 대해 서슴지 않고 심판을 선고하였다.

5. 하나님의 말씀을 현실에 적용하는 의미에서의 예언(forthtelling)보다 미래에 될 일을 선포하는 의미에서의 예언(foretelling)에 더 비중을 두어 예언하였다.

6. 책의 분량에 비해 메시아 왕국에 관한 예언이 다른 예언자들의 글에서보다 많이 나오며, 심판과 회복에 대한 예언이 순환 예언의 형식으로 세 번 반복되어 있다.

7. 하나님이 이스라엘과의 언약 관계를 넘어 우주적 통치자로 묘사하고 있다. 하나님은 열방을 다스리시며, 역사를 주관하시는 분으로 선포하고 있다(1:2-4, 5:15, 7:17). 특히 하나님이 원하시는 것이 제사가 아니라 공의의 실천이라는 신학적 관점은 열방이 참여할 수 있는 여지를 보여준다(6:6-8).

성경 연구 클리닉

무너질 성전과 회복될 성전

"이러므로 너희로 말미암아 시온은 갈아엎은 밭이 되고 예루살렘은 무더기가 되고 성전의 산은 수풀의 높은 곳이 되리라 하시더라 끝날에 이르러는 여호와의 전의 산이 산들의 꼭대기에 굳게 서며 작은 산들 위에 뛰어나고 민족들이 그리로 몰려갈 것이라 곧 많은 이방 사람들이 가며 이르기를 오라 우리가 여호와의 산에 올라가서 야곱의 하나님의 전에 이르자 그가 그의 도를 가지고 우리에게 가르치실 것이니라 우리가 그의 길로 행하리라 하리니 이는 율법이 시온에서부터 나올 것이요 여호와의 말씀이 예루살렘에서부터 나올 것임이라"(3:12-4:2).

히스기야의 통치 시절 미가는 하나님의 심판이 성전파괴로까지 이어질 것을 예고하고 있다. 흥미로운 것은 100여년 뒤 예레미야가 성전 뜰에서 이 예언을 다시금 선포한 것이다. 제사장과 예언자를 포함한 일부 백성들은 성전이 파괴되어 실로처럼 될 것이라는 예레미야의 예언에 경악을 금치 못했다. 그들은 예레미야가 죽을죄를 지었다고 주장했으며, 일부 관리들과 백성들은 예레미야가 야훼의 이름으로 예언했기 때문에 죽일 수 없다고 했다(렘 26:1-16). 이 때 일부 백성의 장로들은 미가의 예언을 인용하여 예레미야를 옹호했고, 예레미야는 위기를 벗어날 수 있었다(렘 26:16-19). 이처럼 성전이 무너질 것이라는 예언은 예언자들에 의해 대물림이 되어 갔던 것이다.

그런데 미가는 성전 파괴 예언에 이어 성전이 회복될 것도 예고한다. 그는 결코 절망적인 심판만을 예언하지 않았다. 오히려 그는 위선적인 종교제도의 멸망을 넘어 예루살렘이 진정한 종교의 중심지로 회복될 것을 바라보았던 것이다. 따라서 성전 파괴 예언은 단순히 죄악에 대한 심판의 상징이 아니라 진정으로 회복될 야훼 신앙의 부흥을 약속하는 것이었다. 이 것은 이사야의 예언 속에서(사 2:1-4), 에스겔의 예언 속에서(겔 40:1-45:8) 맥을 이어 나갔다.

2. 내 용

〈구조와 요절〉

전체 7장으로 되어있는 미가서는 세 부분－세 개의 순환예언으로 나누어 질 수 있다. 다시 말해서 미가서는 순환 예언 I(1:1-2:13), 순환 예언 II(3:1-5:15), 순환 예언 III(6:1-7:20)으로 구성된다. 이 책이 세 개의 순환예언으로 되어 있다는 것은 형식상 각 순환 예언이 시작될 때 마다 "들을지어다(1:2, 3:1, 6:1)라는 상투적 어구를 사용하고 있는 것을 보아서도 알 수 있다. 그리고 각 순환 예언에는 이스라엘과 유다에 대한 심판(1:1-2:11), 신정 왕국의 회복(2:12-13), 지도자들에 대한 심판(3:1-12), 이스라엘의 회복과 메시아 왕국(4:1-5:15), 야훼 하나님의 변론(6:1-7:10), 하나님과의 관계 회복(7:11-20)에 대한 예언이 들어 있다.

요 절

"여호와께서 말씀하시되 그 날에는 내가 저는 자를 모으며 쫓겨난 자와 내가 환난 받게 한 자를 모아 발을 저는 자는 남은 백성이 되게 하며 멀리 쫓겨났던 자들이 강한 나라가 되게 하고 나 여호와가 시온 산에서 이제부터 영원까지 그들을 다스리리라 하셨나니"(4:6-7)

"사람아 주께서 선한 것이 무엇임을 네게 보이셨나니 여호와께서 네게 구하시는 것은 오직 정의를 행하며 인자를 사랑하며 겸손하게 네 하나님과 함께 행하는 것이 아니냐"(6:8)

(요절 4:6-7, 6:8)

<table>
<tr><th>대 단 원</th><th>소 단 원</th><th>주 제</th><th>기록 장소</th><th>기록 연대</th></tr>
<tr><td rowspan="2">순환 예언
(Ⅰ)</td><td>**1:1-2:11**
이스라엘과
유다에 대한 심판</td><td rowspan="6">불의에
대한 심판,
남은
자들을
통한 회복</td><td rowspan="6">유다
모레셋</td><td rowspan="6">주전
725년경</td></tr>
<tr><td>**2:12-13**
신정 왕국의 회복</td></tr>
<tr><td rowspan="2">순환 예언
(Ⅱ)</td><td>**3:1-12**
지도자들에 대한 심판</td></tr>
<tr><td>**4:1-5:15**
이스라엘의 회복과
메시아 왕국</td></tr>
<tr><td rowspan="2">순환 예언
(Ⅲ)</td><td>**6:1-7:10**
여호와의 변론</td></tr>
<tr><td>**7:11-20**
하나님과의 관계 회복</td></tr>
</table>

〈해 설〉

대단원 I 순환 예언 I (1:1-2:12)

소단원 1 이스라엘과 유다에 대한 심판(1:1-2:11)

◇ 내용 요약

"들을지어다"(1:2)라는 말로 힘 있게 시작하는 본문은 첫 번째 순환예언 가운데서 이스라엘과 유다에 대한 심판예언 부분이다. 그리고 본문은 이스라엘과 유다에 대한 송사신탁(1:2-7), 유다의 멸망예고(1:8-16), 저주신탁(2:1-5), 언약을 배반한 백성들의 죄 고발(2:6-11)로 구성되어 있다. 그리고 두 번이나 애가(lamentation)가 언급되어 있다(1:8, 2:4). 이것은 모두 하나님의 심판이 확정적이라는 사실을 강조하는 것이다. 그런데 미가는 북 이스라엘에 대한 심판(1:2-7)보다 유다의 멸망을 더 가슴 아파한다(1:8-2:11). 그것은 미가가 유다 사람이기도 하지만 유다를 정통 왕국으로 보는 예언자들의 전통을 따른 것이다(1:1). 미가는 북 이스라엘의 멸망 예고를 통해 남 유다에 경각심을 불러일으키려 했던 것이다(1:8, 2:3-5).[13]

13) 동사들의 시제가 미래형으로 되어 있는 것에 주목할 필요가 있다.

◇ 관찰과 해석

א. 전형적인 송사신탁이 나온다(1:2-7). 즉, 만군의 야훼께서 재판정에 강림하시고(1:3-4), 죄인들(이스라엘과 유다)과 증인들(땅과 거기에 있는 모든 것들)이 소환되며(1:2). 재판의 이유와 판결이 예고된다(1:5-6). 결국 송사신탁은 북 이스라엘과 남 유다의 수도 사마리아와 예루살렘이 파괴되는 것으로 끝을 맺는다. 1:2에서 '하나님이 성전에서 그리하실 것' 이라는 구절은 1:3의 '여호와께서 그의 처소에서 강림하시고' 라는 구절과 병행(parallelism)을 이루고 있다. 이때 성전은 곧 하늘을 가리키는 것으로서 지상의 성전을 가리키지 않는다. 그리고 1:6에서 사마리아가 들의 무더기 혹은 포도심을 동산 같게 된다는 것은 석회암이 풍화된 산비탈의 돌밭 이미지를 보여주고 있다. 기생의 값으로 모았기 때문에 기생의 값으로 돌아간다는 것은 사마리아의 번영이 부정한 소득과 같아서 버림받게 된다는 의미이다.

ב. 전형적인 저주 신탁이 나온다(2:1-5). 흥미로운 것은 백성들이 죄를 꾀하기(חשב) 때문에 하나님도 재앙을 계획(חשב)하시며, 다른 사람의 산업을 빼앗기 때문에(2:2) 하나님도 그들의 산업(חלק)을 옮기시며, 밭을 남이 취하게(חלק) 하시는 것이다(2:4).

ג. 지명을 이용한 언어유희가 사용되고 있다(1:10-15). 미가는 유다의 10개 성읍의 이름을 사용해서 그들이 겪을 환난을 예언했다. 맨 처음에 블레셋의 도시 가드가 나오는 것은 원수들의 성에 전해지지 말아야 할 참상이기 때문이다. 따라서 이 예언은 이렇게 읽혀져야 한다. "가드(고함)에 고하지 말며, 베들레아브라(먼지의 집)에서 먼지에 뒹굴지어다(슬픔의 표현). 사빌(아름다운 도시)에서는 벗은 몸에 수치를 무릅쓰고 나갈지어다. 사아난(진군)의 거민은 (적군에 포위되어) 진군하지 못하고, 벧에셀(이웃 집)에는 의지할 곳이 없으며, 마룻(괴로움) 거민은 근심 중에 복을 바라고, 라기스(준마) 거민은 준마에 병거를 메워라(전쟁 준비). 가드모레셋(가드의 소유물)에 작별하는 예물(원수에게 상납)을 줄지어다. 악십(거짓말로 속이다)의 거민들이 이스라엘 왕들을 속일 것이다. 마레사(상속) 거민은 다른 사람이 상속할 것을 알며, 이스라엘의 영광이 아둘람(영광)까지 이르게 될 것이다(굴로 피난 가게 됨)"

독수리

ד. 극도의 슬픈 분위기(atmosphere)로 멸망을 예고하고 있다. 미가는 두 번이나 애가를 말하고 있으며(1:8, 2:4), 자신과 백성들이 벌거벗은 몸(수치스러운 몸)이 될 것을 거듭 말하고 있다(1:8, 11). 흥미로운 것은 1장의 예언을 마무리하면서 유다 백성들로 하여금 머리털을 밀어 대머리가 되게 하라고 충고한 것이다. 마치 대머리 독수리(נשר)처럼 머리를 밀어 포로로 끌려간 자녀를 위해 애통하라는 것이다. 그런데 대머리 독수리(Condor)들은 털갈이 하는 시기가 되면 머리에 다시 털이 돋아난다. 다윗이 "네 청춘으로 독수리 같이 새롭게 하시는 도다"(시 103:5하)라고 노래한 것은 털갈이 하는 독수리의 이미지를 배경으로 하고 있다.[14] 미가가 이처럼 독수리의 이미지를 빌려온 것이 언젠가 회복될 유다의 영광을 바라보았기 때문이라면 지나친 상상이 되는 것일까?

14) 김희보, 미가 주해, 총신대학출판부, p. 59.

ה. 하나님의 성품과 백성들의 사악한 기질이 대조를 이루고 있다. 하나님은 하늘 위에 계시며, 산과 골짜기가 그의 강림을 견디지 못하고 떨게 된다. 더 나아가 하나님은 사마리아의 기초를 드러내며 우상들을 파괴하신다(1:3-7). 또한 하나님은 죄악의 백성들을 위해 재앙을 계획하시며 실행하신다(2:3-5). 그와 대조적으로 백성들은 예언자들이 자신들을 욕하고 있다고 여기면서 예언하지 못하게 한다(2:6). 그리고 하나님이 제대로 알아보지도 않고 벌부터 주신다고 불평한다(2:7). 그러나 실제로 그들은 다른 사람의 재물을 빼앗으며, 약자들을 학대하고, 거짓 예언자들의 허망한 소리에 귀를 기울인다(2:8-11).

소단원 2 신정왕국의 회복 (2:12-13)

◆ 내용 요약

본문은 이스라엘의 남은 자가 많아질 것에 대한 전형적인 구원 신탁이며, 문자적인 성취가 아닌 영적 성취에 대한 예언이다. 왜냐하면 여호와께서 그들의 왕이 되실 것이기 때문이다(13). 따라서 신약 시대에 메시야를 통해 전 세계인 가운데서 하나님의 백성이 많아질 것에 대한 예언이다.

◆ 관찰과 해석

א. 예수 그리스도의 천국에 관한 말씀에서 인용되었다.

> "세례 요한의 때부터 천국은 침노를 당하나니 침노하는 자는 빼앗느니라"(마 11:12)

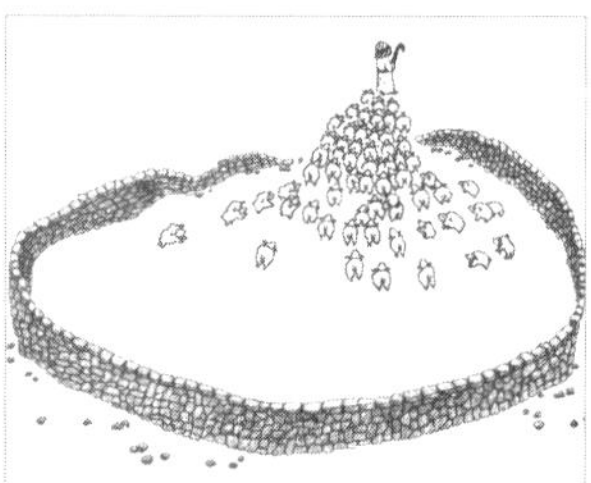

목자를 따라 임시 우리를 나서는 양들

미가 2:12-13은 들판에 임시로 만들어진 우리에 갇혀있던 양들이 아침에 목자를 따라 나서는 이미지를 배경으로 하고 있다. 전통적으로 랍비들은 '길을 여는 자(breach maker)'를 엘리야로, 왕을 '메시아'로 해석했다. 그런데 미가는 왕을 야훼 하나님이라고 묘사하고 있다. 따라서 예수 그리스도는 이 구절을 통해 '길을 여는 자'를 세례자 요한으로, 자신을 신적 권위를 가지신 메시아로 소개하고 있는 것이다(김인철, 유대문화로 읽는 복음서의 난제들<상> 183-185쪽 참고할 것).

대단원 II 순환 예언 II (3:1–5:15)

소단원 3 지도자들에 대한 심판(3:1–12)

◆ 내용 요약

"들으라"(3:1)로 시작하는 본문은 두 번째 순환예언 가운데서 지도계층의 죄와 심판예언 부분이다. 본문에서 미가는 사회 지도자들의 죄 때문에 유다가 멸망하게 될 것을 예언하고 있다. 장관들과 제사장들과 예언자들이 모두 돈 때문에 가난한 백성들을 압제하고 있으며, 예언자들은 한 술 더 떠서 야훼 하나님을 빙자하여 거짓 평화를 약속하고 있다고 신랄하게 공격한다(3:11). 그는 특히 예언자들의 기만적인 행동을 지적하면서 저주를 퍼붓고 있다(3:5-6). 결국 사회 지도층들의 죄는 예루살렘의 멸망과 성전 파괴의 원인이 될 것을 예고한다(3:12).

◆ 관찰과 해석

א. 백성의 지도자들에 대해 악한 목자의 은유(metaphor)가 사용되었다(3:1-2). 에스겔에 의해 인용된 이 비유는 악한 목자들이 양떼를 먹이지 않고 오직 양을 잡아먹는 데만 열중하는 것처럼 지도자들이 백성을 압제하는 태도를 묘사하고 있다(겔 34:2-3).

ב. 유다에 임할 재앙이 지도자들의 압제를 종식시키는 수단으로 사용될 것이 세 번이나 반복(repetition)해서 강조되었다(3:4, 7, 12). 하나님은 지도자들의 빈민압제 때문에 얼굴을 가리시게 되며(3:4), 예언자들의 기만적인 행위 때문에 응답하지 않으시게 되며(3:7), 지도자들의 탐욕과 위선 때문에 성전마저 없애버리시게 되는 것이다(3:12). 3:6,12에서 '그러므로' '이러므로' 라는 단어가 사용된 이유가 그것을 말해준다.

ג. 거짓 예언자들과 미가의 태도가 대조(contrast)되어 있다. 거짓 예언자들은 돈을 받으려고 거짓 평화를 예언하지만 마침내 그것마저 못하게 될 것이었다(3:5-6). 그와는 대조적으로 미가가 유다의 죄를 쳐서 예언하지만

야훼의 영으로 말미암기 때문에 정의롭다는 것이다. 이처럼 미가가 자신의 사역태도를 밝힌 것은 심판 예언의 정당성을 입증하려는 이유에서이다.

ד. 중요한 단어 '정의(משפט)' 가 세 번이나 반복되어 있다(3:1, 8, 9). 그런데 한글 개역성경에서 '정의' 로 번역된 이 단어(미슈파트)는 원래 정의로운 '재판' 을 의미하는 것이다.[15] 그러니까 미가에 의하면 통치자들이 정의롭게 재판할 줄 아는 것이 본분이지만(3:1) 오히려 정의롭게 재판하는 것을 싫어했다(3:9). 그러나 미가는 정의롭게 판단하여 유다의 죄를 드러내겠다는 것이다(3:8).

15) 사사기(판관기)의 히브리어 제목이 '쇼페팀(שפטים)' 인 것을 생각해보면 알 수 있다.

ה. 성전이 무너질 것이라는 예언은 훗날 예레미야에 의해 인용되고 다시금 선포되었다(3:12, 렘 26:6). 성경연구클리닉 참조할 것.

소단원 4 이스라엘의 회복과 메시아 왕국(4:1-5:15)

◇ 내용 요약

전형적인 구원신탁(4:1-5:9)이 들어 있는 본문은 미래에 있을 메시아 왕국 건설과 이스라엘의 회복에 대한 예언을 기록하고 있다. 그리고 그것은 다시 메시아 왕국에 대한 예언(4:1-8), 이스라엘의 회복에 대한 예언(4:9-5:1), 메시아의 사역에 대한 예언(5:2-15)로 나누어진다. 이 가운데서 이스라엘의 회복에 대한 예언은 주전 586년 바벨론에 포로로 끌려갔다가 주전 537년에 귀환함으로써 문자적으로 성취되었다. 그러니까 본문에는 문자적으로 성취될 예언을 사이에 두고 영적으로 성취될 메시아 왕국에 대한 예언들이 자리 잡고 있는 셈이다.

◇ 관찰과 해석

א. 메시아 왕국에 대한 구원신탁(4:1-5) 가운데서 4:1-3은 이사야 2:2-4와 정확히 일치한다. 그것은 이사야와 미가가 비슷한 시기에 사역을 시작했고, 활동기간이 상당부분 겹치는 데 기인한다(사 1:1, 6:1, 미 1:1). 이 본문이 메시아 왕국에 대한 영적 예언이라고 보는 이유는 첫째, '끝날에' (4:1)

로 시작하는 메시아 예언의 상투적 어구 때문이다. 둘째, 성전 산이 산들의 꼭대기에 서고 민족들이 몰려갈 것이라는 예언 때문이다. 셋째, "각 사람이 자기 포도나무 아래와 자기 무화과나무 아래에 앉을 것이라"(4:4상)는 구절이 예수 그리스도가 나다나엘을 제자로 부르는 장면에서 인용되었기 때문이다.

> "나다나엘이 이르되 어떻게 나를 아시나이까 예수께서 대답하여 이르시되 빌립이 너를 부르기 전에 네가 무화과나무 아래에 있을 때에 보았노라 나다나엘이 대답하되 랍비여 당신은 하나님의 아들이시오 당신은 이스라엘의 임금이로소이다 예수께서 대답하여 이르시되 내가 너를 무화과나무 아래에서 보았다 함므로 믿느냐 이보다 더 큰 일을 보리라"(요 1:48-50).

아마도 나다나엘은 무화과나무 아래에 앉아서 미가서 4:4를 가지고 하나님께 묵상 기도를 올리고 있었을 것이다. 그리고 메시아 시대에 각 사람이 자기 무화과나무 아래에 앉을 것이라고 했는데 왜 메시아는 오지 않는 것인지 물었을 것이다. 따라서 예수 그리스도가 그를 무화과나무 아래에 앉았을 때에 보았다는 말에 놀라움을 금치 못하면서 그리스도의 신성을 인정했던 것이다.

ב. '그날에'(4:6)로 시작하는 4:6-5:1의 본문에는 문자적으로 성취되는 구원신탁이 들어 있다. 장차 유다에 왕과 모사가 없어지고, 바벨론에까지 끌려가게 되지만 거기서 하나님의 구원을 경험하게 된다는 것이다(4:9-10). 비록 유다의 원수들이 왕에게 모욕을 주기까지 하지만 승리를 경험하게 된다는 구절은 난해하다. 그러나 유다가 패망할 때 시드기야 왕의 두 눈이 뽑히는 모욕을 경험했다는 점에서 문자적 성취로 볼 수 있다. 흥미로운 것은 이 예언이 아직 바벨론이 제국을 이루기 전에 주어졌다는 점이다. 미가 이 예언을 했을 때는 앗수르가 가장 큰 위협이었기 때문에 바벨론에 포로로 끌려간다는 것을 상상하기 어려웠다. 그러나 이사야가 히스기야의 후손들이 바벨론에 환관으로 끌려가리라고 예언한 점에 비추어보면 미가가 실제로 그렇게 예언했다고 보는 것이 좋다(사 39:5-7).

ㄴ. "베들레헴 에브라다야"(5:2)로 시작하는 구원신탁(5:2-15)에는 메시아의 탄생지에 관한 예언이 들어 있다. 메시아는 다윗의 후손으로 베들레헴에서 태어날 것이다. 신약시대에 이르러 이 구절은 헤롯 대왕에게 아첨하는 서기관들에 의해 메시아 예언으로 인용되었다(마 2:1-6). 이처럼 메시아의 사역에 대한 예언에는 메시아를 가리키는 인칭 대명사 '그'가 여섯 번이나 반복되어 있다(5:2,3,4x2, 6, 8). 결국 그는 구원자이다. '그'와 함께 반복된 단어는 '남은 자'(5:3,7,8)이다. 이 '남은 자'가 메시아 왕국의 백성들이 되는 것이다. 그런데 5:10-15을 구원신탁으로 보아야 할 지 심판예언으로 보아야 할 지 학자들 간에 이견이 있다. 그럼에도 불구하고 이 본문을 구원신탁으로 보는 이유는 종말론적 해석이 가능하기 때문이다. 다시 말해서 10절에서 야훼 하나님이 유다 가운데 군마와 병거를 없애시는 것을 전쟁을 그치게 하는 구원사역으로 볼 수 있다. 같은 이유로 11절에서 성읍과 견고한 성들 무너뜨린다는 것은 전쟁을 위한 요새가 필요 없게 만든다는 뜻으로 볼 수 있다. 그런 의미에서 12-15절은 야훼 하나님이 유다를 모든 우상숭배와 점술로부터 성결하게 만드신다는 뜻이 될 수 있다. 따라서 야훼 하나님이 메시아를 통해 심판하신다는 의미보다, 구원을 완성하신다는 의미로 해석하는 것이 더 자연스럽다.

대단원 Ⅲ 순환 예언 Ⅲ (6:1–7:20)

소단원 5 야훼 하나님의 변론(6:1–7:10)

◆ 내용 요약

"들을지어다"로 시작하는 본문은 세 번째 순환예언의 일부로서 송사신탁(6:1-16)과 애가(7:1-10)가 들어 있다. 그런데 본문의 송사신탁에는 첫 번째 순환예언의 송사신탁과 달리 야훼 하나님의 변론이 구체적으로 나와 있다(6:2-5). 그리고 그 변론은 백성을 향한 미가의 설교로 이어지며(6:6-8), 야훼 하나님의 유죄판결과 형량선고로 끝을 맺는다(6:9-16). 미가는 하나님의 선고에 비통해하며 애가를 부른다. 그러나 그 애가 속에서 미가는 백성의 죄를 위해 중보기도하며 야훼로부터의 구원을 사모한다(7:1-10).

◆ 관찰과 해석

א. '변론(ריב)' 이라는 단어가 세 번(한글 성경에 네 번)이나 반복되어 있다(6:1-2). 변론의 내용은 야훼 하나님이 어떤 일로 피곤하게 하였기에 백성들이 율법을 버리고 죄악을 행하였느냐는 것이다(6:3). 물론 답은 아무것도 피곤하게 한 것이 없고 오히려 출애굽 당시부터 공의(구원)를 베풀었을 뿐이라는 것이다(6:5). 이로써 하나님의 심판의 정당함이 입증하는 되었다. 즉, 하나님이 자기 백성을 심판으로 괴롭게 하실 지라도 공의로우시며, 유다가 하나님이 보내신 재앙으로 괴롭힘을 당할 지라도 불의하다는 것이다.

ב. 하나님이 기뻐하시는 예물은 짐승이나 사람이 아니라 선행이라는 점이 세 번이나 반복되어 있다. 번제물로서 일 년 된 송아지 번제물, 천천의 숫양이나 만만의 강물 같은 기름, 맏아들인 내 몸의 열매(6:6하-7)를 드리는 것이 정의를 행하는 것, 인자(자비)를 사랑하는 것, 겸손히 하나님과 동행하는 것(6:8)과 대조를 이루고 있는 것이다. 그리고 '주께서 보이신 선한 것' 과 '여호와께서 네게 구하시는 것' 은 병행구절(parallelism)을 이루고 있다. 이것은 아모스의 예언 가운데 "너희가 내게 번제나 소제를 드릴 지라도 내가 받지 아니할 것이요 너희의 살진 희생의 화목제도 내가 돌아보지 아니하리라…오직 정의를 물 같이, 공의를 마르지 않는 강같이 흐르게 할 지어다"(암 5:22,24)와 같고, 호세아의 예언 중 "나는 인애를 원하고 제사를 원하지 아니하며 번제보다 하나님을 아는 것을 원하노라"(호 6:6)는 구절과 흡사하다. 그리고 이사야의 예언 가운데 "헛된 제물을 가져오지 말라 분향은 내가 가증히 여기는 바요 월삭과 안식일과 대회로 모이는 것도 그러하니 성회와 아울러 악을 행하는 것을 내가 견디지 못하겠노라…선행을 배우며 정의를 구하며 학대받는 자를 도와주며 고아를 위하여 신원하며 과부를 위하여 변호하라 하셨느니라"(사1:13, 17)와 신학적 관점이 같다. 그리고 이 모든 예언은 사무엘의 예언에 기초하고 있다.

> "사무엘이 이르되 여호와께서 번제와 다른 제사를 그의 목소리를 청종하는 것을 좋아하심 같이 좋아하시겠나이까 순종이 제사보다 낫고 듣는 것이 숫양의 기름보다 나으니"(삼상 15:22)

이처럼 하나님이 기뻐하시는 제사가 선행이라는 점이 강조된 이유는 원 독자들에게 심판에 대해 경각심을 불러일으키기 위한 것이다.

ג. 문학적 기법인 모순(irony)을 사용하여 회개를 촉구하고 있다. 죄악의 백성들은 먹어도 배고프게 되고, 감추어도 빼앗기게 되며, 씨를 뿌려도 거두지 못하고, 감람유를 짜도 몸에 바르지 못하며, 포도주를 만들어도 마시지 못하게 될 것이었다(6:14-15). 그것은 백성들이 부정하게 얻은 소득이기 때문이다(6:9-13). 흥미로운 것은 유다의 사회적인 구조악을 지적하면서 '오므리의 율례와 아합의 집의 모든 예법'으로 표현한 것이다. 당연히 두 사람은 북 이스라엘에서 대표적으로 악한 왕들이다. 그들의 죄 가운데 가장 큰 것은 레위기의 토지법을 폐기한 것이다. 아합의 아버지 오므리는 성 밖의 토지를 영구히 사고 팔 수 없다는 법(레 25:23-31)을 어기고 세멜에게서 산을 매입하여 사마리아를 건설하고 수도를 삼았다(왕상 16:23-24). 아합은 사마리아에 바알을 위한 제단을 쌓고 바알종교로써 야훼 신앙을 대치시켰다(왕상 16:29-33).

아합의 통치 기간 중에 벧엘 사람 히엘이 여리고를 재건한 것도 그런 맥락에서 이해될 수 있다. 여리고는 여호수아의 저주가 있은 이후 그 때까지 아무도 재건하려고 들지를 않았다(수 6:26). 그러나 오므리와 아합이 야훼의 토지법을 우습게 여기자 히엘은 재빨리 여리고 개발을 서둘렀던 것이다. 그 결과 그는 여호수아의 예언대로 두 아들을 잃고 말았다(왕상 16:34). 그럼에도 불구하고 오므리와 아합의 영향은 아합과 사돈 관계를 맺은 유다 왕 여호사밧을 통해 유다에까지 미치게 되었다. 농사를 좋아했던 유다 왕 웃시야 시절 유다는 지금까지 농민 개개인들이 즐겨 사용하던 혼합농법을 버리고 중앙정부의 주도하에 집약농법을 시행했다(대하 26:10). 농산물을 수출하여 전략 무기와 사치품을 수입하려는 정책에서 비롯된 것이었다. 그 결과 농경지의 많은 부분이 부재지주의 손에 들어가고, 농민들은 소작농으로 전락하게 되었던 것이다(아모스 교안 참조). 그것은 북 이스라엘의 토지제도가 자연스럽게 남 유다에 정착되고 있는 과정을 보여준다. 농촌 출신 예언자 미가는 바로 그 부분을 통렬하게 지적하고 있다. 그가 도시문명에 대해 강한 거부감을 보이고 있는 것도 이런 이유에서이다(6:9-13).

ד. 애가의 첫 부분(7:1-6)에는 동의 대구법(synonymous parallelism)이 주로 사용되었다. 미가는 먼저 자신에게 소망이 없음을 비유로 묘사한다(7:1). 그 이유는 정직한 자가 없어지고 악인만 남았는데(7:2-3), 그 악인 중에 가장 선한 사람에게서도 선을 기대할 수가 없게 되었기 때문이며(7:4상), 형벌의 날이 임했기 때문이다(7:4하). 그런데 그 형벌의 날에 살아남기 위해서는 가족과 이웃도 믿지 말아야 한다. 왜냐하면 그들의 손에 죽을 지도 모르기 때문이다(7:5-6). 이 구절은 신약 시대에 예수 그리스도가 종말의 때를 설명할 때 인용되었다(마 10:21). 애가의 두 번째 부분(7:7-10)에는 종합 대구법이 주로 사용되었으며, 첫 부분과는 대조적으로 소망을 피력하고 있다. 이것은 하박국의 기도와 흡사한 구조이다(합 3:1-19). 미가는 자신을 패망하게 될 유다에 비유했다(7-10). 원 독자들이 하나님의 심판을 겸손히 받아들일 뿐 아니라, 징계를 받으나 낙심하지 말고 구원자 하나님을 의지하도록 권고하기 위한 것이다. 결국 애가를 지은 목적은 심판을 기정사실화 하는 것이다.

소단원 6 하나님과의 관계 회복(7:11-20)

◆ 내용 요약

전형적인 구원신탁의 본문은 장차 유다가 영토를 회복할 뿐 아니라 열방이 야훼 하나님을 섬기고 두려워하게 된다는 영적 성취를 약속한다. 그런데 먼 미래에 여전히 앗수르와 애굽이 남아 있을 것처럼 묘사하고 있다. 그 이유는 예언자가 자기 시대의 언어와 명칭을 사용했기 때문이다. 그리고 성벽을 재건하게 된다는 예언(7:11)이 주전 444년에 성취되었지만, 전체 문맥으로 볼 때 요한 계시록에 나오는 새 예루살렘 성벽을 가리킨다고 보는 것이 자연스럽다.

◆ 관찰과 해석

א. 하나님의 유일성과 보편성이 강조되고 있다. "주와 같은 신이 어디 있으리이까"(7:18)는 질문이 말해주는 것처럼 야훼 하나님의 자기 백성을 향한 자비와 큰 구원은 유일무이하다. 그럼에도 불구하고 하나님은 단순히 이스라엘의 하나님이 아니라 세계 열방의 하나님이 되신다(7:17).

ㄴ. '그들이 뱀처럼 티끌을 핥으며' 라는 표현은 문학적 수사로 이해되어야 한다. 왜냐하면 뱀이 흙을 먹지 않기 때문이다. 그럼에도 불구하고 뱀을 그렇게 묘사한 것은 비천한 신분이기 때문이다(창 3:14). 아마도 고대인들에게는 뱀이 혀를 날름거리며 기어 다니는 것이 흙을 먹는 것처럼 보였을 것이다. 그러니까 열방이 뱀처럼 된다는 것은 하나님의 권능 앞에 굴복하게 된다는 의미이다.

◆ 적용을 위한 묵상

"성전의 산은 수풀의 높은 곳이 되리라"(3:12)

모레셋 출신의 예언자 미가는 사람들이 성전에 미신적인 집착을 가지고 있다는 것을 알았다. 그들은 거짓 예언자들이 하는 말 – "야훼께서 우리 중에 계시기 때문에 재앙이 미치지 아니하리라"(3:11하)를 신뢰하고 있었다. 따라서 그들은 성전에 제물을 갖다 바치면 자신들의 죄악에 대한 심판이 시행되지 않을 것처럼 착각하고 있었던 것이다.

오늘날 그리스도인들 가운데 교회당을 성전이라고 부르는 사람들을 쉽게 만나볼 수 있다. 만약에 교회당이 성전이라면 지성소는 어디쯤 될까? 만약에 모든 교회당이 다 성전이라면 왜 다른 교회로 옮겨가는 그리스도인을 마뜩찮게 보는 것일까? 만약에 교회당을 더 이상 성전이라고 부르지 않게 될 경우 얼마나 많은 그리스도인들이 교회 공동체 안에 남아 있을까? 만약에 내가 정의롭게 살지 않았다는 이유로 내가 드린 헌금을 하나님이 받지 않으신다고 할 때, 얼마나 많은 그리스도인들이 삶의 태도를 바꾸려고 할까? 하지만 교회당이 없어진다고 해도 교회 공동체는 없어지지 않는다. 오늘날 하나님은 특정한 장소에 머무르시지 않고 전 세계 그리스도인의 연합 가운데 거하신다. 뿐 아니라 하나님은 삶의 현장에서 베푸는 사랑을 예물처럼 귀하게 받으신다.

"너희가 하나님의 성전인 것과 하나님의 성령이 너희 안에 계시는 것을 알 지 못하느냐"(고전 3:16)

되새김질

1. 저자/시대적 배경/기록 연대와 장소/원 독자/주제와 책의 특징에 대해 아는 대로 말해봅시다.

2. 미가서를 순환예언의 구조로 볼 수 있는 이유가 무엇이라고 생각합니까?

3. 미가서에 나오는 송사신탁, 저주신탁, 구원신탁, 애가, 심판의 선고 등에서 전형적인 어구들을 찾아봅시다.

4. 미가가 사용한 문학적인 기법 중에서 가장 인상적인 것이 무엇이었습니까?

5. 메시아 예언 가운데서 가장 인상적인 것이 무엇이었습니까?

6. 미가가 오므리의 율례와 아합 집의 모든 예법을 따랐다고 지적한 유다의 죄가 무엇이라고 생각합니까?

7. 미가서를 삶의 어떤 영역에 적용할 수 있다고 생각합니까?

이사야

이 사 야

이사야서는 구약의 복음서 또는 예언서의 셰익스피어라는 별명을 가지고 있다. 이 책은 성경 중의 성경이라고 해도 과언이 아닐 만큼, 풍부한 어휘와 신학적 깊이와 방대한 분량으로 인해 히브리 문학의 최고봉이라고 불러도 손색이 없다. 그리고 신약에서 가장 많이 인용된 구약 성경이라는 점과, 예수 그리스도에 관한 예언의 그 탁월함과, 전반부 39장과 후반부 27장으로 구성된 66장의 구조가 구약 39권과 신약 27권으로 이루어진 신구약 66권을 연상케 하는 등의 이유로 많은 신자들의 사랑을 받아 왔다.

근동 지역에서 세계 최초의 제국으로 떠오른 앗수르는 그 호전성과 잔인함으로 인해 주변의 크고 작은 나라들에게 공포의 대상이 되었다. 따라서 주변 국가들은 친 앗수르 정책을 펴 조공을 바치거나, 반 앗수르 동맹에 가담하여 싸우는 길 밖에 달리 방도가 없게 되었다. 이런 상황에서 이스라엘과 유다는 출애굽 시절부터 지금까지 그들의 구원자가 되신 하나님을 버리고 주변 국가들처럼 군사력을 의지해서 앗수르 제국의 위협으로부터 탈출해 보고자 했다. 그것은 진정한 해결책이 될 수 없었다. 왜냐하면 앗수르 제국의 탄생은 그 다음으로 등장할 바벨론, 바사, 헬라, 로마 제국 등 제국시대의 서막에 불과했기 때문이다. 그리고 그들을 멸망시킬 적은 제국이 아니라 그들의 죄악이기 때문이었다. 그러므로 하나님의 백성들은 앗수르 제국의 위협 앞에서 먼저 자신들의 죄를 회개하고, 구원자 되시는 하나님을 신뢰해야 했다. 그리고 히스기야 시절 늦게나마 하나님을 신뢰했을 때 그들은 극적인 구원을 경험하게 되었다. 그러나 히스기야의 뒤를 이어 왕위에 오른 므낫세 치하에서 유다는 다시 하나님을 떠나 우상숭배에 열을 올리게 되었다. 외세와 군대의 힘을 더 의지하고, 무죄한 의인들의 피가 강같이 예루살렘을 적시게 되자 국가는 걷잡을 수 없는 혼란에 빠졌다. 이 책은 이런 시대적 배경 속에서 기록된 것이다.

1. 배경

저자와 기록연대, 장소, 문학양식

이 책은 아마도 예언자 이사야에 의해 그의 활동기간인 주전 739-680년 동안에 기록되고 완성되었을 것이다. 한때 비평학자들에 의해 이사야의 저작에 대해 강력한 의문이 제기 되었다. 오히려 최근에 와서 여러 방면에서 두 부분의 공통점들이 발견되어 점차 이사야의 단독 저술이 힘을 얻어가고 있다. 초기의 비평학자들은 이사야의 전반부(1-39)와 후반부(40-66)의 주제와 문체가 다르다는 이유로 제 1 이사야, 제 2 이사야로 구분하였다. 그 이후 비평학자들은 40-55장까지를 제 2 이사야, 56-66을 제 3 이사야로 구분했다.

그러나 1970년대부터 학자들은 이사야를 세 권의 책이 아니라 한 권의 책으로 보아야 할 필요를 인식하게 되었다. 이후 1990년대에 이르러 학자들은 이사야를 세 권의 책으로 보는 패러다임을 포기하기에 이르렀다. 다시 말해서 이사야는 전체적으로 문학적 통일성을 가지고 있는 책이라는 것이다. 이사야가 이사야에 의해 기록된 한 권의 책이라고 보는 이유는 다음과 같다.

첫째, 이 책의 저자가 자신의 이름을 이사야로 소개하고 있으며, 저작과 관련된 다른 어떤 이름도 언급되지 않았다(1:1, 2:1, 7:3, 13:1, 20:2,3, 37:2,5,6, 38:1,4,21, 39:3).

둘째, 비평학자들이 바벨론 포로이후의 작품이라고 주장하는 40-66장의 배경은 바벨론이 아니라 팔레스타인이며, 예루살렘도 여전히 존재하는 것으로 묘사되어 있다.

셋째, 마갈리오트(Magalioth)에 의하면 1-39장에서 사용된 어휘나 주제가 40-66장에 반영되지 않은 것이 하나도 없으며, 바벨론 포로이후의 작품인 에스겔서에서 50회나 발견되는 "여호와의 말씀이 내게 임하시니라"는 표현이 이 책에서는 단 한 번도 나오지 않는다(Raymond 와 Longman 의 공저 An Introduction To The Old Testament 271쪽 참조).

넷째, 이사야서를 상당 부분 인용한 것으로 알려진 스바냐서, 나훔서, 예레미야서는 포로기 이전의 작품들인데도 이 책 40-66장과 유사한 문단을 갖고 있다.

다섯째, 신약에서 20회 이상 이 책을 이사야의 저작으로 인용하고 있다. 특히 요한은 이 책 6:10과 53:1을 동시에 인용하면서 이사야의 저작으로 소개하고 있으며(요 12:38-41), 누가에 의하면 구스 내시가 읽고 있었던 이사야의 글은 이 책 53:7-8이었다(행 8:30).

여섯째, 70인경과 사해 사본, 외경 집회서등도 이 책을 이사야의 단일 저작으로 돌리고 있다.

이 책의 저자 이사야 개인의 생애에 대해서는 잘 알려져 있지 않다.

'여호와는 구원이시다' 라는 의미의 이름을 가진 그는 아모스(아모츠)의 아들로서(1:1), 전승에 의하면 그의 아버지가 유다 왕 요아스의 작은 아들이었다고 한다. 그러니까 이사야와 웃시야 왕과는 사촌이 되는 셈이다. 이런 전승을 뒷받침이라도 하듯이, 이 책에서 사용된 어휘와 문체와 광범위한 주제는 그가 높은 수준의 교육을 받은 사람임을 짐작케 해준다. 그리고 그가 왕궁의 사정을 잘 알았을 뿐 아니라, 국제정치에 탁월한 감각을 지녔음을 알게 해준다. 그는 여선지자와 결혼해서 두 아들을 두었고(7:3, 8:3), 웃시야 왕이 죽던 해로부터(주전 739) 사역하기 시작하여, 산헤립이 죽던 해(주전 681)보다 더 오래 살았던 것으로 보인다(37:38). 그렇다면 그는 웃시야 왕의 아들인 요담의 시대(주전 750-731)에서부터 아하스(주전 735-715)와 히스기야(B.C. 728-686)를 거쳐 므낫세(주전 697-642) 통치 초창기까지 약 60년간 사역했을 것이다(왕들의 통치기간이 겹치는 것은 공동통치 스타일 때문이다).

무엇보다 그는 앗수르 산헤립의 유다 침공을 겪었고, 히스기야 왕이 하나님을 신뢰하여 산헤립의 손아귀에서 벗어나도록 하는데 결정적인 역할을 했다. 그러나 그의 생애는 다른 예언자들과 마찬가지로 순탄하지 못했다. 그는 아들의 이름을 '마헬살랄하스바스(노략이 급함)' 로 지어야 했으며, 임박한 전쟁의 위험을 알리기 위해 벗은 몸으로 예언해야 했다(20:2). 그의 굽힐 줄 모르는 성격으로 인해 그는 므낫세의 통치 초창기에 우상숭배를 반대하다가 순교한 것으로 알려지는데, 히 11:37의 톱으로 켜 죽임을 당한 의인은 그를 가리키는 듯하다.

이 책이 기록된 시대적 배경으로 볼 때 저작 완성 시기는 이사야의 생애 말기인 주전 680년경이 아닌가 한다. 왜냐하면 이 책이 방탕한 므낫세와 그의 백성들에게 교훈을 주기 위해서 기록되 것으로 보이기 때문이다. 이 책에 기록된 예언을 들었던 원 청중들은 지나간 시대의 사람들이지만, 이 책을 읽는 원 독자들은 지나간 시대로부터 교훈을 받아야 할 므낫세 시대 사람들이었다는 사실이다. 따라서 이사야는 예언 사역을 시작한 때로부터 기록했던 자료를 가지고 생애 말기에 의도적이면서 최종적으로 이 책을 집필했을 것이다.

그리고 이 책이 기록된 장소에 대해서는 이사야가 유다를 떠난 기록이 없고 왕궁 출입이 용이했던 기록으로 미루어 아마도 예루살렘으로 추정된다.

문학 양식

- 역사 서술 : 36:1-37:21, 37:30-38:8 ,38:21-39:8
- 히브리 시가 : 1:1-2:17, 3:24-26, 5:1-30, 6:9-13, 7:8-9, 8:9-10, 9:2-10:19, 10:28-11:9, 11:11-13:22, 14:4-16:11, 17:1-6, 17:10-19:15, 21:1-15, 22:1-8, 22:12-14, 23:1-16, 24:1-25:5, 26:1-21, 27:2-11, 28:1-29:10, 29:13-30:18, 30:27-28, 31:1-35:10, 37:22-29, 38:9-20, 40:1-44:8, 44:21-52:2, 52:7-59:20, 60:1-66:16, 66:22-23
- 신탁 : 저주 신탁 - 5:8-30, 13:1-23:18,
  송사 신탁 - 3:13-26
  구원 신탁 - 11:1-12:6, 40:1-41:29, 49:1-53:11, 53:12-56:8, 60:1-62:12

원 독자

앞서 살펴본 대로 이 책의 원 청중들은 웃시야 왕 통치부터 히스기야 왕 통치기간의 유다 백성들이다. 그럼에도 불구하고 원 독자들은 이 책이 기록된 시기 즉, 므낫세 왕과 그의 백성들이라고 할 수 있다. 그들은 이전 시대에 임했던 예언을 통해 경고를 받고 미래에 관한 예언을 통해 하나님을 신뢰하도록 도전이 필요했다. 따라서 이 책에서는 그들과 관련된 다음의 이슈들이 발견된다.

• 유다와 이스라엘을 포함한 모든 나라에 대한 하나님의 심판
• 하나님의 구원과 남은 자들
• 메시아와 그의 왕국
• 구원받은 히스기야와 그의 범죄
• 바벨론에 대한 심판
• 이스라엘을 향한 하나님의 위로
• 이스라엘의 영광스러운 미래

시대적 배경

A. 정치적 상황

1. 수리아

르신(주전 750-732)이 왕으로 있었다. 주전 733년 이스라엘 왕 베가와 함께 예루살렘을 침공하여 아하스를 공격했으나 정복하지 못하고 오히려 앗수르의 디글랏빌레셀 III가 유다를 도와 다메섹으로 진군해 살해당했다 (왕하 16:5-9).

2. 앗수르(제국 시대 주전 745-609)

디글랏빌레셀 III (주전 745-727)

• 743 - 수리아 북부를 공격해 하맛을 정복하고 다메섹과 사마리아로부터 조공을 받았다.
• 732 - 유다 왕 아하스를 도와 수리와와 이스라엘 연합군과 싸워 르신을 죽이고 수리아를 멸망시켰다. 그 이후 아하스를 도와주는 대신 오히려 핍박했으며, 베가 왕 시절 북이스라엘을 침공하여 갈릴리와 납달리에서 포로들을 끌고 갔다(왕하 15:29-31).

• 728 - 바벨론을 침공했으며, 수리아 지역과 이스라엘, 암몬, 모압, 에돔, 유다를 속주로 귀속시켜 조공을 바치게 했다.

살만헤셀 V (주전 727-722)

디글랏빌레셀에 이어 북 이스라엘 왕 호세아를 신하로 삼았다. 그러나 호세아는 처음에 조공을 바치다가 반역하여 애굽에 사신을 보내 도움을 청하고 조공을 바치지 않았다. 살만헤셀은 725년에 침공하여 사마리아를 3년간 포위하고 마침내 호세아를 옥에 가두었는데, 침공을 끝내기 전 722년에 죽은 것으로 보인다(왕하 17:3-5). 따라서 사르곤 II 가 사마리아 침공을 자기 공적으로 돌렸다.

사르곤 II (주전 722-705)

• 722 - 살만헤셀이 시작한 사마리아 침공을 완결하여 포로 27,290명을 끌고 갔다.
• 720 - 애굽의 바로 소와의 전쟁에서 승리했다.
• 711 - 유다의 반란을 진압했다.

산헤립 (주전 705-681)

• 701 - 유다의 모든 요새화된 46개 성읍을 함락시켰다. 겁에 질린 히스기야가 화친을 요청하자 은 300달란트와 금 30달란트를 요구했다. 히스기야가 성전 문과 문설주의 금을 벗겨 주었으나 여전히 침공해왔다. 군대장관 랍사게를 보내 하나님을 조롱하다가 하나님이 보낸 천사에게 185,000명의 군대가 하룻밤에 죽임을 당하자 니느웨로 돌아갔다가 아들들에게 살해당했다(왕하 18:3-19:37).

3. 이스라엘

베가 (주전 740-732)

브가히야를 암살하고 이스라엘 제 18대 왕이 된 그는 앗수르가 침공해오자 수리아에 도움을 요청했다. 수리아와 함께 아하스가 왕으로 있던 유다를 공격하여 예루살렘을 포위하고 하루 동안에 120,000명의 군인을 죽이고, 200,000명을 포로로 끌고 갔다. 그러나 선지자 오뎃의 말을 듣고 포로들을 풀어주었다. 그의 재위 기간 중 디글랏빌레셀의 침공을 받았고, 호세아의 반역으로 살해되었다(왕하 15:27-16:9, 대하 28:5-15).

호세아 (주전 732-722)

베가를 암살하고 왕위에 오른 후 앗수르와 애굽 사이에서 줄타기 외교를 했다. 3년간에 걸친 앗수르의 사마리아 포위 공격을 받아 자신도 옥에 갇히고, 북 이스라엘을 패망하게 만든다(왕하 15:30, 17:1-6, 18:9-12).

4. 유다

웃시야(아사랴) (주전 767-739 요담과 공동통치 750-739)

솔로몬 이후 가장 부강한 나라를 만든 왕이었다. 하나님 보시기에 정직히 행하여 모든 일이 형통했다. 그는 전쟁 준비에 힘써 307,500명의 군대를 거느렸고 블레셋, 아라비아, 마온, 암몬에 대해 승리를 거두었다. 교만해진 나머지 성소에 들어가 분향하겠다고 고집을 부리다가 문둥병(짜라아트)에 걸려 죽을 때까지 별궁에 유폐되었다. 아마도 요담과 공동통치를 한 것은 그것 때문이었을 것이다(왕하 15:1-7, 대하 26:1-23).

요담 (주전 750-739 공동통치, 739-731 단독통치)

성전 윗문을 건축하고 유다 산지에 견고한 성채들을 건축했다. 암몬 족속과 싸워 승리하고 3년간 조공을 받아냈으며, 여호와 앞에 정도를 행하여 점점 강해졌다. 말년에 하나님께서 수리아 왕 르신과 이스라엘 왕 베가를 보내 유다를 치게 하셨다(왕하 15:32-38 대하 27:1-9).

아하스 (주전 731-715)

수리아와 북 이스라엘의 반 앗수르 동맹에 가담하지 않았다가 120,000명의 군인이 죽고, 200,000 명이 포로로 끌려갔다 돌아오는 불상사를 당했다. 에돔과 블레셋도 유다를 침공하여 괴롭혔으므로 앗수르에 도움을 청했으나 오히려 핍박만 당했다. 그는 하나님만 신뢰하라는 이사야의 충고를 거부하고 앗수르를 의지했으며, 다메섹의 신전 제단을 예루살렘 성전 마당에 그대로 옮겨 놓는 등 만행을 저지르기도 했다(왕하 16:1-20, 대하 28:1-21 사 7:8).

히스기야 (주전 715-686)

앗수르에 반항했다가 전국의 요새화된 성읍 46개가 함락당하고, 성전 문과 문설주의 금을 벗겨주는 수모를 당하고, 예루살렘이 포위되는 어려움을 겪었다. 이사야의 충고에 따라 기도하여 하나님을 구하므로 극적인 구원을 경험했다. 전쟁에 대비하여 지하수로를 파서 성 밖의 기혼 샘물을 성안으로 끌어들였다(왕하 18:1-20:21, 대하 29:1-32:33).

B. 종교적 상황

1. 이스라엘

베가와 호세아 모두 여호와 보시기에 악을 행하였다. 백성들의 우상숭배와 부도덕이 심하였기 때문에 하나님의 심판을 받았다. 주전 722 년에 앗수르에 의해 패망하고 포로로 끌려간 후 돌아오지 못했다.

2. 유다

웃시야(아사랴)

여호와 보시기에 정직히 행하였으나 산당은 없애지 않았기 때문에 백성들이 산당에서 제사를 드리고 분향하였다(왕하 15:3-4). 만류하는 제사장들을 물리치고 성소에서 분향하려고 하다가 문둥병에 걸려 죽을 때까지 별궁에서 지냈다.

요담

여호와 보시기에 정직히 행하였으나 산당은 없애지 않았기 때문에 백성들이 산당에서 분향하고 제사를 드렸으며, 사악을 행하였다

아하스

이스라엘의 왕들처럼 여호와 보시기에 악을 행하였다. 그는 바알 우상

을 주조해 힌놈 골짜기에서 분향했으며, 아들 중 하나를 제물로 바치고 분향하기도 했다. 백성을 다스리는 일에나 하나님을 섬기는 일에 신실하지 못하여 성전 앞의 놋 제단을 없애고 그 자리에 다메섹 신전의 제단을 만들어 제사를 드렸다. 앗수르에 조공을 바치기 위해 여호와의 전에서 재물을 취했으며, 나중에는 수리아의 신들을 섬기다 못해 성전의 기물들을 파괴하고 성전을 폐쇄했다. 예루살렘과 모든 성읍에 산당을 만들어 다른 신에게 분향하므로 여호와의 진노를 샀다.

히스기야

여호와 보시기에 선을 행하여 산당을 없애고 아세라 상과 놋 뱀을 제거했다. 하나님을 신뢰하고 성실히 행했다. 제위 첫 해에는 성전 문을 열었으며, 레위인들을 동원해 성전 안에 있는 모든 부정한 것들을 제거하고, 백성을 모아 제사를 드렸다. 이스라엘과 유다 전역에서 유월절을 지키게 했다. 그러자 백성들 가운데서 솔로몬 이후 최대의 기쁨이 있었고, 십일조를 걷었고, 부와 명예를 얻었다. 산헤립의 침공 때와 죽을병이 들었을 때 기도하여 응답을 얻었으나, 바벨론에서 온 사신들에게 나라의 보물을 모두 보여주는 실수를 저질렀다. 그래서 후손들과 백성들이 바벨론으로 포로 끌려가리라는 이사야의 책망을 들었다.

C. 같은 시대에 활동한 선지자들

호세아, 미가, 오뎃

이사야서의 기록 목적

첫째, 이스라엘을 파멸시킬 적은 열강이 아니라 죄악이라는 사실을 경고하므로, 우상숭배와 불의한 삶을 회개하도록 촉구하기 위해.

둘째, 이스라엘을 파멸로부터 건지실 분은 오직 하나님 한 분밖에 없다는 사실을 상기시키므로, 군대나 외세를 의지하지 않고 하나님만 신뢰하도록 격려하기 위해.

셋째, 지상의 제국들은 멸망하지만 메시아의 왕국은 영원하다는 사실

9) 벧엘을 벧아웬으로 부르는 것은 위악어법(dysphemism)이다. 그러니까 금송아지 제단이 있는 곳을 ‘하나님의 집’이라고 부르지 않고 ‘허무함(우상)의 집’이라고 부르는 것이다.

10) 야렙이라는 이름의 왕은 없다. 따라서 디글랏 빌레셀을 ‘전쟁의 왕’으로 부르는 것이라고 생각할 수 있다.

을 알게 해, 메시야를 바라고 기다리는 가운데 현실의 어려움을 이기도록 격려하기 위해 썼을 것이다.

관련 성경 - 시편, 열왕기, 역대기, 예레미야, 애가, 스바냐, 나훔, 마태복음, 요한복음, 사도행전, 로마서, 빌립보서, 베드로 전서, 요한 계시록

주제와 원 독자들에게 의의

이사야서의 대 주제는 '하나님의 구원' 이다. 이 책에서 구원이라는 단어가 48번이나 나오는 것을 보아도 저자의 예언이 어디에 초점이 맞춰져 있는지 알 수 있다. 이사야가 활동하던 시기에는 강대국들의 팽창정책으로 인해 국제 정세는 늘 불안정했다. 따라서 전쟁의 틈바구니에서 살아남는 길은 강자를 의지하는 길 밖에 없었다. 그러나 이사야는 애굽이나 앗수르나 바벨론 그 어떤 나라도 신뢰할 대상이 아니며, 오직 야훼 하나님만 신뢰하도록 권고한다.

구원은 야훼 하나님께로부터 주어지며, 유다를 멸망시킬 진정한 적은 이방 나라의 군대가 아니라 죄라고 보았기 때문이다. 그것을 뒷받침하는 사건이 우상숭배와 도덕적 타락으로 인한 북 이스라엘의 멸망이었다. 그러므로 이 책에는 하나님의 심판이 강조되어 있다. 두말할 것도 없이 그것은 원 독자들로 하여금 회개를 촉구하며 심판 이후 회복시키시는 하나님을 바라보도록 권고하기 위한 것으로 보인다. 더 나아가 이사야는 야훼 하나님의 구원이 메시아를 통해 이 땅에 이루어질 것이라고 예언한다. 이 책에 메시아 예언이 자주 나오는 이유가 거기에 있다.

주제들	원 독자에게 의의
1) 거룩하신 하나님은 만국을 심판하신다.	1) 이스라엘의 진정한 적인 죄를 회개하라.
2) 전능하신 하나님은 만국을 다스리신다.	2) 하나님만 두려워하고, 열국을 두려워 말라.
3) 자비하신 하나님은 만민을 구원하신다.	3) 오직 하나님만 신뢰하여 열국으로 하나님을 알게 하라.
4) 이스라엘의 하나님은 택한 백성을 회복시키신다.	4) 하나님의 징계를 받을 때 낙심하지 말고 인내함으로 구원의 날을 기다리라.
5) 성실하신 하나님은 메시야를 보내 영광스러운 왕국을 건설하실 것이다.	5) 장차 오실 메시야를 기다리므로 현재 하나님을 신뢰하는 표를 삼으라.

이사야서의 특징

1. 메시아를 야훼의 종으로 묘사하는 노래가 네 번 나온다(42:1-9, 49:1-7, 50:4-11, 52:13-53:12). 그 중 마지막 것은 예수 그리스도의 수난에 대한 예언으로서 고난 받는 야훼의 종으로 널리 알려져 있다.

2. 복음서 저자들이 세례자 요한과 예수 그리스도와의 관계를 설명하는데 인용한 구절이 들어 있다. "외치는 자의 소리여 이르되 너희는 광야에서 여호와의 길을 예비하라 사막에서 우리 하나님의 대로를 평탄케 하라 골짜기마다 돋우어지며 산마다 언덕마다 낮아지며 고르지 아니한 곳이 평탄하게 되며 험한 곳이 평지가 될 것이요 여호와의 영광이 나타나고 모든육체가 그것을 함께 보리라 이는 여호와의 입이 말씀하셨느니라"(40:3-5).

3. 야훼 하나님을 '이스라엘의 거룩한 자' 로 25번 – 전반부에서 12번, 후반부에서 13번이나 묘사하고 있다. 이 호칭은 전반부에서 '심판자' 의 이미지로, 후반부에서 '구원자' 의 이미지로 사용된다. 이사야가 이 호칭을 쓰는 이유는 야훼 하나님만이 창조주이자 역사의 주관자로서 이스라엘이 진정으로 신뢰할 수 있는 분이라는 것을 강조하기 위한 것이다.

4. 신약에서 가장 많이(346번) 인용된 책이다. 이처럼 신약에서 가장 많이 인용한 이유는 신약의 저자들이 이사야서를 메시아 예언의 근원이라고 보았기 때문이다. 예를 들면 동정녀 탄생과 관계된 '임마누엘' 예언과 같은 것이다(7:14, 마 1:21). 그리고 구스 내시가 빌립에게 전도 받기 전 읽고 있었던 글이 바로 이사야 53장이었다(행 8:26-39).

5. 포로기 이전 예언서의 결정판과 같은 책이다. 이사야는 이전 시대의 예언자들이나 동시대 예언자들의 예언을 인용하여 자기 시대의 사람들에게 맞도록 독특한 문체로 기록했다. 더 나아가 그의 풍부한 메시아 왕국의 예언은 다음 시대 예언자들의 예언에도 결정적 영향을 주었던 것이다.

6. 구원자 야훼 하나님과 구원하지 못하는 왕과 우상 등이 반복적으로 대조를 이루고 있다.

"그 날에 자고한 자는 굴복되며 교만한 자는 낮아지고 여호와께서 홀로 높임을 받을 것이요…너희는 인생을 의지하지 말라 그의 호흡은 코에 있나니 셈할 가치가 어디 있느냐 보라 주 만군의 여호와께서 예루살렘과 유다가 의뢰하며 의지하는 모든 것을 제하여 버리시되 "(2:17-3:1상)

11) 이른 비를 뜻하는 히브리어 요레아는 '가르치다'로도 번역이 된다. 따라서 '공의를 가르치시리라'로 해석이 가능하다. 쿰란 공동체의 창시자를 '의의 교사(모레 하쩨데크)'로 불렀던 이유도 거기에 있다.

2. 내용

〈구조와 요절〉

이 책은 세계 최초의 제국 앗수르의 등장으로 위기를 맞은 이스라엘과 유다를 향해 60년간이나 회개와 신앙을 외쳤던 이사야의 예언 모음집이다. 따라서 이 책은 유다와 이스라엘을 포함해 모든 나라에 대한 하나님의 심판을 예언한 1-39장까지의 전반부와 이스라엘의 구원과 미래의 영광을 예언한 40-66장까지의 후반부로 구성되어 있다.

(요절 45:22)

대 단 원	소 단 원	기 간	기록 장소	기록 연대
하나님의 심판	1:1-6:13 유다에 대한 심판	1-6 웃시야, 요담 시대	예루살렘	주전 680년 경
	7:1-12:6 유다의 구원과 메시아 왕국	7-14 아하스 시대		
	13:1-23:18 열방에 대한 심판			
	24:1-27:13 최후 심판과 메시아 왕국	15-66 히스기야 시대		
	28:1-35:10 세상 모든 나라에 임할 화			
	36:1-39:8 히스기야와 유다의 구원			
하나님의 구원	40:1-48:22 구원자이신 하나님			
	49:1-57:21 메시아를 통한 구원			
	58:1-66:24 메시아 왕국의 영광스러운 미래			

요절

"그 날에 네가 말하기를 여호와여 주께서 전에는 내게 노하셨으나 이제는 주의 진노가 돌아섰고 또 주께서 나를 안위하시오니 내가 주께 감사하겠나이다 할 것이니라 보라 하나님은 나의 구원이시라 내가 신뢰하고 두려움이 없으리니 주 여호와는 나의 힘이시며 나의 노래시며 나의 구원이심이라"(12:1-2)

"겁내는 자들에게 이르기를 굳세어라 두려워하지 말라 보라 너희 하나님이 오사 보복하시며 갚아 주실 것이라 하나님이 오사 너희를 구하시리라 하라"(35:4)

"땅 끝의 모든 백성아 나를 앙망하라 그리하면 구원을 얻으리라 나는 하나님이라 다른 이가 없느니라 " (45:22)

〈해 설〉

〈전반부〉 하나님의 심판

이사야서의 전반부는 주로 심판에 관한 예언으로 채워져 있다. 이스라엘과 유다의 멸망 뿐 아니라 주변 국가들에 미치는 야훼 하나님의 심판까지 예고되어 있는 것이다. 이스라엘과 유다가 심판의 대상이 되는 이유는 우상숭배와 도덕적 타락 때문이다. 열방들이 심판 받는 이유는 이웃나라와 이스라엘을 침공하여 괴롭혔기 때문이다. 특별히 대 제국들이 심판 받는 이유는 근동의 맹주로 자처했기 때문이다. 야훼 하나님은 자신의 영광을 사람들이 가로채기를 원치 않는다(사 42:8).

소단원 1 유다에 대한 심판(1:1-6:13)

〈내용 요약〉

웃시야와 요담 시대에 선포된 것으로 보이는 본문에는 주로 유다에 임할 하나님의 심판과 메시아 시대에 있을 이스라엘의 회복에 대한 예언이 반복적으로 들어 있다. 송사신탁(1:1-31), 메시아 예언(2:1-22), 예루살렘의 패망(3:1-4:1), 예루살렘의 회복과 메시아 시대(4:2-6), 저주신탁(5:1-30), 이사야가 받은 소명(6:1-13)의 소 단락으로 구성되어 있다.

〈단락 해석〉

1:1 이사야의 신분과 활동기간

1:2-31 송사 신탁 ; 하나님이 재판 자리에 임하심(2-9), 죄인의 소환(10), 죄상에 대한 고소(11-15), 구원과 심판의 1차 선고(16-20), 죄의 증거(21-23), 구원과 심판의 2차 선고(24-31). 1장은 1-39 장까지의 전반부에 대한 서론인 동시에 이사야서 전체에 대한 서론이기도 하다. 선민의 대표적인 죄는 행함이 없는 형식적인 예배였으며(11-14), 공의가 시행되지 않는 것이 시대적 특징이었다(15-17, 21-23). 그들이 심판받을 결정적인 죄는 여러 번 외적의 침입을 통해 하나님의 심판 경고를 받았으나 회개하지 않은 것이다(1:4-9). 그들이 가난한 자를 압제하고 구조적인 악을 제거하지 않는 행위는 아모스와 미가의 예언 가운데 나오는 시대적 배경과 같다.

2:1-22 메시아 예언 ; 이사야는 다시 한 번 자신의 저작권을 언급하고 있으며(1), 메시아 시대(말일)에 여호와의 전의 산이 모든 작은 산위에 뛰어날 것(2), 만방이 모여올 것이라고 말함으로써(2-3) 그리스도의 초림으로 복음이 열방에 전파될 것을 보여준다(2-3). 그리고 그 날(11) 곧, 여호와의 날(12)은 전쟁이 그치고 우상 숭배자들이 사라지는 시기로서 그리스도의 재림과 최후 심판 때를 말한다(4-22). 동의대구법(synonymous parallielism)으로 된 1-4는 미 4:1-3과 일치한다. 이스라엘이 그 날을 맞기 전에 해야 할 일은 우상숭배, 이방과의 연합을 모두 버리는 것이다(5-11).

3:1-4:1 예루살렘 패망에 관한 예언 ; 송사신탁의 형식(13)을 띠고 있는 이 예언은 주전 586년에 역사적으로 성취되었다. 그들이 심판 받게 되는 죄는 하나님을 신뢰하지 않고 사람과 재물과 사술을 신뢰한 것과(1-3), 가난한 백성을 압제하고(14-15), 사치하고 교만하여 부도덕한 행위를 일삼은 것이다(16-24). 8절에서 이미 심판이 임한 것처럼 묘사한 것은 확정적으로 예언하기 위한 것이다. 시온의 딸들(16)은 예루살렘 주민을 가

리키는 숙어이며, 정수리에 딱지가 생기게 하겠다(17)는 것은[16] 머리를 밀고 노예로 끌려 갈 것이라는 의미로 해석된다. 그들의 하체가 드러난다는 것도 벗은 몸으로 끌려가리라는 의미이다. 그들의 머리에서 망사와 반달 장식을 제거한다(18)는 것은 태양 숭배의 장식품과 달 숭배의 장식품을 제거하겠다는 선언이다. '영광의 눈을 범했다'(8)는 숙어를 직역하면 '영광의 눈을 찔렀다'는 뜻이다. 즉, 하나님의 목전에서 악을 행하는 것은 거룩하신 하나님을 훼방하는 것과 같다는 의미가 된다.

16) 정수리와 하체를 동의 대구법의 관점에서 해석하면 음부가 헐 것이라는 저주가 된다. 이 때 정수리는 완곡어법으로 표현한 것이 되며, 딱지가 앉는 것은 그들이 야훼 하나님 이외의 것들과 벌인 영적 간음에 대한 벌이 된다.

◆ 적용을 위한 묵상

부자들의 사치

> "주께서 그 날에 그들이 장식한 발목 고리와 머리의 망사와 반달 장식과 귀 고리와 팔목 고리와 얼굴 가리개와 화관과 발목 사슬과 띠와 향합과 호신부와 반지와 코 고리와 예복과 겉옷과 목도리와 손주머니와 손거울과 세마포 옷과 머리 수건과 너울을 제하시리니" (3:18-23).

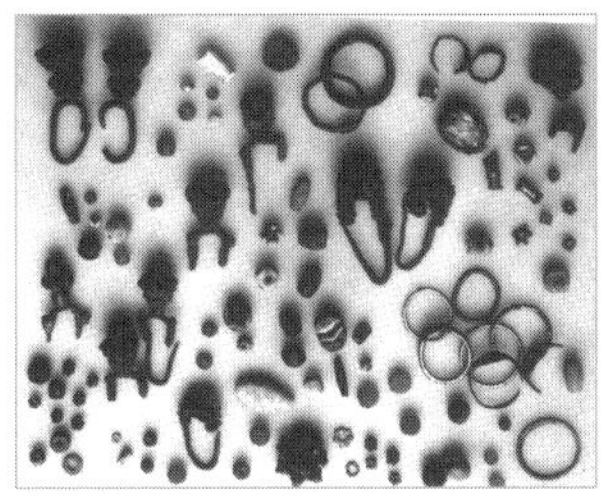

장신구 부장품들

예루살렘 주민들의 사치품 목록은 요즘에 내놔도 손색이 없을 정도이다. 그들의 사치품 구입은 농촌 지역에 대한 토지 매입과 함께 만족을 모르는 채 계속되었다. 그 사치품의 대부분은 농산물 수출 대금으로 외국에서 수입한 것들이었다. 농민들의 피와 땀으로 만들어진 돈이 도시 사람들의 호화생활에 사용되었던 것이다. 이처럼 오늘날 그리스도인들 가운데도 재화의 사용에 대해 개념이 없는 사람들을 많이 만나볼 수 있다. 한마디로 '내가 벌어서 내가 쓰는데 남이 무슨 상관?' 식이다.

그러나 기름 한 방울 나지 않는 나라에서 외제차와 고급 세단을 굴리는 것은 어느 모로 보든지 격에 어울리지 않는 행동이다. 수천만 원 대의 수입 소파를 집에 들인 것은 하나님의 축복에 대한 간증 소재가 될 수 없다. 휴전선 너머 굶주린 동포들이 사경을 헤매고 있는데 호화로운 교회당 건축에 열을 올리는 것은 죄악이다. 이 땅에 도움의 손길을 기다리는 소외계층이 늘어 가는데 명품 구매를 위해 인터넷 서핑에 시간을 보내는 것은 철부지 짓이다. 재화를 사용함에 있어 하나님의 인도하심을 받아야 한다.

4:2-6 예루살렘의 회복과 메시아 시대 ; 여기서 여호와의 싹은 그리스도(슥 3:8)를, 시온과 예루살렘은 하나님의 나라를, 시온의 딸들은 성도들을, 천막은 하나님의 임재를 상징한다. 본문을 메시아 예언으로 해석하는 이유는 다음과 같은 상투적인 어구들 때문이다. 그 날에(2), 여호와의 싹(2), 영화롭고 아름다움(2), 시온에 남은 자(3), 더러움을 씻기심(4), 여호와께서 거하심(5), 초자연적인 방법으로 보호하심(5-6).

극상품 포도

5:1-30 저주 신탁 ; 포도원의 노래로 알려진 본문은 '화 있을 진저' 라는 상투적 어구가 여섯 번이나 나오는(8, 11, 18, 20, 21, 22) 전형적 저주 신탁이다. 레 25:23의 토지에 관한 명령을 고의로 범한 자(8), 신 29:6의 포도주와 독주에 관한 규례를 어긴 자(11), 신 5:20의 계명을 버리고 탐욕에 이끌린 자(18), 신 5:21의 계명을 고의로 범하며 거짓 증거한 자(20), 출 23:6 말씀을 어기고 술과 뇌물에 취하여 자기 마음대로 재판하는 자(21, 22) 등 주로 사회 지도계층에 속한 자들이다. 500바트(10)는 11,000리터이다(1바트는 22리터). 따라서 유다에 임할 심판은 앗수르의 침공을 받는 것이다(26-30).

6:1-13 이사야가 받은 소명 ; 웃시야 왕이 죽던 주전 739년은 디글랏 빌레셀 III 의 제 1차 팔레스타인 원정이 끝나기 한 해 전이다. 그는 하나님의 말씀을 듣지 않으려는 백성들에게 보냄을 받았다. 그의 체험이 기록된 것은 원 청중과 원 독자들로 하여금 그의 예언을 믿지 않는 것이 곧 하나님께 불순종하는 것임을 나타내기 위함이다. 보좌에 앉으신 하나님은 심판주 되심을 상징하고, 그루터기는 회복될 이스라엘을 의미한다. 하나님이 보좌에 앉으셨다는 것은 지성소의 언약궤가 하나님의 보좌라는 관점을 반영하는 것이다(삼하 6:2, 시 80:1, 99:1). 11,13절은 주전 586년 바벨론의 예루살렘 침공을 예언한 것이다. 2절의 스랍은 '불타는 자' 라는 의미의 이름을 가진 천사들이다(히 12:29). 하나님의 보좌는 불꽃으로 이루어

져 있다(단 7:10). 스랍들이 하나님을 거룩하신 분으로 찬양하는데, 하나님을 '거룩하신 분' 으로 묘사하는 것은 이사야의 고유한 표현이다. 다른 성경(렘 50:29, 51:5)에 비해 이사야의 전반부에 12번(1:4, 5:19, 10:20, 12:6, 17:7, 29:29, 30:11,12,15, 31:1, 37:33), 후반부에 13번 기록되어 있다(41:14,16,20, 43:3,14, 45:11, 47:4, 48:17, 49:7, 54:5, 55:5, 60:9, 14). 같은 이유에서 예루살렘을 하나님의 거룩한 산으로 부른다(11:9, 27:13, 56:7, 57:13, 65:11,25, 66:20). 또한 스랍들은 하나님의 영광이 온 땅에 충만하다고 외친다. 출애굽 시절 시내산이 여호와의 영광으로 충만했던 것을 연상시킨다.

흥미로운 것은 하나님의 부르심에 대한 이사야의 적극적인 태도이며(8), 그가 받은 독특한 사명이다(9-10). 이사야는 다른 예언자들이 부르심을 받았을 때 보였던 것과 사뭇 다른 태도를 보였다. 모세는 다섯 번이나 사양했으며(출 3:11,13, 4:1, 10, 13), 예레미야도 자신을 작은 아이라고 낮추었다(렘 1:5-6). 그와 반대로 이사야가 적극적인 태도를 보인다. 그것은 유다를 향한 그의 애정과 하나님에 대한 친밀감을 반영하고 있다. 그는 백성들을 깨우치는 것이 아니라, 다가오는 심판을 깨닫지 못하게 하도록 보내심을 받았다. 그들이 깨닫지 못하게 되는 것은 듣지 않으려는 완악한 마음에 대한 징계이다. 이것은 신약시대에 와서 예수 그리스도가 천국의 진리를 비유로 가르친 것과 동일하다(마 13:10-17).

<주제> 거룩하신 하나님은 만국을 심판하신다. 이스라엘의 하나님은 택한 백성을 회복시키신다.

소단원 2 유다의 구원과 메시아 왕국(7:1-12:6)

<내용요약>

유다의 구원에 관한 예언들이 수록되어 있다. 이것을 크게 두 부분으로 나누어보면 유다를 침공하던 수리아와 이스라엘이 앗수르에 의해 멸망할 것(7:1-10:4), 하나님이 앗수르를 심판 하실 것(10:5-12:6)에 대한 예언이 된다.

〈단락 해석〉

앗수르에 의해 아람과 이스라엘의 멸망하게 되고 유다도 침공을 받게 될 것이 예고되어 있다. 주전 734년 아람 왕 르신과 북 이스라엘 왕 베가가 군사동맹을 맺어 남 유다의 아하스 왕을 공격했다(7:1). 아하스는 혼비백산하여 두려움에 잡히고, 야훼 하나님은 이사야를 통해 여러 말로 격려한다(3-11). 그러나 아하스는 하나님을 신뢰하지 않는다(12-13). 그는 앗수르에 원군을 요청하여 문제를 해결하고 싶어 한다. 그러나 그것은 오히려 앗수르로 하여금 유다를 침공할 구실을 제공하게 될 것이었다. 그런데 앗수르의 침공을 저지하기 위해 출전했던 애굽마저 패퇴당하고 유다 전역이 전화에 휩싸이게 되고, 앗수르에 대한 하나님의 초자연적인 심판으로 마침내 유다가 구원받게 된다. 더 나아가 이사야는 메시아 시대에 누리게 될 온전한 평화에 대해 노래하며 야훼 하나님께 감사 찬송을 올려 드린다. 야훼 하나님이 앗수르의 유다 침공을 허용하는 이유는 유다의 죄에 대해 심판하기 위해서이다(10:1-11). 그러나 유다를 징계하는데 사용된 앗수르도 하나님의 심판을 받게 된다(10:12,24-27). 다음은 각 단락들에 나오는 예언과 성취와의 관계이다.

1) 야훼 하나님은 우선 두 나라-수리아와 이스라엘이 65년 내에 완전히 망할 것을 예고한다(7:9). 이것은 주전 669년 앗수르 왕 앗슈르바니팔 왕의 식민지 이주정책으로 이미 주전 732년과 722년에 망한 두 나라의 백성들이 다시 돌아오지 못할 땅으로 끌려가므로 성취된다.

2) 야훼 하나님은 세 번이나 앗수르의 침공을 예고한다(7:20, 8:5, 10:28-32). 이 예언 역시 주전 701년 앗수르 왕 산헤립의 침공으로 성취된다.

3) 애굽의 파리와 앗수르의 벌이 팔레스타인에서 싸우는 예언(7:18, 19)은 주전 720년 애굽 왕 사바카가 팔레스타인에 왔다가 앗수르의 사르곤 II에게 패퇴 당하므로 성취되었다. 이것은 이스라엘과 유다에 대한 하나님의 징계였다.

4) 이사야의 아들 '마헬살랄하스바스(노략이 급함)' 의 이름을 빙자한 예언(8:1-4)은 주전 732년 즉, 이사야의 아들이 두 살 정도 되었을 때에 아람 나라가 지도상에서 없어지므로 성취되었다.

5) 앗수르의 물이 유다의 목에까지 넘치리라는 예언(8:5-8)은 주전 701년 앗수르 왕 산헤립이 유다의 요새화된 성읍 46개를 모두 함락시키고 예루살렘까지 포위하므로 성취되었다. 실로아 물(6)은 예루살렘 중앙 골짜기 성전 남쪽의 제사용수를 가리킨다.

6) 므낫세는 에브라임을 치고 에브라임은 므낫세를 치리라는 예언(9:18-21)은 주전 730년 요단 동편 지파들이 끌려가므로 성취된 듯하다. 이사야의 아들 스알야숩(3)의 이름은 '남은 자가 돌아올 것이다' 는 의미를 가진다. 윗 못 세탁자의 밭(3)은 기혼 샘을 가리킨다. 14절의 '처녀(알마)' 는 결혼하지 않은 여자를 가리킨다. 우가릿 문서에서 '처녀(알마)' 는 결혼한 여자에게 사용하지 않는 단어이다. 결혼 전 리브가에게는 '알마' 와 ' 베투라 '가 함께 적용되었다(창 24:6, 43). 마리아가 성령으로 잉태한 것은 처녀였음을 보여준다. 마태가 예수의 탄생을 사 7:14 예언의 성취로 본 것은 '알마' 가 처녀의 의미로 사용되었음을 말해준다.

결혼 증서

7) 하나님이 앗수르를 심판하실 것이 예고되었다(10:5-34) ; 하나님의 심판의 막대기인 앗수르가 분수를 넘어 자랑하기 때문에 망할 것이라는 예언은(10:1-19, 24-27, 33-34) 산헤립의 군대 185,000명이 하룻밤에 송장이 되고, 주전 681년 그가 아들들의 손에 살해당하므로 성취되었다. 갈로는 갈그미스, 하맛은 아르밧, 사마리아는 다메섹을 가리킨다(9).

8) 이스라엘의 남은 자가 능하신 하나님께로 돌아오리라는 예언은(10:20-23) 예수 그리스도를 통해 하나님의 백성들이 구원받으므로 성취되고 있다.

9) 앗수르 왕의 침공 경로에 대한 예언은(10:28-32) 주전 701년 산헤립의 침공으로 성취되었다. 아얏은 아이, 미그론은 벧엘 옆 빌그마그란(?),

올리브 나무

빽빽한 삼림은 레바논을 가리키는 듯하다. 믹마스는 예루살렘으로부터 12km, 라마는 8km, 기브아는 3km, 맛메나와 게빔은 2-3km 떨어진 곳에 있으며, 갈림은 게바와 예루살렘 사이의 도시이다.

10) 메시아 왕국과 구원이 예고되어 있다(11:1-12:6) ; 메시아 시대의 예언은 예수 그리스도의 초림과 재림으로 성취된다(계 5:5). 암몬과 에돔과 블레셋과 모압에 대한 승리의 예언은(11:14) 하나님 나라의 적들에 대한 메시야 왕국의 완전한 승리를 선지자 시대의 사고방식과 언어로 표현한 것이다. 1절의 '그 날에 이새의 줄기에서 한 싹, 그 뿌리에서 한 가지가 나서'는 메시야가 다윗의 후손으로 올 것에 대한 예언이다. 여기에 동원된 이미지는 올리브 나무이다. 올리브 나무는 줄기에서도 싹이 나지만, 뿌리에서도 가지가 솟아나 독립된 나무로 자란다. 그래서 1,000년이 넘도록 명맥을 이어나가는 것이다. 6절의 이리와 어린양, 표범과 어린 염소, 송아지와 어린 사자, 살진 짐승과 어린 아이, 암소와 곰, 사자가 소처럼 풀을 먹고, 젖먹이와 독사가 함께 노는 것은 메시야 시대에 관한 영적인 예언으로서 진정한 평화의 시대를 가리키는 것이다. 14절의 블레셋의 어깨에 앉고, 동방 백성을 노략하며, 에돔과 모압과 암몬을 치는 것 또한 영적인 예언이다.

11) 그리스도에 의해 성취된 메시아 예언들이 나온다. 메시아 예언 가운데 이새의 줄기 혹은 뿌리에서 날 것이라는 것은(11:1, 10) 그리스도가 다윗의 가문에서 태어남으로써 성취되었다(마 1:1-17). 처녀가 잉태하여 아들을 낳을 것이라는 예언은 예수 그리스도의 탄생으로 성취되었으며(마 1:23), 흑암의 땅에 행하던 백성에게 빛이 비취리라는 예언은 주전 733년 디글랏빌레셀 III에게 스불론과 납달리가 끌려간 뒤 예수 그리스도의 사역의 중심지가 되므로 성취되었다(마 4:13-16). 메시아의 탄생 예언은(9:6, 7)은 예수 그리스도의 생애와 사역을 통해 성취되었고, 미래에 온전히 성취될 것이다.

〈관 찰〉

א. 하나님에 대한 은유가 나온다. 그를 신뢰하는 자에게 하나님은 '성소'가 되시며(8:14), 신뢰하지 않는 대부분의 백성들에게 '걸림돌과 올무'가 되신다(8:14). 그리고 하나님은 앗수르를 심판하는 '불'이 되신다(10:17). 이 은유들은 모두 하나님의 초자연적 다스리심을 보여주는 것이다.

ב. 하나님의 능력과 앗수르의 군사력이 대조를 이루고 있다(8:6-8). 여기서 하나님의 능력은 실로아의 물로 상징되며, 앗수르의 군사력은 홍수에 비유된다. 따라서 홍수 물을 선택한 유다가 그 물(군대)에 잠기게 되는 것은 자명한 이치이다.

ג. 앗수르 군대가 오는 날이 구원의 날이 아니라 심판의 날이 될 것임을 반복적으로 예고하고 있다. '그 날에'(7:18, 20, 21, 23)로 시작하는 예언은 모두 유다에 임할 심판을 예고하는 것이다.

ד. 유다의 불신과 완악함이 강조되고 있다. 그들은 율법에 대해서 귀를 막는 대신 점쟁이들에게는 귀를 기울인다(8:16-21). 그들이 야훼의 약속은 굳게 믿지 않으면서(7:9) 앗수르의 군대는 굳게 의지한다(8:7).

ה. 이스라엘과 유다의 공통적인 죄에 대한 심판이 예고되어 있다. 그들은 하나님보다 사람을 더 신뢰하며, 고아와 과부를 압제하며, 여러 번 하나님의 징계를 받고도 돌아서지 않는다(9:8-10:4).

<주제> 거룩하신 하나님은 만국을 심판하신다. 전능하신 하나님은 만국을 다스리신다. 이스라엘의 하나님은 택한 백성을 회복시키신다. 성실하신 하나님은 메시아를 보내 영광스러운 왕국을 건설하실 것이다.

소단원 3 열방에 대한 심판 (13:1-23:18)

<내용 요약>

열방에 대한 심판 예언이 나와 있다. 구체적으로 살펴보면 바벨론에 대한 심판(13:1-14:23), 앗수르에 대한 심판(14:24-27), 블레셋에 대한 심판

(14:28-32), 모압에 대한 심판(15:1-16:14), 다메섹에 대한 심판(17:1-3), 사마리아에 대한 심판(17:4-14), 구스(이디오피아)에 대한 심판(18:17), 애굽에 대한 심판(19:1-20:6), 바벨론에 대한 심판(21:1-10), 두마에 대한 심판(21:11-12), 아라비아에 대한 심판(21:13-17), 예루살렘에 대한 심판(22:15), 두로에 대한 심판(23:1-18)이 예고되어 있는 것이다. 이처럼 유다와 이스라엘을 포함한 모든 나라에 대한 심판 예언은 야훼 하나님이 역사를 주관하시는 전능자임을 보여준다. 이사야가 이것들을 기록한 이유는 원 독자들로 하여금 하나님 한 분만 신뢰하도록 경고하기 위한 것이다.

〈단락 해석〉

아침의 아들 계명성

1) 바벨론에 대한 심판(13:1-14:23) ; 메대 사람을 통해 심판하리라는 예언과(13:17-19), 이스라엘 족속이 포로에서 돌아오리라는 예언은(14:1-2) 주전 539년 메대와 바사 연합군이 바벨론을 함락시키고 고레스 왕의 유다인 귀환 명령을 내리므로 성취되었다. 그리고 14:12-20의 '계명성'은 앞뒤의 문맥으로 볼 때 바벨론 왕을 의미하는 것일 뿐(4) 결코 사탄의 기원에 관한 설명이 될 수 없다. '너를 치던 막대기'(29)는 디글랏빌레셀 III(주전 745-727년)을, '뱀의 뿌리 독사'는 사르곤 II(주전 722-705년)를, '그의 열매 불 뱀'은 산헤립(주전 705-681년)을 가리킨다. 산헤립은 아스글론, 에그론, 가사, 아스돗 등 반 앗수르 동맹에 가담한 불레셋의 주요 도시들을 모두 파괴했다.

2) 앗수르에 대한 심판(14:24-27) ; 주전 612년 니느웨의 함락으로 성취되었다. 니느웨의 함락은 나훔이 구체적예로 예언했다. 그들이 심판을 받게 되는 이유는 하나님의 도성 시온을 침략했기 때문이다. 그들의 정복 야욕은 야훼 하나님의 세계 경영과 정면 배치된다.

3) 블레셋에 대한 심판(14:28-32) ; 아하스 왕이 죽던 해인 주전 715년에 임한 이 예언은 주전 711년 사르곤 II에 의해 성취되었다. 블레셋을 치던 막대기가 부러진 것은 디글랏빌레셀 III의 죽음을 가리키며, 뱀의 뿌리에서 나온 독사는 그의 뒤를 이어 블레셋 정벌에 성공한 사르곤 II를 가리킨다. 블레셋이 심판받은 것은 남 유다를 괴롭혔기 때문이다.

4) 모압에 대한 심판 예언(15:1-16:14); 주전 645년 앗슈르바니팔에 의해 정벌 당하므로 성취되었다. 그들이 멸망당한 것은 형제국인 이스라엘을 돕지 않고 괴롭혔을 뿐 아니라 아모스 때로부터 계속되어온 경고를 무시했기 때문이다(16:13 암 2:1-3 참조). 모압의 주요 도시들이 모두 파괴될 만큼 강력한 심판이었다. 15:9의 디몬(피)은 디본의 언어유희로 보인다.

5) 다메섹에 대한 심판 예언(17:1-3); 주전 733년 디글랏빌레셀에 의해 성취되었다. 2절의 아로엘은 요단 동편 모압 전체를 가리키는 듯하다.

6) 사마리아에 대한 심판 예언(17:4-14); 주전 722년 사르곤 II에 의해 성취되었다. 그들이 심판받은 이유는 하나님을 떠나 우상숭배에 빠졌기 때문이며, 수리와 동맹을 맺고 남 유다를 침공했기 때문이다. 사마리아의 멸망은 우상 숭배에 빠진 열방들에 임할 심판의 예조였다.

7) 구스(이디오피아)에 대한 예언(18:1-7) ; 전형적인 애가형식-"슬프다"로 시작한다. 앗수르를 두려워하는 구스가 히스기야 왕에게 동맹 맺기를 청하였으나 안심하고 돌아가라고 권면한 사실이 기록되어 있다. 대하 32:23에는 나중에 선물을 갖고 다시 예루살렘을 방문한 사실이 기록되어 있다. 강대국이 만군의 여호와께 드릴 예물을 가지고 신온 산에 이를 것이라는 7절은 메시아 시대에 대한 상징적 예언이다.

8) 애굽에 대한 예언(19:1-20:6) ; 애굽이 군사적으로 침공을 받을 것이라는 이 예언은 앗슈르바니팔(주전 668-631년)과 에살핫돈(주전 680-668년)에 의해 주전 663년에 성취되었다. 애굽에 여호와의 제단이 세워진다는 예언과 가나안 방언을 말하는 성읍(태양성- 유다인들이 장망성으로 바꿈)이 있겠다는 예언은(18-19) 주전 150년 대제사장 오니아스 IV가 애굽으로 가서 고대 태양성(온-헬리오폴리스) 근처 레온토폴리스에 성전을 세우므로 문자적으로 성취되었다. 이 성전은 230년 동안 애굽의 유대인들에게 종교적 중심지였으며, 예수 그리스도 당시에도 건재해 있었다. 태양성(이르 하헤레스 עִר הַהֶרֶס)와 장망성(이르 하헤레스 עִר הַחֶרֶס)은 비슷한 자음의 언어유희이다. 애굽과 앗수르와 이스라엘이 하나님을 섬기는 삼대 국가가 되리라

는 예언은(23-25) 예수 그리스도를 통한 열방의 구원을 동시대의 사고방식과 용어로 표현한 것이다. 20:1의 아스돗을 쳐서 취하던 때는 사르곤 II가 주전 713년 블레셋을 침공한 것을 가리킨다.

9) 바벨론에 대한 심판 예언(21:1-10) ; 바벨론이 해변 광야로 묘사되고 있는 것은 티그리스 강과 유프라테스 강으로 둘러싸인 지역에 있기 때문인데, 이 예언 역시 주전 539년 고레스에 의해 성취되었다. 1절의 해변 습지는 페르시아 만(Persian Gulf) 습지를 가리킨다.

10) 두마에 대한 심판 예언(21:11-12) ; 두마는 에돔을 거꾸로 발음한 언어유희로서, 주전 713년 사르곤 II가 에돔과 모압을 굴복시켰다고 그의 연대기에 기록하였다.

11) 아라비아에 대한 심판 예언(21:13-17) ; 역사가 헤로도투스는 산헤립을 "아라비아의 왕"으로 기록하고 있는데, 아마도 주전 715년 아라비아를 점령한 사르곤으로부터 물려받았을 것이다. 사르곤의 연대기에는 "나는 아라비아를 파괴하고 생존자들을 이주시켰다"라고 기록하고 있다. 데마 주민들로 일컬어지는 아라비아 사람들이 심판 받는 이유는, 앗수르의 침공 때문에 피난 온 드단의 대상들을 영접하지 않았기 때문이다. 광야에서 나그네를 영접하지 않는 것은 곧 살인죄와 같이 취급되던 '베두윈의 법칙'을 반영하고 있다.

바위에 판 묘실들

12) 예루살렘에 대한 심판 예언(22:1-25) ; 환상 골짜기는 예루살렘의 별명 중 하나이며, 이 예언은 주전 701년 산헤립의 침공으로 성취되었다. 그들이 전화를 입은 것은 하나님을 떠나 사치와 향락에 빠졌기 때문이었다. 15-22에 나오는 셉나와 엘리아김은 앗수르 지휘관 랍사게와 협상을 벌였던 유다측 대표들이다(사 36:3, 11, 22). 셉나는 앗수르의 군대를 겁내고, 애굽에 원군을 요청하면서, 자신의 죽을 날을 위해 묘실을 팠다. 엘리아김도 앗수르를 두려워하기는 마찬가지였다. 그의 어깨에 다윗의 열쇠를 두었다는 것은 국고를 책임 맡았음을 보여준다. 22절은 예수 그리스도를 가리키는 용어로 인용되었다(계 3:7). 그는 국가의 운명이 걸린 막중

한 책임과 권한을 위임 받았으나 모든 사람을 실망시켰다(23-25). 이 예언이 기록된 이유는 하나님 외에 그 누구도 신뢰할 만하지 못하다는 사실을 강조하기 위해서이다.

13) 두로에 대한 심판 예언(23:1-18) ; 두로는 시돈과 함께 페니키아의 대표 적인 도시국가로서 상업과 무역, 우상숭배의 중심지였다. 다시스는 두로의 식민지였으며, 바울의 고향 다소를 가리키는 것으로 보인다. 3절의 시홀은 호루스 못으로서 나일을 가리킨다. 그리고 깃딤(12)은 구브로(키프로스)의 옛 이름으로서 페니키아와 가장 밀접한 무역관계에 있었다. 이 예언은 주전 701년 앗슈르바니팔에 의해, 663년 산헤립에 의해, 573년 느부갓네살에 의해, 주전 333년 이수스 전투를 승리로 이끈 알렉산더 대제의 원정에 의해 완전히 성취되었다.

<주제> 거룩하신 하나님은 만국을 심판하신다. 자비하신 하나님은 만민을 구원하신다.

소단원 4 최후 심판과 메시아 왕국(24:1-27:13)

<내용 요약>

이 단원은 이사야의 작은 묵시록이라고 불린다. 전체적으로는 죄인을 향한 심판과 신사들의 구원에 관한 예언이 반복되는 구조로 되어 있으며, 메시아 시대에 대한 예언이 들어 있다. 즉, 유다와 이스라엘을 포함한 열방이 하나님 앞에서 공정하게 최후 심판을 받을 것이다. 그리고 메시야를 믿는 백성들이 최종적으로 구원받을 것이 반복해서 예언되어 있다. 아마도 원 독자들은 이 예언들을 통해 하나님만이 구원자이시며, 죄를 회개하고 하나님을 신뢰하는 것만이 진정한 구원의 방도인 것을 알게 되었을 것이다.

반복 예언 ; 하나님의 율법을 범한 모든 죄인들을 향한 심판(24:1-13), 신자들의 구원(24:14-16), 하나님을 대적하는 자들과 세상이 받을 심판

(24:17-25:5), 신자들의 구원(25:6-9), 세상 권력에 대한 심판(25:10-12), 신자들의 구원(26:1-26:19), 세상에 대한 심판(26:20-21), 하나님의 백성들의 대적에 대한 심판(27:1), 신자들의 구원(27:2-6), 세상에 대한 심판(27:7-11), 신자들의 구원(27:12-13)이 예언되었다. 특히 26:19은 다니엘 12:2에서 인용되었다.

메시아 예언 ; 메시아 시대를 가리키며(24:21, 25:9, 26:1, 27:1, 2, 6, 12), 죽음이 다시없고, 죽은 자가 살아나며, 모든 눈물을 씻기시며(25:8, 26:19 을 계 20:13, 21:4에서 인용), 포로들이 돌아와 예루살렘에서 하나님을 경배하게 되며(27:13), 원수들이 파멸되고(24:21-22, 27:1), 진정한 평화가 오며(26:12, 27:3), 달이 무색하고 해가 부끄러워하게 된다(24:23을 계 21:23에서 인용).

〈관찰과 해석〉

א. 천지 창조와 관계된 중요한 생물이 나온다. 27:1의 리워야단은 창세기의 창조 이야기에서 나오지 않았지만, 욥기와 시편에는 용 혹은 라합으로 나온다(시 74:12-17, 89:10, 25, 104:5-9, 욥 3:8, 26:12-14, 38:8-11, 41:1). 이사야는 아마도 욥기와 시편을 인용한 것으로 보인다(사 51:9-11). 구약에서 종종 애굽이 라합으로 상징된다(욥 9:13, 26:12, 시 87:4, 89:10, 사 51:9). 바다의 용 이야기는 원래 고대 근동의 창조설화에 나온다. 에누마 엘리쉬에서 마르둑이나 바알 신화에서 바알이 바다에서 나오는 혼돈 세력과의 전쟁에서 이기고 바다와 땅의 경계를 정한다는 것이다. 아마도 이 이야기는 모세가 창세기를 기록할 무렵 이스라엘의 민간전승 형태로 존재했을 것이다. 그러나 모세는 야훼 하나님을 중심으로 유일신관(monotheism)을 정립하려고 했기 때문에 이런 이야기들이 창조 이야기에 포함되는 것을 극도로 꺼렸을 것이다.

창 1:21에 '큰 바다 짐승'으로 번역된 '하타니님 하그돌림'은 문자 그대로 '큰 괴물들'이며, 의역하면 '바다의 용' 혹은 '바다의 뱀'이다. 신약에서 '용'은 요한계시록의 중요 개념이다. 계 16:13을 보면 아마겟돈 전쟁을 일으킨 주역으로 '용과 짐승과 거짓 선지자'를 지목한다. 그리고 계 19:20에는 거짓 선지자와 짐승이 사로잡힌다. 20:1-2에서 마지막으로 용이 잡힌다. 그 용은 '옛 뱀'과 '마귀'로 불린다. 용은 천년 동안 감금된다. 천년이 지나 용이 잠시 풀려나지만 곧 산 채로 불 못에 던져진다(20:10). 마치 사 24:22에서 땅의 왕들이 잡혀 옥에 갇혔다가 나중에 심판을 받는 것과 같다.

ㄴ. 중요한 단어 '땅'이 반복되고 있다(24:1, 3, 4, 5, 6x2, 16, 17, 18, 19x3, 20, 21). 이것은 삶의 기반을 하나님이 주관하신다는 사실을 강조하기 위한 것이다. 즉, 사람들은 땅을 의지해서 살아가지만 그것조차도 진정으로 신뢰할 것은 못 된다는 의미이다. 따라서 하나님을 신뢰하는 것의 중요성이 강조되고 있다.

> "주께서 심지가 견고한 자를 평강하고 평강하도록 지키시리니 이는 *그가 주를 신뢰함이니이다* 너희는 여호와를 영원히 *신뢰하라* 주 여호와는 영원한 반석이심이로다"(26:3,4)

ㄷ. 야훼 하나님께 올려 드리는 기도가 수록되어 있다(26:11-19). 야훼의 이름을 6 번(11, 12, 12, 15, 16, 17)이나 부르면서 구원을 바라는 기도는 원독자들에게 하나님을 신뢰하는 모범을 보이기 위한 것이다.

<주제> 거룩하신 하나님은 만국을 심판하신다. 성실하신 하나님은 메시아를 보내 영광스러운 왕국을 건설하실 것이다.

소단원 5 세상 모든 나라에 임할 화(28:1-35:10)

<내용 요약>

'화 있을 진저'(28:1, 29:15, 30:1, 31:1, 33:1) 혹은 '슬프다'(29:1)와 같은 전형적인 저주신탁의 어구가 들어 있는 단원이다. 특히 28장과 29장은 7-12장과 같은 역사적 배경을 가지고 있다. 다시 말해 북 이스라엘의 침공에 맞서 남 유다의 아하스 왕이 앗수르에게 원군을 요청하고 있는 것이다. 그리고 30-35장은 아하스의 아들 히스기야 시대를 배경으로 하고 있다. 이번에는 앗수르의 침공을 앞두고 애굽에 도움을 요청하고 있는 것이다. 7-12장이 주로 왕에게 초점을 맞춘 반면, 28-35장은 지도자들과 백성에게 초점을 맞추고 있다. 그러나 내용은 같다. 적군의 위협에 맞서 이방에 도움을 청하면 이방의 침입으로 망하게 될 것이며, 하나님이 미래에 구원하실 것이라는 것이다. 전체적으로는 이스라엘에 임할 화(28:1-6), 유다에 임할 화(28:7-29:24), 애굽 동맹국에 임할 화(30:1-31:9), 한 의의 왕에 대한 예언(32:1-20), 앗수르의 멸망과 메시아 왕국의 도래(33:1-24), 악인에 대한 최후 심판과 시온의 회복에 대한 예언(34:1-35:10)의 구조로 되어 있다.

〈단락 해석〉

1) 이스라엘에 임할 화(28:1-6) ; 사르곤 II에 의해 주전 722년 사마리아가 함락되므로 성취되었다. 사마리아의 죄는 아모스 선지자의 경고를 무시하고 우상숭배를 고집한 것과, 가난한 자를 압제하고 사치와 향락으로 방종한 생활을 한 것이다.

2) 유다에 임할 화(28:7-29:24) ; 거짓 선지자와 제사장의 타락(28:7-13, 29:9-12), 백성들의 종교적 위선(29:13) 및 하나님을 구하지 않고 열방과 동맹을 맺은 정치지도자의 죄(28:14-22)가 화근이 되고 있다. 그들은 이사야의 예언이 마치 처음 말을 배우는 어린 아이들에게 하는 것과 같다고 조롱한다(28:9).[17] 그들이 받을 화와 대적에 대한 예언(29:3-8)은 주전 701-681년에 성취되었다. 그러나 하나님은 장차 올 메시아(28:16, 마 21:42, 행 4:11, 롬 9:33, 10:11, 엡 2:20, 벧전 2:6-8 참조)를 통한 구원의 예언으로 소망을 주시며, 성실하심으로(28:23-29) 위로를 주신다. 23-29 농부의 비유에서 소회향을 떠는 도리깨는 앗수르를, 대회향을 떠는 수레는 바벨론을 가리킨다. 그러니까 야훼 하나님이 이방을 심판의 도구로 사용하시는 것은 알곡을 추수하기 위한 것이지, 부수어버리기 위한 것이 아니라는 점을 강조하고 있다. 29:1-7의 하나님의 사자(God's lion)이라는 의미의 '아리엘'은 예루살렘의 별명으로서 종교적인 의미를 가진다. 아리엘(예루살렘;창 49:9)이 아리엘(제단, 겔 43:15-16)처럼 되리라(2)는 것은 언어유희로서 종교적으로 특별한 사랑을 받은 예루살렘이 우상과 잡신 숭배의 중심지가 된 것에 대한 심판을 보여준다. 29:16의 토기장이 비유는 렘 18:1-12에서 반복되

17) 경계(계명)에 경계를 더하며 경계에 경계를 더하며, 교훈에 교훈을 더하며 교훈에 교훈을 더한다(28:10)는 말은 히브리어로 '짜브 라짜브 짜브 라짜브 카브 라카브 카브 라카브'이다. 즉, 아이들이 처음 단어를 배울 때 사용하는 문장이다. 마치 초등학교 1학년 학생이 국어를 배울 때 '하늘 파란 하늘 파란 하늘에 우리 태극기'와 같은 성격의 문장이다. 결국 종교 지도자들은 이사야의 말이 시시해서 성인들이 귀 기울여 들을 만한 가치가 없다고 조롱한 것이다.

며, 롬 9:20-21에서 인용된다. 특별히 "이 백성이 입으로는 나를 가까이 하며 입술로는 나를 공경하나 그들의 마음은 내게서 떠났나니"(18)는 예수 그리스도에 의해 인용되었다(마 15:8).

3) 애굽 동맹국에 임할 화(30:1-31:9) ; 애굽과 동맹을 맺으려 하는 자들에게 임할 화(30:1-17, 31:1-3)와 앗수르로부터 건지실 하나님의 구원 역사가 회개의 촉구와 함께(30:18-33, 31:4-9) 반복 예언되어 있다. 30장의 예언은 주전 705년 히스기야가 애굽과 동맹을 맺고 앗수르를 견제해 보려는 데 대한 것이며, 주전 701년 산헤립이 쉬바카 왕의 애굽을 초토화 한 뒤 예루살렘을 함락시키지 못함으로써 성취되었다. 31장의 예언은 산헤립이 물러간 다음 아직도 애굽을 의지해야 살 수 있다고 생각하는 자들에게 주어진 것이다. 이로써 히스기야는 완전히 하나님께로 돌아서게 되었다. 31장의 예언은 히스기야 사후 주전 612년 니느웨의 멸망으로 성취되었다. 유다가 전화에 휩싸이게 되는 이유는 우상숭배와 열강의 군사력을 의지하는 죄 때문이다. 30:29의 '거룩한 절기를 지키는 밤' 은 유월절 밤을 가리킨다. 30:33의 '도벳' 은 힌놈의 골짜기에 있던 몰렉 산당 자리를 가리킨다. 이것은 앗수르 왕을 위한 형벌이 이미 준비되어 있다는 것을 의미한다.

4) 한 의의 왕에 대한 예언(32:1-20) ; 일차적으로는 히스기야를 가리키지만 메시야를 예표하는 것으로 보인다. 왜냐하면 성신이 부어지며 진정한 평화와 번영이 올 것을 말하고 있기 때문이다(32:15-18). 아마도 원독자들은 이 예언에 근거해서 히스기야와 같은 메시야를 기다리게 되었을 것이다. 10절에 '일 년 남짓 지나면' 은 그 예언이 성취되는 주전 701년 산헤립의 침공을 가리킨다. 12절에 '좋은 밭(알 스데 헤메드)' 와 '가슴(알 샤다임)' 이 언어유희를 이루고 있다. 즉, 좋은 밭을 치던 사람(부유층)이 가슴을 치게 될 것이라는 예언이다.

5) 앗수르의 멸망과 메시야 왕국의 도래(33:1-24); 1-16절의 앗수르 멸망과 관계된 예언 중 1, 8절의 속이는 자, 학대하는 자, 조약을 파하는 자는, 화친 조약을 맺고도 예루살렘을 침공한 앗수르의 산헤립을 가리킨다

(왕하 18:15-17 참조). 11,12,14절에서 하나님이 그들을 불로 심판하겠다고 한 예언은, 주전 612년 앗수르의 신샤르이쉬쿤 왕이 바벨론의 나보폴라살과 메대의 퀴악사레스 연합군의 공격으로 니느웨가 함락되자 왕궁에 불을 놓고 화염에 휩싸여 죽으므로 성취되었다. 17-24의 메시아 예언에서 예루살렘의 말뚝이 영영히 뽑히지 않으며 하나님이 위엄 중에 계신다는 묘사를 볼 때, 단순히 포로에서 돌아온다는 문자적인 성취가 아니라 그리스도를 통한 메시아 왕국의 도래로 해석하는 것이 더 나아 보인다.

6) 악인의 최후 심판과 시온의 회복(34:1-35:10) ; 이것은 모두 메시아 시대에 성취될 예언들이다. 예컨대 악인에 대한 하나님의 심판을 묘사한 예언(34:1-17) 중 8-10절은 계 6:13-17과 19:3에서 인용하고 있으며, 메시아 왕국의 도래에 관한 예언(35:1-10) 중 3절은 히 12:12에서 인용하고 있고, 9절은 계 21:27에서 인용하고 있다. 4절에서 하늘의 만상이 사라지고, 하늘들이 두루마리처럼 말릴 것이라는 예언은 계 6:13-14에서 그리스도의 재림 때에 일어날 천재지변을 가리키는 것으로 해석되었다. 16절에서 '제 짝이 없는 것이 없는 이것들' 은 11-15절에 기록된 짐승들을 가리킨다. 따라서 "너희는 여호와의 책에서 찾아 읽어보라 이것들 가운데서 빠진 것이 하나도 없고 제 짝이 없는 것이 없으리니 이는 여호와의 입이 이를 명령하셨고 그의 영이 이것들을 모으셨음이라"는 개역개정판 한글 성경이 원문의 뜻을 잘 살려 번역되었다고 본다. 17절은 그 짐승들이 살 땅의 분배를 보여준다.

<주제> 거룩하신 하나님은 만국을 심판하신다. 이스라엘의 하나님은 택한 백성을 회복시키신다. 성실하신 하나님은 메시아를 보내 영광스러운 왕국을 건설하실 것이다.

◘ 적용을 위한 묵상

기다리시는 야훼 하나님을 기다림

"그러나 여호와께서 기다리시나니 이는 너희에게 은혜를 베풀려 하심이요 일어나시리니 이는 너희를 긍휼히 여기려 하심이라 대저 여호와는 정의의 하나님이시라 그를 기다리는 자마다 복이 있도다" (30:18)

이사야는 하나님을 신뢰하지 못하는 자들이 스스로를 구원하기 위해 동분서주 하는 모습을 책망한다(30:15-17). 그러면서 야훼 하나님은 기다리신다고 말한다. 무엇을 기다시는 것일까? 아마도 자기 꾀와 힘을 믿는 사람들이 사라지기를 기다리실 것이다. 하나님은 인간이 분주히 무엇인가를 시도할 때 구원의 손길을 내미시지 않는다. 오히려 하나님 외에 다른 아무 대책이 없는 때에 구원을 이루신다. 그런데 하나님을 신뢰하는 자의 특징 또한 기다림이다. 그들은 잠잠히 하나님의 구원을 기다린다(25:9). 이처럼 때때로 신앙은 아무것도 하지 않는 것을 특징으로 한다. 마치 야곱이 젊은 시절 자신의 혈기와 꾀를 믿고 날뛰던 데서 돌아서서 말년에 하나님의 구원을 기다리던 것과 같다.

"여호와여 나는 주의 구원을 기다리나이다"(창 49:18).

소단원 6 히스기야와 유다의 구원(36:1-39:8)

앗수르 왕 산헤립 비문

<내용 요약>

주전 701년 산헤립의 예루살렘 침공을 전후해서 히스기야와 유다가 경험한 하나님의 구원이 역사 서술 형식으로 기록되어 있다. 36:2에서 앗수르 왕이 라기스에서부터 랍사게를 예루살렘으로 보냈다는 것은, 이미 세펠라 지역의 마지막 보루였던 라기스가 함락되었다는 것을 의미한다. 따라서 전국의 46개 요새화된 도시가 모두 함락되고 예루살렘은 포위되었다. 지금까지 남아있는 산헤립의 비문에 "나는 히스기야를 새 장의 새처럼 예루살렘에 가두었다"라는 문구가 그것을 말해준다. 히스기야를 비롯한 백성들은 주전 722년 사마리아의 함락을 머리에 떠올리며 치를 떨었을 것이다. 그러나 마침내 이사야의 예언대로 앗수르 군대는 초자연적인 재앙으로 몰살되고 유다는 구원을 받는다. 그 후 히스기야는 죽을병이 들었다가 이사야의 예언대로 또 한 번 하나님의 구원을 경험한다. 그러나 바벨론에서 온 사신을 맞아 반 앗수르 동맹을 맺기 위해 국력을 과시한 것 때문에 바벨론으로 포로 되어 가리라는 예언을 듣게 된다. 그러니까 본문에는 이사야의 4차례에 걸친 예언과 세 번의 성취가 함께 기록되어 있다. 이것은 바벨론 포로에 대한 예언이 성취될 것임을 확증하기 위해 기록된 것이다. 따라서 원 독자들은 마땅히 경각심을 가지고 하나님께 근신해야 했다. 이 단원에 나오는 예언과 성취와의 관계는 다음과 같다.

〈단락 해석〉

1) 산헤립이 고국으로 돌아가다가 죽을 것에 대한 예언(37:5-7)은 주전 681년에 성취되었다(37:37-38, 왕하 18:13-37, 19:14-19,35-37, 대하 32:1-23 참조).
2) 앗수르 군대가 예루살렘에서 물러가리라는 예언(37:33-35)은 주전 701년에 바로 이루어졌다(37:36).
3) 히스기야의 질병이 나을 것이라는 예언(38:4, 5, 21)은 징조와 함께 즉시로 이루어졌다(38:8, 39:1).
4) 유다가 바벨론의 포로가 되리라는 예언(39:6-7)은 히스기야와 이사야의 사후 주전 606, 597, 586년에 3차에 걸쳐 성취되었다. 39:1의 므로닥발라단 II(주전 721-710년)은 앗수르 왕 사르곤 II에의해 왕위가 박탈되었다가 주전 703년에 왕위를 회복했으나, 산헤립에 의해 엘람으로 추방되어 있었다.

위의 예언과 성취 이야기는 원 청중들과 원 독자들에게 다음과 같은 의의를 가진다.

1) 우상과 군사력을 의지하다가 패배한 산헤립과 야훼를 의지하고 구원을 얻은 히스기야의 대조를 통해, 우상과 물질의 힘을 의지하지 않고 하나님만 신뢰하도록 격려를 받았을 것이다.
2) 성취되지 않고 남은 바벨론 포로 생활의 예언에 대해, 경각심을 가지도록 도전을 받았을 것이다.

3) 바벨론 포로에서 남은 자가 돌아오리라는 예언을 통해, 구원자 하나님에게 소망을 가지게 되었을 것이다.

<주제> 전능하신 하나님은 만국을 다스리신다. 이스라엘의 하나님은 당신의 백성을 회복시키신다.

〈후반부〉 하나님의 구원

후반부의 대 주제는 하나님의 구원이다. 따라서 유다를 열강으로부터 구원할 수 있는 것은 우상이나 군사력, 외교동맹이 아니라 바로 하나님이심을 매 장마다 일인칭 화법으로 선포하고 있다. 단순히 하나님이 자신을 "나"라고 몇 번이나 표현하셨는지 세어보자. 절규에 가깝도록 그렇게 하나님 자신의 구원자 되심을 강조한 이면에는, 하나님의 구원자 되심을 믿지 못하는 유다 백성들의 배신과 완악함이 숨어 있다. 하나님을 떠나 우상숭배에 빠진 자신들의 죄를 회개하고 단순히 하나님을 신뢰하는 대신, 군사강대국을 의지하고, 줄타기 외교를 하고, 더 많은 우상을 섬기고, 절망적으로 범죄에 탐닉하고, 애써 선지자의 예언을 외면하고 싶어 했다. 후반부에서 강대국은 앗수르가 아니라 바벨론이다. 이사야는 마치 아하스 시대에 앗수르를 의지하다가 앗수르의 침공으로 곤경을 겪었던 것처럼, 히스기야 시대에 바벨론을 의지하는 것 때문에 바벨론의 침공을 받아 망할 것이라고 예언한다. 그러나 앗수르를 심판하신 것처럼 하나님이 바벨론을 멸망시키시고 유다를 구원하리라고 약속한다. 더 나아가 메시아 시대에 이루어질 구원을 소상히 예언하고 있다.

소단원 7 구원자이신 하나님(40:1-48:22)

<내용 요약>

이사야는 이미 바벨론에 포로로 끌려가있는 것처럼 과거 시제 형태로 유다의 귀환을 약속하고 있다. 특히 바벨론과 우상을 의지하는 것의 헛됨을 보여주면서 야훼 하나님의 기름 부으신 종을 통해 이루어질 영원한 구원을 노래한다. 그리고 바벨론을 무너뜨릴 페르시아 왕 고레스의 이름까지 구체적으로 거명하고 있다. 이 단원의 특징은 예언자 미가처럼 '누가 하나님과 같으리요' 라는 메시지가 반복적으로 기록되어 있다는 점이다.

〈단락 해석〉

1) 하나님의 주권(40:1-41:29) ; 바벨론 포로에서 돌아올 것을 골자로 하는 이 예언은 이스라엘을 회복시키실 하나님은 창조주이자 역사의 주관자이시며, 우상이나 세상의 군왕들과 비교할 수 없이 전능한 분이심을 강조한다. 더 나아가서 메시아 시대에 이루어질 이스라엘의 영적 회복 즉, 그리스도를 믿는 참된 하나님의 백성들의 구원까지 묘사하고 있다.

<본문의 구조>

40:1-11 야훼 하나님이 승전한 왕으로 자기 백성을 돌보러 오심
40:12-31 그 무엇과도 비교할 수 없는 야훼 하나님의 능력
41:1-29 열방의 침묵과 이스라엘의 회복

고레스의 원통형 인장

아마도 고레스를 가리키는 듯한 41:2-4의 예언은 주전 539년에 성취되었고, 느부갓네살을 상징하는 듯한 41:25의 예언은 주전 586년에 성취되었다. 예언서에서 대개 북방에서 온 사람은 느부갓네살이나 앗수르를 가리키며, 동방에서 온 사람은 고레스나 예수 그리스도를 가리킨다. 복역의 때가 끝났다는 예언(40:2)은 고레스의 칙령을 따라 주전 537년 유다 백성들이 본토에 돌아오므로 성취되었고, 그들이 돌아올 길을 예비하라는 40:3-5의 예언은 신약 저자들이 구원자 예수 그리스도의 길을 예비하는 세례 요한에게 적용하므로 메시아 예언임이 밝혀졌다(마 3:3, 막 1:2, 눅 3:4-6, 요 1:23). 광야에서 길을 보수 공사하는 이미지는 전쟁에서 승리하고 돌아오는 왕을 위한 이미지이다. 광야를 행진하는 왕(40:3-5), 양을 돌보는 목자(40:11)는 이스라엘과 야훼 하나님과의 관계에서 가장 많이 사용되는 이미지이다. 흥미로운 것은 이스라엘의 이미지가 하나님에게서 잊어졌다고 불평하던 자(40:27)에서 독수리로(40:31), 벌레에서(41:14) 날카로운 타작기계(41:15)로 바꾸어지고 있다는 점이다.

그리고 40:18, 25에 나오는 '누구와 같다고 하겠느냐?' 는 이사야와 동시대 선지자 미가에 (주전 733-701년) 의해 인용되었다(미 7:18).[18] 41:17-18에 나오는 풍부한 물의 이미지는 메시아 예언의 상투적 표현이다.

18) 미가(미카) 선지자의 이름도 '누가 주와 같으리요(미카야)' 의 축약형이다.

2) 야훼의 종을 통한 구원(42:1-45:25) ; 이사야에 네 번(42:1-9, 49:1-7, 50:4-11, 52:13-53:12) 나오는 '야훼의 종의 노래' 가운데 첫 번째 노래가 들어 있다. 그런데 본문에는 세 종류의 종이 나온다. 첫째는 메시아이며(42:1-4, 마 11:5 12:17-21 참조), 둘째는 영적인 소경인 유다 백성이고(42:18, 19), 셋째는 바사 왕 고레스이다(44:28-45:1). 고레스에 대한 예언은 앞서 살펴본 것처럼 주전 539년에 성취되었으며, 모든 민족이 구원받으리라는 45:22-23의 예언은 롬 14:11과 빌 2:10,11에서 예수 그리스도를 통해 성취되었다. 아마도 원 독자들은 우상숭배로 하나님을 배신한 그들을 회복시켜 주시리라는 예언에서 하나님의 자비를 다시금 깨달았을 것이며, 우상과는 비교가 되지 않는 그의 전능하심에 도전을 받았을 것이다.

<본문의 구조>

42:1-25 야훼의 종 메시야와 영적인 소경 유다 백성
43:1-28 창조주와 구속자로서 이스라엘의 죄 짐을 짊어지시는 하나님
44:1-23 성령을 받게 될 이스라엘과 유일하신 하나님
44:24-45:25 고레스를 통해 이스라엘을 구원하실 하나님

그런데 이사야에서 자주 나오는 단어 '공의'(미슈파트)는 구원과 동의어로 쓰인다. 오히려 구원이라는 직접적 표현보다 구원을 의미하는 '의' 가 더 많이 사용되었다. 이처럼 '의' 가 구원의 의미로 사용된 것은 구원이 하나님의 의로우신 행위이기 때문일 것이다.

"나는 공의를 행하며 구원을 베푸는 하나님이라"(사 45:21)

"나의 공의를 가깝게 할 것인즉… 나의 구원이 지체하지 아니할 것이라"(사 46:13)

"내 공의가 가깝고, 내 구원이 나갔은즉"(사 51:5)

"나의 구원은 영원히 있고 나의 공의는 폐하여지지 아니하리라"(사51:6)

"그의 날에 유다는 구원을 받겠고, 이스라엘은 평안히 살 것이며 그의 이름은 여호와 우리의 공의라 일컬음을 받으리라"(렘 23:6)

따라서 42:1, 3, 4에서 야훼의 종이 이방에 공의를 베푸는 것은 그리스도를 통해 민족들에게 구원이 베풀어지는 것을 의미한다. 마 6:33의 '그의 나라와 의' 도 같은 맥락으로 해석되어야 한다. 42:4, 21, 24에서 '교훈' 으로 번역된 히브리어는 '토라(תורה)' 이다. 따라서 '모세 오경' 을 가리키는 것으로 보는 것이 좋다.

43:1-7은 다음과 같이 대칭구조를 이루고 있다.

A 이스라엘의 창조주 하나님(1b-c)
B 이스라엘의 이름을 부르시는 하나님(1d)
C 내가 너와 함께 하리라(2)
D 이방을 속량물로 주시는 하나님(3c-d)
E 이스라엘을 사랑하시는 하나님(4a-b)
D′ 이방을 속량물로 주시는 하나님(4c-d)
C′ 내가 너와 함께 하리라(5)
B′ 하나님의 이름으로 불리는 사람들(7a)
A′ 이스라엘의 창조주 하나님(7b-c)

- 44:2의 여수룬은 공의로운 자를 가리키며 이스라엘의 애칭이다(민 23:10, 신 32:15, 33:26). "여수룬에 왕이 있었으니"(신 33:5)은 "여수룬에서 왕이 되셨도다"로 번역하는 것이 옳다.
- 44:9-20은 우상의 헛됨에 대한 풍자이다.
- 44:22-23에서 야훼 하나님은 먼저 용서해놓고 회개(슈브)를 요청한다. 이것은 지금까지 예언자들이 먼저 회개하고 죄 용서를 받으라는 요청과 사뭇 다른 것이다. 이것은 예수 그리스도의 죽음을 통해 속죄를 이루어놓고 인간의 회개를 요청하는 신약의 가르침을 연상시킨다.
- 45:7에서 야훼 하나님이 빛도 짓고 어둠도 창조하며, 평안도 짓고 환난도 창조하는 신이라는 표현은 만물과 역사의 주관자 되심에 대한 묘사이다.

3) 우상숭배자들에 대한 심판(46:1-48:22); 본문은 초강대국 바벨론의

신 벨과 느보가 바벨론을 패망으로부터 건져주지 못할 것을 예언함(46:1, 2)으로 시작한다. 패역한 이스라엘이 섬기는 우상이 그들을 지켜주지 못할 것을 경고하면서(46:6-7), 하나님이 이스라엘을 심판할 자를 부르기도 하시며 구원하기도 하신다는 사실이 강조되어 있다(46:10-13). 47장은 바벨론의 패망이 우상숭배에 있음을 반복해서 선언하고, 48장은 죄악에 빠진 이스라엘을 하나님이 구원하실 것을 약속하고 있으며, 12-24절은 구원 신탁이다.

<본문의 구조>

46:1-13 바벨론 신들의 무능함과 야훼 하나님의 구원
47:1-15 심판받을 바벨론
48:1-22 바벨론으로부터 돌아올 이스라엘

- 46:1의 벨은 아카드어로 된 바알의 이름이며 마르둑 신의 별명이다. 느보는 벨의 손자로서 나부(지혜와 문학의 신)을 가리킨다. 느부갓네살은 느보 신의 이름을 땄으며, 벨사살은 벨 신의 이름을 인용했다.
- 46:5의 '누구와 같다 하겠느냐' 는 44:7에 나왔던 표현이며, 미가에서 인용되었다.
- 47:12-15은 바벨론의 점성술의 헛됨을 풍자한 것이다.

<주제> 거룩하신 하나님은 만국을 심판하신다. 자비하신 하나님은 만민을 구원하신다. 이스라엘의 하나님은 택하신 백성을 회복시키신다.

소단원 8 메시아를 통한 구원(49:1-57:21)

<내용 요약>

본문에는 이사야서 전체에서 발견되는 4개의 "야훼의 종의 노래(42:1-9, 49:1-7, 50:4-11, 52:13-53:12) 가운데 3개가 들어있을 정도로 메시아 예언의

빈도가 높다. 그리고 이 본문에는 여호와의 종의 노래 외에도 메시아 시대에 대한 일반적인 예언이 많다. 나머지 예언은 이스라엘이 하나님과의 언약을 깨뜨리고 우상숭배를 했음에도 불구하고 하나님의 그들을 마침내 본토에 돌아오게 하실 것이라는 구원(약속) 신탁들로서, 주전 537년 본토 귀환을 통해 성취되었다. 그들이 포로생활을 끝내고 돌아오게 되는 것은 전적인 하나님의 은혜이므로, 원 청중과 원 독자들은 모두 자신들이 저지른 죄의 심각성에 대해 경고를 받았을 것이다. 그리고 하나님의 성실하심과 구원하심에 격려를 얻은 동시에, 메시아 왕국에 대한 소망을 얻게 되었을 것이다.

<본문의 구조>

49:1-53:12	야훼의 종의 노래들
54:1-17	버림받은 여인 시온을 새롭게 하시는 하나님
55:1-56:8	야훼 하나님의 초대
56:9-57:21	우상 숭배로 패망한 이스라엘

〈단락 해석〉

1) 야훼의 종의 노래들(49:1-53:12)

엘레판틴 섬 아문 신전

- 49:1-7은 두 번째 야훼의 종의 노래이다. 메시아 예언으로서의 1절은 마 1:21과 눅 1:31-33에서, 6절은 마 28:18-20에서, 7절은 막 14:65에서 모두 그리스도를 통해 성취되었다.
- 49:8은 고후 6:2에서 인용되었다.
- 49:12의 시님은 현재 아스완 시로서 헬라어로 엘레판티네였다. 이곳에서 유대인들은 주전 4세기에 성전을 세웠다.
- 50:1의 이혼증서 이야기는 야훼 하나님을 스스로 떠난 이스라엘이지만 하나님이 여전히 버리지 않으셨다는 것을 보여준다.
- 50:4-9은 세 번째 야훼의 종의 노래이다. 메시아 예언으로서의 4절은 요 8:28에서, 6절은 마 26:67과 27:26, 30에서 모두 그리스도를 통해 성취되었다.

- 51:6에서 하늘이 연기같이 사라지고 땅이 옷같이 해어진다는 것은 바벨론의 신화를 공격하는 것이다. 즉, 바벨론 사람들은 하늘과 땅을 마르둑 신이 만든 것으로 영원하다고 여겼다. 그러나 하늘과 땅은 하나님이 만드셨고, 때가 되면 없어지게 하신다는 것이다. 이것은 마 24:35과 벧후 3;10, 계 21:1에서 인용되었다.
- 51:9-10의 용과 라합 이야기는 욥 26:12-13에 나온다. 창 1:21에서 '큰 바다 생물(타니님 하그돌림)'로 묘사된 이 피조물은 때때로 애굽을 비유하는데 사용되었다. 따라서 10절은 출애굽 사건을 말하고 있는 것이다.
- 52:7은 롬 10:15에서 인용되었다.
- 52:11은 하나님의 능력으로 유다 자손들이 바벨론에게 빼앗겼던 성전 기물들을 되찾아 가지고 돌아올 것에 대한 예언이다.
- 52:13-53:12은 네 번째 야훼의 종의 노래이다. 메시아 예언으로서의 52:13은 막 16:19(엡 1:20-2참조)에서, 52:14-53:3은 마 26:67에서, 53:4-6은 마 8:17(벧전 3:18 참조)에서, 53:7은 마 27:12-14에서, 53:9은 마 27:57-60에서, 53:10은 요 19:30에서, 53:12은 눅 23:34,43에서 모두 그리스도를 통해 성취되었다.

◘ 적용을 위한 묵상

상함을 받게 하시기를 원하사

"여호와께서 그에게 상함을 받게 하시기를 원하사 질고를 당하게 하셨은즉"(53:10상)

고난 받는 야훼의 종은 사람들에게 버림받고, 질병의 고통에 시달리며, 하나님께 징벌을 받는 자로 오해받는다(3-4). 그는 마침내 형벌을 받아 악인들 가운데 한 사람으로 처형된다(9). 역설적으로 야훼 하나님은 진정 그가 그렇게 되기를 원하신다. 그 고난 받는 야훼의 종이 예수 그리스도를 가리켰다는 점에서 역설은 더 심화된다. 그리스도가 하나님이 사랑 하는 외아들이기 때문이다. 우리는 이 구절에서 죄인을 향하신 하나님의 끝없는 희생적 사랑에 감동을 받는다.

만약에 하나님이 우리로 하여금 고통 가운데 살다가 죽는 것을 원한다면 어떻게 될까? 우리를 사랑함에도 불구하고 세상에서 소외된 자로 내버려 둔다면…그래도 하나님에 대한 우리의 사랑과 신뢰에는 변함이 없게 될까? 예수 그리스도는 그 역설과 씨름하며 게세마네 동산에서 땀에 피가 배어나도록 기도했으며, 골고다 십자가 위에서 절규했다. 많은 그리스도인들은 고난 받는 야훼의 종 사건이 그리스도에게 제한된다고 생각한다. 그러나 유대인들의 생각은 다르다. 그들은 고난 받는 야훼의 종을 유대 민족공동체에 적용한다. 물론 그들은 예수 그리스도를 믿지 않는다. 그러나 고난은 그리스도에서 끝났으며, 그리스도인들에게는 부요함과 형통함이 준비되어 있다는 생각에는 분명히 문제가 있다. 그리스도는 자기를 따르는 자들이 십자가를 져야 한다고 누누이 강조했기 때문이다.

2) 야훼의 영원한 구원(54:1-17)

이스라엘의 회복이 미래에 영광스러운 메시아 왕국으로 이어질 것을 예언하고 있다. 54:1에서 자식이 없는 여인은, 포로에서 돌아올 유다 백성들의 숫자가 나라를 건설하기에 미약한 상태일 것을 비유한 것이다. 11-17은 메시아 시대에 대한 영적 예언이다.

3) 야훼와의 연합(55:1-56:8)

왕이신 야훼 하나님의 풍성한 식탁으로 이방인과 고자들도 초대되고 있다. 56:7은 마 21:13에서 예수 그리스도가 성전을 정결케 할 때 인용된 구절이다. 56:8은 요 17:20에서 예수 그리스도의 대제사장적 기도에 들어 있다.

4) 야훼 하나님에 대한 성결(56:9-57:21)

유다의 패망의 원인이 우상 숭배에 있었으며, 백성의 지도자의 용인하에 자행되었음을 고발하고 있다. 57:5의 상수리나무는 히브리어로 '엘림(신들)' 이다. 가나안에서 상수리나무는 아세라 여신의 상징이었다. 따라서 이것을 크리스마스트리에 대한 경고로 보는 것은 옳지 않다. 6절의 매끄러운 돌이 무덤을 가리킨다면 조상숭배 의식의 죄를 지적하고 있다. 7-

8은 다산을 기원하기 위해 신전 무녀들과 매춘행위를 하는 죄를 지적하고 있다. 8절의 '기념물' 은 아마도 남근의 상징물인 듯하다. 9절은 명백히 유아들을 인신제사로 드린 죄를 지적하고 있다.

<주제> 자비하신 하나님은 만민을 구원하신다. 이스라엘의 하나님은 당신의 백성을 회복시키신다. 성실하신 하나님은 메시야를 보내 영광스러운 왕국을 건설하신다.

소단원 9 메시아 왕국의 영광스러운 미래(58:1-66:24)

<내용 요약>

58-59장은 포로에서 돌아온 유다 백성들이 회개와 안식일 준수를 통해 하나님과의 관계를 회복하도록 촉구하고 있다. 그와 대조적으로 60-66장은 메시아 시대의 영광스러운 미래를 조망하고 있다.

<본문의 구조>

58:1-59:21 하나님과의 관계 회복
60:1-62:12 시온의 영광 회복
63:1-66:24 다가오는 세상

〈단락 해석〉

1) 하나님과의 관계 회복(58:1-59:21)

본문은 유다의 죄에 대한 고소와 회개의 촉구(58:1-59:8), 회개기도(59:9-15상), 하나님과의 관계 회복 약속(59:15상-21)으로 구성된다. 유다의 죄는 형식적이고 위선적인 종교생활과(58:3-14), 다스리는 자를 포함한 모든 백성들이 하나님의 언약을 어긴 것이다(59:1-8). 하나님과의 관계 회복은 하나님이 친히 중재자가 되시고(16), 이스라엘의 대적들을 물리치시며(17-19), 회개하는 자에게 구속자로 임하시며(20), 성령과 말씀을 영원히 신자들에게 두시는 축복(21)으로 묘사된다. 이 축복은 메시아 시대에 대한 예언으로서, 오순절에 성령이 임하시므로(행 2:4) 예수 그리스도를 통해 성취되었다.

58:6-7의 의미는 하나님이 기뻐하시는 금식을 행할 때 형통하게 된다는 것이 아니다. 오히려 하나님이 기뻐하는 금식은 선행이 동반되는 금식이라는 것이다. 그렇게 할 때 8-12의 형통함이 뒤따르게 된다. 9-12에서 다시 한 번 금식 중 선행의 중요성이 강조되고 있다.

- 59:17은 전형적인 신인동형론(Anthropomorphism)이다.
- "여호와께서 이르시되 내가 그들과 세운 나의 언약이 이러하니 곧 네 위에 있는 나의 영과 네 입에 둔 나의 말이 이제부터 영원하도록 네 입에서와 네 후손의 입에서 떠나지 아니하리라 하시니라 여호와의 말씀이니라"(59:21)는 렘 31:31에서 인용되어 신약 시대를 가리키는 예언이 되었다.

2) 시온의 영광 회복(60:1-62:12)

본문은 이방이 시온의 영광을 위해 헌금을 가지고 찾아올 뿐 아니라, 야훼께서 영원한 빛이 되시기 때문에 해와 달의 비침이 쓸데없는 시대(60:19-20)에 대한 묘사들이다. 이것은 계 21:23-24에서 그대로 인용되어 예수 그리스도의 재림으로 성취될 영원한 천국에 대한 묘사임이 밝혀졌다. 그리고 61:1-2는 눅 4:17-21에서 예수 그리스도가 자신에게 적용시키므로 성취되었다. 흥미로운 것은 그리스도가 2절 하반부는 읽지 않은 것이다(김인철 저, 복음서의 난제들 상. 참조할 것).

- 62:4의 헵시바는 나의 기쁨이 그녀에게 있다는 의미이며(왕하 21:1), 뿔라는 결혼한 여자를 가리킨다. 따라서 이스라엘이 야훼의 신부로 거듭나게 될 것에 대한 예언이다. 이것은 호세아에 의해 "내가 네게 장가들어 영원히 살되 공의와 정의와 은총과 긍휼히 여김으로 네게 장가들며 진실함으로 네게 장가들리니 네가 여호와를 알리라"(호 3:19-20)는 예언에 인용되었다.

3) 다가오는 세상(63:1-66:24)

악인에 대한 최후 심판과 신자들이 누릴 최종 영광이 메시아 왕국의 도래와 함께 성취되는 것을 골자로 하는 본문은 신약의 여러 저자를 통해 다음과 같이 메시아 시대를 특징짓는 묘사로 인용되었다.

• 63:2-3은 계 14:19-20에서 그리스도의 재림 때 악인들이 받을 최후 심판을 묘사하는 구절로 인용되었다.
• 64:8은 렘 18:6에서도 인용되었고, 롬 9:20에서 이방인들이 구원받는 메시아 시대에 대한 예언으로 인용되었다.
• 65:1-2은 롬 10:20-21에서 이방인들이 그리스도를 믿고 구원받는 대신, 유대인들이 그를 거부하므로 성취되었다.
• 65:4-5은 죽은 사람과 대화하는 강신술 풍속을 가리킨다.
• 65:10의 아골 골짜기는 유대 광야 북쪽 여리고 부근에 있는 작은 평야로서, 오늘날 엘 부케아를 가리키는 것으로 확인되었다.
• 65:11의 '갓' 과 '므니' 는 각각 운명과 운수의 남신과 여신을 가리킨다.
• 65:17은 계21:1에서 그리스도의 재림으로 성취될 영광스러운 세계를 설명하는 구절로 인용하였다.
• 66:1의 '하늘은 나의 보좌, 땅은 나의 발판' 은 마 5:34-35에서 예수 그리스도가 맹세를 금지시킬 때 인용되었고, 행 7:48-49에서 스데반의 설교에 다시 한 번 인용되었다.
• 66:15의 '여호와께서 불에 옹위되어 강림하시리니' 라는 예언은 살후 1:7에서 예수 그리스도의 재림을 묘사할 때 인용되었다.
• 66:20-211은 먼저 말 1:11에서 인용되었고, 벧전 2:9에서 그리스도를 믿는 자들에게 적용하여 메시아 시대를 위한 예언임을 밝혔다.
• 66:24은 막 9:47-48에서 그리스도의 재림 때에 죄인들에 대한 최후 심판으로 성취될 것임이 밝혀졌다.

아마도 원 독자들은 본문의 예언을 통해 죄를 회개하지 않고는 결코 하나님의 구원을 받을 수 없다는 사실에 경고를 받았을 것이며, 하나님을 신뢰하는 자를 위해 예비하신 완전한 구원에 격려를 받았을 것이다.

<주제> 거룩하신 하나님은 만국을 심판하신다. 성실하신 하나님은 메시아를 보내 영광스러운 왕국을 건설하신다.

되새김질

1. 저자/시대적 배경/기록 연대와 장소/원 독자/주제와 책의 특징에 대해 아는 대로 말해봅시다.

2. 이사야가 노래한 야훼의 종에 대해 간단히 정리해봅시다.

3. 이사야의 예언이 인용된 신약 성경 구절을 찾아봅시다.

나훔

나 훔

니느웨의 멸망과 유다의 구원을 예언하고 있는 이 책은, 니느웨의 구원을 다루고 있는 요나서와 대조를 이룬다. 이 책은 북 이스라엘 멸망 이후 기록된 것으로 보이며, 초강대국으로 부상한 앗수르의 철저한 멸망을 예고하고 있어 주목을 끈다. 더구나 난공불락의 요새로 건설된 니느웨가 흔적도 없이 사라질 것이라는 예언은, 나훔서가 문학적 상상력 그 이상의 계시로 기록된 책임을 보여준다. 비록 이 책의 기록연대와 예언의 성격에 대해 논쟁의 여지가 있지만, 메시지의 강렬함과 다른 예언서와의 연관성은 부인할 수 없는 사실로 남아있다.

1. 배경

저자와 기록연대, 장소, 문학양식

이 책은 엘고스 사람 나훔에 의해 아마도 주전 660-655년경에 기록되었을 것이다(1:1).

나훔의 이름은 '하나님의 위로'라는 의미를 가지고 있다. 그러나 그의 고향 엘고스가 어디인가에 대해서는 학자들 사이에서 오랜 논쟁이 있어왔다. 초대교회 교부 제롬(히에로니무스)은 갈릴리 근처 엘세시(Elcesi)가 나훔의 고향이라고 주장했으며, 크노벨(A.W.Knobel)과 히찍(F. Hitzig) 같은 학자는 가버나움 근처에 엘코쉬(Elkosh)가 있었다고 주장한다. 심지어 초대교회 문서에는 벧 구브린 남쪽에 엘케시가 있었다고 되어 있지만, 엘케시는 라기스를 가리키는 것으로 보인다. 따라서 엘고스가 어디인지 아직도 정확히 알려지지 않는다. 나훔은 주전 660-620년 사이에 활동한 것 같은데, 이 책에서 주전 663년의 테베(노아몬)[19] 함락을 과거사로 언급하고 있으며, 주전 612년의 니느웨 함락을 미래형으로 예언하고 있다는 이유로

19) 테베(Thebes)는 고대 애굽 중왕국 시대(주전 2000년)부터 1400년 동안 애굽의 중심도시였다. 테베는 헬라 사람들이 붙인 이름이며, 애굽 사람들은 그 도시의 수호신 '아문'의 이름을 따서 '아문의 도시'라고 불렀으며, 히브리어로는 '노' 혹은 '노아몬'이다(훔 3:8).

기록 연대를 주전 663-612년으로 좁힐 수 있다. 그러나 주전 654년 테베 재건의 역사를 언급하고 있지 않다는 점과 나훔이 사역했던 시기의 왕을 언급하고 있지 않다는 점을 고려한다면, 아마도 테베 함락과 재건 중간 즉, 므낫세 통치시기에 기록된 것 같다. 그런데 그가 유다 사람이었고(1:15, 2:2) 엘고스가 그의 고향이었던 점을 고려할 때 이 책은 주전 660-655년경 엘고스에서 기록되었을 것이다.

그리고 이 책에서는 다음과 같은 문학 양식이 발견된다.

- 송사 신탁 : 1:2-14, 2:1,3-13
- 저주 신탁 : 3:1-19
- 구원 신탁 : 1:15, 2:2

원 독자

이 책의 원 독자들은 므낫세(주전 697-642) 통치 시기의 유다 백성들이라고 할 수 있다. 그들은 100년 가까이 지속된 앗수르의 압제에 지쳤으며, 므낫세의 우상숭배 정책으로 열방을 통치하시는 하나님에 대해 회의를 품었을 것이다. 더구나 므낫세는 애굽과의 줄타기 외교를 통해 앗수르의 압제로부터 벗어나려고 애썼기 때문에 백성들의 고통은 가중되었을 것이다. 따라서 원 독자들은 유다를 앗수르의 압제로부터 구원하시는 하나님을 신뢰하도록 도전받을 필요가 있었을 것이다.

시대적 배경

A. 정치적 상황

앗수르는 요나의 경고를 받아들여 온 국민이 회개했다. 그러나 디글랏 빌레셀 III, 살만에셀 V, 사르곤 II, 산헤립, 에살핫돈, 아슈르바니팔 등 강력한 왕들이 통치하는 100여 년 동안 주변 국가들을 차례로 정복하면서 점점 마음이 높아졌다. 특히 아슈르바니팔(주전 669-633) 통치 시절에는 주전 663년 애굽의 테베(노아몬)를 함락시킬 만큼 세력이 강해졌다. 따라서 불과 50 여년 뒤에 니느웨가 망할 것이라고 아무도 예측할 수 없었다. 이미 북 이스라엘은 망해 없어졌으며, 한때 유다 왕 므낫세도 아슈르바니팔의 군대의 침공을 받고 바벨론에 포로로 끌려가기도 했다(대하 33:10-19).

B. 종교적 상황

유다 왕 므낫세는 우상숭배와 완악함과 무죄한 자의 피 흘림 등으로 하나님 보시기에 악한 왕이었다(왕하 21:1-16). 그는 하늘의 일월성신을 섬기기 위해 성전 뜰에 제단을 세웠으며, 무당과 점쟁이와 신접한 자를 가까이 했으나, 포로에서 돌아와 회개한 다음에는 우상숭배를 척결하고 산당을 없애며 백성들로 여호와만 섬기도록 명령하기도 했다.

C. 같은 시기에 활동한 선지자

스바냐, 하박국, 예레미야

나훔서의 기록 목적

이 책의 시대적 배경과 원 독자들의 형편을 감안하면 다음과 같은 의도에서 기록되었음을 알게 된다.

첫째, 유다의 평화는 앗수르나 애굽에 대한 외교력으로 지켜지는 것이 아니라 하나님의 주권적 개입으로 얻어지는 것을 가르치기 위해

둘째, 니느웨의 멸망을 통해 세상의 모든 신들과 우상은 헛것임을 드러내므로 하나님만 신뢰하도록 도전하기 위해

주제와 원 독자들에게 의의

나훔서의 주제는 니느웨의 멸망과 유다의 구원이다. 이것은 전사로서의 야훼 하나님에 의해 주어지게 된다. 다시 말해서 앗수르의 멸망이 우

연히 생겨나는 사건이 아니라, 우주의 통치자 야훼 하나님에 의해 필연적으로 이루어질 것이라는 것이다. 하나님은 세계의 지배자로 자처하며 열방을 압제하는 앗수르의 죄를 심판하신다. 그럼으로써 유다는 구원될 것이었다. 따라서 원 독자들은 하나님을 신뢰하며 열방을 의지하지 말아야 했다. 나훔서의 주제는 다음과 같은 신학적 관점을 따라 기록되어 있다.

1. 하나님은 우주와 역사의 주관자이시다.

창조주 하나님은 자연을 다스리며 혼돈을 잠재우는 분이다(1:3하-5). 그의 앞에 막아설 자 없으며(1:12상), 그의 구원을 방해할 자도 없다(1:7,12하-13). 그의 앞에는 앗수르의 신들과 우상이 헛것이며(1:14), 백성과 상인과 장관의 숫자와 성벽의 견고함이 쓸모없게 된다(3:12-17). 그는 열국의 군대를 사용하시며(2:1-4), 물로써 파괴하며(2:6), 불로써 멸망시킨다(3:13,15).

2. 하나님은 전사(warrior)이시며 심판자이시다.

하나님은 질투의 대상을 없애시는 진노의 주(바알 헤마)이시다(1:2, 6). 진노의 주이신 하나님은 앗수르의 죄를 심판하신다. 앗수르의 죄는 첫째, 거짓 외교와 상품으로 열방을 현혹한 죄(3:5) 둘째, 열방을 무력으로 압제하고 약탈하며 백성들을 포로로 끌고 간 죄(2:2,11-12, 3:1, 18) 셋째, 하나님을 대적한 죄이다(1:9, 11). 실제로 앗수르 왕 산헤립은 히스기야에게 사자를 보내 야훼 하나님을 훼방했다(사 36:13-22, 37:8-13). 따라서 하나님은 앗수르를 대적하신다(1:2, 2:13). 그러니까 앗수르의 멸망은 필연적이다.

3. 하나님은 유다의 구원자이시다.

> "볼지어다 아름다운 소식을 알리고 화평을 전하는 자의 발이 산 위에 있도다. 유다야 네 절기를 지키고 네 서원을 갚을지어다. 악인이 진멸되었으니 그가 다시는 네 가운데로 통행하지 아니하리로다 하시니라"(1:15).

앗수르를 통해 유다를 징계하시던 하나님은 돌이켜 구원하신다(1:12-13). 야훼 하나님은 선하시기 때문에 환난 날에 산성이 되시며 피난자들을 알아주신다(1:7). 그는 마침내 야곱의 영광을 회복하신다(2:2).

이상과 같은 주제와 신학적 관점들은 원 독자들로 하여금 구원자 하나님만을 신뢰하며 앗수르로부터의 구원을 소망하도록 도전하고 있다. 이 책이 앗수르의 압제가 지속되고 있을 때 기록되었다는 점에서 의의가 크다고 하겠다.

나훔서의 특징

1. 다른 예언서들이 이상(vision) 혹은 경고(oracle:신탁)로 시작되는데 비해 이 책은 "경고(신탁) 곧 묵시(이상)의 글(book)"로 시작하고 있다. 이것은 다른 예언서들이 처음에 말로 선포했던 예언을 나중에 글로 기록한 것과 대조적으로, 이 책이 처음부터 글로 씌어졌음을 의미하는 것이라고 할 수 있다. 이 책이 100년 넘게 지속된 앗수르의 압제 시대에 기록된 것을 감안한다면, 유다 백성들의 오랜 염원을 배경으로 한 제의문학의 성격을 띠고 있다고 할 수 있다.

2. 대부분 전형적인 히브리 시가의 대구법 형식으로 예언되어 있다.

3. 영화를 보는 것처럼 생생하게 니느웨의 멸망이 묘사되어 있다. 실제로 주전 612년 니느웨는 이 책에서 예언된 대로 강물의 범람과 화재로 멸망하였다.

4. 유다에 대한 압제자들의 학대가 '다시는' 없을 것이라고 네 번이나(1:12,14-15, 2:13) 반복해서 강조하고 있다. 특히 앗수르가 단순히 이스라엘의 대적이 아니라 하나님의 대적이자 죄인으로 묘사되어 있다. 앗수르가 죄인으로 묘사되는 것은 그들의 팽창주의와 패권주의가 우주를 통치하시는 하나님의 절대 권력에 대항하는 행위로 보았기 때문이다.

5. 하나님의 성품의 양면성이 묘사되어 있다. 예컨대 죄인에 대한 심판자로서의 하나님은 투기하시며 보복하시며 진노하시며 죄인을 결코 사하지 않는 분이다. 하지만 선민에 대한 구원자로서의 하나님은 노하기를 더디하시며 권능이 크시며 선하시며 환난 날에 산성이시고 그를 의뢰하

는 자를 아시는 분이다(1:2, 3, 7).

6. 니느웨의 운명에 대해 요나서와는 정반대의 주제가 예언되어 있다. 그것은 하나님의 성품의 양면성을 반영하는 것이다. 즉, 요나서에서는 앗수르가 비록 죄인일지라도 회개하면 용서해주시는 분으로 야훼 하나님을 묘사하고 있다. 그와 반면 나훔서에서는 비록 하나님이 노하기를 더디하시는 분이지만 죄인을 결코 용서하지 않는 분으로 묘사하고 있는 것이다 (1:3).

7. 유다에 대한 죄의 지적과 회개의 촉구 메시지가 빠져있다. 이 책의 기록연대가 므낫세 왕의 통치 시기라는 점을 생각할 때, 유다의 죄악상을 고발하지 않은 것은 이례적인 일로 받아들여진다. 따라서 일부 비평학자들은 나훔이 열방의 멸망을 기뻐하는 국수주의자이거나 심지어 거짓 예언자의 부류에 속하는 것으로 보기도 한다. 그러나 오바댜, 하박국, 요나서에도 선민의 죄에 대한 지적이 빠져 있으며, 니느웨의 멸망이 하나님의 주권에 대항하는 죄인에 대한 심판이라는 점에서 그와 같은 주장은 설득력을 가지지 못한다.

8. 화려한 수사법이 동원되었다. 니느웨는 사자의 굴처럼 열방에게서 빼앗은 것으로 채워진 도시이며(2:11-12), 피로 건설된 도시이다(3:1). 마치 사람들을 미혹하는 음녀와 같지만 버려진 창기와 같이 모욕을 당하게 될 것이었다(3:4-5). 하늘의 별처럼 많은 상인들과 메뚜기 떼처럼 많던 군인들이 모두 메뚜기 떼가 날아가는 것처럼 사라지게 될 것이었다(3:16-17).

9. 다른 예언자들의 예언이 인용되어 있으며, 다음 세대의 예언자들에 의해 인용되기도 했다. 1:4은 암 1:2로부터 인용되었으며, 1:5은 미 1:3로부터 인용되었고, 1:6은 말 3:2과 계 6:17에서 인용되었다. 1:15은 사 52:7과 사 30:29에서 인용한 것이다. 그리고 3:5은 사 47:3에서 인용한 것이다.

성경 연구 클리닉

• 니느웨 멸망에 대한 예언 성취

니느웨 궁전

앗수르 왕 산헤립 때부터 니느웨가 앗수르의 수도로 지정되어 25년에 걸친 대규모 공사를 벌인 결과, 높이 30m에 마차 세대가 나란히 달릴 수 있을 정도로 넓고 길이가 120km에 이르는 성벽을 갖추었다. 거기에 200개의 망루가 설치되어 있으며, 넓이가 45m에 깊이가 18m의 삼중 해자로 성벽을 둘러쌌으며, 철통같은 15개의 성문을 설치하여 적들의 포위공격에도 20년을 버틸 수 있는 난공불락의 요새 도시로 무장시켜 놓고 있었다. 그리고 티그리스 강에서 끌어들인 물을 가지고 도시 가운데 댐을 만들어 물을 저축했다. 니느웨가 난공불락의 도시로 여겨졌기 때문에 당시 나훔의 예언은 한낱 약소국가 선지자의 푸념으로 밖에 들리지 않았을 것이다.

그러나 그의 예언은 적중하여 주전 612년 나보폴라살이 이끄는 메대와 바벨론의 연합군에 의해 함락되고 말았다. 놀라운 것은 나훔이 예언한 대로 티그리스 강의 범람한 물을(1:8) 메대와 바벨론 군대가 니느웨의 성벽을 파괴하는데 사용했다는 사실이다(2:6). 그리고 신샤르이쉬쿤 왕(주전 629-612)이 왕궁에 불을 질러 자살하므로, 나훔의 예언처럼 니느웨 성은 마치 마른 지푸라기가 불에 타는 것과도 같고 벽돌 가마에 불이 타는 것과 같이 되어버렸다(1:10, 2:6, 3:13,15). 더욱 놀라운 것은 니느웨가 사람들의 눈에 감춰질 것이라는 예언대로(3:11), 주후 1820년 일단의 학자들이 고대 니느웨 지역에서 유물을 몇 점 발견하기까지 사람들의 기억에서 철저히 사라져 심지어 니느웨의 존재조차 믿지 않으려 했을 정도였다. 주전 333년 페르시아 정벌을 위해 출정했던 알렉산더는 니느웨의 폐허에서 흔적조차 찾지 못하고 지나치기도 했던 것이다.

2. 내 용

〈구조와 요절〉

이 책은 니느웨의 멸망에 대한 예언이다. 마치 그림을 그리는 것처럼 생생하게 니느웨의 심판을 묘사하고 있는 이 책은, 니느웨에 대한 심판이 곧 유다에 대한 구원이라는 시각에서 쓰여진 것이다. 따라서 1) 니느웨에 대한 심판 선고(1:1-15) 2) 니느웨 최후의 날 예고(2:1-13) 3) 니느웨 멸망의 원인(3:1-19)의 세 부분으로 구성되어 있다.

<table>
<tr><td colspan="4" align="right">(요절 1:15, 3:7)</td></tr>
<tr><th>소 단 원</th><th>신 탁</th><th>기록 장소</th><th>기록 연대</th></tr>
<tr><td rowspan="3">1:1-15
니느웨에 대한 심판</td><td>•</td><td rowspan="7">유다의
엘고스</td><td rowspan="7">주전
660-
665년경</td></tr>
<tr><td>송사</td></tr>
<tr><td>구원</td></tr>
<tr><td rowspan="3">2:1-13
니느웨 최후의 날</td><td>송사</td></tr>
<tr><td>구원</td></tr>
<tr><td>송사</td></tr>
<tr><td>3:1-19
니느웨 멸망의 원인</td><td>저주</td></tr>
</table>

요절

"볼지어다 아름다운 소식을 보하고 화평을 전하는 자의 발이 산위에 있도다 유다야 네 절기를 지키고 네 서원을 갚을지어다 악인이 진멸되었으니 그가 다시는 네 가운데로 통행하지 아니하리로다"(1:15).

"그때에 너를 보는 자가 다 네게서 도망하여 이르기를 니느웨가 황폐하였도다 누가 그것을 위하여 애곡하며 내가 어디서 너를 위로할 자를 구하리요 하리라"(3:7).

〈해 설〉

소단원 1 니느웨에 대한 심판 선고(1:1-15)

◘ 내용 요약

전형적인 송사신탁(1:2-14)와 구원신탁(1:15)이 들어 있는 본문은 내용상 1) 전사로서의 하나님(1:2-8) 2) 앗수르에 대한 심판 선고(1:9-11) 3) 앗수르의 심판과 유다의 구원(1:12-15)으로 나누어진다. 그리고 전사로서의 하나님을 소개하는 부분은 히브리어 알파벳 절반으로 구성된 답관체 시가의 형태로 기록되어 있다.

◘ 관찰과 해석

א. 히브리 시가에서 드물게 발견되는 답관체 시가 나와 있다. 이 시는 다음과 같이 A-B-A′ 형태의 교차대구법으로 구성되어 있다. 이 시에서는 하나님의 진노하시는 성품이 반복되어 있는데 그 이유는 니느웨에 대한 심판의 정당성을 강조하기 위한 것으로 보인다.

A. 야훼 하나님의 성품(2-3a)
  1. 진노의 하나님(2)
  2. 은총의 하나님(3a)
  3. 심판의 하나님(3a′)
B. 창조주 하나님(3b-5)
  1. 재판장 하나님의 나타나심(3b)

2. 창조주 하나님의 능력(4)
3. 창조주 하나님께 순종하는 자연세계(5)

A′ 야훼 하나님의 성품(6-8)

1. 진노의 하나님(6)
2. 은총의 하나님(7)
3. 심판의 하나님(8)

ב. 니느웨에 대한 심판과 유다의 구원이 대조를 이루고 있다. 그것은 하나님의 성품의 양면성-진노와 용서를 기초로 하여(1:2-3, 7-8) 니느웨의 멸망과 유다의 구원(1:9-15)이라는 실제적 사건에 대한 예언으로 이어지고 있다. 여기서 대조적인 단어는 2절의 '여호와는 진노하시되(바알 헤마)' 와 7절의 '여호와는 선하시며(토브 야훼)' 이다.[20] 특히 니느웨의 멸망과 유다의 구원이 하나님의 역사라는 사실이 다음 구절과 같이 강조되어 있다.

> "내가 전에는 너를 괴롭혔으나 다시는 너를 괴롭히지 아니할 것이라 이제 네게 지운 그의 멍에를 내가 깨뜨리고 네 결박을 끊으리라" (1:12하-13)

ג. 야훼 하나님의 완전한 구원을 약속하는 단어 '다시는' 이 세 번이나 반복되고 있다(1:12, 14, 15). 이것은 문자적으로 앗수르의 압제로부터의 구원을 가리키지만, 더 나아가 바벨론이나 페르시아 혹은 헬라와 로마 등 어떤 강대국도 하나님의 백성을 영원히 압제하지 못할 것이라는 약속도 된다.

ד. 재판장 야훼 하나님의 초월성과 유일성이 강조되어 있다. 그는 죄인에게 형벌과 사면을 내릴 수 있는 권위자이시다(1:2-3상). 그의 나타나심과 분노하심에 맞설 피조물이 없다(1:3하-6). 여기서 1:4하는 암 1:2로부터, 1:5는 미 1:3로부터 인용된 것이다. 오직 야훼만이 선하셔서 그를 신뢰하는 자에게 구원의 산성이 되시고(1:7), 그를 대적하는 자들을 진멸하신다(1:8).

소단원 2 니느웨 최후의 날 예고(2:1-13)

◘ 내용 요약

송사신탁(2:1, 3-13) 가운데 구원신탁(2:2)이 들어있는 구조의 본문은, 내용상 니느웨의 멸망과 유다의 구원(2:1-9), 니느웨의 멸망에 대한 조롱(2:10-13)으로 나누어진다. 흥미로운 것은 니느웨 최후의 날에 메대와 바벨론 군대가 티그리스 강물을 이용하여 공격할 것과(2:6), 화재로 인해 니느웨 성이 무너질 것을 생생하게 묘사하고 있다는 점이다(2:13).

◘ 관찰과 해석

א. 니느웨가 적군에 의해 파괴되고 유린당할 것이 생생하게 예고되고 있다. 그런데 흥미로운 것은 2:1의 '파괴하는 자'가 누구냐 하는 것이다. 그는 붉은 방패를 들고 붉은 갑옷을 입은 군대를 지휘하고 있다. 에스겔서에는 그 붉은 군대가 바벨론의 군대라는 것을 밝히고 있다(겔 23:14-15). 그렇다면 지휘관은 누구일까? 히브리어로 '파괴하는 자'를 직역하면 '흩어버리는 자(메피츠)'이다. 주석가 마이어(W. A. Maier)에 의하면 구약 성경에서 렘 23:1을 제외하고는 '흩어버리는 자'는 야훼 하나님을 가리킨다고 한다.21) 그것은 구약 성서 여러 곳에서 야훼 하나님을 전사의 이미지로 묘사하는 것과도 어울린다(민 10:35, 시 68:2, 렘 18:17). 그리고 2:2에서 야훼 하나님이 약탈자들의 약탈로부터 야곱의 영광을 회복시키신다는 표현은 2:1과 내용상 평행구조라고 보이기도 한다. 그러니까 야훼 하나님은 북 이스라엘의 멸망 원흉이자 남 유다의 압제자인 앗수르를 치기 위해, 직접 바벨론 군대를 이끌고 니느웨로 올라가시는 것이다.

그러면 2:5에서 '그가 그의 존귀한 자들을 생각해내니'는 무슨 의미일까? 문맥상 '그'는 야훼 하나님을 가리키며 '그의 존귀한 자들'은 바벨론 군대를 말하고, '생각해내니'는 NRSV 번역처럼 '불러내니'의 의미로 보는 것이 옳다. 그러니까 야훼 하나님이 바벨론 군대에 공격명령을 내리자 급히 공격이 이루어지고, 앗수르 군대가 성문을 막아선다는 의미로 보아야 한다. 그러니까 2:1은 야훼 하나님이 니느웨를 공격하는 전사의 모습을 그리며, 2:2는 야훼가 니느웨를 공격하는 이유를 말하고, 2:3-4 바벨론 군대의 장비와 전투력을 묘사하며, 2:5은 야훼의 명령에 따라 전투가 시작됨을 보여주고, 2:6은 니느웨 성벽이 뚫리고 왕족들이 도망치는 것을 그리고 있으며, 2:8-9는 니느웨가 마침내 약탈의 대상이 되고 있음을 보여준다.

ב. 니느웨의 멸망에 대한 조롱의 노래(2:10-12)가 실려 있다. 이 노래의 첫 구절이 되는 '니느웨가 공허하였고 황폐하였도다' (2:10)에 해당하는 히브리어는 '부카 우메부카 우메불라카 בּוּקָה וּמְבוּקָה וּמְבֻלָּקָה' 로서 세 단어가 언어유희를 이루고 있다. 이것은 니느웨의 멸망에 대한 조롱으로서 '텅 빔, 황폐함, 파괴됨'[22]으로 번역될 수 있다. '사자' 라는 단어가 7번이나 나오는 2:11-12는 평소 사자로 자처했던 앗수르 왕들을 조롱하는 것이다. 이제 그 사자들의 굴은 먹을 것이 하나도 없는 폐허로 변하고 말았다는 것이다.

22) 허성갑, 히브리어 직역성경, p. 952.

ג. 니느웨의 멸망이 야훼 하나님으로 말미암으리라는 것이 다시금 강조되고 있다(2:13). 산문 형태로 되어 있는 13절은 2:1-9까지의 전쟁 예언과 2:10-12까지의 조롱 노래에 대한 결어의 성격을 띤다.

소단원 3 니느웨 멸망의 원인(3:1-19)

◘ 내용 요약

전형적인 저주신탁으로 시작하는 본문은 내용상 저주신탁(3:1-7), 니느웨가 애굽의 노아몬과 같이 될 것에 대한 예언(3:8-13), 니느웨에 대한 조롱과 경고(3:14-19)으로 나누어진다.

◘ 관찰과 해석

א. '화 있을진저' 로 시작하는 저주신탁이 들어 있다(3:1-7). 1-4절에는 니느웨가 다른 민족들에게 행한 죄악이 묘사되어 있으며, 5-6절에는 야훼 하나님이 니느웨에 행할 심판이 예고되어 있어 평행을 이루고 있다. 즉, 니느웨는 거짓과 피로 건설된 도시로서(1) 살육과 정복(2-3), 우상종교의 확산이 기본 정책이었다(4). 따라서 야훼 하나님은 니느웨를 철저히 심판하신다. 첫째, 니느웨는 노예와 버림받은 창기의 신분과 같이 된다. 둘째,

모든 민족이 니느웨의 멸망을 알게 된다. 셋째, 부정한 것으로 더럽혀져 열방의 구경거리가 되는 것이다. 따라서 더 이상 앗수르는 근동의 맹주로 활약하지 못하게 될 것이었다.

룩소르 신전

ㄴ. 니느웨의 멸망에 관한 아이러니(irony)가 들어 있다(3:8-13). 노아몬(테베)은 현재 룩소르(Luxor)로 알려진 지역으로, 카이로에서 남쪽으로 530km 떨어진 곳에 있다(렘 46:25). 역설적이게도 이곳은 주전 663년 앗수르의 앗슈르바니팔 왕에 의해 멸망당했던 곳이다. 나훔은 노아몬을 파멸시킨 니느웨가 그처럼 될 것이라고 말하고 있는 것이다. 마치 강력한 요새를 구축했던 노아몬이 함락된 것처럼 니느웨도 난민들이 줄을 이을 것이며(11), 외벽 성문이 무너지고(12) 내벽 성문마저 파괴되어 군인들이 맥을 쓰지 못하게 될 것(13)을 말하고 있는 것이다.

ㄷ. 니느웨 멸망에 관한 조롱(sarcasm)이 반복 대구법으로 나와 있다(3:14-17).

a. 방어준비에 관한 조롱명령(14)
b. 멸망 선고(15상)
c. 방어준비에 관한 조롱명령(15하)
d. 멸망 선고(16-17)

여기서 니느웨의 멸망에 메뚜기의 이중적 이미지가 동원되고 있다. 즉, 니느웨가 포위공격 받을 때를 대비해서 물과 벽돌을 준비할 지라도 칼과 불이 메뚜기 떼처럼 그것을 먹어치울 것이다(3:14-15상). 니느웨를 출입하는 장사꾼과 수비 병력이 하늘의 별과 메뚜기 떼처럼 많을 지라도(3:15-16) 모두 메뚜기 떼처럼 날아가 버리고 없게 될 것이라는 것이다(3:17).

◘ 적용을 위한 묵상

위로자 나훔

"니느웨에 대한 경고 곧 엘고스 사람 나훔의 묵시의 글이라"(1:1)

'하나님의 위로' 라는 뜻의 이름을 가진 나훔은 100년 가까이 앗수르의 압제에 신음하는 유다 백성들을 위로하도록 부르심을 받았다. 그의 가족이 누구이며, 고향이 어디인지, 어떤 신분이었는지, 얼마나 오래 예언 활동을 했으며, 어떻게 최후를 맞았는지 알려진 바 없다. 단지 그의 이름이 말해주는 것처럼 그가 고통 받는 하나님의 백성을 위로하도록 보내진 사람이었다는 것만 알 수 있을 뿐이다. 그가 할 수 있었던 위로는 유다의 적 앗수르가 하나님의 심판을 받아 철저히 파멸할 것이라는 내용의 총 37 절 시를 쓰는 것이었다. 한마디로 그는 민족주의자이자 저항 시인이었던 셈이다.

나훔서가 예언자의 생전에 유다 백성 대중에게 얼마나 위로가 되었으며 사랑받았는지 알 길이 없다. 그리고 적어도 그의 저작이 빛을 보기까지는 50여년이라는 세월이 더 필요했던 것이 분명하다. 그 세월 동안 나훔서는 누군가에 의해 읽혀지고 베껴 써지고 보존되었을 것이다. 그런 점에서 나훔서는 적어도 하나님의 구원을 기다리던 소수의 경건한 백성들에게 위로가 되었음이 틀림없어 보인다. 오늘날 우리의 사역도 마찬가지가 아닐까? 우리는 세상에서 고통 받고 신음하는 사람들을 위로하도록 보내졌으며, 비록 우리의 작은 음성과 몸짓을 통해 하나님의 구원을 경험하는 사람이 없어 보일지라도 여전히 맡겨진 사명을 감당해야 하지 않을까. 그럼으로써 우리는 우리 시대에 나훔이 되며, 다음 세대에도 나훔으로 기억될 수 있는 것은 아닐까. 자칫 시대의 조류를 따라 환영받는 메시지로 거짓 위로를 주는 사람 가운데 하나가 될까 두려울 뿐이다.

되새김질

1. 저자/시대적 배경/기록 연대와 장소/원 독자/주제와 책의 특징에 대해 아는 대로 말해봅시다.

2. 나훔서에 나오는 송사신탁, 저주신탁, 구원신탁의 전형적인 어구들을 찾아봅시다.
3. 나훔이 사용한 문학적인 기법 중에서 가장 인상적인 것이 무엇이었습니까?

4. 나훔이 유다의 죄를 지적하지 않은 이유가 무엇이었을 것이라고 생각합니까?

5. 나훔서를 삶의 어떤 영역에 적용할 수 있다고 생각합니까?

스바냐

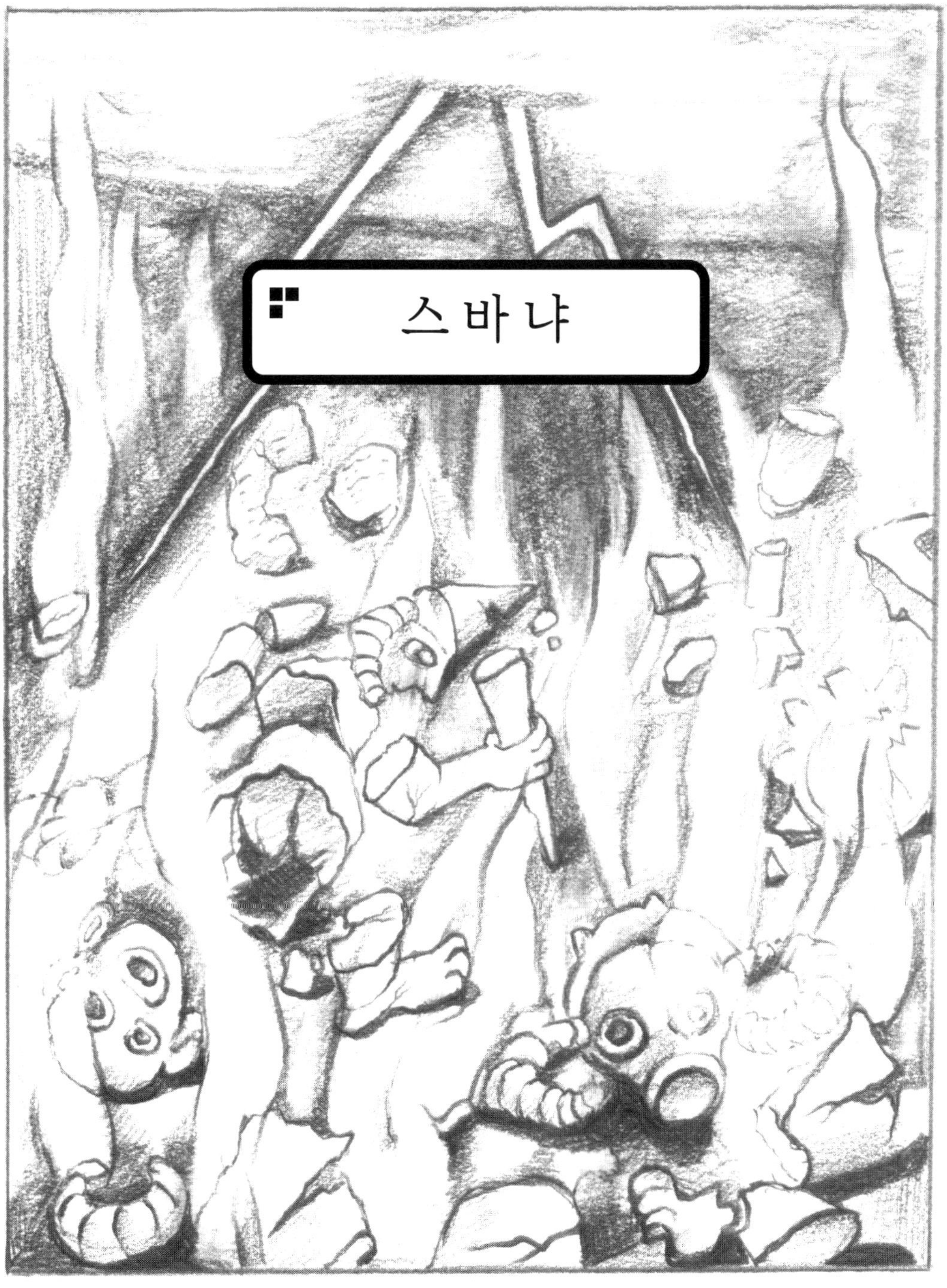

스 바 냐

요시야 시대의 종교개혁 상황을 배경으로 하고 있는 이 책은 유다에 대한 야훼 하나님의 심판과 예루살렘의 궁극적 회복을 다루고 있다. 므낫세 이후 50년 이상 지속되어온 우상숭배와 그 이전부터 뿌리내려온 지도계층의 타락은 마침내 유다의 정체성에 위기를 가져왔다. 요엘 이후 200년 동안 지속되어온 예언자들의 경고에도 불구하고 상황은 조금도 달라지지 않았던 것이다. 따라서 이 책은 보다 강력한 어조로 유다의 멸망을 경고하면서 야훼 하나님의 우주적 통치를 선포하고 있다.

1. 배경

저자와 기록연대, 장소, 문학양식

이 책은 예언자 스바냐에 의해 아마도 주전 630-625년경에 기록되었을 것이다. 그의 이름은 '야훼께서 숨어 계시다' 혹은 '야훼께서 숨어있게 하시다' 는 뜻을 가지고 있다. 저자는 자신을 히스기야의 4대손으로 소개하고 있는데, 만약에 그 히스기야가 제 13대 유다 왕을 가리키는 것이라면 스바냐는 요시야의 조카가 된다(1:1). 그러나 그 히스기야가 유다 왕을 가리키는 것인지 분명하지 않다. 스바냐는 요시야(주전 640-609년) 시대에 활동했는데, 이 책이 기록될 당시 아직 우상숭배가 없어지지 않은 것이 분명하다(1:4-5). 만약에 이 책이 요시야의 종교개혁이 한참 진행된 다음 기록되었다면 20년 이상 지속된 종교개혁 기간에 우상숭배가 성행 할 수가 없기 때문이다. 요시야가 우상척결 운동을 중심으로 종교개혁을 시작한 것이 주전 628년이며(대하 34:3-7), 율법 책 발견을 계기로 절기와 언약을 지키도록 박차를 가한 것이 주전 622(대하 34:8-35:19)이다. 이 책에서 아직 앗수르가 망하지 않은 것으로 기록하고 있는 점으로 볼 때(2:13), 아마도 우상타파가 본격적으로 시작되기 전 혹은 그 이후 율법 책이 발견되기 전 어느 시점에 기록된 것으로 보인다. 저작연대를 주전 625년 이전으로 보는 이유는 임박한 야훼의 날(1:14)이 주전 625년경 이스라엘 땅 전역을 초토화시켰던 스구디아인을 가리키는 것으로 보이기 때문이다. 따라서 대부분의 학자들은 이 책이 요시야 시대에 활동했던 예언자 스바냐에 의해 주전 630-625년 경에 기록되었을 것이라는데 의문을 제기하지 않는다. 그리고 스바냐 선지자가 유다의 죄를 지적할 때 주로 예루살렘을 언급하는 것을 볼 때 아마도 예루살렘에서 이 책을 쓴 것으로 보인다. 그는 예루살렘의 행정구역에 대해 어떤 선지자 보다 자세히 소개하고 있으며(1:10-11), 정치 지도자들의 압제와 재판관들의 부패(3:3), 예언자들의 타락한 행태(3:4)에 대해서도 자세히 언급하고 있기 때문이다(3:4). 따라서 학자들은 그가 예루살렘의 지리 사회 종교 상황을 잘 알고 있었다는 점에서 왕족이었을 것으로 추정하기도 한다.

그리고 이 책에서는 다음과 같은 문학 양식이 발견된다.

- 심판 신탁 : 1:2-2:15
- 저주 신탁 : 3:1-8
- 구원 신탁 : 3:9-20

원 독자

스바냐의 예언을 들은 원 청중들이자 이 책의 원 독자들은 요시야(주전 640-609) 집권 초반기의 유다 지도자들과 백성들이다. 므낫세로부터 아몬에 이르기까지 50년간의 악정은 요시야의 종교 개혁과 선정으로도 온전히 회복시킬 수없을 만큼 유다 왕국을 영적 혹은 도덕적으로 황폐화시켰다. 특히 요시야가 종교개혁을 시작할 무렵 일반 백성들과 지도층은 여전히 우상숭배와 부정부패의 늪에서 헤어나지 못하고 있었다. 그들은 마지못해 형식적으로 요시야의 정책을 따랐을 뿐 마음으로부터 하나님을 찾고 언약을 지키려고 하지 않았다. 그들은 므낫세(주전 697-642년) 통치 이후 50년 이상 계속되어온 형식적 종교생활과 우상숭배와 사회 전반에 걸친 악행을 진심으로 회개하지 않고 있었다. 그리고 북 이스라엘이 망한 것처럼 자신들에게도 하나님의 심판이 임하리라는 것을 깨닫지 못하고 있었다. 더구나 그 심판은 매우 임박해 있었다(주전 625년 스구디아인들의 침공). 그리고 야훼 하나님이 그들을 열방의 압제로부터 구원하실 분으로 신뢰하지 못했다. 따라서 이 책에서는 원 독자들과 관련된 다음의 이슈들이 발견된다.

- 임박한 유다의 패망
- 온 세상을 최후심판하시는 하나님
- 유다와 열방 가운데서 구원받을 의인들
- 이스라엘의 회복과 메시아 왕국의 도래

시대적 배경

A. 정치적 상황

애굽의 제 25 왕조 시기(주전 747-656년)에 가장 왕성했던 에티오피아는 애굽을 완전히 지배했다. 주전 664년 이집트 원주민 프삼메티쿠스 I가 이들을 축출하여 26 왕조를 세우고, 이듬해 앗수르에 의해 노아몬(테베)가 함락되기까지 사실상 에티오피아는 애굽을 대신했던 것이다. 따라서 스바냐는 테베의 함락을 에티오피아에 대한 하나님의 심판으로 해석했던 것으로 보인다. 이후 애굽은 주전 656년 테베를 재건하고 앗수르의 지배로부터 벗어났으며, 팔레스타인으로 진출하여 레반트 지역에 대한 지배력을 과시했다. 그러나 스바냐가 예언활동을 하던 주전 630년 당시 앗수르의 수도 니느웨는 여전히 부와 권력을 자랑하고 있었다(2:13-15). 이처럼 레반트 지역에 대한 앗수르와 애굽의 힘겨루기가 공백상황이 되면서, 갑자기 주전 625년 스구디아인들이 유다 전역을 침공하는 사건이 일어나게 되었다.

B. 종교적 상황

므낫세 통치 이후 앗수르의 속주로서 이방문물을 급속히 받아들인 결과 유다는 심각한 우상숭배로 기울어지게 되었다(왕하 21:2-9). 이런 현상은 므낫세의 아들 아몬(주전 642-640년)의 통치시기에도 크게 달라지지 않았다(왕하 21:19-22). 아몬의 아들 요시야는 이런 종교적 상황을 개선하려고 애썼다. 그는 성전을 수리했으며, 각종 우상을 타파했고, 전국의 산당을 모두 헐어버렸다. 더 나아가 점치는 자와 신접한 자를 모두 내쫓았고, 유월절을 지키는데 앞장섰다(왕하 22:1-23:27). 스바냐가 지적한 바알 종교, 이방 제사장 그마림, 하늘의 군대(일월성신)에 대한 신앙, 암몬 신 밀곰(Milcom) 숭배는 요시야의 종교개혁 초창기 상황을 말해주는 것이다.

스바냐서의 기록 목적

이 책의 시대적 배경과 원 독자들을 생각해 볼 때 다음과 같은 의도에서 기록되었음을 알게 된다.

첫째, 임박한 유다의 패망을 알려 회개하도록 경고하기 위해,
둘째, 온 세상을 최종 심판하시는 한 분 하나님께 복종하도록 도전하기 위해,
셋째, 이스라엘을 회복하시는 하나님을 신뢰하도록 격려하기 위해,
넷째, 요시야의 종교 개혁을 돕기 위해 썼을 것이다.

스바냐서의 주제

스바냐서의 주제는 '야훼의 날'과 '남은 자의 구원'이다. 요엘서에서 본격적으로 언급하기 시작한 '야훼의 날'의 의미는 전통적으로 '야훼가 오시는 날'이었다. 이스라엘의 조상 아브라함의 아내 사라에게 하나님이 찾아오므로 임신할 수 있게 되었다(창 21:1). 요셉은 임종 시에 '하나님이 반드시 여러분을 방문하실 것이다'(창 50:24)라고 예언했다. 야훼 하나님은 애굽에서 고난 받는 이스라엘을 구원하시기 위해 친히 방문하실 것을 약속했다(출 3:16). 사사 시대에 흉년으로 고생하던 이스라엘은 하나님이 방문하시므로 양식을 얻을 수 있게 되었다(룻 1:6). 이처럼 '야훼의 날'은 '구원의 날'을 의미했으며, 전쟁에 능한 야훼 하나님이라는 관점에서 이

말은 원수들에게 '패망의 날' 을 의미했다. 그런데 원수들에게 적용되는 의미에서의 '야훼의 날' 개념이 요엘 때부터 타락한 이스라엘에게도 사용되기 시작했다(욜 1:15, 2:1,11, 사 2:12, 습 1:7, 14). 그러니까 야훼 하나님은 우상을 숭배하며 계명을 어긴 이스라엘의 대적이 되신다는 것이다. 따라서 야훼의 날은 곧 이스라엘에게 재앙과 파멸의 날로 각인되기 시작했다. 따라서 스바냐에 나오는 야훼의 날에는 모든 웃음과 기쁨이 끊어지고 고통과 흑암만이 가득한 날이다.

그런데 야훼의 계명을 지키며 사는 사람들에게 그 날은 구원의 날이 된다. 예를 들어 적국이 쳐들어와 사회질서가 무너질 때 비로소 가난한 자들이 부자의 압제로부터 벗어나게 되며, 의로운 자들이 타락한 권력자의 학대에서 자유롭게 될 수 있게 되는 것이다. 이처럼 '야훼의 날' 에 대한 이중적 의미는 자연스럽게 '남은 자의 구원' 이라는 개념을 낳았다. 다시 말해서 이스라엘이 외적의 침입으로 망하게 되어도 살아남을 '남은 자' 가 있으리라는 것이다. 이 말 또한 요엘 때부터 사용되었다(욜 2:32, 미 2:12, 5:17, 사 10:20, 렘 31:7, 겔 9:8). 그들은 스바냐의 표현대로 '야훼께서 숨기신(보호하시는)' 사람들이다. 스바냐에서 그들은 '세상의 모든 겸손한 자들' (2:3), 블레셋 땅을 얻을 자들(2:7), 곤고하고 가난한 백성들(3:12), 악을 행하지 않고 거짓을 말하지 않을 자들이다(3:13).

흥미로운 것은 스바냐서 마지막에 야훼가 왕으로 통치하시는 때로서의 '야훼의 날' 이 소개되어 있는 것이다(3:19-20). 아마도 왕족이었을 스바냐는 백성들로 하여금 야훼를 제대로 섬기도록 이끌지 못하고 정의를 실행하지도 못하는 왕들에 대해 실망했을 것이다. 따라서 그는 이 책 초반부에 심판받는 세상을 그리지만, 마지막 부분에서 새로워진 세상을 그리고 있다. 그 새로워진 세상에서 이스라엘은 야훼의 사랑과 구원을 경험하게 되는 것이다.

> "너의 하나님 여호와가 너의 가운데 계시니 그는 구원을 베푸실 전능자이시라 그가 너로 말미암아 기쁨을 이기지 못하시며 너를 잠잠히 사랑하시며 너로 말미암아 즐거이 부르며 기뻐하시리라 하리라" (습 3:17)

스바냐서의 특징

1. 예언서의 표제로는 독특하게 저자의 족보를 4대까지 소개하고 있다. 만약 그의 고조부가 히스기야 왕을 가리킨다면 유일한 왕족 출신의 선지자이다. 그는 자신의 이름(스바냐: 여호와께서 숨으시다)을 가지고 "여호와의 날에 숨김을 얻으리라"고 언어유희 방식으로 예언했다(2:3).

2. 예언서가 갖추어야 할 모든 요소가 들어있다. 즉, 이 책이 야훼로부터 임한 말씀이라는 것이 밝혀져 있고(1:1), 유다의 죄가 지적되어 있으며, 예루살렘의 패망 선고와 함께 회개가 촉구되고 있고, 이스라엘을 괴롭히던 이방 나라들에 대한 심판도 선고되어 있으며, 메시아 시대에 대한 예언이 들어있다.

3. 시대적으로 앞선 예언자들의 핵심 메시지가 다 들어 있다. 예를 들면 요엘의 '야훼의 날' 사상과 함께 아모스와 이사야와 미가의 '지도계층에 대한 심판과 남은 자의 구원' 메시지, 호세아와 이사야가 지적한 '선민의 배신' 주제가 나와 있다.

4. 문학적으로 탁월한 책이다. 예를 들어 3:14-17에서 볼 수 있는 것처럼 뛰어난 시적 기교를 많이 사용하였고, 구조적으로도 짜임새 있는 대칭 구조를 사용하고 있다.[23)]

A 예루살렘의 악인들에 대한 심판(1:2-6)
B 타락한 지도자와 예루살렘 부자들에 대한 심판(1:7-13)
C 열방에 대한 야훼 하나님의 심판(1:14-18)
D 회개의 촉구(2:1-3)
C′ 열방에 대한 야훼 하나님의 심판(2:4-15)
B′ 정치 지도자와 예루살렘 종교 지도자에 대한 심판(3:1-7)
A′ 예루살렘의 회복과 구원(3:8-20)

그리고 "가사는 버림을 당하며 아스글론은 폐허가 되며 아스돗은 대낮에

23) D.A.Dorsey, *The Literary Structure of the Old Testament: A Commentary on Genesis-Malachi,* pp. 310-314.

쫓겨나며 에그론은 뽑히리라"(2:4)처럼 전형적 히브리 시가의 기법인 동의 대구법 등이 자주 사용되었다.

5. 가난한 자들에 대한 애정이 드러나 있다. '세상의 모든 겸손한 자들'(2:3)은 히브리어로 '콜 아나베이 하아레쯔(כָּל־עַנְוֵי הָאָרֶץ)' 인데 '아나빔' 의 일차적인 뜻이 '가난한 자들' 이기 때문에 '이 땅의 모든 가난한 자들' 로 번역이 가능하다.24) 결국 야훼 하나님의 심판을 불러온 유다의 죄는 부자들과 힘 있는 자들이 저지른 죄악이었으며, 오히려 가난한 자들은 야훼의 계명을 지키고 살았다는 뜻이 된다. 따라서 스바냐는 그들이 심판 때에 숨김을 받으며 남은 자들이 될 것이라고 말한다.

> "내가 곤고하고 가난한 백성을 네 가운데에 남겨두리니 그들이 여호와의 이름을 의탁하여 보호를 받으리라"(3:12).

6. 이스라엘 뿐 아니라 이방인 가운데서도 구원받을 남은 자가 있을 것을 예언하고 있다(2:3, 11, 3:9-12).

7. 야훼 하나님의 우주적 심판에 대해 예언하고 있다(1:2-3). 이 주제는 에스겔에 의해 심화되며, 묵시문학에서 꽃을 피우게 된다.

8. 이사야의 예언처럼 야훼 하나님을 일인칭으로 묘사한 대명사가 38번이나 나온다. 특별히 그 중에서 '나 여호와가 말하노라' 는 표현이 다섯 번이나 나온다(1:2, 10, 2:9, 3:8, 20). 이것은 야훼 하나님의 주권과 통치를 강조하는 것이다.

• 예루살렘의 행정구역들

> "나 여호와가 말하노라 그 날에 어문에서는 부르짖는 소리가, 제 2 구역에서는 울음소리가, 작은 산들에서는 무너지는 소리가 일어나리라. 막데스 주민들아 너희는 슬피 울라. 가나안 백성이 다 패망하고 은을 거래하는 자들이 끊어졌음이라"(1:10-11)

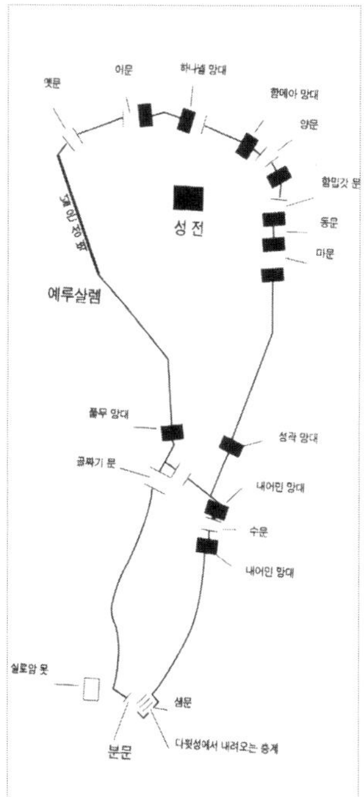

예루살렘 어문

주전 722년 북 이스라엘의 멸망을 전후로 수많은 피난민들이 남 유다로 내려 왔기 때문에, 히스기야(주전 715-686년)가 통치하던 주전 701년의 예루살렘은 솔로몬 시대보다 규모가 4배나 더 큰 125 에이커의 면적으로 확장되었고, 주민은 25,000명을 헤아리게 되었다. 이와 관련된 정보에 대해 스바냐만큼 상세하게 기록하고 있는 책이 없다.

① **어문(Fish Gate)** ; '샤알 하다김'이라고 부르는 이 문은 예루살렘 북서쪽에 있었으며 포로기 이후 느헤미야에 의해 재건되었다(느 3:3, 12:39). 주로 지중해에서 잡은 생선들이 거래되는 시장이 성문 근처에서 섰기 때문에 붙여진 이름이다. 스바냐는 이처럼 생선 매매로 사람들이 항상 붐비던 곳에 곡성이 날 만큼 큰 사변이 일어나게 될 것을 예언했다.

② **제 2 구역(Second Quarter)** ; '미슈네'라고 부르는 이곳은 예루살렘 둘째 구역이라는 의미로서 예루살렘 동남쪽으로 깊게 패어있는 기드론 골짜기보다 비교적 낮게 지나가는 중앙골짜기(Tyropoeon Valley) 서쪽으로 형성된 신도시를 가리킨다. 주전 622년 요시야 통치시기에 성전에서 율법 책을 발견했을 당시 여 선지자 훌다가 이곳에서 살고 있었다(왕하 22:14).

③ **작은 산들(the hills)** ; '그바오트'라고 부르는 이곳은 언덕이라는 의미로서 중앙골짜기 서쪽에 위치한 작은 언덕들을 가리킨다. 아마도 예루살렘 신도시의 주거지역은 여기서부터 시작되었을 것이다. 산과 골짜

기로 형성된 이스라엘에서 주거지역은 대개 골짜기보다 산위에 분포되어 있다.

④ **막데스(Mortar)** ; '막테시' 라고 부르는 이곳은 절구라는 의미로서 예루살렘에서 움푹 꺼진 지역을 가리킨다. 학자들은 이곳이 아마도 중앙 골짜기에 형성된 주거지역 가운데 하나였을 것으로 추정한다. 이외에도 이스라엘에는 수많은 막테시들이 있으며, 네게브 광야에 있는 막테시 가돌(큰 절구)과 막테시 카탄(작은 절구)은 아름다운 경관을 자랑한다.

2. 내 용

〈구조와 요절〉

이 책은 유다와 세상에 임할 야훼의 심판, 예루살렘의 회복을 '야훼의 날' 과 '남은 자의 구원' 이라는 관점에서 예언한 책이다. 그리고 그것은 유다에 대한 심판(1:1-2:3)에서 열방에 대한 심판(2:4-15)으로, 마침내 유다와 온 세상에 대한 구원(3:1-20)으로 발전해간다. 따라서 이 책을 내용상 다음과 같이 나누어 볼 수 있다.

소단원 1 유다에 임할 야훼의 날(1:1-2:3)
소단원 2 온 세상에 임할 야훼의 날(2:4-15)
소단원 3 유다와 온 세상에 임할 야훼의 날(3:1-20)

요절

"여호와의 규례를 지키는 세상의 모든 겸손한 자들아 너희는 여호와를 찾으며 공의와 겸손을 구하라 너희가 혹시 여호와의 분노의 날에 숨김을 얻으리라"(2:3)

〈해설〉

소단원 1 유다에 임할 야훼의 날(1:1–2:3)

◘ 내용 요약

전형적인 심판신탁이 들어 있는 본문은 세 번이나 심판의 날로서의 야훼의 날을 반복적으로 선포하고 있다(1:2, 7, 14). 그 다음에 스바냐는 죄인들에게 회개를 촉구하면서 압제받는 자들이 구원받게 될 것을 약속한다(2:1-3). 내용상 ① 야훼의 날 선포 I(1:2-6), ② 야훼의 날 선포 II(1:7-13), ③ 야훼의 날 선포 III(1:14-18), ④ 회개의 촉구와 구원의 약속(2:1-3)의 구조로 나누어진다. 그런데 노아 시대의 홍수사건을 연상케 하는 2-3절의 예언은 유다의 패망이 확실하고 처참할 것에 대한 수사적 표현이다.

◘ 관찰과 해석

א. 야훼의 날의 심각성이 입체적으로 묘사되고 있다. 먼저 그 날은 노아의 홍수 때처럼 사람 뿐 아니라 동물까지 피해를 입는다. 심지어 물고기까지도 재앙을 입게 되어 노아 때보다 더 심각할 것을 예고하고 있다(1:2-3). 그것은 유다의 죄가 노아 홍수 시절 사람들의 죄보다 크다는 것을 암시한다. 이제 야훼 하나님은 유다를 애굽에서 건져낸 백성으로 보지 않고 노아 시절 타락한 인류와 같이 취급하고 있다. 따라서 야훼 하나님의 재앙은 '진멸'(1:2, 3x2)과 '멸절'(1:3, 4x2,6,18x2)이라는 단어가 보여주듯 철저한 파멸로 나타난다. 그 날은 야훼의 날(1:7, 14), 야훼의 희생의 날(1:8), 야훼의 큰 날(1:14), 야훼의 분노의 날(1:18)로서 땅위의 모든 것(1:2)과 땅의 모든 주민(1:18)이 죽는 날이다. 그 날에는 부르짖는 소리, 울음소리, 무너지는 소리가 나며(1:10), 경제활동이 중단되고(1:11), 재산을 모두 잃게 되며(1:13), 캄캄하고 고통스러운 날(1:15), 곧 전쟁의 날이고(1:16), 사람들의 시신은 길거리에 버려지며(1:17), 돈을 주고 외국 군대를 사들여 막지도 못한다(1:18). 흥미로운 것은 그 날에 지도자들과 부자들이 제단에 바쳐지는 짐승처럼 도살될 것이라는 점이다(1:7). 따라서 야훼의 날은 자신들의 피로 죄를 위한 희생 제사를 드리는 날이 된다.

ב. 주전 625년 스구디아인들의 침공과 586년 바벨론의 침공으로 인해 문자적으로 성취된 야훼의 날에 대한 심판신탁의 특징은 다음과 같다.

1) 심판의 원인 : 우상숭배(4, 5), 종교혼합주의(5), 가난한 자 압제(8,9), 무신론(12), 지도자의 부패(8)
2) 심판의 기준 : 언약의 저주(신 28:30)
3) 심판의 범위 : 유다의 모든 백성(4, 18)
4) 심판의 단계 : 최종적(18)

ג. 두 종류의 인간이 대조를 이루고 있다. 첫째는 '수치를 모르는 백성(2:1)' 이고, 둘째는 '세상의 모든 겸손한 자들(2:3)' 이다. 수치를 모르는 백성에게 요구되는 것은 그 날이 오기 전 함께 모여 야훼 하나님께로 돌아가는 것이다. 그리고 세상의 모든 겸손한 자들에게 요구되는 것은 첫째, 야훼 하나님을 찾고, 둘째, 겸손과 공의를 구하는 것이다. 그럴 때 그들은 야훼 하나님의 분노의 날에 숨김(보호)을 받게 될 것이다. 여기서 수치를 모르는 백성은 지배계층을 가리키며 겸손한 자들은 피지배계층을 의미한다. 또한 그들은 양심의 가책도 없이 율법을 어기는 자(3:5)와 두려운 마음으로 율법을 지키는 자들(2:3)로 나누어진다.

소단원 2 온 세상에 임할 야훼의 날(2:4-15)

◘ 내용 요약

유다에 임할 야훼 하나님의 심판은 이방 세계로 확산된다. 그들이 심판 받는 이유는 야훼의 백성을 괴롭혔기 때문이며(2:7, 10), 헛된 신들을 버리고 야훼 하나님께로 돌아오게 하기 위한 것이다(2:11). 하나님의 심판 대상이 되는 이방을 내용상 구분하면 ① 블레셋(2:4-7), ② 모압과 암몬(2:8-11), ③ 에티오피아(2:12), ④ 앗수르(2:13-15)이다.

◘ 관찰과 해석

א. 블레셋의 주요 도시들이 나와 있다(2:4). 그런데 가드는 이미 망하

여 없어졌기 때문에 네 도시만 언급되고 있다. 흥미로운 것은 블레셋에 대한 심판에서 저주 신탁의 용어 '화 있을 진저'가 사용된 점이다(2:5). 야훼 하나님은 블레셋의 도시들이 유다의 남은 자에게 속하게 될 것을 약속하신다. 그런데 7절의 '사로잡힘'을 반드시 바벨론 포로로 해석하기보다 앗수르에 의한 압제 혹은 그들의 운명으로 보는 것이 낫다.

ב. 모압과 암몬이 심판받는 이유는 하나님의 백성을 비방했기 때문이다(2:8, 10). 하나님은 그들의 땅도 유다의 남은 자에게 주신다(2:9). 흥미로운 것은 암몬과 모압이 심판 받는 것을 통해 이방의 해변 사람들이 하나님을 경배하게 될 것이라는 점이다(2:11). 이방의 해변 사람들은 주로 메소포타미아 지역 사람들과 애굽 사람들을 가리킨다(사 20:6, 21:1). 그런데 이방 사람들이 시온으로 몰려와서 경배할 것이라는 다른 예언자들의 메시아 예언과 달리, 스바냐는 이방인들이 각자의 처소에서 하나님을 경배하게 될 것이라고 한다(말 1:11). 아마도 스바냐의 원 독자들은 이방 사람들이 야훼 하나님께로 돌아오리라는 예언에서, 우상숭배를 버리고 하나님만 신뢰하도록 도전을 받았을 것이다.

ג. 에티오피아가 심판받는 이유는 직접적으로 밝히고 있지 않다. 그러나 유다 왕 아사 통치 기간에 구스 사람 세라가 구브린 골짜기까지 침공해온 적이 있고(대하 14:9-15), 므낫세 통치 시절 구스 군대가 팔레스타인으로 침공해 들어온 적이 있었다. 따라서 그들이 심판받게 되는 이유는 하나님의 백성들을 침공한 죄 때문으로 보인다. 이미 이사야는 구스의 심판에 대해 예언했다(사 18:1-7, 20:3-6).

ד. 앗수르가 심판 받는 이유는 교만했기 때문이다(2:15). 앗수르에 대한 심판은 이미 이사야와 나훔에 의해 예고된 바 있다. 특히 14절은 사 34:11에서 인용한 것으로 보인다.

소단원 3 유다와 온 세상에 임할 야훼의 날(3:1-20)

◘ 내용 요약

전형적인 저주신탁과 구원신탁이 들어 있는 본문은 내용상 ① 예루살렘에 대한 심판예고(3:1-8), ② 열방과 이스라엘의 회복에 대한 약속(3:9-20)으로 나누어진다.

◘ 관찰과 해석

א. 예루살렘과 지도자들에 대한 저주신탁이 나와 있다(3:1). 야훼 하나님은 예루살렘을 '패역하고 더러운 곳, 포학한 그 성읍'으로 부른다. 그들의 죄는 한마디로 완악함(stubbornness)이다. ① 그들은 명령을 받지 않고, 교훈을 받지 않고, ② 야훼를 의뢰하지 않고, 자기 하나님께 나아가지 않는다(3:2). 그들은 하나님이 공의를 비추시지만 수치를 느끼지 못하고(3:5), 형벌을 경고하지만 부지런히 악을 행한다(3:7). 이 저주는 주전 586년 바벨론의 침공으로 성취되었다.

ב. 메시아 시대에 열방과 이스라엘의 회복에 대한 약속이 나와 있다(3:9-13). 먼저 열방 가운데 하나님을 섬길 자들이 있을 것을 예고하고 있다(3:9-10). 그 다음으로 예루살렘이 회복될 것을 예고하고 있다(3:12). 그것은 9절과 11절이 모두 '그 때에' 혹은 '그 날에'로 시작하며, 11절 예언의 대상이 여성 단수를 가리키는 것을 보아서 알 수 있다. 흥미로운 것은 9절에서 '한 가지로'에 해당하는 히브리어가 '세켐 에하드'로 묘사되었다는 것이다. 이것을 직역하면 '한 어깨'가 된다. 다시 말해서 이방 사람들 가운데 야훼 하나님을 섬길 공동체-교회가 세워질 것을 예언하고 있는 것이다. 신약 성경에서 교회 공동체의 중요성을 강조하고 있는 이유가 여기에 있다. 즉, 메시아 시대에는 단순히 이방인들이 유대 땅으로 오는 것이 아니라 이방인들끼리 공동체를 구성하여 하나님을 섬기게 되기 때문이다. 이것은 2:11에서 이방인들이 각자의 처소에서 하나님을 섬기게 될 것이라는 약속과 일맥상통하는 것이다.

ג. 메시아 시대에 누릴 기쁨이 반복적으로 강조되어 있다. 시온의 딸로

묘사되는 야훼의 백성들은 하나님으로 말미암아 기쁨을 누리게 되며(3:14x2), 야훼 하나님은 그의 백성으로 말미암아 기쁨을 누리시게 된다(3:17x2). 18절은 '슬픔의 절기에 네가 재난 때문에 비난을 받지 않게 하기 위해 내가 그것을 제거하리라'로 번역하는 것이 더 낫다. 따라서 그들은 칭찬과 명성을 얻게 될 것이다(19, 20).

되새김질

1. 저자/시대적 배경/기록 연대와 장소/원 독자/주제와 책의 특징에 대해 아는 대로 말해봅시다.

2. 스바냐서에 하나님을 일인칭으로 하는 대명사가 그렇게 많이 나오는 이유가 무엇이라고 생각합니까?

3. 스바냐서에서 남은 자가 가난한 자들로 묘사되는 이유가 무엇이라고 생각합니까?

4. 스바냐서에서 가장 인상 깊었던 부분이 무엇입니까?

5. 스바냐서를 삶의 어떤 부분에 적용할 수 있겠습니까?

하박국

하 박 국

이 책은 요시야에서 여호야김 시대에 이르는 유다의 사회상과 국제관계를 배경으로 하고 있다. 악인에 대한 하나님의 심판을 신정론(theodicy)의 입장에서 다루고 있는 것이 특징이다. 비록 요시야가 종교개혁을 통해 우상숭배와 다신교의 잔재를 뿌리 뽑았다고는 하지만, 여전히 유다 사회는 구조적인 죄악이 만연해 있었다. 그리고 국제관계에서 바벨론이 근동의 새로운 패자로 등장하고 있었다. 따라서 유다에서는 힘을 가진 악인들이 가난한 자들을 착취하기에 급급했고, 하나님의 공의가 의인들에게 미치지 못했다. 국제관계에서 바벨론은 거칠 것 없이 옛 강자들을 차례로 정복하면서 약소국가들을 괴롭혔다. 먼저 하박국은 유다의 악인들에게 심판이 시행되지 않는 것에 대해 하나님께 묻는다. 그리고 그 악인들을 심판하는 도구로써 하나님이 악의 제국-피로 건설되는 바벨론 제국을 사용하시는 것에 대해 의문을 품는다. 그러나 그는 다가올 심판의 날에 하나님이 마침내 의인을 구원하실 것을 바라보며 기도한다.

1. 배경

저자와 기록연대, 장소, 문학양식

이 책은 예언자 하박국에 의해 아마도 주전 620-607년에 기록되었을 것으로 보인다.

히브리어로 '껴안다'는 뜻의 어원을 가진 이름의 하박국이 책의 저자(1:1)였으며, 그가 원래 성전 찬양대의 레위인이었을 것(3:1,19)이라는 것 외에 더 자세히 알려진 것은 없다. 외경 '벨과 용'에는 제사장 하박국이 하나님의 신에 이끌려 사자 굴속의 다니엘에게 음식을 갖다 주었다는 이야기가 들어 있으나 역사성이 희박하다. 그리고 정확한 저작 시기를 추정하기도 어려운 것이 사실이다. 그러나 이 책이 기록된 때가 악인이 득세하는 시기(1:3-4)이자 갈대아(카시딤)인들이 일어난 시기(1:6)라는 점을 감안한다면, 남 유다의 통치자가 요시야에서 여호야김으로 넘어가던 시기이자 신 바벨론 제국이 앗수르로부터 독립하던 주전 626년 이후가 된다. 예레미야 선지자에 의하면 요시야 왕의 통치 기간에도 유다에는 압제와 불의가 횡행했었으며(렘 3:10, 5:1-5, 6:13, 7:5-9, 8:8-10, 9:4-6, 12:1), 여호야김은 하나님의 말씀을 무시하고 손수 백성을 압제하고 치부하기에 바빴던 악한 왕이었기 때문이다(렘 22:13-17, 왕하 23:37). 따라서 하박국의 활동연대를 추정해보면 예레미야와 동시대의 사람이었음을 알게 된다. 그리고 이 책에서 갈대아인(카시딤)들의 침공이 미래형으로 예언된 것으로 보아 주전 605년 유다인들의 1차 바벨론 포로가 있기 전에 기록된 것 같다. 3장에 나오는 기도를 통해 그가 성전에서 봉사하는 레위인이었던 점을 생각할 때, 아마도 저술 장소는 예루살렘이었을 것이다. 그리고 이 책에서는 다음과 같은 문학양식이 발견된다.

- 저주 신탁 : 2:6-20
- 히브리 시가 : 3:1-19
- 심판 신탁 : 1:5-11, 2:2-5

원 독자

하박국의 원 독자들은 요시야 혹은 여호야김 시절의 유다 백성들이라고 할 수 있다. 그 시대의 지배계층은 아모스 이후 여러 예언자들이 지적했던 죄악들을 고집하고 있었으며, 임박한 심판 경고에 귀를 기울이지 않았다. 그와 반면 가난한 사람들은 착취와 압제 때문에 고통 속에 살며, 하나님의 구원이 속히 시행되지 않는 것을 탄식했다. 일반 백성들은 국내외의 급변하는 정세와 강대국의 흥망을 지켜보며 누구를 의지해야 좋을지 혼란스러워했다. 그들은 하나님이 마침내 유다의 악인들과 세계의 악한 제국들을 심판하시며, 의인들을 환란 가운데서 건지시는 분이라는 사실에 대해 깨우침을 받을 필요가 있었다. 따라서 이 책에서는 그들과 관련된 다음의 이슈들이 발견된다.

- 유다의 악인들에 대한 심판
- 의인의 고난에 대한 하나님의 섭리
- 열방을 다스리시는 하나님
- 환란에서 구원하시는 하나님을 신뢰함

시대적 배경

A. 정치적 상황

유다를 둘러싼 국제정세는 한 치 앞을 가늠하기 어려울 정도로 급변하고 있었다. 비록 유다는 요시야 시절 종교개혁을 통해 사회개혁을 실현하고자 애썼으나 여전히 사회는 불의와 압제가 만연하였으며, 그가 죽은 후 유다의 내부정정은 더욱 혼란스러워졌다.

1. 앗수르

앗슈르바니팔(주전 669-627년)이 주전 663년 애굽의 수도 테베(노아몬)까지 함락시킬 정도로 강성했으나, 앗수레티리라니(주전 627-623년) 이후 점차 국운이 기울어 마침내 마지막 왕 신샤르이쉬쿤(주전 623-612년)이 바벨론 왕 나보폴라살(주전 626-605년)에게 패배하여 니느웨가 함락되므로 레반트 지역에 대한 지배권을 잃고 말았다. 앗수르의 멸망은 이사야와 나훔 예언의 성취였다.

2. 애굽

애굽 왕 바로 느고 II(주전 609-594)는 하란으로 도주한 앗수르 재건세력을 돕기 위해 진군하던 중, 므깃도에서 앞을 가로막는 요시야를 주전 609년 전사시켰다. 그는 요시야의 뒤를 이어 왕위에 오른 여호아하스(주전 609년)를 반 애굽 정책을 계승한 자로 보아 3개월만에 폐위시키고 그의 형 엘리야김(여호야김)을 왕위에 앉혔다. 그는 주전 605년 바벨론 왕 느부갓네살(주전 605-562년)에게 갈그미스 전투에서 패하여 레반트 지역에 대한 지배권은 애굽에서 바벨론으로 넘겨졌다. 그러나 그는 주전 601년 애굽 국경까지 진출한 느부갓네살 군대에게 대승을 거두고 레반트 지역에 대한 지배권을 회복하였다.

3. 바벨론

주전 626년 앗수르의 속주에서부터 독립한 신 바벨론의 초대 왕 나보폴라살(주전 626-605년)이 여세를 몰아 앗수르를 패망시켰다. 그의 아들 느부갓네살(주전 605-562년)은 갈그미스 전투에서 애굽 왕 바로 느고를 물리치므로 근동의 패자로 부상했고, 3차(주전 605, 597, 586년)에 걸친 유다 침공으로 마침내 유다를 패망시키고 많은 사람을 포로로 끌고 갔다. 요세푸스에 의하면 그는 애굽을 침공하여 주전 570년 바로 호브라를 죽였다고 한다(렘 44:30 참조).

4. 유다

요시야 왕(주전 640-609)은 예루살렘에서 31년간 통치하는 동안에(왕하 22:1) 유다 뿐 아니라 옛 이스라엘 영토에 이르기까지 종교 개혁에 힘썼다. 그러나 그의 종교개혁이 완성단계에 이를 무렵 주전 609년 므깃도에서 바로 느고 II의 군대와 맞서 싸우다가 전사하고 말았다. 그의 아들 여호아하스(살룸) 왕(B.C. 609-609)은 3개월간 통치하다가 느고 II에 의해 애굽으로 끌려갔으며, 예레미야가 예언한 대로 거기서 죽었다(22:11-2 왕하 23:29-35 참조). 느고 II는 여호아하스의 형 여호야김(엘리야김, 주전 609-597년)을 왕위에 올렸으며, 주전 605년 갈그미스 전투에서 애굽이 바벨론에게 패하자 여호야김은 3년간 바벨론을 섬겼다. 주전 601년 바벨론이 애굽의 국경에서 퇴각하자 다시 배반하여 애굽과 손을 잡았다. 그러나 그가 믿었던 애굽의 군대는 주전 597년 느부갓네살의 군대의 침공을 막는데 도움을 주지 못했고, 오히려 여호야김은 전사하여 예레미야의 예언이 성취되었다(렘 22:13-23 왕하 24:1-7 참조).

B. 종교적 상황

므낫세(주전 697-642년) 통치 이후 앗수르의 속주로서 이방문물을 급속히 받아들인 결과 유다는 심각한 우상숭배로 기울어지게 되었다(왕하 21:2-9). 이런 현상은 므낫세의 아들 아몬(주전 642-640년)의 통치시기에도 크게 달라지지 않았다(왕하 21:19-22). 아몬의 뒤를 이어 왕위에 오른 요시야(주전 640-609년)는 이런 종교적 상황을 개선하려고 애썼다. 그는 성전을 수리하였으며, 각종 우상을 타파하였고, 전국의 산당을 모두 헐어버렸으며, 점치는 자와 신접한 자를 모두 내쫓았고, 유월절을 지키는데 앞장섰다(왕하 22:1-23:27). 그러나 그의 사후 왕위에 올라 12년 동안 통치했던 여호야김(주전 609-597년)은 다시 우상숭배로 기울어졌다(왕하 23:36, 대하 36:5).

하박국의 기록 목적

이 책의 시대적 배경과 원 독자들을 생각해 볼 때 다음과 같은 의도에서 기록되었음을 알게 된다.

첫째, 타락한 유다에 임할 심판을 알려 회개의 기회를 주기 위해,
둘째, 악인들로 인해 고난받는 의인들을 위로하기 위해,
셋째, 열방을 다스리시는 하나님을 끝까지 신뢰하도록 격려하기 위해 썼을 것이다.

하박국의 주제

하박국의 대 주제는 '하나님의 구원을 기다리는 신앙' 이다. 그것은 야훼 하나님을 향한 의인들의 마땅한 태도이다. 하나님은 결코 악인들의 악행과 율법이 왜곡되는 현실에 침묵하지 않으신다. 하나님의 심판은 정하신 때에 반드시 이루어진다. "이 묵시는 정한 때가 있나니 그 종말이 속히 이르겠고 결코 거짓되지 아니하리라 비록 더딜지라도 기다리라 지체되지 않고 반드시 응하리라"(2:3)는 구절이 그것을 약속하고 있다. 따라서 하나님을 신뢰하는 의인들은 묵시가 이루어지는 때를 기다려야 한다. 이

대 주제는 다음과 같은 신학적 관점을 따라 기록되어 있다.

1. 야훼 하나님은 온 세상의 창조주이시다.

> "주께서는 만세 전부터 계시지 아니하시니이까"(1:12).
>
> "이는 물이 바다를 덮음같이 여호와의 영광을 인정하는 것이 세상에 가득함이니라"(2:14).
>
> "오직 여호와는 성전에 계시니 온 땅은 그 앞에서 잠잠할지니라 하시니라"(2:20).

이처럼 하박국이 하나님을 창조주의 관점에서 묘사하는 것은, 오직 야훼만이 경배받기에 합당한 전능자임을 강조하기 위한 것이다. 3장 전체가 예배를 위한 기도로 채워져 있는 사실이 저자의 의도를 보여준다. 하박국 시대 원 독자들은 요시야 이후 다시 우상숭배로 기울어졌으며, 그들을 심판하기 위해 준비된 바벨론 역시 우상의 나라였다. 따라서 유다와 바벨론에 대한 하나님의 심판은 우상숭배 국가에 대한 심판이 될 것이었다. 그것은 바벨론에 대한 심판 예언에서, 우상숭배의 어리석음이 직접 언급되는 것으로 드러난다(2:18-19). 이처럼 하박국은 원 독자들에게 야훼 하나님만을 섬기고 신뢰하므로, 우상숭배의 죄악과 우상숭배 나라의 침공 위험으로부터 벗어나도록 촉구하고 있는 것이다.

2. 야훼 하나님은 심판주이시다.

> "보라 내가 사납고 성급한 백성.......갈대아 사람을 일으켰나니"(1:6).
>
> "오직 주께서 그들의 전사의 머리를 그들의 창으로 찌르셨나이다"(3:14).

하박국 시대에는 나라 안팎으로 정의가 힘에게 눌리는 상황이었다. 따라서 악인과 악의 제국이 형통하는 것에 대해 의인들은 혼란스러워했다. 하박국은 그들을 대신해서 하나님께 질문을 던지고 악인의 심판에 대한 야훼의 대답을 듣는다. 유다의 악인들은 강포한 바벨론 군대에 의해 망할 것이며, 바벨론 또한 하나님이 예비한 제 삼국의 군대에 의해 망하게 된다는 것이었다. 자신의 힘을 믿는 나머지 백성을 멸시하고 가난한 자를 조소한 지도층들이, 힘을 신으로 삼는 바벨론 군대에 의해 멸시와 조소를 받게 될 것이다(1:10). 더 나아가 다른 나라를 무자비하게 멸망시키며 수치스럽게 만드는 바벨론이 그와 같이 될 것이다(2:15-17). 그러니까 하나님은 하박국이 질문한 것처럼 강포한 자들로부터 의인을 구원하지 않으시거나(1:2), 거짓된 자들을 방관하시는 분이 아니다(1:13). 이것은 공의를 저버린 유다 지도자들에게 경고가 되는 동시에, 공의의 하나님을 바라보는 수많은 의인들에게 격려가 되었을 것이다.

3. 야훼 하나님은 구원자이시다.

"내가 외쳐도 주께서 구원하지 아니하시나이다"(1:2).

"주께서 주의 백성을 구원하시려고, 기름 부음 받은 자를 구원하시려고 나오사"(3:13).

"나는 여호와로 말미암아 즐거워하며 나의 구원의 하나님으로 말미암아 기뻐하리로다"(3:18).

하박국의 초점은 신정론을 설명하거나, 단순히 악인에 대한 심판을 예고하는데 있지 않다. 그의 관심은 고통 받는 의인들의 구원에 있다. 그는 압제자로부터 고통 받는 유다의 의인들과 바벨론의 압제로부터 고통 받는 유다의 구원을 함께 다룬다. 그 구원이 확증되는 장소는 예배와 기도의 장소이다. 그는 처음부터 기도로 하나님께 나아가서 질문하고 대답을 들으며, 기도로 하나님의 행하실 구원을 찬양하며 끝을 맺는다. 따라서 하박국이 말하는 신앙은 막연히 하나님의 구원을 기다리는 태도가 아니라, 적극적으로 기도하며 구원의 하나님께 경배하는 행위이다. 그럼으로써 하나님의 구원을 기다리는 원 독자들로 하여금 세상의 악에 대해 불평하거나 하나님의 실존을 의심하는 대신, 적극적으로 하나님을 경배하도록 격려한다.

하박국의 특징

1. 대개 예언자들이 "야훼께서 말씀하시니라"는 문구를 사용하면서 자신들을 하나님과 백성 사이의 제 삼자로 간주하는데 비해, 하나님과 일대 일의 대화 방식으로 기록하고 있다.

2. 악인의 멸망과 의인의 구원이라는 단순한 예언 구도를 탈피하여, 까닭없이 당하는 의인의 고난에 대해 하나님의 섭리 차원에서 신정론(theodicy)을 다루고 있다. 이것은 욥기나 일부 시편의 주제와 같은데, 하박국은 한 걸음 더 나아가 하나님의 구원을 확신하고 있다(3:16-19).

3. "어찌하여"를 사용한 두 개의 탄식시(lamentation 1:2-4, 12-17)와 두 번에 걸친 하나님의 응답(2:1-5)과 두 개의 메시지-저주신탁(2:6-20)과 구원의 기도(3:1-19)가 평행구를 이루고 있다.

4. 신약의 저자들이 성도의 신분을 정의할 때 2:4를 즐겨 사용했다(롬 1:17, 갈 3:11, 히 10:38).

5. 악한 세상 속에서 오직 자신들만을 의인으로 여겼던 쿰란 공동체는 하박국의 관점으로 자신들의 처지를 이해하려고 했다. 그들은 하박국 주석을 통해 마침내 하나님이 죄악 세상을 심판하시며 자신들을 구원하실 것이라고 생각했다.

6. 특정한 역사적 사건과 인물을 모호하게 표현하고 있다. 이것은 여러 시대의 악인들과 죄악을 하나의 패러다임으로 보려는 경향을 보여주는 것이다. 예를 들면 유다의 권력자들은 가난한 자들을 겁탈하며 자기 소유 아닌 것을 모으는 자이다(1:3). 그와 같이 바벨론도 가난한 나라들을 약탈하는 자이다(2:6, 3:14).

7. 다양한 문학적 기법들이 발견된다. "독수리의 날음과 같으니라"(1:8) "사람을 바다의 고기 같게 하시며"(1:13) "스올처럼 자기의 욕심을 넓

히며"(2:5) "나의 발을 사슴과 같게 하사"(3:19)와 같은 직유법이 사용되었다. 그리고 "담에서 돌이 부르짖고 집에서 들보가 응답하리라"(2:11) "바다가 소리를 지르며 손을 높이 들었나이다"(3:10)와 같은 활유법, "그가 낚시로 모두 낚으며 그물로 잡으며"(1:15) "구산의 장막이 환난을 당하고 미디안 땅의 휘장이 흔들리는도다"(3:7)와 같은 동의대구법, "오직 여호와는 성전에 계시니 온 땅은 그 앞에서 잠잠할지니라"(2:20)와 같은 종합대구법, "주께서 활을 꺼내시고 화살을 바로 쏘셨나이다"(3:9) "주께서 말을 타시고 바다 곧 큰물의 파도를 밟으셨나이다"(3:15)와 같은 신인동형법(anthropomorphism), "조롱하는 시로 그를 풍자하지 않겠느냐"(2:6) "네가 그들에게 노략을 당하지 않겠느냐"(2:7)와 같은 수사적의문법이 사용되었다.

성경 연구 클리닉

• 하나님의 전사 이미지

이스라엘의 구원자 하나님의 전사 이미지는 구약 여러 곳에서 발견된다.

"여호와는 용사시니 여호와는 그의 이름이시로다"(출 15:3).

"하나님의 병거는 천천이요 만만이라"(시 68:17).

"여호와께서 나를 위하여 용사를 치시려고 내려오셨도다"(삿 5:13).

"그 때에 주께서 잠에서 깨어난 것처럼 포도주를 마시고 고함치는 용사처럼 일어나사 그의 대적들을 쳐 물리쳐서 영원히 그들에게 욕되게 하셨도다"(시 78:65-66).

하박국에 나오는 야훼의 전사 이미지는 이스라엘의 역사를 통해 형성된 이미지를 종합한 것이다. 다시 말해서 출애굽 시절 애굽에 열 재앙을 내리시며 바로와 그의 군대를 수장시키는 하나님(3:5, 10), 시내 광야를 행진할 때 원주민들로 하여금 두려워 떨게 하신 하나님(3:7), 가나안 정복 시절 여호수아에게 승리를 주기 위해 태양과 달을 멈추게 하신 하나님(3:11) 등이다. 더 나아가 하박국은 하나님의 전사 이미지를 고대 근동의 창조설화로부터 적극적으로 수용하고 있는 것을 알 수 있다. 즉, 바알이

혼돈의 신 '바다(짠물)'와 심판의 신 '강(민물)'을 무찌르고 세계의 질서를 회복했다는 모티프를 창조주 야훼 하나님의 이야기로 변용시키고 있는 것이다. 예를 들어 야훼 하나님의 손에서 광선(번개)가 나온다는 표현(3:4)이 바알의 손에 번개가 들려있는 모습과 다르지 않다. 따라서 하박국에 나오는 바다는 야훼 하나님을 대적하며 질서를 어지럽히는 세력들에 대한 묘사이다. 물론 그 바다는 야훼 하나님의 적수가 되지 못한다(3:8, 10, 15). 흥미로운 것은 그 바다가 가리키는 실제적 대상이 시대마다 조금씩 다르다는 것이다. 이사야는 이스라엘 백성을 노예로 삼았던 애굽과 바로를 혼돈의 바다와 용으로 묘사했다(사 51:9-10). 그런데 하박국은 이제 유다를 침공하는 바벨론을 바다로 묘사하고 있는 것이다(3:14-15).

2. 내 용

〈구조와 요절〉

하박국은 유다의 악인들과 바벨론에 임할 심판을 저자와 하나님과의 대화 형식으로 기록한 책이다. 따라서 우선 하박국과 하나님과의 두 번에 걸친 대화가 첫 번째 단원을 이룬다(1:1-2:5). 이것을 좀 더 자세히 살펴보면 첫 번째 대화에는 유다의 악인들을 하나님이 심판하지 않는 이유에 대해 질문과 대답이 기록되어 있으며(1:1-11), 두 번째 대화에는 유다를 심판하기 위해 악의 제국 바벨론이 동원된 이유에 대해 질문과 대답이 기록되어 있다(1:12-2:5). 두 번째 단원에는 바벨론에 대한 다섯 가지 저주 신탁이 들어 있다(2:6-20). 그리고 세 번째 단원에는 구원의 하나님에 대한 하박국의 기도가 들어 있다(3:1-19).

소단원 1　하박국과 하나님과의 대화(1:1-2:5)
소단원 2　침략자에 대한 저주신탁(2:6-20)
소단원 3　하박국의 기도(3:1-20)

요절

"보라 그의 마음이 교만하며 그 속에서 정직하지 못하나 의인은 그의 믿음으로 말미암아 살리라"(2:4)

(요절 2:4)

소단원	주제	기록 장소	기록 연대
1:1-11 하나님과 하박국의 첫번째 대화	의인은 믿음으로 산다	남 유다 왕국	주전 620- 607년경
1:21-2:20 하나님과 하박국의 두 번째 대화			
3:1-19 하박국의 찬양			

〈해설〉

소단원 1 하박국과 하나님과의 대화(1:1-2:5)

◘ 내용 요약

전형적인 탄식시의 용어들-어느 때까지(1:2), 어찌하여(1:3,13, 14)가 들어 있는 본문은 하박국과 하나님 사이에 이루어진 두 개의 대화(1:1-11, 1:12-2:5)로 구성되어 있다. 첫 번째 대화에서 하박국의 질문은 "왜 하나님이 불의한 자들에 대해 심판하지 않으시는가?"이며, 하나님의 대답은 "갈대아(바벨론)인들을 일으켜 응징할 것이다"이다. 두 번째 대화에서 하박국의 질문은 "포악한 자들이 어떻게 악인들을 징계하는 도구로 쓰일 수 있는가?"이며, 하나님은 "바벨론도 하나님이 심판하실 것이라"고 대답하신다.

◘ 관찰과 해석

א. 반복되는 동의어들과 대조적인 표현들이 유다의 타락한 사회상을 보여주고 있다. 즉, 겁탈과 강포, 죄악과 패역, 변론과 분쟁, 정의가 전혀 시행되지 못함과 정의가 굽게 행하여짐, 부르짖어도 듣지 않으심, 외쳐도 구원하지 않으심이 그것이다. 하박국은 하나님이 악인들을 심판하지 않으실 뿐 아니라 부르짖어 구원을 요청해도 응답하지 않으시는 것을 이상하게 여긴다. 왜냐하면 부르짖어도 응답하지 않으시는 것은 하나님이 기도하는 사람의 원수가 되었다는 것을 의미하기 때문이다(삼하 22:42, 시 18:41). 따라서 하박국은 유다의 죄와 관계된 두 가지 질문을 던지고 있는 것이다.

ב. 바벨론 군대의 용맹함과 무자비함이 직유법(simile)으로 묘사되어 있다. 즉, 군마는 표범보다 빠르고 저녁 이리보다 사나우며, 마병은 먹이를 움키려 하는 독수리의 날음 같고, 포로를 모래같이 많이 잡을 것이고, 바람같이 급히 전쟁을 끝내버린다는 것이다. 이것은 바벨론의 침공이 하나님의 심판 결과로 주어질 것임을 예고하는 것이다(1:6).

ᄅ. 악인의 멸망과 의인의 구원이 대조를 이루고 있다.
"보라 그의 마음은 교만하며 그 속에서 정직하지 못하나
의인은 그의 믿음으로 말미암아 살리라"(2:4)

여기서 교만한 자는 5상 절에서 무죄한 자의 피를 흘려 부를 축적한 여호야김을 가리킬 수 있고(렘 22:13-18), 5하 절 이하는 바벨론 왕을 가리키는 것으로 보인다. 그러므로 자연스럽게 6-20의 바벨론에 대한 저주신탁으로 연결될 수 있는 것이다. 그러면 의인이 믿음으로 산다는 것은 무엇을 말하는 것일까? 그것은 교만한 자가 하나님의 심판을 받는 것과 대조되는 의미에서 의인들이 하나님에 의해 구원받는 것을 의미한다. 그러므로 의인은 하나님을 신뢰하고 기다리는 자들이다. 흥미 있는 것은 사도 바울이 이 구절을 인용해서 믿음으로 의롭게 되는 원리를 설명하고 있다는 점이다(롬 1:17). 그러나 하박국은 믿음을 통하여 의롭게 되는 원리를 설명하고 있는 것이 아니라, 의인들이 믿음으로 구원받게 되는 원리를 설명하고 있다. 그러면 어떻게 해서 바울은 합 2:4을 그렇게 해석하게 되었을까? 그것은 1세기 바리새인들이 흔히 사용했던 '게제라 샤바'의 해석법을 따른 것이다. 게제라 샤바란 일종의 유추해석법으로서 비슷한 단어를 같은 의미로 해석하는 것이다(김인철, 복음서의 난제들 상 p. 124,172 참조).

◘ 적용을 위한 묵상

하나님과 대화하는 기도

"내가 내 파수하는 곳에 서며 성루에 서리라 그가 내게 무엇이라 말씀하실는지 기다리고 바라보며 나의 질문에 대하여 어떻게 대답하실는지 보리라 하였더니"(2:1)

신앙생활을 처음 시작할 때 기도는 하나님과 대화하는 것이라고 배운다. 대화는 하고 싶은 말을 주고받는 것이며, 질문과 대답도 거기에 포함

된다. 그러나 대부분의 그리스도인들은 대화하는 기도를 드리지 못하고 일방적인 기도를 드리게 된다. 그 이유는 여러 가지가 있겠으나 주로 하나님의 대답을 기대하지 않거나 인내심이 부족하기 때문이다. 그리고 하나님의 대답을 기대하지 않는 이유는 하나님이 정말로 말씀하실 것이라고 믿지 못하거나, 하나님의 음성을 분별하지 못하기 때문이다. 물론 하나님의 음성을 분별하는 것이 간단히 터득되지 않지만 그렇다고 포기해서도 안 된다.

신앙의 위인들은 하나님께 많은 질문을 던졌다. 아브라함은 소돔과 고모라를 위한 기도에서 하나님이 정말로 의인과 악인을 함께 죽일 것인지 물었고, 사무엘은 백성들이 왕을 구했을 때 어찌해야 좋을지 물었고, 다메섹으로 가던 사울이 예수 그리스도를 만났을 때 무엇을 해야 좋을 지 물었다. 시편 저자들은 하나님이 왜 악인들로부터 구원하시지 않는지 목이 타도록 물었다(시 13:1, 시 10:1, 22:1, 42:9, 74:1). 하박국도 그 중의 한 사람이었다. 그는 단순히 사회상을 개탄하거나 하나님의 침묵에 불평으로 일관하지 않았다. 대신 그는 적극적으로 하나님께 질문을 던졌다. 하나님이 주신 응답에 이해가 되지 않으면 또다시 질문을 던지고 대답을 기다렸던 것이다.

하나님의 음성을 분별하는 것은 쉽지 않다. 그러나 하나님이 알아들을 때까지 말씀하신다는 것에 소망을 둘 수 있을 것이다. 어린 시절 사무엘은 하나님의 음성을 여러 번 엘리 제사장의 음성으로 착각하였지만 하나님은 그가 알아들을 때까지 불러주셨던 것이다. 정말로 중요한 것은 하박국처럼 하나님의 음성을 들을 때까지 망루에 서겠다는 자세이다.

> "내 영혼이 여호와를 기다리며 내가 그 말씀을 바라는도다 파수꾼이 아침을 기다림보다 내 영혼이 주를 기다리노니"(시 130:5-6).

> "파수꾼이 사자같이 부르짖기를 주여 내가 낮에 늘 망대에 섰었고 밤이 맞도록 파수하는 곳에 있었더니"(사 21:8).

소단원 2 침략자에 대한 저주신탁(2:6-20)

◘ 내용 요약

"화 있을찐저"가 들어있는 전형적인 저주신탁의 본문에는 바벨론의 멸망에 관한 다섯 개의 저주신탁이 나와있다(2:6-8, 9-11, 11-14, 15-17, 18-20). 그리고 각각의 신탁은 ① 죄악에 대한 고발 ② 심판의 선고 ③ 심판의 이유로 구성되어 있다. 흥미로운 것은 저주신탁을 선포하는 '그 무리(6)'가 누구냐 하는 것이다. 대부분의 학자들은 그들이 하박국이 말한 의인의 그룹일 것으로 해석한다. 왜냐하면 그들은 "여호와의 영광을 인정하는 것이 세상에 가득하게 될 것"(14)을 선포하며, "오직 여호와는 성전에 계시니 온 땅은 그 앞에서 잠잠할지니라"(20)고 선포할 자들이기 때문이다.

◘ 관찰과 해석

바벨론의 멸망 원인 다섯 가지가 열거되어 있다.

첫째, 다른 나라의 재산을 빼앗고 무겁게 채무를 안겨준 죄악이다. 따라서 그들의 재산도 빼앗기고 채무를 지게 된다.

둘째, 다른 민족의 씨를 말리고 자기의 집(왕조)은 든든히 세우기를 원하는 죄악이다. 따라서 그들이 사용한 건축자재-돌과 들보가 그 죄악상을 고발하는 모순을 겪게 된다. 예수 그리스도는 예루살렘으로 입성하는 길에서 합 2:11을 인용하였다. 이것 역시 게제라 샤바의 원리로 해석한 것이다.

셋째, 다른 민족의 피와 땀으로 도시를 건설하는 죄악이다. 따라서 다른 민족의 한이 서린 도시는 파괴되고 만다. 여기서 여호와의 영광이 온 땅에 충만할 것이라는 것은 폐허가 될 바벨론의 일시적 영광과 대조되는 의미이며, 바벨론의 멸망이 하나님의 심판으로 말미암을 것이라는 의미이다.

넷째, 다른 민족에게 강압적으로 술을 마시게 하여 치욕을 안겨주고 즐기는 죄악이다. 따라서 자기들도 야훼 하나님의 진노의 잔을 마시고 더러운 욕을 당하게 된다. 여기서 레바논에 강포를 행한 것은 느부갓네살이 레바논의 백향목을 베어가며 백성들을 무자비하게 살육한 것을 가리키는 듯하다.

다섯째, 우상을 의지한 죄악이다. 역사상 어느 제국보다 바벨론 사람들은 가장 미신적이었다. 다니엘서에 나오는 금 신상이나 느부갓네살이 꿈에 본 우상 등이 그것을 말해준다. 그들이 멸망당하는 것은 결국 우상이 헛것임을 드러내준다. 따라서 야훼 하나님만이 경배 받기에 합당한 분으로 선포되는 것이다.

소단원 3 하박국의 기도(3:1-20)

◘ 내용 요약

하박국의 기도(시편)가 나와 있다. 그는 하나님께서 정한 때에 이루실 묵시에 대하여 들었으며, 판에 새겨 볼 수 있게 하도록 명령을 받았다(2:2-3). 이제 그는 하나님이 그 일을 하시도록 먼저 간구한다(3:2). 그리고 전사로서의 하나님이 과거에 행하신 심판과 구원을 회상하며, 바벨론이 그와 같이 되어 있기를 소망한다(3:3-15). 마지막으로 하박국은 전사로서의 하나님이 적들을 물리칠 것을 상상할 때 전율을 느끼며 감사의 찬송을 올린다(3:16-19).

◘ 관찰과 해석

전체적으로 구원의 하나님을 찬양하는 본문의 한글 개역성경에는 의미가 분명하게 전달되지 못한 구절이 있어 재번역과 해석이 필요하다. 예를 들어 2절의 "놀랐나이다"는 공포에 잡힌 것이 아니라 '경외하다(야라)'의 의미이다. 즉, 하박국은 하나님이 주신 묵시가 이루어질 것을 기다리며 경외하는 것이다. 그리고 13절의 "기름 받은 자"는 같은 절의 "주의 백성"과 동의 대구(Synonymous Parallelism)를 이루므로 메시아로 해석하기보다 구별된(기름 부어진) 사람들이라는 의미에서 유다 백성들로 해석하는 것이 자연스럽다. 그리고 한글 개역성경 16절의 "무리가 우리를 치러 올라오는 환난 날을 내가 기다리므로"는 오역이므로 "우리를 치러 올라오는 무리에게 임할 환난 날을 내가 기다리므로"로 번역되는 것이 옳다. 그리고 "내 몸이 처소에서 떨리는도다"를 "나의 발걸음들이 떨리는도다"로 번역하는 것이 어법상 맞다. 그러니까 하나님이 바벨론 침략자들을 심판하실 그날을 기다리는 동안 온 몸이 전율하는 것을 묘사하고 있는 것이다. 그렇기 때문에 하박국은 농사와 목축에 남은 것이 없어도 하나님의 구원을 기뻐하고 있는 것이다. 왜냐하면 유다의 압제자들과 바벨론 침략자들이 모두 쓸어가더라도 하나님의 심판을 통해 그 악인들로부터 자유로울 수 있기 때문이다.

되새김질

1. 저자/시대적 배경/기록 연대와 장소/원 독자/주제와 책의 특징에 대해 아는 대로 말해봅시다.

2. 하박국이 두 번에 걸친 하나님과의 대화를 기록한 이유가 무엇이라고 생각합니까?

3. 바울이 2:4를 이신칭의의 원리로 해석하는 근거가 무엇이라고 생각합니까?

4. 이 책에서 가장 인상 깊었던 부분이 무엇입니까?

5. 하박국서를 삶의 어떤 부분에 적용할 수 있겠습니까?

예레미야

예 레 미 야

구약 성서 가운데서 예레미야는 장수에 있어서 시편과 이사야 다음에 속한다. 그러나 단어 수에 있어서는 이사야(16,930)나 시편(19,531)보다 많은 21,819 개로서 가장 많다. 그런 점에서 예레미야는 구약에서 가장 긴 책이다. 그 뿐 아니라 이 책에는 다양한 문학적 표현과 내용이 나와 있어서 독자들의 주의를 끈다. 유다 왕국의 패망을 전후해서 활동했던 예레미야는, 심판과 구원을 함께 외쳤던 예언자로서 에스겔과 같은 시대를 살았다. 그는 유다의 패망이 하나님의 심판이었음을 강조하며, 회개를 통해 하나님이 주실 새 언약의 당사자가 되도록 위로한다.

1. 배경

저자와 기록연대, 장소, 문학양식

대부분 선지자의 생애가 베일에 가려져 있는데 비해 이 책의 저자인 예레미야의 생애는 비교적 잘 알려져 있다. 그의 이름은 히브리어로 "야훼께서 세우시기를" 혹은 "야훼께서 높이시기를"의 뜻을 가진 "이르므야후(יִרְמְיָהוּ)"이다. 그는 제사장 힐기야의 아들로 예루살렘에서 북쪽으로 약 4.5 km 떨어진 아나돗에서 태어났다(1:1, 11:21, 29:27, 32:7-9). 그곳은 다윗 왕 시절 대제사장을 지냈던 아비아달이 말년에 평민으로 쫓겨나 생을 마감했던 곳이다(왕상 2:26-27). 학자들은 그의 집안이 북 이스라엘에 뿌리를 두고 있을 것으로 추정하기도 한다. 왜냐하면 아나돗은 베냐민 지파에 속한 도시로서, 북 왕국의 패망 후 피난 나온 제사장 가문들이 정착했던 곳으로 보이기 때문이다. 실제로 그의 예언에는 남 유다보다 북 이스라엘이 더 의로웠다는 내용이 들어 있다(3:11). 또한 북 이스라엘의 회복에 대해 자주 언급하고 있다(3:18 ,30:3, 31:9, 31, 33:7). 그는 주전 627년 요시야 왕 통치 제 13년에 예언자로 부르심을 받았다(1:2, 25:3). 그가 아직 청소년이었을 때(1:5-7) 부르심을 받았다는 점을 고려할 때, 아마도 그가 태어난 때는 요시야 왕의 즉위연도인 주전 640년 혹은 그 이전일 것이다. 그는 요시야에 의한 종교개혁이 막 시작되었을 때 예언자가 되었으며, 그로부터 5년 뒤인 622년 성전에서 율법책이 발견되어(왕하 22:8) 종교개혁은 더욱 힘을 얻어가게 되었다. 그러나 요시야가 주전 609년 애굽 왕 바로 느고에 의해 죽임 당하자 예레미야는 충격을 받고 조가를 지어 애도했다(대하 35:25). 그의 예언에서 요시야의 종교개혁에 대한 언급이 거의 없는 관계로, 그가 실제로 요시야의 종교개혁을 높이 평가했는지 여부는 알 수 없다. 그러나 요시야의 죽음을 애도한 것과, 요시야가 정의와 공의를 행하고 가난한 자와 궁핍한 자를 변호하고 형통했었다(22:15-16)는 내용이 들어있는 것으로 보아, 요시야의 종교개혁을 마음으로 지지했음에 틀림없어 보인다. 그럼에도 불구하고 요시야 왕 시절 선포한 예언과(3:6-11) 주전 609년 여호야김이 즉위하던 해 성전에서 공개적으로 행한 설교에서, 그는 요시야가 일으킨 종교개혁의 결과에 대해 실망을 감추지 않았다(7:2-15).

예레미야의 고향 아나돗

이후 몰락해 가는 유다 왕국의 마지막 왕들 - 여호아하스, 여호야김, 여호야긴, 시드기야와 백성들의 사악함과 아집에 맞서 하나님의 심판을 경고하다 여러 번 죽을 고비를 넘겼다. 그리고 마침내 예루살렘이 함락되던 날 성전과 왕궁이 불타고 모든 백성들이 포로로 끌려가는 참상을 목도해야 했다. 그는 예루살렘 함락 후에 애굽의 다바네스에서 유다의 피난민을 대상으로 마지막 예언을 선포했다(43:1-13, 44). 그의 예언활동이 주전 627년부터 586년 이후까지 적어도 40년 넘게 계속되었던 것이다. 그의 예언활동 기간을 정리해보면 첫째, 요시야의 종교개혁이 시작되던 해부터 끝나던 해까지 주전 626-609년, 둘째, 여호야김이 즉위하던 해부터 유다가 패망하던 해까지 바벨론의 영향 아래 있던 주전 609-586년, 셋째, 유다가 패망하던 때부터 애굽으로 내려간 피난민 속에서 사역하기까지 주전 586년 이후가 될 것이다. 그는 줄곧 친 바벨론 정책을 지지했었기 때문에 반 바벨론 정책을 지지하던 제사장 바스훌에게 얻어맞고 감금되기도 했다(20:1-6). 거짓 예언자 하나냐(28:1-17)와 거짓 예언자 스마야(29:24-32), 스바댜와 바스훌의 아들 그다랴와 유갈(38:1)로부터도 극단적인 반대에 부딪쳤다. 그럼에도 불구하고 서기관 바룩(32:16, 36:4, 43:3, 45:1)과 서기관 사반의 집안(26:24, 36:11-12, 25)의 적극적인 도움을 받았으며, 왕궁 관리였던 외국인 에벳멜렉의 도움으로 죽음의 구덩이에서 풀려나기도 했다(38:7-13). 그는 하나님의 명령을 따라 독신으로 살았으며(16:1-2), 비웃음을 무릅쓰고 여러 가지 상징적 행동들로 임박한 심판을 예고해야 했다. 예루살렘의 멸망을 애도하며 운 까닭에 후세 사람들에게서 눈물의 선지자라는 별명을 얻기도 했다. 그는 심지어 고향 사람들에게서도 배척을 받았으며(11:18-23), 여러 번 살해 위협에 시달렸다(18:18). 터툴리안에 의하면 하나님의 명령을 어기고 애굽으로 도피해 간 사람들을 찾아가서 설교하다가 돌에 맞아 순교했다고 한다.

예레미야서는 일종의 예언 모음집과 같은 것으로서 예레미야의 생애 동안 외쳤던 말씀들과 겪은 사실들을 모아 주전 580년경 완성되었을 것이다. 비록 예레미야의 예언 부분이 서기관 바룩에 의해 대필되었고, 예레미야의 전기부분도 바룩이 기록했을 가능성이 높음에도 불구하고 이 책의 저자를 예레미야로 보는 데는 다음과 같은 몇 가지 이유가 있다.

첫째, 이 책 전체를 통해 저자가 자신의 이름을 예레미야로 반복해서 밝히고 있다(1:1, 29:1, 30:1-3, 36:4, 45:1, 50:1).

둘째, 성경의 다른 책들에서 이 책을 예레미야의 저작으로 인정하고 있다(대하 36:21, 단 9:2, 마 2:17).

셋째, 제사장이 세습되었음을 고려할 때(레 21:17), 제사장 힐기야가 아버지였던 예레미야(1:1) 또한 충분히 저술활동을 할 만큼 교육받은 제사장이었을 것이기 때문이다.

그럼에도 불구하고 바벨론으로 끌려갔던 유다 왕 여호야긴이 풀려나던 주전 560년의 사건끝부분에 실려 있는 사실은, 이 책이 주전 586년 일차적으로 완성된 후 누군가에 의해 재편집되었을 가능성을 보여준다(52:31-34). 그리고 이 책이 일차적으로 완성된 장소는 아마도 예레미야와 유다의 난민들이 살았던 애굽의 다바네스였을 것이다.

그리고 이 책에서 발견되는 문학 양식은 다음과 같다.

- **역사서술 일반** - 39:1-14, 40:7-18, 52:1-34

• **전기** - 1:1-19, 16:1-4, 20:1-6, 26:8-24, 28:1-17, 29:1-3, 32:6-15, 36:1-32, 37:11-38:13,2, 38:24-28, 40:1-6, 42:1-6

• **히브리 시가(신탁)** - 1:5-8, 9하- 10, 2:1-3,5-3:5,13-14,19-23, 4:1-8,13-6:30, 7:29, 8:4-9:11, 9:17-22, 10:1-25, 11:18-20, 12:1-13, 13:15-14:10,17-22, 15:2,5-9,15-21, 16:19-20, 17:5-18, 18:13-17,20-23, 20:7-18,21:12-14, 22:6,7,10,13-17, 19-23,28-30, 23:9-15,18-22, 25:30-38, 26:18, 30:4-31:22,35-37, 33:11, 38:22, 46:3-24,27-48:20,28-33,40-49:16,23-33, 50:2-51:58.

• **예언** - 30:1-33:26, 46:1-51:64

원 독자

예레미야서의 원 청중들은 패망 이전 유다의 백성들이지만 원 독자들은 패망 이후 유다 백성들이다. 물론 원 청중들 가운데는 이미 바벨론에 포로로 끌려가있던 유다인들도 포함된다(29:1-23). 그러나 원 청중과 원 독자의 입장은 본토에 남아 있거나 바벨론에 끌려갔거나 간에 유다의 패망이라는 사건을 전후로 해서 달라진다. 다시 말해서 원 청중들은 유다가 최종적인 패망을 겪지 않도록 회개하라는 책망과 경고의 메시지를 들었으나, 원 독자들은 실현된 예언을 통해 유다의 패망이 죄에 대한 징계였음을 깨닫고 회개하여 하나님의 은총을 회복하라는 위로와 격려의 메시지를 읽었던 것이다. 따라서 이 책에서는 원 독자의 회개와 소망에 관련된 다음 이슈들이 발견된다.

하나님의 심판으로서의 유다 왕국의 패망

• 유다의 지도자들과 백성의 죄
• 바벨론과 열방의 미래
• 유다의 본토귀환
• 선지자와 하나님의 말씀에 대한 태도
• 하나님의 통치와 구원
• 메시아와 그의 왕국

시대적 배경

A. 주요 사건들

- 주전 647년 요시야 탄생
- 주전 640년 요시야 즉위
- 주전 628년 요시야의 종교개혁 시작
- 주전 628년 예레미야가 예언자로 부르심을 받음, 앗수르 제국의 앗슈르바니팔 사망
- 주전 626년 나보폴라살이 바벨론 왕이 되어 앗수르로부터 독립함.
- 주전 622년 성전에서 율법책 발견
- 주전 612년 니느웨 함락으로 앗수르 패망
- 주전 609년 요시야가 므깃도 전투에서 애굽의 바로 느고에 의해 전사하고 그의 아들 여호아하스가 왕위에 오름. 그러나 3개월간의 통치 후에 바로 느고에 의해 폐위되어 애굽으로 끌려감. 바로 느고가 여호아하스의 형 엘리야김의 이름을 여호야김으로 고쳐 왕위에 올림. 여호야김이 왕위에 오른 후 선지자 우리야가 성전에서 죽임 당하고(26:20-23), 예레미야도 성전에서 설교하다가 살해위협을 받음(26:1-19).
- 주전 605년 예레미야가 바벨론의 침공을 예언함(36:1-32)
  갈그미스 전투에서 바벨론이 애굽에 승리
  느부갓네살이 바벨론 왕이 되어 유다를 침공하고 다니엘 등이 1차 포로로 끌려감
- 주전 604년 느부갓네살이 수리아와 유다, 블레셋의 성읍을 정복하고 조공을 받음
- 주전 601년 느부갓네살과 느고 사이에 전쟁이 발발하여 양쪽 모두 막대한 피해를 입었으며, 바벨론이 애굽의 국경에서 물러감. 여호야김이 그 틈을 타 바벨론에게 조공을 바치지 않고 배반함. 예레미야는 애굽이 느부갓네살에 의해 멸망 당할 것이라고 예언함(46:13)

- 주전 599년　바로 느고가 믹돌과 가자를 점령함(47:1)
- 주전 597년　여호야김이 폐위된 후 바벨론의 군대에 의해 죽고, 여호야긴이 왕위에 올랐으나 3개월 통치 후 2차 포로로 함께 끌려감. 성전 기물 일부가 바벨론으로 옮겨짐(27:18, 28:3,6)
  시드기야가 여호야긴의 뒤를 이어 느부갓네살에 의해 왕위에 오름
- 주전 593년　시드기야가 신하 몇 사람과 함께 바벨론을 방문함(51:59)
- 주전 588년　시드기야가 친애굽 파들의 압력에 굴복하여 바벨론을 배반하자 바벨론의 포위공격이 시작됨
- 주전 587년　바벨론에게 항복을 권하던 예레미야가 미움을 받아 수감됨
- 주전 586년　7월 18일 시드기야가 성벽에 구멍을 뚫고 도망하다가 잡혀 두 눈이 뽑힌 채 바벨론으로 끌려가면서 일반 백성들이 3차 포로로 끌려감. 그달랴가 총독으로 임명되었으나 암몬의 사주를 받은 이스마엘 추종 유대인들이 예레미야의 예언을 무시한 채 10월 7일 그를 살해하고 이스마엘은 암몬으로 도주함(41:1-18). 군대 지휘관 요하난이 예레미야의 예언을 무시하고 남은 백성들과 함께 애굽으로 피신함(42:1-22).
- 주전 570년　느부갓네살이 애굽을 침공하여 바로 호브라를 죽임.

B. 정치적 상황

유다를 둘러싼 국제정세는 한 치 앞을 가늠하기 어려울 정도로 급변하고 있었다. 근동의 패자로 급부상한 바벨론은 앗수르를 패망시키고 애굽으로의 침공을 서둘렀으며, 바벨론의 독주를 막기 위해 절치부심하던 애굽은 앗수르의 재건을 돕기 위해 갈그미스에서 국운을 건 전투를 치르기도 했다. 이처럼 강대국들의 틈바구니에서 유다는 생존전략으로 줄타기 외교를 선택했으며, 그 결과는 처절한 파멸이었다.

1. 앗수르

앗수르의 마지막 왕 신샤르이쉬쿤(주전 623-612년)이 바벨론 왕 나보폴라살(주전 626-605년)에게 패배하여 나라를 잃으므로 이사야의 예언이 성취되었다(사 10:5-34).

2. 애굽

애굽 왕 바로 느고 II(주전 609-594년)가 유다 왕 요시야를 므깃도에서 살해하였으나(주전 609년), 바벨론 왕 느부갓네살(주전 605-562년)에게 갈그미스 전투(주전 605년)에서 패했다. 그러나 주전 601년 애굽 국경에 주둔하던 느부갓네살의 군대를 물리치고, 주전 599년 가자를 점령하여 유다에 대한 지배권을 재 확보하였다.

3. 바벨론

• 나보폴라살 왕(주전 626-605년)이 앗수르를 패망시킴.

• 느부갓네살 왕(주전 605-562년)이 갈그미스 전투에서 애굽 왕 바로 느고를 물리치므로 근동의 패자로 부상하였고, 3차(주전 605, 597, 586)에 걸친 유다 침공으로 마침내 유다를 패망시키고 많은 사람을 포로로 끌고 갔다. 그는 주전 597년 여호야긴 왕을 포로로 끌고 가면서 시드기야를 왕위에 올려놓았으나, 10년 후 배신하자 다시 침공하여 예루살렘을 함락시키고 성전을 파괴했다. 요세푸스에 의하면 그는 애굽을 침공하여 바로 호브라를 죽였다고 한다(주전 570년, 렘 44:30 참조).

4. 유다

• 요시야 (640-609년)는 예루살렘에서 31년간 통치하는 동안에(왕하 22:1) 선정을 베풀었고(렘 22:15-16), 유다 뿐 아니라 옛 이스라엘 영토에 이르기까지 올라가 우상과 산당을 없애는 등 종교 개혁에 힘썼다. 그러나 주전 609년 앗수르의 재건을 도와주려고 북상하던 바로 느고의 군대와 맞서 싸우다가 전사하고 말았다.

• 여호아하스(살룸)(주전 609-609년)는 3개월간 통치하다가 느고 II에 의해 애굽으로 끌려갔으며 예레미야가 예언한 대로 거기서 죽었다(22:11-2, 왕하 23:29-35 참조).

• 여호야김(주전 609-597년)은 애굽 왕 바로 느고에 의해 왕위에 올랐으며, 주전 605년 갈그미스 전투에서 애굽이 바벨론에게 패하자 3년간 바벨론을 섬겼다. 주전 601년 바벨론이 애굽의 국경에서 퇴각하자 다시 배반하였다가, 느부갓네살의 군대의 침공을 받고 전사하므로 예레미야의 예언이 성취되었다(22:13-23, 왕하 24:1-7 참조). 주전 605년 바벨론의 침공을 예언한 예레미야의 글을 불태웠으며, 예레미야를 살해하려고 했다.

• 여호야긴(주전 597-597년)은 3개월간 통치한 뒤 느부갓네살에 의해 바벨론으로 끌려가 그곳에서 죽으므로 예레미야의 예언대로 되었다(22:24-30 대하 36:10).

• 시드기야(주전 597-586년)는 우유부단한 왕이었다. 느부갓네살에 의해 왕위에 올랐으나 친 애굽파 신하들의 말을 듣고 반바벨론 정책을 펴다가, 느부갓네살의 침공을 받아 바벨론으로 끌려가 죽었다. 그는 신하들 앞에서는 예레미야를 배척하였고(37:2), 혼자 있을 때는 은밀히 예레미야를 불러 야훼의 말씀을 들으려 했다(37:12-21, 38:14-28). 그리고 신하들이 원하면 예레미야를 감금하지만, 구스 사람 에벳멜렉이 간청하면 풀어주기도 했던 것이다(38:1-13).

예레미야서의 기록 목적

주전 586년 예루살렘이 함락되고 유다 왕 시드기야가 두 눈을 뽑힌 채 바벨론으로 끌려가므로, 출애굽 이후 800년 이상 지속되던 이스라엘의 주권은 끝이 났다. 더 이상 왕이나 백성은 존재하지 않았으며, 주전론자도 화친논자도 없었고, 우상도 우상숭배자도, 성벽도 성전도 없었다. 대부분의 유다인들은 3차례에 걸친 바벨론의 침공으로 죽었거나 포로로 끌려갔으며, 극심한 두려움에 잡힌 약간의 패잔병들과 기적적으로 생존한 일부 백성들이 무리를 지어 떠돌아다니고 있었다. 예전에 범죄의 대가로 망하리라는 예언을 믿지 않으려 했던 것처럼, 이제는 죄로 인해 망했다는 사실을 믿지 않으려 할 것이 자명했다. 따라서 그들의 범죄대가로 심판을 받아 망했다는 사실을 겸손히 시인하도록, 지나간 날의 죄악을 회개하며 본토로 돌아갈 날을 기다리도록 누군가 깨우쳐줄 필요가 있게 되었다. 이 책은 이런 시대적 배경 속에서 다음과 같은 이유로 기록되었을 것이다.

첫째, 유다의 패망원인이 하나님을 떠나 언약을 깨뜨린 데 대한 심판이었다는 사실을 깨우쳐, 지나간 날의 죄와 고집을 회개하도록 도전하기 위해,

둘째, 하나님이 유다를 버리신 것이 아니라, 유다가 하나님을 버렸기 때문에 망했다는 사실을 깨닫게 하므로 원 독자들이 하나님께 돌아오도록 촉구하기 위해,

셋째, 하나님께서 유다 백성들을 아주 버리신 것이 아니라, 잠시 징계하신 후 본토로 돌아오게 하실 것이라는 사실을 알려 소망을 가지도록 격려하기 위해,

넷째, 하나님의 모든 말씀이 성취된다는 사실을 알게 하므로, 하나님과 그의 말씀을 신뢰하도록 권면하기 위해,

다섯째, 하나님께서 우주와 열방을 다스리시는 분이라는 사실을 깨우쳐, 하나님 한 분만을 의지하고 섬기도록 하기 위해,

여섯째, 장차 오실 이스라엘의 진정한 목자 메시야를 기다리므로, 제국들의 흥망성쇠 속에서도 흔들리지 않고 하나님을 신뢰하도록 격려하기 위해 썼을 것이다.

예레미야서의 주제

예레미야서의 대 주제는 유다의 패망으로부터 얻는 교훈이다. 이 대주제가 언약을 배신한 유다를 심판하시는 하나님, 열방을 심판하시는 하나님, 유다와 새 언약을 맺으시고 구원하시는 하나님, 참 예언자를 통해 말씀하시는 하나님이라는 신학적 관점에서 작은 주제들로 나뉘어 전개되고 있다.

1. 야훼 하나님은 유다의 심판자이시다.

따라서 예루살렘의 멸망은 언약을 배신한 유다에게 필연적이라는 것이다. 예레미야의 이와 같은 생각은 당시 주류 종교지도자들의 관점과 명백히 다른 것이었다. 그들은 하나님이 유다의 보호자로서 열강의 침략으

로부터 구원해내실 것이라고 믿었다. 더 나아가 이미 포로로 끌려간 유다인들도 2 년 안에 돌아올 것이라고 주장했다(28:1-5). 심지어 바벨론에서 활동하던 예언자 스마야는 심판을 선포하는 예레미야를 처벌하도록 편지를 보내기까지 했다(29:24-32). 성전은 야훼 하나님의 처소이므로 예루살렘의 구원은 필연적이라고 선포했던 것이다(7:3-4). 그들의 주장은 예레미야보다 앞서 활동했던 예언자들의 메시지에 나와 있는 구원의 약속에 근거한 것이었다. 그러나 예레미야는 이미 멸망한 북 이스라엘의 역사에서 유다 패망의 필연성을 찾고 있다. 다시 말해서 야훼 하나님이 북 이스라엘의 죄에 대해 심판하셨던 것처럼 남 유다도 심판하실 것은 자명했다. 더구나 유다는 북 이스라엘보다 더 사악한 죄에 빠져있었던 것이다(3:1). 따라서 야훼 하나님은 바벨론을 들어 유다를 심판하실 것이므로, 바벨론에 저항하지 않는 것이 하나님의 징계를 순순히 받아들이는 태도라고 간주했다. 그러나 다른 종교지도자들은 하나님의 구원을 경험하도록 바벨론에 항거해 싸울 것을 주장했다. 이처럼 예레미야와 다른 종교지도자들이 현실에 대해 가지고 있는 극명한 차이 때문에 국론은 분열될 수밖에 없었던 것이다.

2. 야훼 하나님은 열방의 심판자이시다.

예레미야는 앞서 활동했던 예언자들처럼 열방에 대한 하나님의 심판을 선포했다(46-51장). 당연히 바벨론도 예외가 아니었다. 그런데 심판 받을 나라들 목록 맨 처음에 애굽(46:2-28)이 나와 있는 것이 흥미롭다. 그 사실은 바벨론에 항거하기 위해 애굽을 선택했던 친애굽파 유다인들에게 더욱 큰 도전이 되었을 것이다. 사실 예레미야는 친 애굽파도 친 바벨론파도 아니었다. 굳이 말하자면 그는 친 유다파였다. 그가 멸망할 유다에 대해 그 어떤 예언자보다 자주 탄식하고 있는 것을 보아도 그 사실을 알 수 있다. 그가 열방의 심판에 대해 선포하는 이유는 원 청중들로 하여금 열방이 구원자가 아님을 깨닫게 하기 위한 것이며, 원 독자들에게는 야훼 하나님이 바벨론 포로생활에서 그들을 구원하실 분으로 의지하게 하기 위한 것이다.

3. 야훼 하나님은 유다와 새 언약을 맺으시고 구원하신다.

예레미야서의 구조를 살펴보면 한 가운데에 유다에 대한 구원 메시지가 들어있음을 알게 된다(30-35장). 하나님의 구원은 바벨론 포로에서 돌아오는 것으로부터 시작한다. 예레미야는 본격적으로 구원의 메시지를 전하기 전에 이미 포로생활이 70년에 그칠 것이 예고한 바 있다(25:12, 29:10). 그는 유다가 바벨론의 포로에서부터 돌아올 것을 믿고 아나돗에 있는 삼촌의 밭을 사기도 했다(32:6-15). 그런데 하나님의 구원은 포로에서 돌아온 뒤 이스라엘 백성과 맺을 새 언약으로 확증된다. 그 언약은 영원한 언약이며, 마음에 새겨질 언약이다(31:31-36). 그리고 야훼 하나님은 출애굽 시절 이스라엘 백성의 왕이 되셨던 것처럼 그들 가운데 계시며 경배를 받게 되실 것이었다(32:38-41). 그것은 영광스러운 메시아 시대를 예고하는 것이었다. 흥미로운 것은 레갑의 아들 요나답의 후손이 영원히 하나님을 섬기는 백성 가운데 살게 될 것이라는 것이다(35:1-19). 그들은 겐 족속으로서 모세 시절 이스라엘 백성과 함께 섞여 산 이후 역사상 결정적인 역할을 자주했다. 사사 드보라 시절 하솔 왕 야빈의 군대장관 시스라를 죽인 것도 겐 족속 헤벨의 아내 야일이었고(삿 4:17-22). 예후가 바알 제사장들을 몰살할 때에 협조한 것도 겐 족속 레갑의 아들 요나답(여호나답)이었던 것이다(왕하 10:15-17). 나중에 그들은 바벨론 포로 귀환 이후 느헤미야를 도와 함께 예루살렘 성벽을 쌓기도 했다(느 3:14).

4. 야훼 하나님은 참 예언자를 통해 말씀하신다.

유다가 멸망하게 된 원인은 단순히 율법을 어기고 사회 정의를 실종시킨 것이 아니라, 거듭되는 하나님의 경고에도 돌이키지 않았던 데 있었다. 그처럼 유다가 고집스럽게 회개하지 않았던 이유는, 거짓 예언자들이 약속하는 거짓 평화에 마음을 빼앗겼기 때문이었다. 그들은 임박한 심판을 경고하거나 죄의 회개를 촉구하지 않았던 것이다. 따라서 그들의 주장을 받아들이면 참 예언자들의 입을 통해 선포되는 야훼의 말씀에 귀를 기울일 필요가 없었다. 유다의 멸망은 결국 거짓 예언자들의 활동에서 비롯된 것이라고 해도 과언이 아니다. 결국 예레미야가 유다 백성들의 마음을 돌이키기 위해 선택할 길은 거짓 예언자들에 대한 공격이었다. 예레미야가 자신의 소명 체험을 자세히 소개한 것이나(1:4-19), 거짓 예언자들에 대한 메시지가 많은 것도 그 때문이다.

"내가 그들을 보내지 아니하였어도 그들이 내 이름으로 거짓을 예언함이니라 여호와의 말씀이니라…만군의 여호와 이스라엘의 하나님께서 골라야의 아들 아합과 마아세야의 아들 시드기야에 대하여 이와 같이 말씀하시니라 그들은 내 이름으로 너희에게 거짓을 예언한 자라 보라 내가 그들을 바벨론의 왕 느부갓네살의 손에 넘기리니 그가 너희 눈 앞에서 그들을 죽일 것이니라"(29:9, 21)

"너희는 이것이 여호와의 성전이라, 여호와의 성전이라, 여호와의 성전이라 하는 거짓말을 믿지 말라"(7:4)

"선지자 예레미야가 선지자 하나냐에게 이르되 하나냐여 들으라 여호와께서 너를 보내지 아니하셨거늘 네가 이 백성에게 거짓을 믿게 하는도다"(28:15)

"내가 그를 보내지 아니하였거늘 스마야가 너희에게 예언하고 너희에게 거짓말을 믿게 하였도다"(29:31)

"여호와의 말씀이니라 보라 거짓 꿈을 예언하며 이르며 거짓과 헛된 자만으로 내 백성을 미혹하게 하는 자를 내가 치리라 내가 그들을 보내지 아니하였으며 명령하지 아니하였나니 그들은 이 백성에게 아무 유익이 없느니라 여호와의 말씀이니라"(32:32)

주제들	원 독자에게 의의
1) 의로우신 하나님은 언약을 깨뜨린 유다를 심판하셨다.	1) 유다의 패망 원인이 죄에 대한 하나님의 심판이었음을 시인하고 회개하라.
2) 자비하신 하나님은 선지자를 통해 거듭 거듭 회개를 촉구하셨다.	2) 완악함을 버리고 겸손히 하나님의 징계를 받아들이라.
3) 이스라엘의 하나님은 당신의 백성을 본토에 돌아오게 하신다.	3) 구원자 되신 하나님을 신뢰하고 소망 가운데 인내하라.
4) 성실하신 하나님은 메시야를 보내 영광스러운 왕국을 건설하실 것이다. 5) 전능하신 하나님은 만국을 심판하시고 다스리신다.	4) 메시아 예언을 믿고 기다리므로 하나님을 신뢰하는 표를 삼으라. 5) 주변의 열강들을 두려워 말고 오직 하나님만 신뢰하며 섬기라.

예레미야서의 특징

1. 예언자가 전하는 메시지의 진정성이 강조되어 있다. 그것은 거짓 예언자들의 메시지와 자신의 것을 차별화하기 위한 것이다. "여호와의 말씀이 내게 임하였다"(1:2, 4)는 표현은 수 없이 반복되며, 야훼 하나님이 그의 입에 직접 말씀을 담아 주었고(1:9), 그는 주의 이름으로 일컬음을 받고 주의 말씀을 먹어 기쁨으로 삼았다(15:16). 그가 받은 말씀 때문에 심장이 터질 듯하고 뼈가 떨리며 술 취한 사람처럼 되기도 했고(23:9), 불과 바위를 깨는 망치와 같은 말씀의 힘을 경험하기도 했다(23:9).

2. 자주 상징적 행동을 통해 예언하고 있다. 습기 찬 곳에 묻어 두어 썩어버린 허리띠를 통해 멸망을 예언하고(13:1-11), 옹기를 깨뜨리면서 예루살렘의 멸망을 예고했으며(19:10-13), 고향에 있는 삼촌의 땅을 사서 포로 귀환의 징표로 삼았다(32:1-44). 그리고 바벨론이 폐허가 될 것을 상징하는 행위 예언으로, 바벨론 멸망에 관해 기록한 책을 낭독하고

유브라데 강 속에 던져버리기도 했다(51:59-64).

3. 다양한 수사법과 문학적 표현 양식이 동원되고 있다. 히브리 시가 형식을 통한 심판 신탁(2-25장), 잦은 탄식(1:6, 4:19-21, 8:14-9:1)과 탄원(15:10-21, 18:18-23)과 애가식 표현(30:7, 34:5), 전기적 이야기(26-29장, 36-45장), 신명기적 설교(7:1-8:3, 11:1-14, 16:1-13, 17:19-27, 18:1-12, 19:1-20:6, 21:1-10, 21:1-10, 22:1-5, 25:1-13, 32:1-2,6-16,24-44, 34:1-35:19) 등 다양한 장르가 발견된다. 그 중에서도 흥미 있는 것은 여성의 이미지와 어법이 많이 사용되고 있다는 것이다. 예를 들어 "복중에 짓기 전에 너를 알았고, 네가 태어나기 전에 너를 구별하였다"(1:5)든가 출산하는 여인의 비유(4:19,31, 6:24, 13:21), 자식 잃은 여인의 비유(6:26, 10:20, 15:9), 이스라엘 백성을 신부에 비유하는 것(2:2) 등이다.[25]

4. 중복되는 부분이 많다. 예를 들어 6:12-15와 8:10-12, 10:12-16과 51:15-19, 16:14-15와 23:7-8, 15:13-14와 17:3-4, 23:19-20과 30:23-24, 30:10-111과 46:27-28, 49:19-21과 50:44-46 등이다.[26]

5. 70인 역 헬라어 사본과 히브리어 맛소라 사본은 순서와 분량에서 현저한 차이가 있다. 우선 70인 역은 맛소라 사본보다 1/8 가량 짧다. 그러니까 절의 일부가 생략되거나 33:14-26, 39:4-13, 51:44-49, 52:27-30 등이 생략되어 있다. 그리고 맛소라 사본에서 46-51장에 놓인 열방에 대한 심판 예언이 70인 역에서는 25:15부터 31장에 걸쳐 놓여있다. 그리고 맛소라 사본에서 25:15-38에 들어 있는 열방에 대한 심판 총론이 70인 역에서는 32장에 나온다. 열방에 대한 심판도 각 나라의 순서가 뒤바뀌어 있다. 이처럼 두 사본과 역본이 다른 이유에 대해 학자들은 처음부터 다른 원본을 사용했기 때문일 것으로 본다.

25) 박동현, 100 주년 기념 예레미야 주석(I), 대한기독교서회, pp. 45-46.

26) 김영진, 예언서 연구, 한들출판사, p. 161.

27) 박동현, 위의 책 pp. 63-68 참조.

성경 연구 클리닉

• 예레미야서와 관련 성경들

학자들은 오래 전부터 예레미야서에 나오는 아모스, 호세아, 이사야, 미가의 예언전통에 대해 주목해왔다. 뿐 아니라 예레미야의 메시지와 상징적 행동은 동시대의 예언자였던 에스겔에도 영향을 끼쳤다. 더 나아가 신약의 저자들이 예수 그리스도를 해석하는데 결정적 영향을 주었다. 복음서 저자들과 서신 저자들은 예레미야서를 즐겨 사용했다.[27]

1) 호세아와 예레미야

만약 예레미야의 뿌리가 북 왕국 이스라엘에 있다면 호세아의 영향을 받았으리라는 것은 의심의 여지가 없다. 두 책에 나오는 바알 관련 본문(렘 2:20-25, 18:15, 23:13과 호 2:16-17, 9:10), 역사 회상 본문(렘 2:5-9, 호 13:5-6), 혼인 비유 본문(렘 3:1-5,20과 호 2:4-17, 4:11-14)은 예레미야가 유다를 호세아 당시의 이스라엘과 견주어 예언했다는 것을 짐작하게 한다.

2) 아모스와 예레미야

남 유다 출신으로 북 이스라엘에서 활동했던 아모스는, 북 이스라엘에 뿌리를 두었으면서 남 유다에 대해 예언했던 예레미야에 영향을 주었으리라고 본다. 예를 들어 환상 보도문(암 7:7,8, 8:1과 렘 1:11-14), 징계 언급 본문(암 9:1-4과 렘 15:9, 21:10), 야훼의 날 본문(암 5:18-20과 렘 46:3-12) 등이 그것이다.

3) 미가와 예레미야

성전 설교 때문에 죽을 위기에 처했던 예레미야는 미가 3:12를 주장하는 몇몇 장로에 의해 목숨을 건지게 된다(26:1-19). 뿐 아니라 애곡할 것을 촉구함(미 1:10,16과 렘 6:26, 7:29, 미 1:8과 렘 4:8), 애가(미 2:4과 렘 9:18), 해산 고통의 비유(미 4:9,10과 렘 4:31, 6:24, 22:23), 거짓(미 2:11과 렘 5:13, 31) 평화(미 3:5와 렘 6:14), 미혹함(미 3:5와 렘 23:13), 부끄러움을 당할 것(미 3:7과 렘 6:15), 사회 불의를 고발함(미 3:1과 렘 5:4-5, 미 3:10과 렘 22:13) 등을 비교해 볼 때 예레미야가 미가로부터 적지 않은 영향을 받았다는 사실을 알 수 있다.

4) 이사야와 예레미야

유다의 심판과 구원을 함께 선포했던 이사야 역시 예레미야에게 영향을 준 것으로 보인다. 비록 예레미야가 다윗 왕가의 정통성을 강조한 이사야와 입장을 다르게 한 것으로 보이지만, 포도원의 비유(사 5:1-7과 렘 2:21), 유다 백성의 배신(사 1:2-3과 렘 2:12-13), 완악함(사 6:9-10과 렘 5:21) 등은 그가 이사야의 예언을 자신의 관점에 맞춰 활용했다는 것을 보여준다.

5) 예레미야와 에스겔

예레미야의 상징적 행동 예언은 에스겔의 상징적 행동 예언에 영향을 준 것으로 보인다. 아마도 포로로 끌려가기 전 에스겔은 예레미야가 상징적 행동으로 예언하는 것을 목도하고 깊은 감명을 받았을 것이다.

6) 신약의 저자들과 예레미야

마태는 헤롯이 베들레헴 남아들을 살해한 것을 예레미야 예언의 성취로 보았다(마 2:18, 렘 31:15). 그리고 마가는 깨닫지 못하는 제자들을 책망하시는 예수 그리스도의 모습을 묘사하면서 예레미야를 인용했다(막 8:18, 렘 5:21). 공관복음 저자들은 모두 예수 그리스도가 성전을 정결케 한 사건을 기록할 때 예레미야의 글을 인용했다(마 21:13, 막 11:17, 눅 19:46, 렘 7:11). 히브리서 저자는 그리스도가 새 언약의 중보자임을 묘사하면서 예레미야를 인용했다(히 8:8-12와 10:16-17, 렘 31:31-34). 바울은 고린도 교인들이 부와 지혜보다 하나님을 자랑하라고 하면서 예레미야를 인용했다(고전 1:31, 고후 10:17, 렘 9:23-24).

2. 내 용

〈구조와 요절〉

예레미야서에는 야훼의 말씀이 임한 날짜들이 기록되어 있다. 그럼에도 불구하고 모든 예언들이 시간적인 순서를 따라 배열되어 있지는 않다. 예를 들어 21장에 유다의 마지막 왕 시드기야에 관한 예언이 나오고, 22장에서 여호야김에 관한 예언이 나온다. 그리고 34장에서 시드기야에 대한 예언이 나오고, 35장에서 다시 여호야김에 대한 예언이 나온다. 그런가 하면 44장에는 51장에 나오는 예루살렘 패망 이후 예언이 들어 있다. 더구나 중복 기록된 부분이 적지 않아 세부적으로 분류하기가 어렵다. 그러나 예레미야서는 내용상 아래와 같이 크게 다섯 부분 혹은 일곱 부분으로 나눌 수 있으며, 대칭구조를 이루고 있다.

소단원 1 A 예레미야가 소명을 받음(1:1-19)
소단원 2 B 하나님의 백성에 대한 심판(2:1-25:38)
소단원 3 C 예레미야가 받은 고난(26:1-29:32)
소단원 4 D 하나님의 백성에 대한 구원(30:1-35:19)
소단원 5 C′ 예레미야가 받은 고난(36:1-45:5)
소단원 6 B′ 열방에 대한 심판(46:1-51:64)
소단원 7 A′ 유다의 멸망에 대한 서술(52:1-34)

요절

"이 모든 땅이 폐허가 되어 놀랄 일이 될 것이며 이 민족들은 칠십 년 동안 바벨론의 왕을 섬기리라 여호와의 말씀이니라 칠십 년이 끝나면 내가 바벨론의 왕과 그의 나라와 갈대아인의 땅을 그 죄악으로 말미암아 벌하여 영원히 폐허가 되게 하되"(25:11-12)

(요절 25:11-12)

<table>
<tr><th>대 단 원</th><th>소 단 원</th><th>주 제</th><th>예언기간</th><th>기록 장소</th><th>기록 연대</th></tr>
<tr><td rowspan="4">유다에 대한 심판</td><td>1:1-19
예레미야를 부르심</td><td rowspan="7">하나님의 심판과 유다의 완악함</td><td rowspan="7">주전 627-586</td><td rowspan="7">예루살렘</td><td rowspan="7">주전 580년경</td></tr>
<tr><td>2:1-25:38
일곱 표적, 열두 경고</td></tr>
<tr><td>26:1-29:32
배척받은 예레미야</td></tr>
<tr><td>30:1-33:26
선민의 회복</td></tr>
<tr><td rowspan="3">열방에 대한 심판</td><td>34:1-45:5
왕국의 붕괴</td></tr>
<tr><td>46:1-51:64
열방을 다스리는 하나님</td></tr>
<tr><td>52:1-34
예루살렘 함락의 교훈</td></tr>
</table>

소단원 1 예레미야가 소명을 받음(1:1-19)

<내용 요약>

본문은 40여 년간 유다 왕국의 붕괴를 예언했고, 마침내 그것을 목도했던 예레미야가 받았던 소명을 회고한 것이다. 따라서 1-3은 예언자로 활동한 기간을, 4-10은 예언자로서의 자격을, 11-19는 예언자의 메시지에 대해 말하고 있다. 그런데 4-10과 11-19는 다음과 같이 서로 대칭을 이룬다. 주목할 일은 예레미야의 예언활동이 극심한 반대에 부딪칠 것이 예고되어 있다는 점이다(8, 10, 17-19).

① 야훼의 말씀이 임하심(4와 11)
② 야훼의 계시를 받음(5, 9와 11-16)
③ 야훼의 보내심을 받음(7과 17상)
④ 야훼의 격려를 받음(8과 17하)
⑤ 야훼가 승리를 보장함(10과 18-19)

<단락 해석>

1) 예언자의 활동 기간(1:1-3): 주전 627년부터 586년까지 40 년의 기간을 서술하면서 요시야의 이름을 세 번이나 언급하고 있다(2). 그것은 요시야의 종교개혁에도 불구하고 마침내 다시 우상숭배로 기울어진 유다의 형편을 드러내주는 것이다.

2) 예언자의 자격(1:4-10); 예레미야는 태어나기 전부터 예언자로 선택되었으며(5), 청소년 시절 하나님의 부르심을 받았고(6-7), 예언을 직접 받았다(9). 또한 그의 예언 활동을 통해 여러 나라의 흥망성쇠가 결정되었다(10). 이처럼 예레미야의 예언이 하나님께로 말미암았음을 강조하는 이유는, 무엇보다 유다의 멸망이 거짓 선지자의 활동 때문이었음을 드러내는 것이다(2:8, 5:31, 6:13-14, 7:4,7, 14:13-18, 20:6, 23:9-40, 28:1-4,15-17, 29:21,30-31).

3) 예언자의 메시지(1:11-19); 예레미야가 예언자로 세워진 다음 첫 번째로 본 환상 두 개가 들어 있다. 그런데 11의 살구나무(almond tree)로 번

역된 '샤케드(שָׁקֵד)' 와 12의 지키다[28] '쇼케드(שֹׁקֵד)' 는 어근이 같다. 예레미야가 야훼가 환상으로 보여준 계시를 제대로 깨닫고 전달했다는 것이다. 특별히 유다 각계각층의 사람들로부터 공격받게 되지만 거꾸러지지 않을 것이 약속되었다(17하-19). 이것은 예레미야가 박해 속에서 살아남음으로 증명되었다. 그는 마치 극심한 포위 공격에도 함락되지 않은 성벽처럼 살아남았던 것이다(1:18). 이처럼 예레미야의 예언활동과 생존의 의미가 기록된 것은, 유다의 패망이 우상 숭배에 대한 하나님의 심판이었다는 그의 메시지를 받아들이고 회개하도록 촉구하기 위한 것이다(1:16).

28) 깨어 살펴보다. 주이 깊게 살피다.

소단원 2 하나님의 백성에 대한 심판(2:1-25:38)

봄의 전령사 샤케드(아몬드) 꽃

<내용 요약>

이 단원에 나오는 예언들 중 2-20장까지는 모두 요시야 시대에, 21-25장까지는 여호아하스, 여호야김, 여호야긴, 시드기야 시대에 선포된 것으로 보인다. 그리고 대부분의 예언들은 바벨론의 3차 침공 때 예루살렘의 함락으로 성취되었다. 이 단원은 12차례의 심판 경고로 구성되어 있으며, 예언의 효과적인 전달을 위해 일곱 표적 혹은 일곱 행위 예언 - 썩은 베띠, 포도주 병, 가뭄, 독신, 토기장이, 깨어진 오지병, 무화과 광주리가 동원되었다.

<단락 해석>

1) 1차 경고-유다의 배교(2:1-3:5) ; 남편에게 신실하지 못한 아내(2:23-25, 3:1-2)로 비유된 유다의 고의적인 우상숭배(2:8, 11, 13, 20, 23, 28, 30)와 예언자와 가난한 자를 핍박하는 완악함(2:29, 33, 34, 3:3-5)에 대하여 심판이 예고되었다(2:19, 35-37). 더 나아가 그들이 과거에 앗수르를 의지하다가 망신을 당한 것처럼, 애굽을 구원자로 의지하다가 패망할 것이 예고되었다(2:18, 36-37). 유다의 죄에 대한 여러 비유들을 살펴본다.

① 신혼 시절의 사랑을 버린 아내(2:1-8) : 출애굽 시절 야훼 하나님을

하솔 저수조

의지하며 광야를 통과하던 그들이 가나안에 들어와서는 하나님을 찾지 않고 바알 신을 찾게 되었다. 특히 지도층들이 하나님을 떠나 우상을 좇기 시작했다(2:8).

② 자기 나라의 신을 버린 유일한 민족(2:9-12)
③ 생수의 근원을 버리고 밑 빠진 저수조를 만든 것(2:13): 하나님을 떠나 이방 신을 섬기는 죄를 가리킴
④ 스스로 포로가 된 민족(2:14-19) : 구원자 하나님을 버리고 애굽을 의지한 죄
⑤ 이방 포도나무의 악한 가지가 된 귀한 포도나무(2:21)
⑥ 수컷에게 달려가는 발정기의 암낙타와 암나귀(2:23-25)
⑦ 평안할 때 우상을 섬기다가 어려울 때 하나님께 부르짖음(2:27)
⑧ 유다가 섬긴 신들의 숫자가 도시의 숫자처럼 많음(2:28)
⑨ 패물을 잊은 신부처럼 하나님을 잊음(2:32)
⑩ 어려울 때는 하나님을 찾지만 다시 우상숭배로 돌아섬(3:4-5)

언약궤

2) 2차 경고 - 임박한 심판(3:6-6:30) ;

ℵ. 유다는 우상숭배로 망한 이스라엘의 죄를 그대로 답습하여 망하게 되었기에(3:6-10), 진심으로 회개하고 돌아오도록 요청을 받았다(3:19-22, 4:1-4). 흥미로운 것은 북 이스라엘이 유다보다 더 의로웠다고 평가한 것이며(3:11), 이미 망해버린 북 이스라엘이 회개하고 하나님께로 돌아오도록 요청하고 있는 것이다(3:12-14). 그런데 본문 3:14하–18은 전형적인 메시아 예언으로서 언약궤 없이-언약궤를 말하지도, 생각하지도, 기억하지도, 찾지도, 만들지도 않고 하나님을 섬기는 시대를 노래하고 있다. 그 때는 북 이스라엘과 남 유다가 함께 하나님을 섬기게 될 것이다(3:18). 물론 이것은 문자적인 의미에서가 아니라 그리스도를 통해 영적으로 성취될 시대를 가리킨다. 특별히 4:4는 나중에 사도 바울에 의해 진정한 하나님의 백성을 설명하기 위해 롬 1:28,29에서 인용되었다. 또 한 가지 주목을 끄는 것은 3:22하-25까지 회개의 기도가 들어 있다는 것이다. 이 기도가 예레미야의 기도인지 망해버린 북 이스라엘의 기도인지 분명하지 않다. 그러나 흔히 예언자들이 백성의 죄를 대신해서 기도했던 것으로 보아 예레미야의 기도로 보아도 무방할 것이다.

ㄷ. 회개의 촉구에 이어 예레미야는 북방 군대가 유다를 침공할 것을 경고한다(4:5-31). 그는 유다 주민들이 애곡할 것을 권하며(3:8), 자신도 슬픔에 겨워 탄식한다(4:10, 19). 그는 마치 사자가 수풀에서 올라온 것처럼(4:7), 뜨거운 바람이 헐벗은 산에서 불어온 것처럼, 유다를 휩쓸게 될 재난에 대해 가슴 아파한다.

ㄹ. 하나님은 계속해서 유다의 죄악을 열거하시며(5:1-31), 임박한 심판의 경고에 귀를 막고 거짓 선지자의 예언에만 귀를 기울이는 완악함에 대해 책망하신다(6:1-30). 심지어 하나님은 예루살렘 거리에서 의인 한 명이라도 찾으면 심판하지 않겠다고 약속하신다(5:1). 이것은 예루살렘이 소돔과 고모라와 같이 취급되었음을 암시한다. 그런데 유다를 심판하기 위해 하나님이 예비하신 북방의 한 민족에 대한 예언(6:1, 22-26)은 주전 605, 597, 586년 3 차례에 걸쳐 성취되었다. 유다가 심판받게 된 원인은 단순히 우상숭배를 한 죄 때문이 아니라 마음으로부터 하나님을 인정하지 않으려는 완악한 태도에서 비롯된 것이었다.

> "그들이 여호와를 인정치 아니하며 말하기를 여호와는 계신 것이 아닌즉 재앙이 우리에게 임하지 아니할 것이요 우리가 칼과 기근을 보지 아니할 것이며 선지자들은 바람이라 말씀이 그들 속에 있지 아니한즉 그같이 그들이 당하리라 하느니라"(5:12-13)

3) 3차 경고-거짓 종교와 우상숭배(7:1-10:25); 유다의 죄는 거짓 종교와 우상숭배로 요약될 수 있다. 거짓 종교의 죄는 하나님과의 언약을 지키지 않으면서도 하나님이 그들을 축복하시리라는 거짓 선지자의 말을 믿는 것이며, 우상 숭배의 죄는 각종 우상들을 만들고 섬기는 것이다. 그리고 그 두 가지 죄악을 연결하는 고리는 그들의 완악함이다(7:13,27-28).

① 하나님은 먼저 성전이 도둑의 소굴처럼 파괴될 것이라고 선포하게 하신다. 성전은 실로처럼 폐허가 될 것이었다(7:1-15). 이것은 앞서 언약궤 없이 하나님을 섬기는 때가 올 것이라는 예언만큼 파격적인 예언이었다. 참고로 유다가 하나님과의 언약을 깨뜨린 죄악을 열거하면 다음과 같다. 가난한 자와 의로운 자를 해침(7:6), 십계명 파기(7:9, 18), 자녀 인신제사

(7:29-31), 동성애(8:10), 거짓 선지자 추종(7:4, 8:10-11), 열방의 우상수입(10:3,9) 등이다. 흥미로운 것은 그들이 성전을 믿은 것인데(7:4), 아마도 히스기야 시대에 앗수르의 산헤립 군대가 다른 성읍들은 정복하였으나 예루살렘만 손대지 못한 것이 성전 때문이라는 신념에서 비롯된 것으로 보인다. "내 이름으로 일컬음을 받는 이 집에 들어와서 내 앞에 서서 말하기를 우리가 구원을 얻었나이다 하느냐 이는 이 모든 가증한 일을 행하려 함이로다"(7:10). 그러나 하나님은 그들의 그릇된 신념을 송두리째 뽑아내신다(7:12, 9:17-22). 이 본문(7:11)은 나중에 예수 그리스도께서 성전을 정결케 하신 다음 인용하셨으며(마 21:13), 주후 70년 예루살렘 멸망으로 성취되었다.

② 10장은 우상과 관계된 메시지이다. 1-5는 우상의 무능함에 대한 야훼의 명령, 6-10은 예레미야의 고백, 11-16은 예레미야의 충고, 17-22는 우상 숭배자에 임할 재앙의 경고, 23-25는 예레미야의 중보기도로 구성되어 있다. 특별히 19-22에는 재앙으로 고통 받는 한 사람의 탄식이 나와 있다(아마도 그는 가상의 인물일 것이다). 그는 지도자들이 야훼 하나님을 찾지 않아 백성들에게 화가 임했다고 슬퍼한다. 이 예언의 의의는 유다에 임할 하나님의 심판이 확정적임을 보여준다.

4) 4차 경고-언약을 깨뜨린 죄(11:1-12:17); 본문은 언약을 깨뜨린 유다에 임할 저주(11:1-17), 아나돗 사람들의 박해(11:18-23), 예레미야의 탄원과 하나님의 응답(12:1-17)으로 구성되어 있다.

① 유다는 조상 시절 시내 산에서 하나님과 저주의 언약을 맺었다(레 26:3, 12, 신 27:1, 26). 그러나 그들은 언약을 지키지 않았으며, 경고를 듣고도 돌이키지 않아 재앙을 자초했다(11:9-13). 따라서 하나님은 예레미야로 하여금 백성을 위해 중보기도 하지 못하게 하신다(11:14).

② 예레미야가 고향 사람들에게 박해를 받은 이유는 분명하지 않다. 앞뒤 문맥을 고려해볼 때 하나님의 심판 경고를 싫어했던 것으로 보인다. 그가 고향 사람들에게서 살해 위협을 받은 것은 예수 그리스도가 장차 고향 사람들에게서 배척 받으실 것에 대한 예표였다(11:21, 눅 4:16, 24, 29-30). 아나돗 사람들 역시 유다 백성이 입을 재앙의 상징으로 전쟁으로 몰살당하는 저주를 받았다.

③ 예레미야는 마치 하박국 선지자처럼 하나님과 변론한다(12:1-4). 하나님은 낙심한 예레미아가 더 큰 고난을 받을 것과(12:5-6), 유다가 포로되어 간 땅에서 돌아오게 될 것을 약속하셨다(12:14-15). 그리고 그 약속은 주전 537년 1차 포로귀환으로 성취되었다.

5) 5차 경고-완악함(13:1-27) ; 유브라데 강가에 묻었던 띠가 썩은 것처럼 유다의 완악함이 하나님의 심판 앞에서 쓸데없이 될 것과(1-12), 포도주 병마다 포도주가 담길 것이 자명한 것처럼 하나님의 심판이 북방사람들(바벨론)을 통해 임할 것에 대한 예언(13-27)이다. 여기서 유브라데 강은 메소포타미아에 있는 강이 아니라 예루살렘 근교의 프랏 시내로 보는 것이 좋다. 유다의 고칠 수 없는 죄악-완악함이 구스인의 피부와 표범의 반점에 비유되었다. "구스인이 그의 피부를 표범이 그의 반점을 변하게 할 수 있느냐 할 수 있을진대 악에 익숙한 너희도 선을 행할 수 있으리라" (13:23).

6) 6차 경고-가뭄과 중보기도(14:1-15:21); 팔레스타인에서의 가뭄은 대개 농업용수뿐 아니라, 식수와 들짐승의 마실 물조차 말라버릴 정도로 극심하여 생태계를 위협했다(14:1-6). 그리고 가뭄은 하나님의 저주로 간주되어야 했다(레 26:19, 신 11:17). 본문에는 예레미야의 3차에 걸친 중보기도(14:7-9, 13, 19-22)와 3차례 하나님의 성실한 답변(14:10-12, 14-18, 15:1-9)과, 낙심한 예레미야(15:10-18)에 대한 하나님의 위로(15:19-21)가 나온다. 그런데 예레미야서에는 임박한 심판을 인해 중보기도하지 말 것이 자주 기록되어 있다(7:16, 11:14, 14:11, 15:1). 이것은 원 독자들로 하여금 유다의 패망이 하나님의 심판이었다는 사실을 깨닫게 하기 위해 기록된 것으로 보인다. 흥미로운 것은 비록 모세와 사무엘이 하나님 앞에 섰다고 할지라도 그들의 중보기도를 듣지 않겠다고 한 것인데(15:1), 에스겔에 이르러는 노아, 다니엘, 욥의 의로움으로도 유다의 멸망을 막을 수 없는 것으로 바뀐다(겔 14:14). 결국 유대인들은 하나님의 심판을 막는 두 가지 요소를 의로움과 중보기도로 이해했던 것을 알 수 있다.

7) 7차 경고－유다의 심판과 회복(16:1-17:27) ;

① 예레미야는 세 가지 명령-결혼하여 자녀를 두지 말 것(16:2), 초상집에 들어가서 통곡하거나 애곡하지 말 것(16:5), 잔칫집에 들어가서 먹고 마시지 말 것(16:7)을 받았다. 그 의미는 재앙의 날에 독신으로 있는 자가 가정을 가지고 있는 자보다 덜 괴로울 것과, 결혼 잔치가 없어질 것과 전국적인 극심한 슬픔 때문에 초상집에서 울음이 그칠 것을 상징적으로 보여주기 위한 것이었다. 원 청중들에게 그 의미는 유다에 임할 심판이 확정적이라는 것이며, 원 독자들에게는 유다의 패망이 하나님의 심판이었음을 강조하는 것이었다. 그리고 하나님은 장차 유다를 회복시키실 것(16:14-15)을 약속하신다. 그들이 포로로 끌려가게 되는 이유는 우상숭배로 더럽혀진 땅을 정결케 하기 위한 것이다(16:16-18). 그리고 예레미야의 기도가 기록된 것은 언약을 성실히 지키시는 하나님(신 4:30)께 원 청중들이 성실히 순종하도록 회개를 촉구하기 위한 것이다.

② 우상 숭배자들에 대한 경고(17:1-4), 인생을 의지하는 자와 야훼를 의지하는 자가 받을 벌과 복(17:5-11), 예레미야의 기도(17:12-18), 안식일 준수에 대한 경고(17:19-27)가 들어 있다.

토기장이

8) 8차 경고 - 유다의 거역(18:1-20:18); 토기장이의 표적이 들어 있는 18장과 깨어진 오지병의 표적이 들어 있는 19-20장은 짝을 이룬다.

① 예레미야는 토기장이의 집으로 가도록 명령받았다. 그는 토기장이가 터진 그릇의 진흙을 가지고 자의로 다른 그릇을 만드는 것을 보았는데, 그것은 그처럼 하나님께서 유다 백성을 버리고 아무 민족이든지 사용하실 수 있다는 경고의 표적이었다. 그런데 토기장이의 표적은 나중에 사도 바울에 의해 이방인들을 구원하시는 하나님의 주권에 대해 설명할 때 훌륭하게 인용되었다(롬 9:21). 그리고 16은 신 29:22에 기록된 저주의 언약을 인용한 것이다. 이 예언에 이어 예레미야는 살해위협에 직면하고 하나님께 탄원을 올린다.

② 예레미야는 옹기를 깨뜨리는 행위 예언을 하도록 명령받았다. 오지병처럼 심판 날에 유다 백성이 철저하게 버림받을 것에 대한 경고이다. 여기서 19:8-9는 신 28:53-57에 기록된 저주의 언약을 인용한 것이다. 따라서 유다의 패망이 언약을 깨뜨린 결과로서 주어질 것임이 명시되어 있다. 그들의 죄악은 이미 앞에서 경고된 것처럼 우상숭배(19:4-5, 13)와 거짓

선지자의 말을 듣고 하나님의 선지자를 핍박하는 거역(20:1-2, 6)이다. 특별히 20장에는 예레미야를 박해했던 제사장 바스훌의 이름과 그가 받은 저주가 기록되어 있다. 흥미로운 것은 살해 위협을 받고 구금된 예레미야가 욥기의 한 부분을 인용해 자신의 처지를 한탄했다는 것이다(20:14-18, 욥 3:3-12).

9) 9차 경고-유다의 마지막 왕들(21:1-23:8);

① 시드기야에 대한 심판 경고(21:1-10)와 회개의 촉구(21:11-22:9)는 주전 588년에 선포되었다. 시간적으로 그보다 앞서 회개를 촉구했으나, 본문에서는 시드기야에 대한 심판 예언이 먼저 기록되었다. 아마도 시드기야가 받은 심판이 회개의 경종을 무시한 결과임을 설명하기 위해 그렇게 기록했던 것으로 보인다. 뿐만 아니라 그가 유다의 마지막 왕임에도 불구하고 그에 대한 예언이 먼저 수록된 것은, 예루살렘 함락을 이미 경험한 원 독자들에게 회개의 중요성을 강조하기 위한 것 같다. 잘 알려진 바대로 시드기야에 대한 예언은 2년 뒤 주전 586년에 성취되었다(왕하 25:1-7). 시드기야는 바벨론이 침공하자 예레미야로 하여금 야훼 하나님께 승리를 간구하게 했으나 거절당했다. 왜냐하면 유다의 패망은 확정적인 것이었기 때문이다. 따라서 살 길은 하나님의 징계를 겸손히 받기 위해 바벨론에 항복하는 것뿐이었다. 예레미야는 신 30:15 말씀을 인용해서 다음과 같이 대답한다.

> "여호와께서 말씀하시기를 보라 내가 너희 앞에 생명의 길과 사망의 길을 두었노라 너는 이 백성에게 전하라 하셨느니라 이 성읍에 사는 자는 칼과 기근과 전염병에 죽으려니와 너희를 에워싼 갈대아인에게 나가서 항복하는 자는 살 것이나 그의 목숨은 전리품 같이 되리라 여호와의 말씀이니라 내가 나의 얼굴을 이 성읍으로 향함은 복을 내리기 위함이 아니요 화를 내리기 위함이라 이 성읍이 바벨론 왕의 손에 넘김이 될 것이요 그는 그 것을 불사르리라"(21:8-11)

② 살룸(여호아하스)에 대한 심판 예언(22:10-12)은 주전 609년에 행해졌으며, 그해에 성취되었다(왕하 23:29-35).

③ 여호야김에 대한 저주 예언(22:13-23) 역시 주전 609년에 선포된 것으로 보이며, 주전 597년에 성취되었다(왕하 23:36-24:7). 여호야김이 저주받은 이유는 부왕 요시야가 걸었던 정의의 길을 걷지 않고, 가난한 자를 압제하며, 무죄한 자의 피를 흘리며, 탐욕으로 재물을 모았기 때문이었다. 그의 죽음에도 사람들이 슬퍼하지 않으며 전쟁 중에 비참하게 죽을 것이 예고되었다. 이 예언 역시 유다의 패망이 하나님의 징계였다는 대 주제와 부합되는 것이다.

④ 고니야(여호야긴)에 대한 심판 에언(23:24-30)은 주전 597년에 선포되었으며, 그해에 성취되었다(왕하 25:27-30, 대하 36:9-10). 특히 그가 자식(왕자)이 없겠으며 그의 자손 중 다윗의 왕위에 앉을 자가 없을 것이라는 예언은, 그가 포로로 끌려간 뒤 그의 삼촌 시등기야가 왕위에 오름으로써 문자적으로 성취되었다. 그가 비록 하나님의 오른 손의 인장반지와 같을 지라도 버림받을 것이라는 표현은 심판이 확정적이라는 의미이다.

⑤ 의로운 왕의 출현에 대한 예언(23:1-8)은 예수 그리스도의 초림으로 성취되었다(눅 1:31-33). 예레미야서에서 드물게 다윗의 후손으로 오실 메시아를 소개하고 있다. 아마도 예레미야의 이 예언은 사 4:2, 11:1을 인용한 것으로 보인다. 6절은 롬 10:4와 고전 1:30에서 인용되었다. 흥미로운 것은 장차 이스라엘이 하나님의 이름으로 맹세할 때, 출애굽의 하나님이 아닌 바벨론 귀환의 하나님으로 할 것이라는 것이다. 이것은 애굽으로부터의 구원보다 더 바벨론으로부터의 구원이 더 확실할 것이라는 의미이다.

10) 10차 경고-거짓 선지자(23:9-40); 유다 왕국패망의 촉매 역할을 한 거짓 선지자들에 대한 심판이 예고되었다. 그들은 이방 신의 이름으로 예언하며(13), 부도덕을 일삼고(14), 사람들이 듣기 좋도록 조작한 이야기를 하나님의 계시라고 속이며(16, 17), 신령한 체험을 한 것처럼 꿈 이야기를 일삼고(25-28), 자신들의 말에 권위를 더하기 위해 "여호와의 엄중한 말씀이라"고 거짓말하는 자들이다(34, 36, 38). 하나님이 직접 그들을 치실 것이 세 번이나 거듭 예언되었다(30-32). 그런데 그들에 대한 예언이 기록된 것은 백성들의 죄를 지적하기 위한 것이다. 왜냐하면 거짓 선지자를 처형하지 않고 환대하는 것 자체가 언약을 깨뜨린 죄악이기 때문이다(신 13:1-

5,18:20).

11) 11차 경고-무화과 두 광주리(24:1-10); 이 예언은 주전 597년에 선포된 것으로 보인다. 이미 포로 되어간 자들(극히 좋은 무화과)이 본토에 돌아오게 될 것과(5-7), 애굽으로 도망쳤거나 시드기야와 함께 남아서 하나님의 징계(바벨론)를 받지 않으려고 저항한 백성들(아주 나빠서 먹을 수 없는 무화과)이 버림받을 것을 예언하고 있다.

12) 12차 경고－70년 동안의 포로생활(25:1-38); 이 책의 하이라이트라고 할 수 있는 본문은 유다 패망의 원인이 선지자들의 말에 귀를 막고 죄를 고집한 완악함에 있다는 것을 밝히고 있다(1-7, 왕하 17:7-23). 그리고 바벨론에 끌려가 70년간 포로 생활을 할 것과(8-11), 하나님이 그 바벨론을 심판하실 것(12-14)을 예언하고 있다. 이 예언은 2차 바벨론 포수가 있었던 주전 605년에 선포되었으므로, 1차 귀환이 이루어졌던 주전 537년에 성취되기까지 꼭 70년이 걸렸다. 예레미야가 그동안 요시야 왕 13년(627년)부터 여호야김의 즉위년(605년)까지 23년을 경고해왔으나, 왕과 백성들이 회개하지 않았던 것이다. 15-38절까지 기록된 열방에 대한 심판 예언은, 유다에 대한 심판의 확실함을 역설하기 위한 것으로 보인다. 아마도 원 독자들은 유다가 패망하기까지 이처럼 12차례나 경고가 있었다는 사실을 깨닫고, 자신들의 죄를 회개하도록 도전을 받았을 것이다.

> "이 모든 땅이 폐허가 되어 놀랄 일이 될 것이며 이 민족들은 칠십 년 동안 바벨론 왕을 섬기리라 여호와의 말씀이니라 칠십 년이 끝나면 내가 바벨론의 왕과 그의 나라와 갈대아인의 땅을 그 죄악으로 말미암아 벌하여 영원히 폐허가 되게 하되 내가 그 땅을 향하여 선언한 바 곧 예레미야가 모든 민족을 향하여 예언하고 이 책에 기록한 나의 모든 말을 그 땅에 임하게 하리라"(25:11-13).

이 예언이 선포되던 해에 1차로 바벨론에 끌려갔던 다니엘은, 바벨론이 망한 직후 본문이 기록된 예레미야서를 읽고 깊은 감명을 받았다. 그는 말씀에 기록된 대로 민족의 죄가 용서되고 본토에 돌아가게 되기를 기도했던 것이다.

"메대 족속 아하수에로의 아들 다리오가 갈대아 나라 왕으로 세움을 받던 첫 해 곧 그 통치 원년에 나 다니엘이 책을 통해 여호와께서 말씀으로 선지자 예레미야에게 알려 주신 그 연수를 깨달았나니 곧 예루살렘의 황폐함이 칠십 년만에 그치리라 하신 것이니라 내가 금식하며 베옷을 입고 재를 덮어쓰고 주 하나님께 기도하며 간구하기를 결심하고"(단 9:1-3)

◘ 적용을 위한 묵상

예레미야의 슬픔과 기도

"슬프다 나의 근심이여 어떻게 위로를 받을 수 있을까 내 마음이 병들었도다"(8:18)

"어찌하면 내 머리는 물이 되고 내 눈은 눈물 근원이 될꼬 죽임을 당한 딸 내 백성을 위하여 주야로 울리로다"(9:1)

"여호와여 우리의 죄악이 우리에게 대하여 증언할지라도 주는 주의 이름을 위하여 일하소서 우리의 타락함이 많으니이다 우리가 주께 범죄하였나이다 이스라엘의 소망이시요 고난 당한 때의 구원자시여 어찌하여 이 땅에서 거류하는 자 같이 하룻밤을 유숙하는 나그네 같이 하시나이까 어찌하여 놀란 자 같으시며 구원하지 못하는 용사 같으시니이까 여호와여 주는 그래도 우리 가운데 계시고 우리는 주의 이름으로 일컬음을 받는 자이오니 우리를 버리지 마옵소서"(14:7-9)

예레미야서에는 탄식과 중보기도가 쉴 새 없이 나온다. 예레미야는 유다 백성들이 당할 재앙 때문에 슬퍼하며 기도하고, 자신을 죽이려는 사람들의 위협 앞에서 탄식하며 하나님께 구원을 호소했다. 그는 단순히 야훼의 심판을 경고하는데 그치지 않고 백성들과 아픔을 함께 했다. 그를 가리켜 후세 사람들이 눈물의 선지자라고 불렀던 이유도 거기에 있었다. 그가 그처럼 눈물로 예언하게 된 것은 타고난 성격에서 비롯되었을 것이다

(애니어 그램의 관점에서 본다면 아마도 4 유형일 것이다). 야훼 하나님은 유다의 패망을 노래할 적임자로 그를 지목한 이유도 거기에 있었던 것으로 보인다.

예레미야를 생각하면 유달리 섬세하고 상처받기 쉬운 성격의 소유자도 하나님께 쓰임 받을 수 있다는 사실을 알게 된다. 그는 사람들이 모여 즐거워하는 자리에 가지 않고 혼자 있기를 좋아했다(15:17). 대신 그는 하나님의 말씀을 기쁨으로 삼았다(15:16). 그래서 그는 혼자 있을 때 하나님의 말씀을 기쁨으로 삼고, 백성들 가운데서는 울며 중보 기도했던 것이다. 이처럼 자주 슬픔에 잠기는 사람은 대인 관계의 사역보다 기도 사역에 집중하는 것이 낫다.

소단원 3 예레미야가 받은 고난(26:1-29:32)

<내용 요약>

여호야김 즉위원년(주전 609년)과 시드기야 4년(주전 593년)에 예레미야가 받았던 고난에 대해 기록하고 있다. 첫째, 주전 609년 성전이 폐허가 될 것을 예언하였다가 제사장들과 선지자들의 고발을 받아 백성들에게 맞아죽을 뻔 했다(26:1-24). 둘째, 주전 593년에 바벨론 왕에게 항복해야 살 수 있다고 예언했다가 거짓 선지자 하나냐의 반대 예언에 부딪쳤다(27:1-28:17). 셋째, 주전 594년(?) 시드기야가 바벨론에 보낸 사절단 편에 예레미야가 유다 포로 장로들에게 바벨론의 평안을 위해 기도하라는 편지를 보냈다(29:1-23). 그러자 바벨론에 있던 거짓 선지자 스마야가 예루살렘에 있는 모든 백성과 모든 제사장에게 편지를 보내 예레미야를 박해하도록 종용했다(29:24-32).

〈단락 해석〉

1) 종교 지도자들이 배척함(26:1-24); 주전 609년 예레미야가 성전이 실로처럼 폐허가 될 것이라는 예언 때문에 죽을 위기에 처했으나, 몇 몇 장로들의 변호와 사반의 아들 아히감의 도움으로 살아났다(26:1-19, 24). 미

3:12를 인용한 장로들의 변호 때문에 예레미야가 살아나기는 했으나, 그렇게 예언했던 예언자 우리야는 애굽으로 피신했어도 여호야김이 보낸 체포조에 붙들려 유다로 끌려와 처형되었다(26:20-23). 이처럼 예레미야가 받은 고난이 기록된 것은, 여호야김 시대가 예언자 미가가 활동했던 히스기야 시대와 달리 하나님의 말씀을 거역하는 시대였음을 보여주기 위한 것이다. 따라서 하나님의 심판은 불가피했다는 의미이다.

2) 거짓 선지자들이 배척함(27:1-29:32);

① 시드기야 4년(주전 593년)에 예레미야는 각국 사신들이 보는 앞에서 목에 멍에를 메고 바벨론 왕을 섬기는 상징적인 행동으로 예언한다(27:1-22). 이에 거짓 선지자 하나냐가 예레미야의 목에서 멍에를 빼앗아 꺾으면서, 이년 안에 포로들과 성전 기구들이 되돌아온다고 예언한다(28:1-11). 예레미야는 하나냐가 하나님의 심판을 받아 그 해에 죽게 될 것이라고 예언했고, 그대로 되었다(28:12-17). 여기서 '여호야김이 다스리기 시작할 때에'(27:1)는 '시드기야가 다스리기 시작할 때에'로 바꾸어 읽는 것이 옳다. 왜냐하면 27장이 시드기야의 통치 초기를 묘사하고 있고(3), 예레미야의 행위 예언을 기록한 27장과 예레미야의 행위 예언을 방해했던 하나냐에 대해 기록한 28장이 같은 사건으로 보이기 때문이다(28:10). 그렇다면 이 사건은 시드기야 4년(28:1)에 일어난 일이 된다.

② 둘째는 바벨론으로 간 시드기야의 사절단 편에 보낸 예레미야의 편지 사건이다. 예레미야는 포로 생활이 생각보다 길어질 것이므로 바벨론의 평안을 위해 기도하라고 권면했다. 그러나 바벨론에 있는 거짓 선지자 스마야가 본토에 있는 백성들에게 편지를 보내 예레미야를 비방했다. 물론 그도 하나냐처럼 저주를 받았다(29:24-30).

이 두 사건이 기록된 이유는 원 독자들로 하여금 유다의 패망이 거짓 선지자들의 말을 신뢰한 데서 비롯되었다는 것을 깨닫고 회개하도록 촉구하기 위한 것이다. 그들이 거짓 선지자라는 것은 하나냐의 말이 성취되지 않았던 것과(28:3, 9), 그가 예레미야의 저주대로 돌연사한 데서 찾을 수 있다. 그와 반면 예레미야의 예언은 모두 성취되었다(28:16-17, 29:10).

소단원 4 하나님의 백성에 대한 구원(30:1-35:19)

<내용 요약>

이 단락의 절반은 미래에 있을 유다와 이스라엘의 회복에 대한 예언이며, 절반은 현실에 있을 시드기야와 유다의 종말에 대한 예언이다. 예레미야서에는 다윗의 이름이 일곱 번(13:13, 21:12, 22:4, 23:5, 30:9, 33:15,17) 나오지만, 야훼 하나님이 세우시는 지도자의 의미로 사용한 것은 이 단락에 있는 30:9 뿐이다. 그리고 이 단락 끝에 이스라엘 가운데 섞여 살던 레갑 족속에 대한 예언이 들어 있어 눈길을 끈다.

〈단락 해석〉

1) 이스라엘과 유다의 회복(30:1-31:40); 주전 597년에 선포된 것으로 보이는 이 예언은 신명기 30장에 나오는 회복의 언약에 기초한 전형적인 구원(약속)신탁이자 메시아 예언이다. 유다와 이스라엘이 모두 본토로 돌아올 것을 번갈아 선포하고 있다. 이 예언은 주전 537년의 1차 유다인 귀환을 가리킨다고 볼 수 있으나, 메시아(예수 그리스도)를 통한 영적 이스라엘의 회복으로 보는 것이 더 바람직하다. 왜냐하면 북 이스라엘은 결코 돌아오지 못했으며, 영영히 뽑히지 않으리라는 예언(31:40)이 주후 1세기부터 2000여 년간 계속된 유다인 방랑과도 맞지 않기 때문이다. 더구나 마태복음에서 "여호와께서 이와 같이 말씀하시니라 라마에서 슬퍼하며 통곡하는 소리가 들리니 라헬이 그 자식 때문에 애곡하는 것이라 그가 자식이 없어져서 위로 받기를 거절하는도다"(31:15)를 헤롯 대왕이 베들레헴 남아들을 학살하는 사건에 적용했고(마 2:17-18), 누가와 사도 바울이 "여호와의 말씀이니라 보라 날이 이르리니 내가 이스라엘 집과 유다 집에 새 언약을 맺으리라…그러나 그 날 후에 내가 이스라엘 집과 맺을 언약은 이러하니 곧 내가 나의 법을 그들 속에 두며 그들의 마음에 기록하여 나는 그들의 하나님이 되고 그들은 내 백성이 될 것이라 여호와의 말씀이니라"(31:31)를 각각 이 각각 예수 그리스도의 메시아 되심에 관한 증거로 인용 혹은 해석되었기 때문이다(눅 22:20, 고후 3:3, 6).

2) 예루살렘과 유다의 회복(32:1-33:26); 이 예언은 예루살렘이 함락되기 불과 1년 전인 주전 587년(32:1)에 선포되었다. 부분적으로 예루살렘 함락을 예고하고 있으나, 전체적으로는 메시아 예언(32:36-33:26)으로서 메시아 시대에 관한 상투적 어귀들로 가득 차있다. 예를 들자면 안전히 살게 됨(32:37), 하나님의 백성이 됨(32:38), 영원한 언약을 그들에게 줌(32:40), 포로들이 돌아옴(33:7), 열방 앞에서 하나님의 기쁨이 됨(33:9), 사람들이 많이 살게 됨(33:10-11), 다윗의 후손이 정의와 공의를 실행하게 됨(33:15), 다윗의 왕위가 영원하게 됨(33:17, 21, 22, 24-26), 제사장이 끊어지지 않게 됨(33:16, 21, 22) 등이다. 재미있는 것은 감옥에 갇힌 예레미야가 임박한 왕국의 몰락에도 불구하고 장차 유다가 회복될 것을 상징하는 의미에서 아나돗에 있는 삼촌의 밭을 산 것이다(32:6-15). 하나님의 명령에 순종하여 행해진 이 예언은 유다의 회복에 대해 이중의 상징성을 띤다. 그 하나는 유다인들이 본토로 돌아온다는 의미에서의 영토 회복이며, 다른 하나는 조상의 땅을 되찾아 주는 기업 무르기라는 차원에서 언약에로의 회복인 것이다. 원 독자들은 유다 패망에 관한 예레미야의 예언이 성취되었던 것처럼 본토에로의 회복에 관한 예언도 성취되리라는 소망을 갖게 되었을 것이다.

3) 시드기야와 유다 백성(34:1-22); 주전 588년에 선포된 이 예언은 히브리 노예에 관한 언약(신 15:12)을 고의적으로 깨뜨린 죄에 대한 심판으로서, 주전 586년에 성취되었다(52:9-11). 특히 시드기야가 바벨론 왕 앞에서 심문을 받게 되지만 칼에 죽지 않고 바벨론으로 끌려가서 죽을 것이 구체적으로 예언되었다. 이것은 시드기야 왕의 우유부단함과 부유층의 완악함을 단적으로 보여주는 예로 제시되었다. 그들은 신명기 말씀에 근거해서 일단 종의 신분이 된 동족들에게 자유를 선포하는 계약을 맺었다. 그 계약은 송아지를 둘로 쪼개고, 그 사이로 지나가면서 시드기야가 예루살렘 주민과 성전에서 맺은 계약이었다.[29] 그러나 자유를 선포한 다음에 다시 계약을 어기고 종으로 삼는 악을 저질렀다. 이에 하나님은 '자유'(15)라는 단어와 '쪼개다'라는 단어를 가지고 언어유희를 하며 심판을 선고한다. 즉, 계약을 어긴 시드기야와 유다 고관들과 제사장들과 모든 백성(지주)을 대적하여 칼과 전염병과 기근에게 자유를 주며(풀어놓다),

29) 언약을 가리키는 히브리어 '브릿'의 어원을 쪼개다는 뜻을 가지고 있다.

송아지를 둘로 쪼개는 것처럼 원수들의 칼에 쪼개질 것이라는 것이다(17-20).

4) 레갑 족속의 모범(35:1-19); 이 예언은 주전 600년에 선포된 것으로 보인다. 유다 가운데 섞여 사는 레갑(겐) 족속들이 선조의 유훈을 지키며 사는 사례를 통해, 하나님의 명령조차 거역하는 유다의 완악함을 꾸짖고 있다. 그리고 19절의 예언은 주전 444년 느헤미야와 함께 성벽을 건설한 예루살렘 거민의 이름에서 상징적으로 성취되었다(느 3:14). 레갑 족속은 오랜 세월 이스라엘 가운데 섞여 살면서도 탐욕을 부리지 않았다. 집 대신 텐트에서 살며, 농사를 짓는 대신 목축을 하며, 술을 마시지 않았다. 그러다가 느부갓네살이 유다를 침공해오는 과정에서 두려움을 느끼고 예루살렘으로 피신해 들어온 것이다. 물론 그들은 예루살렘 안에서도 천막을 치고 살았을 것이다. 그런데 그들은 이스라엘의 역사에서 고비마다 중요한 역할을 감당했다(삿 4:17-22, 왕하 10:15-17, 느 3:14). 원 독자들은 이방인과 나그네들이 야훼 하나님께 칭찬 받은 일로 인해 도전을 받았을 것이다.

적용을 위한 묵상

하나님의 왕 되심

> "나는 그들의 하나님이 되고 그들은 내 백성이 되리라"(7:23, 11:4, 24:7, 30:22, 31:1, 33, 32:38)

예레미야서에 이 구절이 반복되는 것은 예레미야의 예언이 모세 오경의 핵심 주제인 하나님의 왕 되심 사상에 뿌리를 두고 있다는 사실을 보여준다(레 26:12). 뿐 아니라 예레미야서에는 단순히 '내 백성'이라고 줄여서 표현한 구절도 많다(2:11,13, 4:22, 5:21,23, 8:22, 9:1, 14:17, 18:15, 31:2, 36:10, 50:6). 이것은 요시야 이후 왕위에 오른 여호아하스, 여호야김, 여호야긴, 시드기야에 대한 좌절감을 배경으로 하고 있다. 다시 말해서 예레미야는 회복될 이스라엘의 미래 모습으로 모세 오경이 보여주는 하나님 왕국의 청사진을 제시하고 있는 것이다. 그것은 야훼 하나님과의 언약관계로 회복하는 것이며, 야훼 하나님만을 섬기는 일신교로 회복하는 것이며, 야훼 하나님의 전적인 통치를 받는 형통함으로 회복하는 것을 의미했다. 따라서 신약의 저자들이 예레미야의 예언을 예수 그리스도에게 적용했다는 것은 예수 그리스도의 가르침과 사역을 통해 하나님의 나라가 이 땅위에 임했음을 보여주는 것이다.

이처럼 그리스도인의 삶은 왕이신 그리스도를 모시고 사는 삶이며, 그의 보호와 인도하심을 경험하는 삶이다. 만약에 우리가 정말로 그리스도를 왕으로 모시고 그의 백성으로 살아간다면 구체적으로 그의 계명을 어떻게 지키고 사는지, 그가 우리 삶 가운데서 이루고 계시는 일이 무엇인지 보여줄 수 있어야 한다. 그는 먼저 우리의 마음을 다스리시며, 삶의 태도와 습관을 다스리시며, 더 나아가 환경을 다스리신다. 우리의 가치관과 생각 가운데 그리스도에게 복종한 부분은 어느 정도이며, 그의 계명에 순종하여 얼마만큼 자유와 행복을 누리게 되었는지 돌이켜 보는 일이 필요하다.

소단원 5 예레미야가 받은 고난(36:1-45:5)

<내용 요약>

유다의 멸망과 관계된 예레미야의 수난이 기록되어 있다. 예레미야는 자신이 받은 고난 이야기를 통해 유다의 왕들과 고관들이 하나님의 명령에 거역한 결과로 패망했음을 보여준다. 이 단락에서 자주 반복되는 "여호와의 말씀을 듣지(순종하지) 아니하다"(36:31, 37:2, 38:15, 40:3, 42:13, 21, 43:4,7, 44:5, 16, 23)와 "재난을 내리다"(36:3, 31, 39:16, 42:10, 44:2, 11, 23, 29, 45:5)는 구절이 그것을 말해준다.

〈단락 해석〉

1) 불태워진 두루마리(36:1-32); ① 주전 605년 지금까지 23년 동안(627-605년) 예레미야가 받은 모든 예언을 서기관 바룩이 두루마리에 기록

했다. ② 주전 604년 바룩은 두루마리에 기록된 내용을 특별 금식기도회[30]로 모인 백성들을 위해 성전 뜰에서 낭독했다. ③ 바룩이 다시 한 번 고관들 앞에서 두루마리를 낭독했다. ④ 두루마리는 궁중 관리 여후디에 의해 여호야김 앞에서 다시 한 번 낭독된다. ⑤ 여호야김은 낭독된 두루마리를 모두 칼로 찢어 불태웠다. ⑥ 여호야김은 바룩과 예레미야를 찾아 죽이려고 했다. ⑦ 예레미야는 숨어서 바룩에게 다시 모든 예언을 기록하게 한다. ⑧ 여호야김의 후손이 왕위에 앉지 못하며, 그의 시체가 버림이 될 것이 예언되었다. 이 예언은 주전 597년 여호야김이 바벨론에 끌려가다 살해당하므로 성취된다.

이 문단의 핵심은 예레미야의 두루마리가 백성의 죄를 회개하도록 경고하는 내용이었으며(36:2-3), 백성들은 금식을 선포하고 회개하려 했다(36:9). 그러나 여호야김과 신하들이 오히려 예레미야를 죽이려 하므로 하나님의 저주를 자초했다는 것이다(36:30-31).

2) 시드기야와 예레미야(37:1-38:28); 예루살렘이 함락 되기 전 예레미야와 시드기야는 몇 차례 서로 만났다. 친 바벨론 파와 친 애굽 파 사이에서 갈팡질팡하던 시드기야는, 방백들과 백성들이 두려워 예레미야를 통해 계시된 구원의 길을 저버리고 패망을 자초하게 된다. 본문은 ① 예루살렘을 포위하고 있던 바벨론이 애굽 군대를 두려워해서 일시 퇴각한 후 시드기야가 예레미야에게 기도를 요청함(37:1-5 주전 588년). ② 느부갓네살이 다시 돌아올 것에 대한 예언(37:6-10 주전 588). ③ 매국노로 정죄되어 수감된 예레미야와 시드기야와의 만남(37:11-21 주전 588). ④ 바벨론에 항복해야 산다는 예언을 싫어한 방백들이 왕에게 예레미야를 죽이도록 요청하였으나 거절됨. 그러자 예레미야를 굶겨 죽이려고 구덩이에 가두었으나 구스 사람 에벳멜렉에 의해 구출됨(38:1-13 주전 586). ⑤ 시드기야와의 비밀회동에서 바벨론에 항복해야 살 수 있음을 예언함(38:14-28 주전 586)으로 구성되어 있다. 아마도 원 독자들은 본문을 통해 유다의 패망원인이 하나님께 있는 것이 아니라, 자신들의 죄와 완악함에 있다는 사실을 깨닫고 도전을 받았을 것이다.

30) 70인 역에는 여호야김 8년의 일로 되어 있다(렘 36:9). 그렇다면 주전 601년의 일로서 애굽 국경에서 바벨론 군대가 일시 철수했던 때이다. 아마도 여호야김은 그것을 계기로 바벨론 섬기기를 거부했던 것으로 보인다. 따라서 바벨론 침공을 예언한 예레미야의 예언이 귀에 거슬렸을 것이다.

3) 예루살렘 최후의 날(39:1-18); 주전 586년 4월 9일 예레미야를 버린 시드기야와 백성들은 버림을 받았고(1-10), 예레미야를 도운 구스 사람 에벳멜렉은 구원을 받았다(15-18). 아마도 원 독자들은 유다 패망의 예언이 성취된 사실과 이방인이 구원받은 사실을 통해, 하나님의 말씀과 선지자를 대하는 태도의 중요성에 대해 경고를 받았을 것이다.

4) 유다에 남은 자들(40:1-43:7); 느부갓네살은 1년 6개월의 포위 공격 끝에 예루살렘을 함락시키고 성전을 파괴했다. 그가 꼭두각시 총독으로 세워 놓은 그다랴는 통치 2개월 만에 암몬 왕의 사주를 받은 왕족 이스마엘에게 암살당하였고, 패잔병의 지휘관 요하난을 중심으로 한 유다 백성들은 예레미야의 만류에도 불구하고 애굽으로 가게 되었다. 그들은 처음에 예레미야의 입을 통해 나오는 하나님의 말씀에 전적인 순종을 약속하였으나(42:1-6), 마음에 들지 않는 예언이 나오자 태도를 돌변하여 예레미야를 욕하며 하나님께 거역하였다(43:1-7). 예레미야는 그들이 애굽에 내려가면 예루살렘에 부어졌던 재앙을 꼭같이 만나게 될 것이라고 거듭 경고했다(42:16-18). 이 본문이 기록된 이유는 예루살렘 멸망 이후에까지 완악한 태도를 버리지 못하는 유다 백성들의 죄를 지적하므로, 바벨론에 끌려간 원 독자들에게 경고를 주기 위한 것으로 보인다.

하늘 황후 아스다롯

5) 애굽에 남은 자들(43:8-44:30); 주전 586년에 애굽에서 선포된 것으로 보이는 이 예언은, 애굽에 대한 하나님의 심판(43:8-13)과 애굽에서 우상숭배를 고집하는 유다인들에 대한 심판(44:1-30)으로 구성되어 있다. 그리고 주전 570년 애굽 왕 호브라의 죽음과, 주전 568년 느부갓네살의 애굽 침공으로 인한 유다인들의 죽음으로 성취되었다(44:28-30). 예레미야의 거듭되는 재앙 경고(44:27)에도 불구하고 애굽에 내려간 자들이 겪을 일이 기록된 이유가 있다. 즉, 원 독자들이 애굽에 내려간 유다인처럼 하나님께 대해 완악한 마음을 품지 말도록 경고하기 위한 것이다. 그들의 완악함은 예루살렘의 함락으로도 고쳐지지 않았다.

> "네가 여호와의 이름으로 우리에게 하는 말을 우리가 듣지 아니하고 우리 입에서 낸 말을 정녕히 실행하여 우리의 본래 하던 것 곧

우리와 우리 선조와 우리 왕들과 우리 방백들이 유다 성읍들과 예루살렘 거리에서 하던 대로 하늘 여신에게 분향하고 그 앞에 전제를 드리리라 대저 그때에는 우리가 식물이 풍부하며 복을 받고 재앙을 만나지 아니하였더니 우리가 하늘 여신에게 분향하고 그 앞에 전제 드리던 것을 폐한 후부터는 모든 것이 핍절하고 칼과 기근에 멸망을 당하였느니라 하며" (44:16-18)

6) 네리의 아들 바룩(45:1-5); 목숨을 걸고 예레미야의 예언을 두루마리에 기록해준 바룩이 주전 605년에 하나님께로부터 안전을 보장받았다. 그러나 야훼 하나님은 그가 유다의 구원(큰 일)을 위해 힘쓰지 말도록 경고하신다. 이 예언의 목적은 원 독자들로 하여금 유다의 패망이 하나님의 심판이었으며, 바룩처럼 하나님을 신뢰하도록 격려하기 위한 것이다.

소단원 6 열방에 대한 심판(46:1-51:64)

<내용 요약>

본문에는 애굽에 대한 심판(46:1-28), 블레셋에 대한 심판(47:1-7), 모압에 대한 심판(48:1-47), 암몬에 대한 심판(49:1-6), 에돔에 대한 심판(49:7-22), 다메섹에 대한 심판(49:23-27), 게달과 하솔에 대한 심판(49:28-33), 엘람에 대한 심판(49:34-39), 바벨론에 대한 심판(50:1-51:64)의 예언이 기록되어 있는데, 이 모든 예언들은 주전 581년에서 539년 사이에 성취되었다. 그리고 이 모든 예언들은 "여호와의 말씀이니라…여호와께서 이와 같이 말씀하시되"로 시작한다. 그것은 열방의 패망이 우연한 사건이 아니라 하나님의 심판이라는 사실을 강조하기 위한 것이다. 예언이 선포된 연도가 불분명하거나 서로 차이가 있음에도 불구하고 열방에 대한 심판 예언이 함께 묶어진 것은, 원 독자들에게 다음과 같은 경고와 격려를 주기 위한 것으로 보인다.

첫째, 우상을 숭배하는 나라는 결코 흥할 수 없으며, 우상은 아무런 힘이 없으므로 하나님만 섬기라(51:17-18).

둘째, 하나님이 구원자 되시므로 결코 열방을 두려워하거나 신뢰하지 말라(50:13).

셋째, 열방을 다스리시는 하나님께서 당신의 백성들을 본토로 돌아가게 하실 약속을 의지하라(46:27-28).

〈단락 해석〉

1) 애굽에 대한 심판(46:1-28); 바로 느고의 군대가 주전 605년 갈그미스 전투에서 바벨론에게 패배한 것처럼(2, 6) 바벨론 군대에 의해 애굽 본토가 점령될 것을 예고하고 있다(13). 그들이 망하는 것은 야훼 하나님의 심판이라는 것을 분명히 하고 있다(15, 18, 26). 흥미로운 것은 27-28에 이스라엘에 대한 구원 약속이 나와 있다는 것이다. 이것은 30:10-11을 다시 한 번 옮겨놓은 것이다.

2) 블레셋에 대한 심판(47:1-7); 주전 599년 바로 느고가 가사를 점령하므로 성취된 예언이다. 그들이 철저히 파멸될 것에 대한 묘사로서 든든한 후원자인 두로와 시돈, 더 나아가 블레셋인들의 고향인 갑돌(크레타)이 맥을 쓰지 못하게 될 것을 말하고 있다(4). 블레셋이 심판 받는 이유는 직접 밝히지 않았지만, 역사상 이스라엘의 오랜 원수였기 때문으로 보인다.

3) 모압에 대한 심판(48:1-47); 모압의 지명이 26개나 열거된 것은 모든 도시가 빠짐없이 전쟁의 참화를 겪게 될 것을 보여준다(8). 모압이 심판 받게 되는 이유는 야훼 하나님을 거슬러 교만한 것과(42) 그모스 숭배 때문이다(7, 13, 35, 46). 그들은 요단 동편의 비옥한 땅에 거주하면서도 역사상 외적의 침입을 별로 받지 않았다. 오히려 이스라엘로부터 독립해 나간 뒤 위협적인 존재가 되었다. 그들은 그 모든 영광을 그모스 신에게 돌렸다(48:7). 한마디로 그들은 그모스의 백성이었다(민 21:29). 솔로몬이 멸망산에 그모스를 위해 만든 산당은 요시야가 파괴할 때까지 존속하여 오랜 동안 야훼 신앙을 훼손했었다(왕상 11:7, 왕하 23:13). 모압이 한 번도 전쟁의 참화를 겪지 않은 상태를 발효된 포도주에 비유한 것은 탁월하다(11-12). 마치 모압은 다 익은 포도주에서 아직 효모를 걸러내지 않은 상태와 같다는 것이다. 이제 그 포도주를 탐내는 자들-바벨론 군대가 포도주를 다

른 병에 옮겨 담게 될 것이었다.

4) 암몬에 대한 심판(49:1-6); 암몬의 수도 랍바가 전쟁의 참화를 겪게 될 것을 보여준다. 암몬이 심판 받게 되는 것은 갓 지파에게 속한 땅을 빼앗은 죄와(1) 암몬의 신 밀곰(1, 3) 숭배 죄 때문이다.[31] 암몬이 이스라엘을 괴롭힌 죄로 불 심판 받게 되는 것은 이미 아모스에 의해 예언되었다(암 1:13-14). 랍바가 흐르는 골짜기를 자랑한다는 것(3)은 도시를 에워싸고 있는 강을 가리킨 것이다. 원래 랍바는 '물들의 성읍으로 불려졌다(삼하 12:27). 물들의 도시가 화재로 잿더미가 된다는 것은 아이러니이다(2).

5) 에돔에 대한 심판(49:7-22); 16절에 묘사된 에돔의 멸망은 오바댜에 의해 다시 한 번 인용된다(옵 3-4). 그들이 심판 받게 되는 이유는, 형제 나라 유다가 멸망할 때 바벨론의 앞잡이 노릇을 한 것과 지형적 유리함으로 인해 교만했기 때문이다. 그들이 다른 나라를 약탈하고 살았던 것과 같이 약탈당하게 되는 것이 아이러니이다(7-10, 옵 5-6). 에돔의 모사들과 용사들이 없어질 것이라는 예언은 오바댜에서 다시 한 번 인용된다(옵 8-9).

6) 다메섹에 대한 심판(49:23-27); 이미 망해버린 수리아가 다시 심판을 받게 되는 것은, 바벨론의 유다 침공 때 보조역할을 했기 때문이다(35:11).

7) 게달과 하솔에 대한 심판(49:28-33); 게달은 이스마엘 족속으로서 북부 아라비아의 한 부족국가이다(창 25:13, 대상 1:29). 하솔은 갈릴리 북부의 하솔이 아니라 게달에 속한 도시(요새)로 보는 것이 낫다. 따라서 하솔의 왕국들(나라)은 결국 게달의 여러 도시 국가들을 의미하는 것이다. 느부갓네살이 그들을 공격한 이유는 팔레스타인 지역에 대한 지배권을 강화하기 위한 것으로 보인다.

8) 엘람에 대한 심판(49:34-39); 주전 597년 시드기야 즉위 원년에 예레미야가 받은 예언이다. 엘람은 바벨론 동쪽에 있던 나라로서 활을 잘

31) 1,3절에 나오는 말감(מלכם)을 한글 성경에서 '그들의 왕'으로 번역하였으나 3절의 "말감과 그 제사장들과 고관들"이라는 표현이 형식상 48:7에 나오는 "그모스는 그의 제사장들과 고관들과"의 반복으로 볼 수 있다. 따라서 말감은 암몬의 신 밀곰을 가리킨다고 보아야 한다. RSV와 한글 히브리어 직역성경에서도 밀곰으로 번역하였다. 따라서 밀곰을 말감으로 부른 것은 언어유희이다. 그러니까 암몬의 왕 밀곰이 심판을 받게 된다는 것이다.

쏘기로 유명했다. 그들은 바벨론이 대제국으로 일어나면서 지배를 받고, 메대와 페르시아 시대까지 일어나지 못했다. 흥미로운 것은 전 세계로 흩어졌던 엘람의 포로들이 돌아오게 되고, 야훼의 보좌를 그곳에 두겠다고 예언한 것이다. 그러나 왜 엘람이 심판을 받게 되었는지, 왜 그들이 구원받게 되는지 이유가 밝혀져 있지 않다. 중요한 것은 엘람인 가운데 몇 사람이 오순절 성령 강림 사건을 목격하게 된다는 것이다(행 2:9).

9) 바벨론에 대한 심판(50:1-51:64); 적어도 10개 이상의 단락으로 이루어진 본문은 여러 해에 걸쳐 받은 예언의 모음집과 같은 성격을 띤다. 다른 나라와 달리 바벨론의 멸망은 온 세계에 전파되어야 했다(50:2). 그 주된 이유는 바벨론의 신 벨의 허무함을 드러내며(50:2, 17, 51:44, 47), 여러 나라에서 살육을 일삼은 바벨론에 대한 징계이며(50:20-23), 이스라엘을 구원하시는 야훼 하나님의 승리를 보여주기 때문이다(50:4, 17-20, 34). 바벨론이 심판 받는 이유는 성전을 파괴했으며(51:11), 시온에 악을 행했기 때문이다(51:24). 따라서 야훼 하나님은 전사가 되어 바벨론과 더불어 싸우신다. 그는 무기고에서 분노의 무기를 꺼내시며(50:25), 강대국을 부추겨 바벨론과 싸우게 하신다(50:41, 51:1, 27). 그와 반면에 유다와 이스라엘의 죄는 용서되며(50:20), 앗수르와 바벨론에 끌려갔던 자들이 본토로 돌아오게 된다(50:4,17-19). 흥미로운 것은 바벨론을 세삭으로 부르는 것이다(51:41, 25:26).[32]

주전 593년 시드기야가 신하들과 함께 바벨론을 방문했을 때, 예레미야는 바벨론의 멸망을 기록한 책을 유브라데 강에 던져 가라앉힌다. 이처럼 책을 강물에 가라앉혀버린 이유는 바벨론이 그처럼 재기하지 못하게 될 사실을 상징적으로 보여주기 위한 것이다.

바벨론에 관한 예언은 세계를 향한 하나님의 최후 심판에 관한 묘사로 요한 계시록에서 직접 혹은 간접적으로 인용되었다(51:6, 7, 53-54 계 18:4, 14:8, 18:21 참조).

32) 바벨론을 세삭으로 부르는 것은 히브리어로 '테무라' 라고 부르는 치환의 원리를 따른 것이다. 즉, 히브리어 철자 22개를 절반으로 나누어 대칭되는 철자로 치환하여 사용하는 것이다. 그러니까 세삭(ששך)을 뒤집어 보면 바벨(בבל)이 된다. 이것은 일종의 암호와 같은 원리로 의미를 전달하는 방식이다.

소단원 7 유다의 멸망에 대한 서술(52:1-34)

시드기야

<내용 요약>

시드기야 왕 즉위 원년(주전 597년)부터 여호야긴 왕의 석방(주전 560) 이야기까지의 역사가 요약되어 있다. 왕하 24:18-25:30을 그대로 옮겨 놓은 듯한 본문은, 예레미야에 의해 기록되었다고 하기보다 바룩이나 제 삼의 인물에 의해 첨가되었을 가능성이 높다. 이 본문이 예레미야서에 첨가된 것은 앞서 예레미야가 선포한 예언이 성취되었음을 다시 한 번 강조하는 것이다. 그렇게 함으로써 유다의 패망 원인이 하나님의 경고를 무시하고 범죄를 고집하는 완악함에 대한 심판이었다는 사실을, 원 독자에게 알려 경계를 삼고자 한 것으로 보인다. 그리고 포로의 숫자나 느부갓네살의 침공 연도가 왕하 24-25장에 나오는 것과 다른 이유는, 유다와 바벨론의 연도 계산법의 차이 혹은 숫자의 오기에서 왔을 가능성이 있다. 그리고 느부갓네살 23년(주전 581)의 포로는, 아마도 유다 총독 그다랴의 암살사건과 관련된 바벨론의 재침공을 말하는 듯하다.

〈단락 해석〉

유다의 패망이 야훼 하나님의 심판이었음을 다음과 같이 강조하고 있다.

① 시드기야는 재위 기간 11년 동안 여호야김의 악행을 본받았다(52:2-3).
② 시드기야가 예레미야의 예언대로(34:3-5) 바벨론 왕에게 심문받고 바벨론으로 끌려가서 죽었다(52:9-11).
③ 예루살렘의 모든 집이 불탈 것이라는 예레미야의 예언(38:18)이 성취되었다(52:12-13).
④ 예루살렘 성전의 남은 기구들을 모두 빼앗길 것이라는 예레미야의 예언(27:19-22)이 성취되었다(52:17-23).

되새김질

1. 저자/시대적 배경/기록 연대와 장소/원 독자/주제와 책의 특징에 대해 아는 대로 말해봅시다.

2. 유다의 패망 원인을 예레미야는 어디에서 찾고 있습니까?

3. 신약 성경 어디에서 예레미야를 인용하고 있으며, 그 이유가 무엇입니까?

애가

애 가

히브리 성경에서 애가는 성문서의 다섯 두루마리에 속하며, 성전 패망 기념일(5월 9일)에 공중 앞에서 절기 예배용으로 낭독된다.[33] 이 책의 제목이 애가(lamentation)로 붙여지게 된 것은 바벨론 탈무드에서 이 책을 애가- '키노트(קִינוֹת)' 라고 부르던 데서 연유한 것이다. 이것이 70인 역 성경에서 헬라어 '트레노이(θρῆνοι)' 로 번역되었고, 라틴어 성경에서 라멘타티오네스(Lamentationes)로 옮겨졌다. 히브리 성경에서 이 책의 제목은 첫 단어 "어찌하여(에카 אֵיכָה)이다. 히브리 성경에서 성문서로 취급되는 이 책이 예언서 예레미야 다음에 위치하게 된 것은 70인 역에서 애가 다음에 놓여있으며, 저자를 예레미야로 보는 요세푸스, 멜리토, 오리게네스, 히에로니무스 등의 견해를 따랐기 때문이다.[34] 이 책은 예루살렘의 함락과 성전 패망을 슬퍼하는 다섯 개의 노래로 되어 있으며, 각각의 노래는 히브리 시가에서 잘 사용하지 않는 답관체(acrostic) 방식으로, 히브리어 철자의 순서 혹은 개수를 따르고 있다. 이 책의 저자는 예루살렘 함락과 함께 무너져버린 유대민족의 신앙과 정체성을 회복하기 위해 야훼 하나님께 소망을 두고 있다.

33) 주전 586년 바벨론 군대에 의해 솔로몬의 성전이 패괴된 날이나 주후 70년 로마 군대에 의해 헤롯 성전이 파괴된 날이 같다. 유대인들은 여기에 주후 135년 바르 코크바의 독립전쟁이 실패로 돌아간 날까지 추가하여 함께 기념하고 있다.

34) 요세푸스는 사사기와 룻기를 한 책으로 보았고, 애가 역시 예레미야의 부록으로 간주했다. 이 경우 구약 성서는 모두 22권이 되며, 히브리어 철자의 숫자와 같게 된다.

1. 배경

저자와 기록연대, 장소, 문학양식

아마도 이 책은 예레미야에 의해 예루살렘 멸망 직후인 주후 586년경에 예루살렘에서 기록되었을 것이다. 비록 본문에는 저자가 예레미야라는 것이 직접 언급되지 않지만, 예레미야서에 나오는 표현들이 이 책에서도 발견되는 점과(렘 8:21-애 1:15, 렘 9:1-애 1:16, 렘 6:25-애 2:22), 3장에 나오는 몇 구절이 예레미야의 생애로 추정되는 점(3:14,53-56), 헬라어 구약성경(70

인 역) 서문에 예레미야의 저작을 밝히고 있는 점, 역사가 요세푸스 및 사르디스의 감독 멜리토, 오리겐, 히에로니무스 등 대부분의 초대 교부들이 예레미야의 저작을 지지하고 있는 점, 바벨론 탈무드에서 예레미야의 저작으로 보는 점 등으로 미루어 예레미야가 썼다고 보인다. 그러나 일부 현대 성경학자들은 포로 시대 여러 사람의 작품들이 편집된 것으로 보기도 한다. 그 첫째 이유로, 이 책에서 발견되는 문학적 유사점들은 역사적 배경이 같은 동시대의 표현법에 기인한 것이며, 둘째 이유로 이 책 5장에는 1-4장에서 사용한 히브리어 철자법 답관체 시가 나오지 않는다는 점, 셋째 이유로 키나 형식과 철자를 이용한 두운법 답관체가 처음부터 사용되었다기보다, 오랜 수정 과정을 통해 만들어진 것으로 보인다는 것이다. 그럼에도 불구하고 이 책이 예레미야의 저작으로 볼 수 있는 것은 앞서 살펴본 것과 같다. 그리고 본문의 내용상 기록장소는 예루살렘이라고 보는 것이 무난할 것이다.

이 책의 문학 양식은 답관체 히브리 시가이며, 1-4장까지의 전형적인 비탄시(키나)와 5장의 기도(테힐라)로 구성되어있다. 그리고 5개의 노래는 모두 히브리어 철자 22개와 같은 22 연의 시로 이루어져 있다. 답관체(acrostic)가 두운법(alliteration)과 다른 것은 두운법이 단순히 단어의 머리글자 조합을 통해 운율을 나타내는데 비해, 그 머리글자를 이었을 경우 일정한 문장이 되거나 철자법의 순서를 따르게 된다는 데 있다. 구약 성경에서 히브리어 철자법을 이용한 노래는 시편 9, 10, 25, 34, 37, 111, 112, 119,145, 나훔 1:2-8, 잠 31:10-31 이다. 학자들은 애가에서 히브리어 철자법을 이용한 답관체 애가 형식이 동원된 이유로서 낭송과 암기에 편하고, 애가의 주제를 일관되게 서술할 수 있으며, 무한한 슬픔을 절제된 표현으로 묘사하기에 용이하다고 말한다.

이 책에서 주로 사용된 비탄시(키나)의 형식은 한 행이 3단어+2단어 운율을 밟는 것이다. 예를 들면 "내 눈이/눈물에/상하며+내 창자가/끊어지며"(2:11) "나의 살과/가죽을/쇠하게 하시며+나의 뼈들을/꺾으셨고"(3:4)와 같은 운율이다. 이것은 마치 노랫말이 중간에 잘려나간 것 같은 느낌을 주므로 사람이 제 수명을 다하지 못한 채 죽은 것을 표현하는 방식이다.

주로 1,2,4장의 노래가 전형적인 키나 형식을 따르고 있다. 이 책의 제목을 바벨론 탈무드에서 키노트(קינות)로 부른 이유도 이처럼 키나(קינה)가 많이 발견되는 까닭이다.

원 독자

예루살렘 패망을 겪은 유다인들은 정신적 공황에 빠졌다. 예루살렘 함락과 함께 그들이 지금까지 의지했던 모든 가치마저 무너졌기 때문이다. 그들은 다윗의 왕위가 폐해지지 않을 것으로 기대했으며, 야훼 하나님과 맺은 언약은 여전히 유효하며, 야훼가 성전을 지켜줄 것으로 기대했으며, 제사장과 예언자들을 야훼 하나님과 백성 사이의 중재자로 기대했으며, 심지어 이미 포로 된 자들을 야훼가 돌아오게 할 것이라고 기대했었다. 그 모든 기대가 물거품이 되자 사람들은 야훼가 자기 백성을 버렸거나, 도울 힘이 없어진 것이라고 생각하게 되었다. 그들은 유다의 패망이 야훼의 징계였으며, 언약이 파기된 것이 아니라 성취(저주)되었으며, 예언자들의 예언이 적중했으며, 야훼 하나님이 다시 은총을 회복시킬 것이라는 사실을 알 필요가 있었다.

시대적 배경

이 책의 시대적 배경은 예레미야서를 참고할 것.

예레미야서의 기록 목적

원 독자들이 겪은 정신적 영적 공황을 생각해볼 때 다음과 같은 이유에서 이 책이 기록되었을 것이다.

첫째, 애가를 암송하므로 유다 패망의 역사적 교훈이 후손들에게 전달되게 하기 위해서,

둘째, 애가를 암송하므로 자연스럽게 회개와 탄원의 기도를 드리도록 유도하기 위해서,

셋째, 애가를 암송하므로 하나님이 회복시키시는 미래에 대해 희망을 가지도록 격려하기 위해 썼을 것이다.

예레미야 애가의 특징

1. 고통의 의미에 대해 지혜문학의 이론을 따르고 있다. 다시 말해서 고통이 사람에게 유익을 가져다준다는 것이다. 특히 3:25-36에 나와 있는 이론은 시편, 잠언, 벤시라서, 욥기에서 발견되는 것이다.

> "내 아들아 여호와의 징계를 경히 여기지 말라 그 꾸지람을 싫어하지 말라 대저 여호와께서 그 사랑하시는 자를 징계하시기를 마치 아비가 그 기뻐하는 아들을 징계함같이 하시느니라"(잠 3:11-12, 히 12:5-11 참조)

> "고난당하기 전에는 내가 그릇 행하였더니 이제는 주의 말씀을 지키나이다…고난당한 것이 내게 유익이라 이로 말미암아 내가 주의 율례를 배우게 되었나이다"(시 119:67, 71)

> "볼지어다 하나님께 징계 받는 자에게는 복이 있나니 그런즉 너는 전능자의 징계를 업신여기지 말지니라"(욥 5:17)

2. 고대 근동 도시(에리두, 우르, 아카드, 라가쉬, 니프르)의 멸망을 노래하는 애가와 유사하다. 예레미야 애가가 근동 애가에서 유래한 것이라고 단성할 수는 없다. 그러나 주전 18-19세기 수메르 문학 가운데서 도시 멸망을 슬퍼하는 작품들이 발견된다는 점에서 전혀 영향을 받지 않았다고 말하기는 어렵다. 근동문학과 예레미야 애가의 유사점은 첫째로 도시의 멸망을 가져오는 신의 능력에 초점이 맞춰져 있고, 둘째로 멸망의 원인으로 신이 등장하고, 셋째로 수호신이 도시를 버리는 것으로 묘사되며, 넷째로 신이 강한 전사로 그려지며, 다섯째로 신의 분노가 예측된다는 점, 여섯째로 신의 말이 멸망을 불러일으키며, 일곱째로 신이 멸망을 보이기 위해 초청된다는 것, 여덟째로 문체상 화자가 교체된다는 점이다. 그러나 양자의

차이도 존재한다. 첫째, 예레미야 애가에서는 야훼의 의가 멸망의 기준이 되는데 비해 근동문학에서는 신들에 의해 도시의 운명이 결정된다. 둘째, 예레미야 애가에서는 야훼가 버리신 결과로 멸망이 주어지지만, 근동문학에서는 엔릴(Enrill)이 멸망시키는 동안 도시의 수호신이 떠나는 것으로 되어 있다. 셋째, 근동문학에서는 신이나 신의 배우자가 멸망을 지켜보는데 비해 예레미야 애가에서는 예루살렘이 의인화되어 멸망을 지켜본다. 넷째, 예레미야 애가에서는 근동문학에 나오는 몇 가지 요소-더 열등한 신에게 중재를 요청함, 알려진 제의를 사용함 등이 나오지 않는다. 다섯째, 예레미야 애가는 근동문학과 달리 야훼 하나님과의 언약이 강조되고 있다는 점이다.[35)]

35) J.H.Walton, *Ancient Israelite Literature in Its Cultural Context,* p 162-163

3. 화자가 1-3장에서 주로 일인칭 단수(나)로 묘사되다가, 4-5장에서 일인칭 복수(우리)로 바뀌어 지고 있다. 이것은 복수 저자의 가능성을 보여주는 것이라기보다, 한 명의 저자가 노랫말의 주제에 따라 자연스럽게 인칭변화를 주는 것으로 보인다.

예레미야 애가의 주제

예레미야 애가의 대 주제는 '예루살렘의 패망은 하나님의 징계' 이다. 이 대 주제를 중심으로 과거의 죄에 대한 회개, 현실적 고통에 대한 탄원, 미래에 주어질 회복에 대한 희망이 소 주제로 등장한다.

첫째, 저자는 유다의 패망이 하나님의 징계였던 것을 분명히 밝히고 있다. 1) 패망의 참상을 상세히 묘사한다. 즉, 패망 직전 굶주림을 이기지 못한 시민들이 인육을 먹었던 것(2:20, 4:10), 부녀자들이 적군에 의해 성폭행을 당한 것(5:11), 제사장들이 버림 당하고 성전이 무너진 것(2:1-7), 남녀노소 무차별 살육을 당한 것(2:21), 남은 자들이 극도의 정신적 고통과 굶주림으로 고통 받는 것(5:13) 등이다. 2) 유다가 저질렀던 죄악을 함께 기록했다. 즉, 거짓 선지자와 제사장들이 의인의 피를 흘린 것(4:13), 도와주지 못할 나라를 헛되이 구원자로 삼은 것(1:19, 4:17, 5:6), 야훼의 명령(언약)을 거역한 것(1:18), 거짓 선지자를 환영한 것(2:14), 가난하고 의로운 사람을 압제한 것(2:34-36) 등이다. 3) 유다의 패망이 야훼 하나님께로 말미암았다는 사실을 강조한다(1:15, 17, 2:18, 17, 20, 22, 3:42-46, 4:11, 16). 이것은 유다의 패망이 유다의 죄에 대한 언약의 저주가 성취되었다는 사실을 강조하기 위한 것이다(2:17, 레위 26:29, 신 28:54-55, 29:22-29). 따라서 저자는 원 독자들에게 회개할 것을 요청한다.

> "살아 있는 사람은 자기 죄들 때문에 벌을 받나니 어찌 원망하랴 우리가 스스로 우리의 행위들을 조사하고 여호와께로 돌아가자" (3:39-40)

둘째, 저자는 야훼 하나님의 긍휼을 구하는 기도를 드리고 있다. 저자가 야훼의 긍휼을 구하는 근거는 하나님의 성품-인자와 긍휼과 성실이다(3:22-23). 저자는 놀랍게도 폐허가 된 예루살렘에서 하나님의 인자와 긍휼의 무궁함을 발견한다. 따라서 그는 하박국처럼 진노 중에도 긍휼을 베푸시기를 기도하며 응답을 확신한다(3:55-58, 합 3:2). 하나님은 본래 선하시며 구하는 자들에게 구원을 베푸시는 분이기 때문이다(3:25-26). 그의 징계는 영원하지 않으며, 사람을 근심하게 만드는 것이 본심이 아니기 때문이다(3:31-33). 이처럼 저자가 하나님의 긍휼을 구하는 의미는, 여전히 하나님이 자기 백성을 버리지 않았다는 것을 원 독자들에게 보여주기 위한 것이다.

> "내 고초와 재난 곧 쑥과 담즙을 기억하소서 내 마음이 그것을 기억하고 내가 낙심이 되오나 이것을 내가 내 마음에 담아두었더니 그것이 오히려 나의 소망이 되었사옴은 여호와의 인자와 긍휼이 무궁하시므로 우리가 진멸되지 아니함이니이다 이것들이 아침마다 새로우니 주의 성실하심이 크시도소이다 내 심령에 이르기를 여호와는 나의 기업이시니 그러므로 내가 그를 바라리라 하도다"(3:19-24)

셋째, 저자는 야훼 하나님의 회복시키시는 은총을 간구한다.

> "여호와여 주는 영원히 계시오며 주의 보좌는 대대에 이르나이다 주께서 어찌하여 우리를 영원히 잊으시오며 우리를 이같이 오래 버리

시나이까 여호와여 우리를 주께로 돌이키소서 그리하시면 우리가 주께로 돌아가겠사오니 우리의 날들을 다시 새롭게 하사 옛적 같게 하옵소서"(5:19-21)

그리고 그는 야훼의 징계가 이미 끝난 것처럼 소망을 갖도록 격려한다.

"딸 시온아 네 죄악의 형벌이 다하였으니 주께서 다시는 너로 사로잡혀 가지 아니하게 하시리로다"(4:22상)

이처럼 저자가 미래의 소망을 보여주는 것은 원 독자들이 정체성을 가지고 야훼 하나님을 신뢰하도록 격려하기 위한 것이다.

〈주제들〉	〈원 독자들에게 의의〉
1) 의로우신 하나님은 범죄한 당신의 백성을 심판하셨다.	1) 하나님의 징계를 달게 받고 회개하라.
2) 자비하신 하나님은 진노 중에라도 긍휼을 베푸신다.	2) 낙심하지 말고 기도로 하나님께 나아가라.
3) 성실하신 하나님은 남은 백성들을 돌아오게 하시고 회복시키신다.	3) 구원의 하나님을 소망 중에 신뢰하라.

2. 내 용

<구조와 요절>

이 책은 매 장에 하나씩의 노랫말이 들어 있는 5장으로 구성되어 있으며, 답관체 형식으로 씌어 있다. 좀 더 자세히 살펴보자면 1-2장은 3행으로 구성된 절(연)의 첫 단어가 히브리어 알파벳의 순서를 따르고 있으며, 1:7과 2:19에 한 행이 더 들어 있어 각각 22절 67행으로 구성되어 있다. 그리고 3장은 매 3절(행)이 한 연을 이루고 있으며, 각 연의 매 절(행) 첫 단어가 같은 알파벳으로 시작하고 있다. 따라서 3장은 총 66절(행)로 구성되어 있다. 그러니까 1-2장은 각 절의 첫 단어가 알파벳 순서를 따르고 있는 반면 3장은 매 3절마다 알파벳이 바뀌게 되어 있는 것이다. 4장은 1-2장과 비슷하지만 매 절(연)마다 2행씩 들어 있는 것이 특징이다. 따라서 4장은 총 22절 44행으로 구성되어 있다. 5장은 특이하게도 매 절에 한 행씩 들어 있으며, 매 절의 첫 단어가 알파벳의 순서를 따르고 있지는 않으나, 전 22절(행)이 알파벳의 숫자와 일치한다.

이 책은 패망한 예루살렘을 사랑하는 여인의 죽음으로 의인화한 애가들로 구성되어 있다. 내용상 1장은 예루살렘 파괴의 참상을 그리고 있으며, 2장은 유다의 패망이 죄의 징계였으므로 회개할 것을 촉구하며, 3장은 하나님의 징계 가운데서 인자와 긍휼을 의지하도록 충고하고 있고, 4장은 유다의 패망이 저주 언약의 성취라는 교훈을 주고 있으며, 5장은 미래에 회복시키시는 은총을 소망하고 있다.

요절

"내 고초와 재난 곧 쑥과 담즙을 기억하소서 내 마음이 그것을 기억하고 내가 낙심이 되오나 이것을 내가 내 마음에 담아두었더니 그것이 오히려 내 소망이 되었사옴은 여호와의 인자와 긍휼이 무궁하시므로 우리가 진멸되지 아니함이니이다. 이것들이 아침마다 새로우니 주의 성실하심이 크시도소이다"(3:19-23).

(요절 3:19-23)

소단원	주 제	분 위 기	기록 장소	기록 연대
1:1-22 애가 I 예루살렘을 위한 눈물	심판받은 예루살렘	절 망	예 루 살 렘	주전 586년경
2:1-22 애가 II 참상의 원인	하나님의 진 노	수 치		
3:1-66 애가 III 고난 중의 신뢰	하나님의 긍 휼	평 안		
4:1-22 애가 IV 역사의 교훈	죄악의 통회	겸 손		
5:1-22 애가 V 소망의 닻	회복을 간구	기 쁨		

소단원 1 예루살렘 패망의 참상(1:1-22)

<내용 요약>

예루살렘의 참상을 객관적으로 묘사하고 있다. 첫째, 성전의 보물들이 약탈당하고, 청년들이 죽임당하며, 백성들이 포로로 끌려가고, 이방의 조롱거리가 된 현실을 인해 비통함을 드러내고 있다. 둘째, 예루살렘 패망이 죄악에 대한 하나님의 징계였음을 보여준다(8, 12, 18). 셋째, 하나님이 유다의 원수들에게 보복해주시기를 기도한다(21, 22).

소단원 2 예루살렘의 패망은 하나님의 심판(2:1-22)

<내용 요약>

유다의 참상을 묘사하는 것은 첫 번째 노래와 크게 다르지 않지만 유다의 패망이 종교지도자들의 죄악 때문이라는 관점에서 묘사하고 있다. 따라서 성전 파괴와 관계된 묘사가 반복되며(1, 6, 7), 선지자들의 죄가 반복적으로 지적된다(9, 11). 그리고 유다의 패망이 저주 언약의 성취라는 점을 명시하고 있다(17). 두 번째 노래에서 새로운 것은 저자 자신이 기도할 뿐 아니라 독자들에게도 기도할 것을 촉구하고 있다는 점이다(18-19).

소단원 3 야훼 하나님의 긍휼을 구함(3:1-66)

<내용 요약>

전체 다섯 개의 노래 가운데서 저자의 신앙과 정서가 가장 강렬하게 표출되고 있다. 저자는 민족 전체가 겪은 참상과 고통을 개인의 경험으로 묘사한다. 심지어 그는 하나님께로부터 버림받았다고 고백한다. 그러나 하나님의 인자와 긍휼의 무궁하심을 선언하며 희망을 노래한다. 유다는 죄 때문에 징계 받는 것이므로 아무도 원망할 수 없다고 충고한다. 그러면서 하나님이 자기 백성을 보호해주실 것과 원수들에게 보응해주실 것을 간구한다(48-66).

소단원 4 패망의 역사에서 교훈을 얻어야 함(4:1-22)

<내용 요약>

유다가 겪은 참상 가운데 특별히 굶주림에 대해 사실적으로 묘사하고 있다. 즉, 젖먹이들로부터 어른에 이르기까지 아사 직전의 상태에 이르렀을 뿐 아니라, 자녀들의 인육을 먹는 사태까지 벌어졌던 것을 비통해하고 있다. 그리고 그런 참상을 불러온 유다의 죄에 대해, 첫째로 종교지도자들의 살인-의인에게 죽일 죄를 뒤집어 씌어 살해한 것과(13), 둘째로 헛되이 이방을 구원자로 의지한 것(17)을 지적하고 있다. 그러면서 유다의 침공에 가담했던 에돔을 저주하고, 유다가 이미 죄 값을 다 치렀음을 선언한다(21-22).

소단원 5 야훼 하나님의 회복시키시는 은혜를 구함(5:1-22)

<내용 요약>

앞의 네 노래와 달리 히브리어 철자를 이용한 답관체 애가가 아니라 단순히 22행으로 구성된 탄원시의 형식을 띠고 있다. 이 노래에서도 저자는 유다의 패망이 죄의 결과였음을 시인하고 있으며(6-7), 야훼 하나님이 유다 민족을 옛적처럼 회복시켜 주실 것을 기도하고 있다.

〈특별 자료〉

히브리어 직역 애가

김 인 철 번역

<1장>

1(א) 어떻게 백성이 많았던 그 성이 홀로 앉아 있나? 열방 중에 큰 나
라가 과부가 되었나?
열방 중에 공주였던 자가 종이 되었나?
2(ב) 그녀가 정녕 밤에 울어 눈물로 뺨을 적셔도/그녀의 모든 연인들
중에 위로자가 없고/ 그녀의 친구들이 모두 배신하여 원수가 되었
다
3(ג) 유다가 환난과 고역 때문에 포로 되어 갔도다/ 열방에서 살며 쉴
곳을 찾지 못하니/ 그녀를 쫓는 모든 자들이 궁지에 몰린 그녀를
잡았도다.
4(ד) 시온으로 가는 길이 통곡하는 것은 명절에 찾아오는 자들이 없기
때문이다/ 그녀의 모든 성문이 황폐하고 그녀의 제사장들이 탄식
하며/그녀의 처녀들이 슬퍼하니 그녀가 쓰라림에 잠겼도다.
5(ה) 그녀의 적들이 머리가 되고 그녀의 원수가 형통하는 것은/야훼께
서 그녀의 많은 죄 때문에 그녀를 고통스럽게 했기 때문이다/그녀
의 어린 자녀들이 적들에게 포로로 끌려갔도다
6(ו) 딸 시온의 모든 아름다움이 떠나갔으니/그녀의 고관들은 초장을
찾지 못한 사슴들처럼 되어/ 아무 힘없이 쫓는 자 앞에서 걸어갔다
7(ז) 예루살렘이 그녀의 고통스러운 날들과 방랑의 날들에/옛날부터 있
었던 그녀의 모든 고귀한 것들을 생각한다/그녀의 백성이 적의 손
에 쓰러질 때 아무도 돕지 않았고/ 적들은 그녀를 보고 그녀의 패
망을 비웃었다
8(ח) 예루살렘이 탐욕스럽게 범죄하더니 그녀가 불결하게 되었다/그녀
를 공경하던 모든 자들이 그녀를 멸시한다/왜냐하면 그들이 그녀

의 하체를 보았고 그녀가 탄식하며 뒤로 물러났기 때문이다
9(ט) 그녀의 치마 속에 그녀의 부정함이 있고 그녀는 그녀의 종말을 생
각하지 않는다/ 그녀가 놀랍게 낮아져도 아무도 위로하지 않는다/
야훼이시여 제 고통을 보십시오 원수가 잘난 척합니다.
10(י) 대적이 그녀의 보물들에 그의 손을 폈다/ 참으로 이방 나라들이
그녀의 성소로 들어가는 것을 그녀가 보았다/ 주께서 당신의 회중
에게 들어오지 말라고 명령한 곳으로
11(כ) 그녀의 모든 백성이 탄식하며 양식을 찾을 때/ 그들이 그들의 보
물들을 목숨 소생을 위해 먹을거리와 바꾸었다/ 보십시오 야훼이
시여, 제가 얼마나 멸시받는지 보십시오
12(ל) 너희들에게는 상관이 없는지 길을 지나가는 모든 자들아/내게 임
한 고통과 같은 고통이 과연 있는지를 보고 또 보라/야훼께서 그
의 진노의 날에 주신 고통을
13(מ) 높은 곳에서부터 그가 내 뼈들에 불을 보내어 뼈에 내려가게 하시
고/ 내 발에 그물을 펴서 나를 뒤로 물러가게 하시고/나를 버림받
게 해서 종일토록 아프게 하셨다
14(נ) 내 죄악들의 멍에를 그의 손에 묶고 얽어매어/그것들을 내 목 위
에 올려 옥죄게 해서 내 힘을 쓸 수 없게 하셨다/주께서는 내가
맞설 수 없는 자들의 손에 나를 넘기셨다
15(ס) 주께서 내 속에 있는 모든 힘센 자들을 물리치시고/내 젊은이들을
쳐부수기 위해 날을 잡으시고/처녀 딸 유다를 포도즙 틀처럼 밟으
셨다
16(ע) 이것 때문에 내가 울어 내 눈에, 내 눈에 눈물이 흐르는 것은/ 내
목숨을 소생시키는 위로자가 내게서 멀기 때문이다/내 아들들이
버림받게 되는 것은 원수가 이겼기 때문이다
17(פ) 시온이 그녀의 두 손을 폈으나 그녀를 위로할 자가 아무도 없다/
야훼께서 야곱을 치도록 그의 이웃 적들에게 명령하셨으니/예루
살렘이 그들 사이에서 불결한 것이 되었다
18(צ) 야훼께서 의로우신 것은 내가 그의 입을 거역했기 때문이다/들어
라 너희 모든 민족들아, 보라 내 고통을/내 처녀들과 청년들이 포
로로 잡혀갔다

19(ק) 내가 내 사랑하는 자들을 불렀으나 그들이 나를 속였다/내 제사장들과 내 장로들이 성 안에서 죽은 것은/그들이 그들의 목숨을 소생시키려고 먹을거리를 찾았기 때문이다
20(ר) 보십시오 야훼이시여 제가 괴롭고 제 창자가 뒤집히고/제 속이 끓는 것은 제가 정녕 거역했기 때문입니다/밖에서는 칼이 아이들을 죽이고 집 안에는 죽음과도 같은 것이 있습니다
21(שׁ) 내가 탄식하는 것을 듣고도 아무도 나를 위로하지 않으며/내 모든 적들이 내 재앙을 듣고 기뻐한 것은 당신이 행하셨기 때문입니다/당신께서 선포하신 날을 가져와서 그들도 나처럼 되게 하십시오
22(ת) 그들의 모든 악행을 당신 앞에 오게 해서 그들에게 행하십시오/내 모든 죄악 때문에 당신이 내게 행하신 것처럼/왜냐하면 나의 탄식이 많고 내 마음이 어지럽기 때문입니다

〈2 장〉

1(א) 어떻게 주께서 그의 진노 가운데서 딸 시온을 구름으로 덮으셨는가? 이스라엘의 아름다움을 하늘에서부터 땅으로 던지셨는가? 그의 진노의 날에 그의 발판을 기억하지 않으셨도다.
2(ב) 주께서 야곱의 모든 주거지를 긍휼히 여김 없이 삼키셨고/ 그의 진노로 딸 유다의 요새들을 땅에 엎어버리셨으며/왕국과 고관들을 욕되게 하셨도다.
3(ג) 그가 맹렬한 진노로 이스라엘의 모든 뿔을 자르시고/원수 앞에서 그의 오른 손을 거두어들이시며/ 타오르는 불로써 야곱을 태우시니 그 불이 사방을 삼켰도다.
4(ד) 그가 원수같이 활을 당기시고 대적처럼 오른손을 들고 서서/우리 눈에 귀한 것들을 죽이셨고/ 딸 시온의 장막에 불처럼 진노를 쏟아 부으셨다.
5(ה) 주께서 원수같이 되어 이스라엘을 삼키셨으므로/ 그녀의 모든 궁전을 삼키셨고 그녀의 요새들을 폐허로 만드셔서/ 딸 유다로 심히

울고 애곡하게 하셨다.
6(ו) 그의 장막을 동산처럼 헐어버리시며 그의 절기의 처소를 폐허로
만드셨고/야훼께서 시온에서 절기와 안식일을 잊어지게 하셨으며/
그의 진노로 왕과 제사장을 멸시하셨도다
7(ז) 주께서 그의 제단을 거절하시고 그의 성소를 거부하셔서/원수들의
손에 그녀의 궁전들의 성벽을 넘겨주셨고/ 그들이 야훼의 집에서
명절의 날처럼 소리를 내었다.
8(ח) 야훼께서 딸 시온의 성벽을 헐어버리려 생각하셨고/ 줄로 재며 삼
키는 일에서 그의 손을 거두지 않으셨다/ 그가 누벽과 성벽으로
통곡하게 하시니 그것들이 부스러졌다.
9(ט) 그녀의 성문들이 땅으로 내려앉으니 그가 그녀의 빗장을 부수어
못쓰게 만드심이라/ 그녀의 왕과 고관들이 열방에 있으니 율법이
없으며/그녀의 예언자들도 야훼로부터 환상을 얻지 못한다.
10(י) 딸 시온의 장로들이 땅에 앉아 침묵하고/ 그들의 머리위에 흙을
얹고 베옷을 입었으며/예루살렘의 처녀들은 머리를 땅으로 숙였도
다.
11(כ) 내 눈이 눈물로 약해지며 내 창자가 쏟아져 나오며/ 내 간이 땅에
쏟아지는 것은 딸 내 백성의 패망 때문이니/ 어린아이와 젖먹이가
도시 광장에서 기절하였도다.
12(ל) 그들의 어머니들에게 그들이 말한다. 곡식과 포도주가 어디에 있
어요? 그들이 도시의 광장에서 칼에 베인 자처럼 기절할 때/ 그들
의 목숨이 그들의 어머니 품에서 끊어질 때
13(מ) 내가 네게 무엇을 증언하며 내가 너를 무엇과 비교하겠느냐, 딸
예루살렘아? 내가 너를 무엇과 같다 하며 너를 위로할 수 있겠느
냐, 처녀 딸 시온아? 너의 파멸이 바다처럼 크니 누가 너를 고칠
수 있겠느냐?
14(נ) 너의 예언자들이 네게 대해 헛되고 회칠한 환상을 보았고/ 그들이
네 죄악을 드러내지 못하여 네 포로들을 되돌리지 못하였도다/그
들이 네게 대해 헛되고 유혹할 신탁만 보았도다
15(ס) 길을 지나가는 모든 사람이 너를 향해 손뼉을 치고/딸 예루살렘을
조롱하며 머리를 흔든다/ 이것이 바로 완전한 아름다움과 온 세상

의 기쁨으로 불러지던 성이냐?
16(פ) 네 모든 원수들이 너를 향해 그들의 입을 열고/조롱하고 이를 갈며 말한다 우리가 그녀를 삼켰다/우리가 진정 바라던 날이 이 날이다 우리가 얻었고 보았다
17(ע) 야훼께서 작정하신 것을 행하셨고 옛적부터 그가 말씀하시던 대로 그가 명하셨던 것을 성취하셨다/ 긍휼히 여기지 않고 무너뜨리셨으니 너를 인하여 원수로 기쁘게 하시고/ 네 적들의 뿔을 높게 하셨다
18(צ) 그들의 마음이 주께 부르짖는다 딸 시온의 성벽아/밤낮으로 눈물을 강처럼 흘려라/ 쉬지 말고 네 눈동자도 쉬게 하지 말아라
19(ק) 일어나 밤에 울부짖어라/야간경계가 시작 될 때 네 마음을 주의 얼굴 앞에서 물처럼 쏟아 부어라/ 그에게 네 손을 들어라 모든 거리 모퉁이에서 굶주려 기절한 네 어린아이들의 목숨을 위해
20(ר) 보십시오 야훼이시여, 당신께서 누구에게 이렇게 행하셨습니까? 어떻게 여인들이 그들의 열매 곧 손으로 어르던 어린아이들을 먹습니까? 어떻게 제사장과 예언자가 주의 성소에서 죽임을 당합니까?
21(שׁ) 젊은이와 노인이 길거리에 엎어졌고/처녀들과 청년들이 칼을 맞았습니다/ 당신께서 당신의 진노의 날에 죽이셨는데 긍휼 없이 살육하셨습니다.
22(ת) 당신께서 절기의 날처럼 내가 두려워하는 자들을 사방에서 부르셨습니다/야훼의 진노의 날에 아무도 도망가거나 살아남지 못했습니다/내 손에 받들어 기른 자들을 내 원수가 끝장내버렸습니다

〈3 장〉

1(א) 나는 그의 진노의 매로 환난을 본 남자이다
2(א) 그가 나를 이끌어 빛이 없는 어둠을 걷게 하셨다
3(א) 정녕 하루 종일 손을 내게로 돌이켜
4(ב) 내 살과 가죽을 닳아 없어지게 하며 내 뼈를 꺾으신다

5(ב) 환난과 쓰라림으로 쌓아 나를 둘러싸시고
6(ב) 아주 오래 전에 죽은 자처럼 어두운 곳에 나를 앉히셨다
7(ג) 내가 도망치지 못하도록 나를 둘러 담을 치시고 무거운 놋 사슬로 채우셨다
8(ג) 내가 외치고 부르짖어 도움을 청해도 내 기도를 닫으시며
9(ג) 다듬은 돌로 내 길에 담을 쳐 내가 다니는 길을 굽게 하셨다
10(ד) 그는 엎드려 나를 기다리는 곰이며 은밀한 장소에 사자이시다
11(ד) 내 길들을 치우치게 하시고 나를 찢으셔서 버림받게 하시고
12(ד) 그의 활을 당겨 나를 화살의 과녁으로 삼으시고
13(ה) 화살통의 화살로 내 콩팥을 뚫으신다
14(ה) 나는 내 모든 백성에게 비웃음거리, 온종일 그들의 노래가 되었다.
15(ה) 나를 쓰라림으로 배부르게 하시고 쓴 쑥을 마시게 하셨다
16(ו) 그가 자갈돌로 내 이를 갈게 하시고 잿더미에 파묻으셨다
17(ו) 내가 평안을 빼앗기니 낙을 잊어버렸다
18(ו) 그래서 나는 말한다 내 영광과 야훼에 대한 희망이 사라졌다고
19(ז) 나의 환난과 방랑의 기억은 쓴 쑥과 독초이다
20(ז) 정녕 기억할 때마다 내 영혼이 가라앉는다
21(ז) 그러나 내가 이것을 다시 내 마음에 가져오고, 그럼으로써 내가 기다린다
22(ח) 왜냐하면 야훼의 인자는 끝이 없고 긍휼도 다함이 없기 때문이다
23(ח) 그것들이 아침마다 새로우니 당신의 성실하심이 크십니다
24(ח) 야훼가 나의 분깃이라고 내 영혼이 말한다. 그래서 나는 그를 기다린다
25(ט) 야훼는 그를 기다리는 자들에게와 그를 구하는 영혼들에게 선하시므로
26(ט) 잠잠히 야훼의 구원을 기다리는 것이 좋다
27(ט) 젊을 때 멍에를 메는 것이 남자에게 좋다
28(י) 그가 그에게 메게 하실 때 잠잠히 혼자 있게 해주어라
29(י) 혹시 희망이 있을지 그가 흙에 입을 대게 하라
30(י) 그를 때리는 자에게 뺨을 내주어 치욕으로 배불리게 하라
31(כ) 왜냐하면 주께서 너무 오랫동안 버리지 않으시기 때문이다

32(כ) 왜냐하면 그가 비록 근심하게 하셔도 그의 크신 인자를 따라 불쌍히 여기시기 때문이다
33(כ) 왜냐하면 그가 진정으로 사람들을 괴롭히거나 슬프게 하지는 않기 때문이다
34(ל) 땅의 모든 죄수들을 그의 발아래 밟는 것
35(ל) 지극히 높으신 분 얼굴 맞은편에서 사람의 재판을 치우치게 하는 것
36(ל) 그의 송사에서 사람을 굽게 만드는 것은 주께서 참아보시지 않는다
37(מ) 주께서 명령하지 않았다면 누가 말하고 이루었는가?
38(מ) 지극히 높으신 분 입에서 선과 악들이 나오지 않는가?
39(מ) 자기 죄에 대해 살아있는 사람이 무엇을 불평하는가?
40(נ) 우리의 길들을 살피고 찾아서 야훼께로 돌아가자
41(נ) 우리의 마음을 손바닥 방향으로 하늘에 계신 하나님께 들어올리자
42(נ) 우리가 반역하고 순종하지 않았으므로 당신께서 용서하지 않으셨습니다
43(ס) 진노로 자신을 가리시고 우리를 쫓아내셔서 불쌍히 여기지 않고 죽이셨습니다
44(ס) 당신은 구름으로 자신을 가리시고 기도가 상달되지 못하게 하셨습니다
45(ס) 우리를 열방 가운데서 쓰레기와 폐기물로 두셨습니다
46(פ)[36] 우리의 모든 대적이 우리를 향해 그들의 입을 열었습니다
47(פ) 공포와 함정이 우리에게 있었고 파멸과 파괴가(있었습니다)
48(פ) 딸 내 백성의 파멸 때문에 눈에서 수로의 물이 흘러내립니다
49(ע) 제 눈물이 쉬지 않고 흘러내리니 그치지 않습니다
50(ע) 야훼께서 내려다보시며 하늘에서 보실 때까지
51(ע) 제 성의 모든 딸들 때문에 제 눈이 저를 슬프게 합니다
52(צ) 까닭 없이 나를 미워하는 자가 새처럼 저를 사냥합니다
53(צ) 그들이 구덩이에서 제 목숨을 끊으려고 제게 돌을 던집니다
54(צ) 물이 제 머리 위에 넘쳐흘러서 제가 "죽었다"라고 말했습니다

36) ע(아인)과 פ(페)의 순서가 바뀌어져 있는데, 어떤 학자들은 ע의 숫자 값 70을 눈에 띄게 함으로써 70년 포로 생활을 강조하기 위한 것이라고 하고, 어떤 학자들은 당시 히브리 철자의 순서가 아직 확정적이지 않았기 때문이라고 한다. 그러나 2:16,17도 역시 바뀌어져 있고, 4:16,17도 바뀌어져 있으므로 의도적인 도치로 볼 수 있다.

55(ק) 구덩이 바닥에서 제가 야훼 당신의 이름을 불렀습니다
56(ק) 제 소리를 당신께서 들으셨으니 제 탄식과 부르짖음에 귀를 막지 마십시오
57(ק) 제가 당신께 부르짖는 날에 제게 가까이 오셔서 두려워 말라고 말씀하셨습니다
58(ר) 내 주여, 당신께서 제 영혼의 원통함을 풀어주셨고, 제 생명을 대속하셨습니다
59(ר) 야훼여, 당신께서 제가 압제당하는 것을 보셨으니 제 재판을 맡아 주소서
60(ר) 당신께서 그들의 모든 보복을 보셨고, 나를 향한 그들의 모든 악한 생각을 보셨나이다
61(שׁ) 당신께서 그들의 욕설을 들으셨습니다. 야훼이시여, 저에 대한 그들의 악한 생각을
62(שׁ) 저를 치는 대적들의 말과 웅얼거림이 온종일 일어나고 있습니다.
63(שׁ) 그들의 앉고 일어섬을 보십시오. 저는 그들의 조롱노래입니다.
64(ת) 그들의 손이 행한 대로 야훼이시여, 당신께서 도로 갚아주옵소서
65(ת) 그들에게 미련한 마음을 주셔서 당신의 저주가 그들에게 임하게 하옵소서
66(ת) 분노 중에 그들을 쫓아가셔서 야훼의 하늘 아래에서 진멸하옵소서

〈4 장〉

1(א) 어떻게 금이 빛을 잃고 순금이 변했는가? 거룩한 돌들이 모든 거리 모퉁이에 쏟아졌는가?
2(ב) 순금처럼 고귀하던 시온의 아들들이/ 어떻게 토기장이의 손으로 빚은 항아리들로 여겨졌는가?
3(ג) 자칼들도 젖을 내밀어 그 새끼들에게 젖을 먹이는데/ 딸 내 백성은 잔인하여 광야의 타조와 같도다
4(ד) 젖먹이의 혀가 목말라 입천장에 달라붙었고/어린 아이들이 빵을

요구하지만 아무도 그들에게 주는 사람이 없다
5(ה) 맛난 음식을 먹던 자들이 거리거리에서 쪼그려 있으며/ 자주색 옷을 입고 양육된 자들이 거름더미를 붙들고 있다.
6(ו) 딸 내 백성의 죄악이 소돔의 죄보다 큰데/ 그것은 양손을 그녀에게 대지 않아도 순식간에 무너졌었다
7(ז) 그녀의 나실인들은 눈보다 깨끗하고 우유보다 희었으며/ 그들의 몸이 산호보다 붉고 그들이 광택을 낸 사파이어처럼 윤택했건만
8(ח) 그들의 얼굴이 숯보다 검어 거리거리에서 알아볼 수가 없고/그들의 가죽이 그들의 뼈에 달라붙어 막대기처럼 말라버렸다
9(ט) 칼에 죽은 자들이 주려 죽은 자들보다 나은 것은/ 밭의 소출로 인해 그들이 피를 쏟는 자처럼 되었기 때문이다.
10(י) 자애로운 여인들의 많은 손이 자신들의 아이들을 삶았으니/ 딸 내 백성의 파멸로 인해 그들의 먹을거리가 되었도다
11(כ) 야훼께서 그의 분을 터뜨리셔서 그의 격렬한 노를 쏟아 부으시니/ 시온에 불을 지르시므로 그 불이 기초를 삼켜버렸다
12(ל) 대적과 원수가 예루살렘 성문으로 들어갈 줄은/땅의 왕들이 믿지 않았고 세상의 모든 자들이 믿지 않았다
13(מ) 그녀 가운데서 의인들의 피를 흘린/그녀의 예언자들의 죄와 제사장들의 죄악 때문에
14(נ) 그들이 피에 더러워져 거리에서 맹인같이 비틀거리니/ 아무도 그들의 옷에 닿을 수 없다
15(ס) 떠나라, 부정하다고 그들에게 외치며 떠나라 떠나라 닿지 말라고 한다/그들이 멀리 떠나 방황하니 그들이 더 이상 거주하지 못하리라고 이방 백성들이 말한다
16(פ) 야훼의 얼굴이 그들을 흩어서 다시는 쳐다보지 않으시리니/ 그들이 제사장들의 얼굴을 높이지 않았고 장로들을 선대하지 않았다
17(ע) 우리 눈이 헛되이 우리의 도움을 (바라보다가) 다시금 쇠약하니/ 구원해주지 못할 나라를 우리가 바라보고 바라보았도다
18(צ) 그들이 우리의 발걸음을 숨어 지키니 우리의 광장에서 걸어 다닐 수 없도다/우리의 끝이 가깝고 우리의 날들이 다했으니 참으로 우리의 종말이 이르렀다

19(ק) 우리를 쫓는 자들이 하늘의 독수리보다 빠르니/ 그들이 산들 위로 우리를 쫓아오며 광야에서도 우리를 숨어 지킨다

20(ר) 우리 코의 호흡 곧 야훼의 기름 부어진 자가 그들의 함정에 잡혔다/ 그의 그늘 아래서 우리가 이방 나라들 가운데 살리라고 말했었다

21(שׁ) 즐거워하고 기뻐하라 딸 에돔아 우스 땅에 사는 자야/네게도 잔이 이르리니 네가 취하여 벌거벗을 것이다

22(ת) 네 죄악의 벌이 끝났다 딸 시온아 그가 더 이상 너를 포로로 잡아가지 않으실 것이다/ 그가 네 죄악을 벌하신다 딸 에돔아 그가 네 죄를 들추어내실 것이다

〈5 장〉

1. 야훼이시여 기억하십시오 우리에게 무슨 일이 일어났는지 우리의 수치를 지켜보십시오
2. 우리의 유업이 이방 나라들의 것으로 바뀌었고 우리의 집들이 이방인들의 것으로
바뀌었습니다
3. 우리는 아버지 없는 고아들이 되었고 우리의 어머니들은 과부들같이 되었습니다
4. 우리는 은을 주고 물을 마시며 우리의 나무도 값으로 들여옵니다
5. 우리 목의 멍에로 우리가 메여서 우리가 지쳐도 쉬지 못합니다.
6. 빵을 배불리 먹고자 우리가 애굽과 앗수르에게 손을 내밀었습니다
7. 우리 조상들이 죄를 지었으나 그들은 사라졌고 우리가 그들의 죄악을 짊어지게 되었습니다
8. 종들이 우리를 다스리고 그들의 손에서 아무도 구해주지 않습니다
9. 우리의 목숨을 걸고 우리가 우리의 빵을 가져오는 것은 광야의 칼 때문입니다
10. 우리의 피부가 화덕처럼 달아오른 것은 배고픔의 열기 때문입니

다

11. 그들이 시온에서 여인들을 욕보이며 유다 도시들에서 처녀들을(욕보입니다)
12. 고관들이 그들의 손에 매달리니 장로들의 얼굴도 존경 받지 못합니다
13. 청년들이 맷돌을 져 나르며 소년들이 나무 아래서 넘어집니다
14. 장로들이 성문에서 끊어졌고 청년들이 현악기 연주를(그쳤습니다)
15. 우리 마음에 기쁨이 그쳤고 우리 춤이 슬픔으로 바뀌었습니다
16. 우리 머리에서 면류관이 떨어졌으니 아! 우리가 죄지은 것이 우리에게 화여라
17. 이것으로 인해 우리 마음이 아프고 이것으로 인해 우리 눈이 어두워졌습니다
18. 폐허 시온산위로 여우들이 노닙니다
19. 야훼 당신은 영원히 앉아계시니 당신의 보좌가 세세토록 있을 것입니다
20. 어찌하여 우리를 영원히 잊으십니까? 우리를 오랫동안 버리십니까?
21. 야훼이시여 우리를 당신에게로 되돌리십시오 우리가 돌아갈 것입니다 우리의 날들을 옛날처럼 새롭게 하십시오
22. 왜냐하면 당신께서 참으로 우리를 거절하셨으며 참으로 우리에게 진노하셨기 때문입니다

오바댜

오바댜

에돔의 멸망과 선민의 회복을 예언하고 있는 이 책은 21절로 구성되어 있어 예언서 가운데 가장 짧다. 이 책은 기록 연대가 분명치 않고 저자에 대해 알려진 것이 거의 없음에도 불구하고 하나님의 선민을 괴롭힌 에돔이 심판을 받게 된다는 점에서 다른 예언서들과 내용상 맥을 같이 한다. 예컨대 1-5는 렘 49:7-22와 매우 비슷하며, 17은 욜 3:5를 인용하고 있는 것으로 보인다. 그리고 에돔의 멸망과 이스라엘의 회복을 주제로 다룸으로써 바벨론의 멸망과 유다의 회복을 주제로 다루었던 하박국과 신학적 관점을 같이하고 있다.

1. 배경

저자와 기록연대, 장소, 문학양식

이 책은 선지자 오바댜에 의해 아마도 주전 586년 예루살렘 멸망 직후에 기록되었을 것이다. 이 책의 저자 오바댜(עבדיה)는 '야훼께 경배하는 자' 혹은 '야훼의 종'이라는 뜻의 이름을 가지고 있다는 것 외에 그의 생애는 거의 알려지지 않았으며, 기록 연대도 확실치 않다.[37] 아마도 그는 예루살렘의 멸망을 목격했거나 그 시대 사람일 것으로 보인다. 하지만 이 책이 주전 9세기 유다 왕 여호람 때 기록된 것으로 보는 학자들도 있다. 즉, 이 책의 배경이 되는 에돔의 유다 침공이 유다 왕 여호람(주전 848-841) 때의 일(대하 21:8-10,16-17)을 가리킬 수도 있다는 것이다. 예컨대 성전 약탈에 대한 언급이 없는 점이나, 예루살렘을 얻기 위해 제비를 뽑은 것(11)이 바벨론의 주도하의 유다 침공과 어울리지 않는다는 점이나, 유대인들이 이 책을 주전 8세기에 기록된 아모스서와 요나서 사이에 둔 점에서 여호람 치하에서 기록된 것으로 보는 것이다. 그와 반면에 이 책이 주전 586년 예루살렘 멸망 때에 기록되었을 것으로 보기도 한다. 예컨대

37) 구약 성경에는 오바댜가 11명이나 등장한다.

예루살렘 멸망 때 에돔이 저지른 죄에 대한 이 책의 기록이 다른 성경의 기록들과 일치한다는 점(시 137:7, 애 4:21-22, 겔 35:1-15), 바벨론이 예루살렘을 함락시킬 때에도 연합군을 구성했으므로(왕하 24:1-2) 당연히 전리품이 주어졌을 것이라는 점, 이 책의 예언처럼 예루살렘 함락과 같은 방식으로 에돔이 느부갓네살에 의해 패망한 점(15), 예루살렘이 당한 피해가 여호람 치세 때의 일시적 피해가 아니라 완전한 패망을 암시한다는 점(12), 만약 여호람 때 기록된 책이라면 에돔이 영원히 멸절될 것이라는 예언(10)에도 불구하고 그들이 260년 뒤에 버젓이 예루살렘 침공의 연합군으로 활약할 수는 없었을 것이라는 점, 포로 되었던(여호람 때와 대조) 이스라엘 자손의 회복을 예언하고 있다는 점에서 그렇게 보는 것이다. 위와 같은 이유로 기록 연대에 관한 두 학설 가운데서 주전 586년 예루살렘 함락 때 기록되었을 것으로 보는 학설이 좀 더 개연성을 갖는다. 그리고 기록 장소는 아마도 유대의 어느 도시였을 것이다.

이 책에서 발견되는 문학 양식은 다음과 같다.

• 심판 신탁 : 1-16
• 약속 신탁 : 17-21

원 독자와 주제

이 책의 원 독자는 예루살렘 멸망에서 생존한 자들이었다. 느부갓네살 군대의 앞잡이가 된 에돔의 멸망에 관한 오바댜의 예언은, 마치 한을 풀어주는 기도 응답과도 같았을 것이다. 그들은 하나님의 정의가 언제 에돔과 열방에 임하여 심판할 것인지 궁금했을 것이다. 그리고 또한 그들은 택한 백성이 회복되는 날을 고대했을 것이다. 자연스럽게 이 책이 다루고 있는 주제는 에돔의 심판, 이스라엘의 회복, 메시아 왕국의 도래이다. 따라서 이 책은 에돔과 유다의 뒤바뀌어지는 운명에 대해 말하고 있다. 수치를 당한 시온은 존귀하게 되고, 유다의 멸망을 기뻐한 에돔은 수치를 당하게 된다는 것이다. 그러나 이 책에서 말하는 에돔이 단순히 에서의 후손들만을 가리키는 것은 아니다. 왜냐하면 에돔은 하나님의 택한 백성을 대적하는 모든 민족을 대표하기 때문이다.

〈주제들〉	〈원 독자들에게 의의〉
1) 전능하신 하나님은 택한 백성의 원수들을 심판하신다.	1) 열방을 다스리시는 하나님만 신뢰하라.
2) 성실하신 하나님은 언약의 백성들을 회복시키신다.	2) 언약을 성취하시는 하나님만 바라보라.
3) 영원하신 하나님은 장래에 영광스러운 왕국을 건설하신다.	3) 하나님만이 영원히 경배받기에 합당하시다.

시대적 배경

사울 왕 시절로부터 시작된 이스라엘과 에돔과의 갈등은 분열 왕국시대가 끝나기 까지 약 500년간이나 계속되었고, 직접 국경을 맞대고 있었던 남 유다 왕국이 북 이스라엘 왕국보다 더 긴장관계에 있었다. 물론 에돔이 유다를 지배한 적은 없었으나, 유다가 강할 때는 에돔이 속국이 되었고, 유다가 약해지면 에돔이 독립하는 형태가 지속되면서 전쟁이 끊이지 않았다. 야곱과 에서의 갈등에서부터 시작되었다고 할 수 있는 두 민족 간의 투쟁 속에서, 언제나 약자에 속했던 에돔은 외국 군대가 이스라엘을 침공할 때면 기꺼이 길잡이로 나서는 등 협조를 아끼지 않았다. 그 좋은 예가 주전 586년 느부갓네살의 군대가 유다를 패망시킬 때 에돔이 앞잡이가 되어 온갖 악행을 저지른 것이다(시 137:7, 애 4:21-22, 겔 35:5).

오바댜서의 기록 목적

이 책의 주제와 원 독자들을 생각해 볼 때 다음과 같은 목적에서 기록되었을 것이다.

첫째, 선민의 대적을 심판하시는 전능하신 하나님을 신뢰하도록 격려하기 위해,

둘째, 선민을 회복시키시는 언약의 하나님을 소망하도록 위로하기 위해 썼을 것이다.

2. 내 용

<구조와 요절>

이 책은 에돔의 멸망에 대한 삼중 심판 신탁과(1-16) 선민의 회복에 대한 약속 신탁(17-21)로 구성되어 있다. 그리고 에돔에 대한 삼중 신탁은 에돔이 받을 심판에 대한 묘사(1-9), 에돔이 심판 받을 이유(10-14), 에돔과 선민의 대적들이 받을 심판(15-16)으로 나누어진다. 선민의 회복에 대한 신탁에는 장차 세워질 메시아 왕국의 영광스러움에 초점을 맞추고 있다.

<table>
<tr><th>소 단 원</th><th>주 제</th><th>기록 장소</th><th>기록 연대</th></tr>
<tr><td>1-9
에돔이 받을 심판</td><td>에돔의 패망</td><td rowspan="4">유다의 어느 곳</td><td rowspan="4">주전 586년경</td></tr>
<tr><td>10-14
에돔이 받을 심판의 이유</td><td>유다의 패망</td></tr>
<tr><td>15-16
선민의 대적들이 받을 심판</td><td>열국의 패망</td></tr>
<tr><td>17-21
선민의 회복</td><td>이스라엘의 회복</td></tr>
</table>

요절

"네가 네 형제 야곱에게 행한 포학으로 말미암아 부끄러움을 당하고 영원히 멸절되리라"(10)

〈해설〉

오바댜는 에돔(1, 8)을 에서(6, 18x2, 19, 21)로 즐겨 부른다. 그것은 에돔 족속이 유다에 저지른 죄악이 에서가 야곱을 학대한 것과 같다고 보기 때문이다. 에서는 야곱에게 장자권을 빼앗기고, 축복기도마저 빼앗기고 아버지 이삭으로부터 다음과 같은 예언을 들었었다.

"네 주소는 땅의 기름짐에서 멀고 내리는 하늘 이슬에서 멀 것이며 너는 칼을 믿고 생활하겠고 네 아우를 섬길 것이며 네가 매임을 벗을 때에는 그 멍에를 네 목에서 떨쳐버리리라"(창 27:39-40)

소단원 1 에돔이 받을 심판(1-9)

에돔의 멸망이 야훼의 권위로 네 번이나 선포되었다(1, 2, 4, 8). 에돔의 패망은 하나의 아이러니가 아닐 수 없다. 왜냐하면 열국과 연합하여 이스라엘을 치던 그들이 열국에게 삼킨바 되고(1, 2), 열국을 의지하던 그들이 열국에게 속으며(7, 8), 가장 안전한 곳에 사는 그들이(3) 철저히 유린될 것이기 때문이었다(5, 6, 9). 그것은 하나님이 열국을 다스리시며, 요새를 무력하게 하신다는 강력한 증거가 될 것이었다. 따라서 원 독자들은 열방을 다스리시며 역사를 주관하시며 이스라엘의 왕이신 하나님을 신뢰하도록 도전을 받았을 것이다.

소단원 2 에돔이 심판 받을 이유(10-14)

에돔의 죄악에 대해 여덟 번이나 고발하고 있다(12-14). 에돔은 비열하게 선민의 적들을 도와 예루살렘의 약탈에 참여했기 때문에 저주를 받았다. 그들이 멸망하게 되는 이유는 형제 국가를 쳤기 때문이다(10, 12). 바벨론 포로 중에 만들어진 시편에는 다음과 같이 에돔을 저주하고 있다.

> "여호와여 예루살렘이 멸망하던 날을 기억하시고 에돔 자손을 치소서 그들의 말이 헐어 버리라 헐어 버리라 그 기초까지 헐어버리라 하였나이다"(시 137:7)

소단원 3 선민의 대적들이 받을 심판(15-16)

에돔이 받을 심판에 대해 5번 선고되었다(15-16). 선민의 대적들이 받을 심판이 선고되면서 에돔이 저지른 악행이 다시 한 번 저주를 받았다. 다시 말해서 에돔은 선민을 대적하는 만국의 대표로 멸망을 선고받았다. 그리고 본문의 예언은 느부갓네살에 의해 주전 582년에 문자적으로 성취되었다.

소단원 4 선민의 회복 (17-21)

주전 536년 고레스에 의해 성취된 이 예언은 문자적인 이스라엘의 회복을 말함과 동시에 영적인 메시아 왕국을 바라보고 있다(21). 왜냐하면 포로에서 돌아온 이스라엘 자손들이 본문에 기록된 이방의 성읍들을(20) 얻은 적이 없기 때문이다. 특히 "나라가 여호와께 속하리라"는 표현은 메시아 예언의 전형적인 어귀로서 예수 그리스도에 의해 성취된 것으로 보아야 한다(마 28:18). 21절에는 '에서의 산'과 '시온 산'이 대조를 이루고 있으며, 전자는 심판의 대상이고 후자는 구원 받은 자의 처소가 되고 있다.

성경 연구 클리닉

에돔과 이스라엘과의 관계에 대해

- 창 27:41-45 이삭이 야곱을 축복하면서 형이 동생을 섬기도록 예언하므로 에서가 미워함
- 창 36 에돔 족속은 야곱의 형 에서의 후손들이며, 이스라엘보다 일찍 왕이 있었음
- 창 32-33 에서와 야곱의 관계회복, 에서는 이미 에돔 땅을 차지하고 있었음
- 출 15:15 에돔이 이스라엘의 적으로 묘사됨
- 민 20:14-21 출애굽 때 이스라엘이 왕의 대로로 통과해줄 것을 요청했으나 거절당함
- 신 23:7-8 그럼에도 불구하고 에돔 사람을 형제로 대하며 미워하지 말도록 명령받음
- 삼상 21, 시 52 사울이 통치할 때 에돔이 이스라엘을 섬김
- 삼하 8:13-14 다윗이 염곡에서 에돔 사람 18,000명을 죽였고, 에돔이 이스라엘을 섬김
- 왕하 8:20-22 에돔이 유다의 지배(여호람)에 대항하고 독립함
- 왕하 14:17 유다 왕 아마샤가 염곡에서 에돔 사람 10,000명을 죽임
- 시 83 아삽의 시에 에돔이 이스라엘 원수 중의 하나로 여겨짐
- 시 137, 렘 25:8-26, 말 1:2-5 주전 586년 예루살렘 파괴에 에돔이 가담함
- 렘 49:7-22, 겔 35, 암1:11-12, 애 4:21-22 에돔에 대한 심판 예고

에돔의 지리와 역사

에돔은 세렛 강에서부터 홍해 아카바 만에 이르는 길이 170km의 땅으로서 요단 동편에서 가장 높은 산지이다. 세렛 강 근처는 해발 1300m이지만 남쪽으로 내려가면서 중심부에는 1600-1700m의 고지를 형성하고 있다. 에돔 산지의 서쪽은 아라바 계곡을 향하여 급경사를 이루고 있

고, 동쪽은 아라비아 사막으로 급경사를 이루고 있다. '붉다' 는 뜻의 에돔은 이 지역을 구성하고 있는 붉은 색의 화강암과 적갈색의 누비안사암 때문에 붙여진 이름이다. 그런데 서쪽 산지는 겨울철에 비가 와서 관목 숲을 형성하고 있고, 제한적으로 농사도 지을 수 있다. 그러나 동쪽은 사막 기후의 영향을 받아 매우 건조하다.

페트라

성경에서 에돔 산지를 '세일(Seir)' 이라고 불렀는데(창 14:6), '세일' 은 히브리어로 '머리털' 을 의미한다. 그것은 에돔 서쪽에 있는 관목 숲이 산등성이에 마치 머리털처럼 솟아있는 것을 의미하는 것 같다. 이곳의 험준한 지형은 외적의 침입을 자연적으로 방어해주었다. 오바댜 선지자는 그것을 믿는 에돔 족속의 자만을 책망하면서 다음과 같이 예언했다.

> "너의 마음의 교만이 너를 속였도다 바위 틈에 거주하며 높은 곳에 사는 자여 네가 마음에 이르기를 누가 능히 나를 땅에 끌어내리겠느냐 하니 네가 독수리처럼 높이 오르며 별 사이에 깃들일지라도 내가 거기에서 너를 끌어내리리라 여호와의 말씀이니라"(옵 1:3-4).

원래 에돔은 에서의 후손들이다. 그들이 세일 산을 점령하고 이스라엘에게 길을 비켜주지 않았지만 그들과의 전쟁을 피했다(민 22:14-21). 사울왕은 에돔과 전쟁을 벌였고(삼상 14:47), 다윗은 에돔 지역에 수비대를 두어 통제했다(삼하 8:14). 유다왕 아마샤는 요람 시절에 독립한 에돔을 응징하여 만 명의 에돔인들을 죽이고 '셀라' 를 점령한 다음 '욕드엘' 로 이름을 바꾸어 불렀다(왕하 14:7). 유다 왕 아하스 때에 유다가 이스라엘과 아람의 협공을 받는 틈을 타서 독립하였고, 오히려 유다를 공격하여 사람들을 포로로 끌고 갔다(왕하 16:6). 더 나아가 에돔인들은 느부갓네살이 예루살렘을 침공할 때 앞잡이 노릇을 하였고, 유다인들을 페니키아 상인들에게 팔았다(시 137:7, 욜 3:3-6). 에돔 지역의 주요 도시들은 보스라, 부논, 셀라이다.

① **보스라**(Bozrah)는 염해 남동쪽으로 약 40km 떨어진 곳에 위치했던 해발 1650m의 고지로 왕의대로가 지나가는 길목에 있으며, 에돔의 수도였다(창 36:33). 선지자들은 보스라의 멸망을 에돔의 멸망과 같

은 의미로 예언하였다(사 63:1, 암 1:12). 신구약 중간기-주전 300년대에 이곳은 나바테안에게 점령당했다.

② **부논**(Punon)은 염해에서 남쪽으로 약 47km 떨어진 곳에 위치하고 있으며 출애굽 당시 이스라엘 백성들이 지나갔던 곳이다(민 33:42-43). 부논 근처에는 구리 광산과 제련시설들이 있어서 초기 청동기 시절부터 구리를 생산한 것으로 보인다. 따라서 학자들은 모세가 놋뱀을 만들어 불뱀에게 물린 자들을 치료한 장소가 부논 근처였을 것으로 보기도 한다(민 21:4-9). 왜냐하면 이스라엘 백성들이 놋뱀을 보고 치료받은 후 이동한 곳이 부논 근처 오봇이었기 때문이다.

에돔 셀라 바위

③ **셀라**(Sella)는 신약 시대에 와서 페트라(Petra)로 불러졌다. '셀라'는 히브리어로 '반석'을 말하며, '페트라'는 헬라어로 '반석'을 가리킨다. 유다 왕 아마샤는 에돔인 만 명을 셀라 바위에서 죽였으며(왕상 14:7), 이사야는 셀라 거민들을 '산꼭대기에 사는 자들'이라고 불렀다(사 42:11). 이곳 역시 주전 300 년대에 나바테안들에게 점령당하였으며, 지진으로 폐허가 되었다가 19세기 말부터 20세기 초에 도시 대부분을 발굴하였다. 영화 '인디아나 존스 III'의 촬영지로도 유명하다. 예수 그리스도가 베드로를 가리켜 "이 반석(페트라) 위에 내 교회를 세우리라"(마 16:18하)고 한 말씀을 꼭 이 지역과 연관 지어 해석할 필요는 없다.

바벨론 포로 기간 동안 에돔인들은 유다의 도시들을 차지했다. 광야에서 살던 나바테안들은 에돔인들이 세일산지를 떠나 유대 남부에서 살도록 종용했다. 그들은 포로에서 돌아온 유대인들에게 점령했던 도시들을 돌려주도록 명령받았다. 페르시아의 다리오 왕은 이렇게 말했다고 알려진다. "에돔인들은 그들이 차지하고 있던 유대인 도시들을 돌려주어야 한다"(에스드라 I 4:45,50, 유딧 7:8,18). 요세푸스는 마카비 가문의 요한 힐카누스가 유대 남부-이두메 지역에 살고 있던 에돔인들을 강제로 할례받게 하고 유대교로 개종시켰다고 전한다(고대기 12,8.1). 그 결과 헤롯은 에돔인으로서 유대의 왕이 될 수 있었던 것이다. 요세푸스는 에돔인들이 열심당과 손잡았으며, 예루살렘 주민 2,000명이 넘는 사람을 학살한 것으로 전한다. 그러나 그들은 주후 70년 예루살렘 멸망과 함께 역사에서 사라지고 말았다.[38)]

38) 반 게메렌, 예언서연구, 엠마오 pp. 249-250.

되새김질

1. 저자/시대적 배경/기록 연대와 장소/원 독자/주제와 책의 특징에 대해 아는 대로 말해봅시다.

2. 저자는 에돔의 멸망 원인을 어디에서 찾고 있습니까?

3. 에돔의 역사에 대해 간단히 정리해보십시오.

[참고 서적]

- 고든 디 피, 더글라스 스튜어트, 오광만 옮김, 성경을 어떻게 읽을 것인가, 성서유니온
- 게라르드 반 그로닝겐, 구약의 메시야 사상, 기독교문서선교회
- 김영진, 느비임, 한들출판사
- 김회권, 성서주석 이사야 I, 대한기독교서회
- 김희보, 미가주해, 총신대학 출판부
- 레온 우드, 김 동진 옮김, 이스라엘의 선지자, 기독교문서선교회
- 류호준, 아모스, 크리스챤 다이제스트
- 반 게메렌, 김의원, 예언서 연구, 엠마오
- 성경원문연구, 제 5호, 대한성서공회
- 에드와드 영, 장도선, 이사야서 주석, CLC
- 정중호, 성서주석 이사야 II, 대한기독교서회
- 제임스 쿠걸, 구약성경개론,
- 죠엘 그린, 어떻게 예언서를 읽을 것인가? IVP
- 조휘, 사자가 부르짖은즉 누가 두려워하지 않겠느냐? 그리심
- 한정건, 이사야의 메시야 예언, CLC

- D.A. Dorsey, *The Literary Structure of the Old Testament: A Commentary on Genesis-Malachi,* pp 310-314
- J. Barton Payn, *Encyclopedia of Biblical Prophecy*, Baker Book
- J. A. Thompson, *The Book of Jeremiah*, Grand Rapids:Eerdmans
- J. H. Walton, *Ancient Israelite Literature in Its Cultural Context*
- J. Coggins, *Joel and Amos*, Shefield Academic Press
- F. F Bruce, *Habakkuk*, An Exegetical and Expositional Commentary, Baker House

두루마리성경 시리즈 ❸

성문서

김인철 저 · 반양장 · 180*235 · 232면 ·

성서를 읽을 때 처음에는 스토리가 보이고, 그 다음에는 스토리에 숨어있는 선과 악, 지혜와 어리석음, 성공과 실패가 보인다. 세 번째는 스토리의 배후에 계시는 하나님이 보이고, 마지막에는 그 스토리 속에서 자신을 본다. 그래서 스토리와 교훈은 사라지고 하나님과 자신이 일대일로 대면하는 경험을 한다. 이때 자신을 향한 하나님의 뜻이 보이고, 그의 음성이 들리고, 그의 손길이 느껴지는 것이다. 그는 성서의 주인공으로 다시 태어나 하나님과 동행하며 헌신하게 된다. 성서의 교훈들은 그의 삶을 통해 다시금 세상에 알려지게 된다.

이 책은 성경 각 권을 원 독자(Original Readers)의 입장에서 읽고 연구할 수 있도록 만들어졌다. 따라서 성경이 씌어진 시대의 역사와 문화적 배경을 이해하는데 먼저 초점을 맞춘다. 그런 다음 각 권의 구조를 살피고, 단락과 주요 단어의 의미를 파악해 나간다. 산을 오르기 전 멀리서 산의 모습을 보고, 가까이 다가가 숲을 보고, 등산하면서 나무와 돌을 보는 것과 같다.

01권 - 모세오경   02권 - 이스라엘 역사   03권 - 성문서
04권 - 왕국시대의 예언자들   05권 - 포로 이후

이스라엘 12박13일

김인철 저 · 반양장 · 150*210 · 256면 ·

이 글은 2011년 4월 9일 인천 공항을 떠나 이스라엘 이곳저곳을 12박 13일 다닌 이야기이다. 사실 이번에 이스라엘을 처음 방문한 것도 아니고, 기행문을 쓰려고 갔던 것은 더더욱 아니다. 이스라엘을 방문하는 사람들은 대개 두 종류로서 유학생이나 주재원 혹은 선교사처럼 장기 체류자 아니면 성지순례를 위한 단기 여행자이다. 그런데 나는 이미 이스라엘을 여러 번 방문했으며, 그때 마다 체류 기간과 목적도 달랐다. 처음에는 2001년 JUC(Jerusalem University College)의 Geographical and Historical Setting of the Bible 과목의 여름intensive course를 들으러 한 달간 체류했었다. 그 다음에는 성지 답사단의 인솔자로서 약 열흘 가량씩 두 번 방문했었다. 그 다음은 현대 히브리어를 배우기 위해 Rothberg College에서 Ulpan 초급과정 intensive course를 마치는 동안 수개월 머물렀었다. 사역 중에 있었기 때문에 장기 체류하면서 공부할 수는 없었던 것이다.

김인철 · 반양장 · 신국판 · 380면

세례자 요한

세례자 요한은 오늘날 그리스도인들에게 잊혀진 예언자가 아니었던가 싶다. 하지만 적어도 복음서가 기록되었을 당시 초기 그리스도교 공동체에 있어서 요한은 반드시 기억되어야 할 그리스도의 선구자였다. 그는 그리스도를 위한 백성을 예비했으며, 그리스도를 세상에 드러내었고, 그리스도로 말미암아 얻을 구원에 대해 증언했다. 따라서 복음서 저자들은 모두 그의 이야기를 시작으로 그리스도의 생애와 사역을 서술해나갔다. 마가의 표현을 그대로 옮겨 놓자면 그의 출현이 곧 복음의 시작이었던 것이다. 그리스도는 공생애 초창기 그의 메시지와 세례 사역을 답습했으며, 심지어 초기 제자들 가운데는 요한의 제자였던 사람들도 있었다. 그런 점에서 비록 그를 그리스도인이라고 부를 수 없을지 몰라도 그리스도교의 기초를 놓은 사람으로 부를 수는 있을 것이다.

김인철 · 반양장 · 신국판변형 · 240면

복음서는 영적 순례의 종착점이다.

거기에는 1세기 유대의 역사와 문화가 여전히 살아 숨쉬고 있다. 이를 테면 그리스도가 열 두 제자들과 함께 걸어 다니며 병을 고쳐주시고, 적대적인 유대교 지도자들은 탐탁지 않은 눈으로 그를 주시하고 있다. 로마 정권과 헤롯 일가의 압제에 시달리는 군중들은 이리 저리 몰려다니며 절망적으로 구원자를 바라고 있다. 그러나 그들을 지켜보는 현대 독자들은 무슨 일이 벌어지고 있는지 제대로 알지 못한다. 특히 히브리 속담과 숙어가 자주 사용되는 그리스도의 가르침을 이해하기가 쉽지 않다. 왜냐하면 현대 독자들은 21세기 삶과 사고방식에 갇혀 있으며, 그리스도의 언어 또한 소박한 외국어-코이네 헬라어로 번역되어 버렸기 때문이다. 대부분의 그리스도인들이 가지고 있는 복음서는 거기에서 몇 번 더 번역과 편집과정을 거쳐 나온 것들이다. 복음서를 제대로 이해하려면 1 세기 유대 사회의 언어와 역사 속으로 들어가야 한다.

그리심 신학서적 저(역)서 안내

- **주의 날 어떻게 이해할 것인가**
  Paul R. House · 장세훈 공저 / 반양장 / 184면
- **본문의 의미를 찾아서(21세기 구약신학과 해석)**
  장세훈 저 / 반양장 / 224면
- **계시록의 구속사적 연구**
  J.B. Jordan /이동수 역 / 반양장 / 396면
- **구약 속의 그리스도**
  E. 뷜 /권호덕 역 / 반양장 / 371면
- **하나님과 인간, 그리고 시간**
  어얼 E. 케이른스 / 박영실 역 / 반양장 / 258면
- **하나님 나라와 윤리(주제별 논문)**
  김경진 / 반양장 / 303면
- **누가신학 연구**
  R. 화이트 / 김경진 역 / 반양장 / 197면
- **배경으로 본 히브리서 강해**
  정우홍 / 양장 / 406면
- **배경으로 본 마태복음 강해(상 · 하)**
  정우홍 / 양장 / 416면/472면
- **베드로전서의 메시지(주해)**
  오광만 / 반양장 / 283 면
- **산상설교(기록이유와 목적)**
  정훈택 / 반양장 / 176면
- **창조를 위한 하나님의 패턴(God's Pattern for Creation)** 창세기 1장에 대한 언약적 읽기 -
  W. Robert Godfrey · 이동수 역
- **성경에 나타난 제사법 연구**
  로저드 백위드 / 반양장 / 261면
- **신명기 1(1-8장) (주해)**
  김영욱 / 양장 / 468 면
- **신학의 종을 어떻게 울릴 것인가 (논문)**
  허 주 / 양장 / 388면
- **해석매뉴얼(성경해석법의 이론과 실제)**
  김상훈 / 양장 / 287면
- **문맥설교 매뉴얼 1-2**
  배동한 / 1 강화체 2 - 사건기록체 / 반양장 / 360면
- **언약이란 무엇인가?**
  팔마 로버슨 / 오광만 역 / 반양장 / 159면

● **에스겔서 강해**
김두석 / 반양장 / 335면

● **구속사적 관점에서 본 요나서**
손진호 / 반양장 / 176면

● **이사야의 하나님-우리의 하나님**
최만수 / 반양장 / 262면

● **임마누엘 성령론**
안영복 / 반양장 / 232면

● **낙원의 구속사(Paradise Restored)**
David Chilton /안영복-이동수 공역 / 반양장 / 296면

● **여호와의 전쟁신학**
윤용진 / 반양장 / 346면

● **계시록의 구속사적 읽기**
이동수 / 반양장 / 432면

● **사자가 부르짖은즉 누가 두려워하지 않겠느냐?(아모스 원전연구 및 주해)**
조 휘/양장/521면

● **세례자 요한**
김인철 / 반양장 / 382면

● **하나님의 구원 역사 창세기**
한민수/ 반양장 / 360면

● **신명기와 땅**
한민수/ 반양장 / 175면

● **사랑과 율법 그리고 역사**
김봉수/ 반양장 / 376면

● **유대문화로 읽는 복음서의 난제들(1)**
김인철 / 반양장 / 382면

● **성경헬라어와 신약성경의 이해**
정창욱 / 반양장 / 320면

● **나훔과 함께(함께 시리즈) - 나훔서 원전 연구 및 주해**
조 휘 / 양장 / 392면

● **행복의 전도자, 전도서 주해**
이태훈 / 반양장 / 256면

● **요한과 함께 하는 요한계시록 여행**
신은철 / 반양장 / 312면

● **해로운 신앙**
Stephen Arterburn and Jack Felton / 문희경 역 / 반양장 / 344면